Inszenierte Versöhnung

Fritz Bauer Institut

Studien- und Dokumentationszentrum zur
Geschichte und Wirkung des Holocaust

Wissenschaftliche Reihe des Fritz Bauer Instituts, Band 28

Jenny Hestermann, Dr. phil., ist wissenschaftliche Mitarbeiterin am Fritz Bauer Institut.

Jenny Hestermann

Inszenierte Versöhnung

Reisediplomatie und die deutsch-israelischen Beziehungen von 1957 bis 1984

Campus Verlag
Frankfurt/New York

Die diesem Buch zugrunde liegende Dissertation wurde von Stefanie Schüler-Springorum betreut und am 16. Juli 2015 an der Technischen Universität Berlin verteidigt. Unterstützt wurde die Arbeit durch die Studienstiftung des deutschen Volkes, den DAAD und ein Abschlussstipendium der TU Berlin.

MIX
Papier aus verantwortungsvollen Quellen
FSC® C089473
FSC www.fsc.org

ISBN 978-3-593-50615-9 Print
ISBN 978-3-593-43491-9 E-Book (PDF)
ISBN 978-3-593-43545-9 E-Book (EPUB)

Umschlaggestaltung: Werner Lott, Fritz Bauer Institut
Lektorat im Fritz Bauer Institut: Regine Strotbek
Umschlagmotiv: Konrad Adenauer besucht David Ben Gurion in Sde Boker am 9.5.1966, © ap/dpa/picture alliance/Süddeutsche Zeitung Photo
Satz: Campus Verlag GmbH, Frankfurt am Main
Druck und Bindung: Beltz Bad Langensalza GmbH
Printed in Germany

www.campus.de

Für Ulrike

1950–2011

Inhalt

I. Einleitung

Als der Präsident des Europäischen Parlaments Martin Schulz 2014 nach Israel reiste, zog er mit seiner öffentlichen Stellungnahme zur Verteilung von Wasserressourcen die Kritik vieler Parlamentarier in der Knesset auf sich und sorgte für einen Eklat. Mitglieder der Regierungspartei Likud hatten vorab angekündigt, Schulz' Rede vor der Knesset boykottieren zu wollen. Der Abgeordnete Moshe Feiglin erklärte, es sei unzumutbar, einer Rede in der Sprache jener Verbrecher zuzuhören, die seine Eltern in die Deportationszüge und Krematorien gebracht hätten.[1] Schulz hatte zuvor die palästinensischen Gebiete besucht und berichtete nun davon, dass ihm ein Palästinenser in Ramallah erzählt habe, der Pro-Kopf-Wasserverbrauch der Israelis übersteige den der Palästinenser um das Vierfache. Noch während dieser Rede stürmte der Wirtschaftsminister Naftali Bennett mit den Worten »Ich akzeptiere keinen Lügenreigen, und schon gar nicht von einem Deutschen« demonstrativ aus dem Saal.[2] Das deutsch-israelische Verhältnis ist auch im Jahr 2014 noch von der Ermordung der europäischen Juden bestimmt, die gut 70 Jahre zuvor von Deutschen geplant, organisiert und durchgeführt worden war, also von Ereignissen, die allgemein als »die Vergangenheit« bezeichnet werden.[3]

In den ersten Jahrzehnten nach dem Holocaust wurden die Beziehungen zwischen deutschen und israelischen Politikern wie auch die zwischen Wissenschaftlern beider Länder häufig als »Brücke über den Abgrund« bezeichnet. Strittig war, ob diese Brücke gebaut werden könnte, ja gebaut wer-

1 Vgl. http://www.zeit.de/politik/ausland/2014-02/knesset-schulz-eklat-palaestinenser (letzter Zugriff: 4.4.2016). Feiglin hatte dieses Statement im Internet gepostet. Anders als in Deutschland nutzen israelische Politiker Facebook als probates Mittel, um ihre Wählerschaft und die Bevölkerung zu erreichen.

2 Vgl. http://www.sueddeutsche.de/politik/eu-parlamentspraesident-in-israel-abgeordnete-verlassen-knesset-bei-schulz-rede-1.1886513 (letzter Zugriff: 4.4.2016); http://www.haaretz.co.il/news/politi/1.2242481 (letzter Zugriff: 4.4.2016).

3 Dan Diner, *Rituelle Distanz. Israels deutsche Frage*, München 2015, S. 2.

den sollte.[4] Anhand privater und offizieller Besuche und der Biographien der reisenden Politiker wird in der vorliegenden Untersuchung nach der politischen Praxis gefragt, die zur Annäherung und zum »Brückenbau« führte – und danach, welche Risse in dieser Brücke immer wieder auftraten.[5] Die Beziehungen zwischen Deutschland und Israel, von den ersten Kontakten bis zur Aufnahme diplomatischer Beziehungen und ihrer Ausgestaltung, müssen vor dem Hintergrund des Ost-West-Konfliks und des beginnenden Kalten Kriegs betrachtet werden. Denn die Bundesrepublik Deutschland und Israel verstanden ihre diplomatischen Beziehungen als ein pragmatisches Projekt, das sich auf politische Konstellationen und die Wahrnehmung wirtschaftlicher und sicherheitspolitischer Interessenlagen gründete. Im Sinne eines »Gabentauschs« erhielt Israel dringend benötigte finanzielle Hilfe zum Aufbau des Landes, und die Bundesrepublik konnte Legitimität und internationales Ansehen zurückgewinnen.[6] Auch wenn es beiden Ländern vorrangig um ihre je eigenen, konkreten Interessen ging, betonten sie gegenüber der breiten Öffentlichkeit die weitreichende moralische Bedeutung der bilateralen Beziehungen.

Die Frage lautet daher, in welchem Maß die Annäherung zwischen beiden Staaten vom Bewusstsein der verübten Verbrechen und von der Sensibilität der deutschen Seite für die israelischen Traumata und Befindlichkeiten geprägt war. Aber es muss auch gefragt werden, bis zu welchem Grad die machtpolitischen Konstellationen des Kalten Krieges in die deutsch-israelischen Beziehungen hineinspielten. Während die Rhetorik der Politiker na-

4 Vgl. das Streitgespräch zwischen Gershom Scholem und Golo Mann auf dem Jüdischen Weltkongress 1966, in: Nahum Goldmann (Hrsg.), *Deutsche und Juden. Hauptreferate auf dem Jüdischen Weltkongreß 1966. Beiträge von Gershom Scholem, Golo Mann, Salo W. Baron, Eugen Gerstenmaier und Karl Jaspers*, Frankfurt am Main 1967.

5 Nach Rudolf Vierhaus ist kulturgeschichtliche Forschung die Analyse von Wirklichkeiten, die das Ergebnis sozialer Praxis sind. Rudolf Vierhaus, »Die Rekonstruktion historischer Lebenswelten. Probleme moderner Kulturgeschichtsschreibung«, in: Hartmut Lehmann (Hrsg.), *Wege zu einer neuen Kulturgeschichte*, Göttingen 1995, S. 7–28. Vgl. auch Lynn Hunt (Hrsg.), *The New Cultural History*, Berkeley 1989; Victoria E. Bonnell, Lynn Hunt (Hrsg.), *Beyond the Cultural Turn. New Directions in the Study of Society and Culture*, Berkeley 1999.

6 Vgl. Anthony Kauders, »Juden als Gabe, oder eine andere Geschichte der westdeutschen Demokratie«, in: Daniel Fulda, Dagmar Herzog, Stefan-Ludwig Hoffmann, Till van Rahden (Hrsg.), *Demokratie im Schatten der Gewalt. Geschichten des Privaten im deutschen Nachkrieg*, Göttingen 2010, S. 152–173, hier S. 152. Zum Konzept der Gabe vgl. die grundlegende Arbeit: Marcel Mauss, *Die Gabe. Form und Funktion des Austauschs in archaischen Gesellschaften*, Frankfurt am Main 1984.

helegte, dass das bilaterale Verhältnis und seine Entwicklung vor allem von der Geschichte des Holocaust her zu verstehen sei, trat dieser Gesichtspunkt in den Besuchsprogrammen und den diplomatischen Notizen im Umfeld der Besuche zunehmend in den Hintergrund. So wird zu zeigen sein, dass die deutsche Außenpolitik, wie sie sich in den Israel-Reisen deutscher Politiker und einigen Gegenbesuchen israelischer Politiker artikulierte, zu jedem Zeitpunkt von den eigenen Interessen innerhalb des westlichen Bündnisses und, damit verknüpft, im Nahen Osten abhängig war.

Die rhetorische Gestaltung des bilateralen Verhältnisses soll anhand der Besuchskultur nachvollzogen werden. Der Schwerpunkt wird hier auf die bisher weitgehend unbeachteten sogenannten privaten Besuche ranghoher Politiker in den 1960er Jahren gelegt, die in Israel den Boden für die offiziellen Empfänge nach 1965 bereitet haben. Denn persönliches Engagement und die Betonung der moralischen Bedeutung des deutsch-israelischen Verhältnisses waren notwendig, um trotz des beiderseitigen Unbehagens Vertrauen zu schaffen. Personen, die schon im Nationalsozialismus Ämter bekleidet hatten und in der Nachkriegszeit in allen deutschen Ministerien zu finden waren, kamen dafür nicht in Frage. Diese besondere Rolle bei der deutsch-israelischen Versöhnung konnten nur deutsche Politiker übernehmen, die biographisch nicht belastet oder selbst im NS-Regime verfolgt worden waren. Sie, die für das von Ben Gurion proklamierte »andere Deutschland« standen, waren als Einzige in der Lage, bei den Israelis Vertrauen in den demokratischen Wandel der Bundesrepublik zu wecken.

Auch die Botschafter und Staatssekretäre sind als Akteure für diese Untersuchung von Bedeutung: Sie waren maßgeblich an der Organisation der Treffen beteiligt, die im Fokus dieser Untersuchung stehen. Diplomaten beider Seiten haben in ihren Memoiren die persönlichen Kontakte als wichtigen förderlichen Faktor für das Gedeihen der staatlichen Beziehungen gewürdigt.[7] Wenn sich keine »persönliche Chemie« einstellte, wie zwischen den Außenministern Gerhard Schröder (CDU) oder Walter Scheel (FDP)

7 »[Diplomats who] have written jointly and separately about their experiences, emphasize the important role of personal chemistry in the relationship« (Lily Gardner Feldman, *Germany's Foreign Policy of Reconciliation. From Enmity to Amity*, Lanham 2012, S. 154). Vgl. Ben Natan, Niels Hansen (Hrsg.), *Israel und Deutschland. Dorniger Weg zur Partnerschaft. Die Botschafter berichten über vier Jahrzehnte diplomatischer Beziehungen (1965–2005)*, Köln 2005.

und ihrem jeweiligen israelischen Pendant, nahm die Frequenz der diplomatischen Reisen deutlich ab.[8]

Nach eigener Einschätzung der reisenden Politiker fanden fast alle Besuche in einer »kritischen« Phase der bilateralen Beziehungen statt.[9] Sie hatten, so lautet eine weitere These, immer auch Rückwirkungen auf innenpolitische Konflikte. In welchen Situationen dies jeweils geschah, wird Gegenstand der Untersuchung sein.

Eine stilisierte Form von Repräsentation und Zeremoniell wie bei offiziellen Staatsbesuchen liegt in den 1960er Jahren noch nicht vor. Erst bei Willy Brandts Staatsbesuch im Jahr 1973 waren alle Bewegungsabläufe der Protagonisten, von der Ankunft des Bundeskanzlers auf dem israelischen Flugplatz Lod an, minutiös orchestriert und auf den Schritt genau vorgeschrieben.[10] Doch auch die privaten Treffen lassen sich unter diesem Aspekt analysieren: Welche Stationen waren jeweils vorgesehen? Auf welche Weise thematisierten die Akteure die deutsche Schuld an den nationalsozialistischen Verbrechen? Welche Rituale, Leitmotive und choreographierten Programmpunkte begleiteten den Besuch?

Die Analyse scheinbarer Nebensächlichkeiten, etwa des ritualisierten Ablaufs von Begrüßungen und des Zusammentreffens von Politikern mit deutsch-jüdischen Professoren, nimmt die Selbstverständlichkeiten der Gesellschaft in den Blick und trägt zu deren Reflexion und Interpretation bei.[11] So können beispielsweise Anzahl und Rang der empfangenden Minister am Flughafen als Statussymbol gelesen werden: Bei Präsident Barack Obamas Besuch in Israel im März 2013 standen sämtliche Minister am Flughafen Spalier, so dass der Eindruck entstand, der kleine Staat empfange den großen König.[12]

Öffentliche Auftritte und Äußerungen gleichen Theateraufführungen, ihre Bühne sind beispielsweise Pressekonferenzen, und sie spielen sich nach einem zuvor vereinbarten Protokoll ab. Sie bilden den Stand der Beziehun-

---

8 Vgl. Gardner Feldman, *Germany's Foreign Policy*, S. 155.

9 Zum Konzept der »moments in time« vgl. Paul Pierson, *Politics in Time. History, Institutions, and Social Analysis*, Princeton 2004.

10 Das Zeremoniell ist definiert als ein Set von Regeln, die bei repräsentativen Anlässen gelten und deren äußere Form festlegen. Vgl. Jürgen Hartmann, *Das Staatszeremoniell*, Köln 2007, S. 100–119.

11 Vgl. Clifford Geertz, *Dichte Beschreibung. Beiträge zum Verstehen kultureller Systeme*, Frankfurt am Main 1983.

12 http://www.nytimes.com/2013/03/21/world/middleeast/obama-arrives-in-israel-for-two-day-trip.html?_r=0 (letzter Zugriff: 11.5.2016).

gen der beteiligten Staaten zueinander ab.[13] Die Begriffe »front stage« und »back stage« von Erving Goffman fangen die Dimensionen von Politik »vor« und »hinter« den Kulissen ein.[14] Die verschiedenen Stationen eines Besuchs geben die Bühne ab, und die Akteure schaffen durch ihre Sprach- und Themenwahl einen Raum, in dem sich die Inhalte und Konflikte des deutsch-israelischen Verhältnisses verdichten. Das Publikum der Aufführung ist die Öffentlichkeit, sowohl die physisch anwesende als auch jene, die durch begleitende Berichterstattung der Medien entsteht. Im Fall des deutsch-israelischen Verhältnisses versuchten zudem bestimmte Gruppen, die Demonstration von Normalität zu untergraben und durch Proteste zu durchbrechen. Sie waren, als Abweichungen vom Protokoll, in Israel Gradmesser für gelungene oder missglückte »politische Theateraufführungen«. Durch ostentative An- oder Abwesenheit, wenn deutsche Politiker in Israel Reden hielten, durch Unmutsbekundungen oder Applaus und durch die zeitgleiche Berichterstattung nahm die demokratische Öffentlichkeit an diesen Aufführungen teil. Daher werden Israel-Reisen deutscher Politiker in dieser Arbeit als Inszenierungen aufgefasst. Da die pragmatischen Interessen, die den persönlichen, teils sogar freundschaftlichen Kontakten zugrunde lagen, oft nicht offen benannt wurden, hatten die Begegnungen etwas Inszeniertes. Sowohl bei den »privaten« als auch bei den hochgradig ritualisierten offiziellen Besuchen brachten besonders die Abweichungen vom Protokoll das Unbehagen im deutsch-jüdischen beziehungsweise deutsch-israelischen Verhältnis zum Ausdruck.

Die Historiographie der deutsch-israelischen Beziehungen wird durch die vorliegende Arbeit um die Geschichte derjenigen Politiker-Zusammenkünfte ergänzt, die im Zwischenraum zwischen Privatem und Offiziellem der Aufnahme diplomatischer Beziehungen den Weg ebneten und schließlich diese Beziehungen mitbestimmten. Insbesondere im Jubiläumsjahr 2015 wurden die seit fünf Jahrzehnten bestehenden deutsch-israelischen diplo-

13 Zur Theatermetapher und zum geschichtswissenschaftlichen Arbeiten mit Ritualen und symbolischen Formen vgl. auch David Blackbourn, »Politics as Theatre, Metaphors of the Stage in German History, 1848–1933«, in: *Transactions of the Royal Historical Society*, 1987, Bd. 37, S. 149–167; Victor Turner, *From Ritual to Theatre. The Human Seriousness of Play*, New York 1982; Jean-Christophe Agnew, *Worlds Apart. The Market and the Theater in Anglo-American Thought 1550–1750*, Cambridge 1986; Vanessa Schwartz, *Spectacular Realities. Early Mass Culture in Fin-de-Siècle Paris*, Berkeley Press 1999.

14 Vgl. Erving Goffman, *Wir alle spielen Theater. Die Selbstdarstellung im Alltag*, München 1969. Vgl. auch Murray Edelman, *Politik als Ritual. Die symbolische Funktion staatlicher Institutionen und politischen Handelns*, Frankfurt am Main 1976.

matischen Beziehungen als »Erfolgsgeschichte« präsentiert – die interessante Frage scheint jedoch weniger die zu sein, ob und inwiefern heute ein »Erfolg« diagnostiziert werden kann, sondern welches die Aspekte sind, die die Merkwürdigkeit bestimmter Konstellationen in der deutschen Nachkriegsgeschichte sichtbar machen. Das retrospektive, durchaus korrekte Urteil, dass es sich um einen »Erfolg« handle, kann Abgründiges in der Geschichte der Bundesrepublik und ihrer interessengeleiteten Außenpolitik kaum sichtbar machen.[15] Wenn heutige demokratische Errungenschaften und die Versöhnung mit den ehemals von Deutschen besetzten Ländern Europas und mit Israel im Fokus des politischen Selbstverständnisses stehen, wird leicht vergessen, wie fragil und keineswegs selbstverständlich der Weg dorthin war und wie er von den Zeitgenossen wahrgenommen wurde.[16]

Diese Arbeit versteht sich als »Kulturgeschichte der Diplomatie«.[17] Die darin durchgeführte Analyse der Reisediplomatie über einen Zeitraum von etwa 30 Jahren fügt der Geschichte politischer Ereignisse die Ebene symbolpolitischer Handlungen hinzu, indem sie die Planung und den Ablauf der privaten und offiziellen Besuche deutscher Politiker in Israel sowie die Berichterstattung darüber in den Vordergrund rückt. Es soll gezeigt werden, wie persönliche Kontakte und Lebensgeschichten deutscher Politiker dazu beigetragen haben, die deutsch-israelischen Beziehungen zu gestalten. Methodisch verknüpft diese Studie also »symbolische« Politik mit »Realpolitik«. Statt nach dem »Warum« wird nach dem »Wie« der internationalen Beziehungen gefragt.[18] Erst die Verbindung von Interessenpolitik, persönlichem

15 Vgl. Till van Rahden, »Unbeholfene Demokraten, Moralische Leidenschaften in der Bundesrepublik«, in: Wolfram Pyta, Carsten Kretschmann (Hrsg.), *Bürgerlichkeit. Spurensuche in Vergangenheit und Gegenwart*, Stuttgart 2016, S. 151–178.

16 Vgl. Fulda u. a. (Hrsg.), *Demokratie*, S.12.

17 Thomas Mergel, »Überlegungen zu einer Kulturgeschichte der Politik«, in: *Geschichte und Gesellschaft*, Jg. 28 (2002), S. 574–606. Für die Zeit des Kaiserreichs untersuchte Verena Steller das »symbolische Handeln« als Methode der Diplomatie: Verena Steller, *Diplomatie von Angesicht zu Angesicht. Diplomatische Handlungsformen in den deutsch-französischen Beziehungen 1870–1919*, Paderborn 2011. Der Frage, wie ein neuer Auswärtiger Dienst in der Bundesrepublik entstand, geht Andrea Wiegeshoff nach, indem sie ihren Blick auf Diplomaten als Akteure richtet: Andrea Wiegeshoff, *»Wir müssen alle etwas umlernen«. Zur Internationalisierung des Auswärtigen Dienstes der Bundesrepublik Deutschland 1945/1951–1969*, Göttingen 2013. Vgl. auch Andreas Daum, *Kennedy in Berlin. Politik, Kultur und Emotionen im Kalten Krieg*, Paderborn 2003.

18 Goschler nennt seine Darstellung eine »kulturhistorisch sensibilisierte Politikgeschichte der Wiedergutmachung. Die empirische Aufarbeitung von Entscheidungsprozessen wird somit durch die Frage nach dem ›wie‹ von Politik, d. h. der Frage nach Konstellatio-

Einsatz und Symbolpolitik, so die These dieser Arbeit, ermöglichte die Annäherung beider Staaten nach der Shoah.

Forschungsstand

Erst in den letzten Jahren begann die historische Forschung, den Ereignistyp »Staatsbesuche« näher zu beleuchten: Johannes Paulmann untersuchte unter dem Titel *Pomp und Politik* Monarchenbegegnungen im 19. Jahrhundert als politisches Instrument.[19] Er fragte, unter welchen Bedingungen symbolisches Handeln und internationale Politik sich miteinander verknüpfen, und forderte einen Richtungswechsel in der Geschichtsschreibung der diplomatischen Beziehungen: Statt lediglich rationale Erwägungen und Ereignisse in den Blick zu nehmen, gelte es, die Rituale und den Appell an Gefühle bei Großereignissen zu untersuchen.[20] »Politik und staatliches Handeln werden als vernunftbestimmt dargestellt, das politische Handeln beruht scheinbar auf nüchternen Entscheidungen in rational konstruierten Systemen. [...] Für politische Rituale und den damit verbundenen Appell an die Gefühle ist seit der Entzauberung der Welt vermeintlich kein Platz mehr«.[21] Zu den symbolischen Handlungen zählt er den obligatorischen Austausch von Geschenken, die Art und Weise, wie Empfänge gestaltet werden, und die Sprachwahl bei Reden, zu den »Ritualen« alle Formen standardisierter und außergewöhnlicher Handlungen.[22]

Auch Simone Derix analysierte Staatsbesuche als Bühne. Sie wählte als Beispiel die Bundesrepublik, die sich ab Mitte der 1950er Jahre als politischer Akteur wieder international sichtbar zu machen suchte, und kommt zu dem Schluss, dass Staatsbesuche einen wichtigen Beitrag zur westdeutschen

nen und Beziehungen, ergänzt« (Constantin Goschler, *Schuld und Schulden. Die Politik der Wiedergutmachung für NS-Verfolgte seit 1945*, Göttingen 2005, S. 28).

19 Vgl. Johannes Paulmann, *Pomp und Politik. Monarchenbegegnungen in Europa zwischen Ancien Régime und Erstem Weltkrieg*, Paderborn 2000.

20 Auch den Weltwirtschaftsgipfel betrachtet Paulmann als Ritual. Er sieht in dieser jährlich stattfindenden Veranstaltung eine symbolische Dimension internationaler Politik. Obwohl sie von den Medien als Show verbrämt werde, sei sie ein wichtiger Teil zwischenstaatlicher Interaktion (ebd., S. 11). Grundlegendes zu Ritualen in der politischen Kultur schrieb auch David Kertzer in: *Ritual, Politics and Power*, Yale 1989.

21 Paulmann, *Pomp*, S. 20.

22 Ebd., S. 17.

Rückkehr auf das weltpolitische diplomatische Parkett geleistet hätten – ein Schritt, durch den die junge Bundesrepublik »symbolisches Kapital« gewonnen habe.[23] »Staatsbesuche als Spiegelbild der Wirtschaftswundergesellschaft« – diese These verfolgte auch Frieder Günther mit seiner Forschung zur auswärtigen Repräsentation der Bundesrepublik durch Bundespräsident Theodor Heuss in den 1950er Jahren.[24] Während in Paulmanns Untersuchungszeitraum, der das »lange 19. Jahrhundert« umfasst, die Staatsoberhäupter sinnbildlich den Stand ihrer Beziehungen aufführten, scheint es in Zeiten der Massendemokratie nicht mehr selbstverständlich zu sein, den Treffen der »großen Männer« eine herausragende Bedeutung zuzusprechen.[25] Auch gibt es nun ein öffentliches Publikum, das eine aktive Rolle für sich vor und auf der Bühne einfordert.

Die Historiographie über die Entwicklung der deutsch-israelischen Beziehungen hat sich der politischen Rhetorik weitgehend angepasst und beschäftigt sich mit den Fragen, warum und aus welchen Motiven sie aufgenommen worden sind, ob Versöhnung tatsächlich stattgefunden hat und inwieweit moralische Überlegungen dabei eine Rolle gespielt haben. Wie ungewiss die Zukunft dieser Beziehungen aus zeitgenössischer Perspektive erschienen sein mag, lässt sich so nur noch schwer nachvollziehen.[26] Die

23 Paulmann, *Pomp*, S. 184, in Anlehnung an Pierre Bourdieu, »Ökonomisches Kapital, kulturelles Kapital, soziales Kapital«, in: Reinhard Kreckel (Hrsg.), *Soziale Ungleichheiten* (*Soziale Welt*, Sonderband 2), Göttingen 1983, S. 183–198. Vgl. Simone Derix, *Bebilderte Politik. Staatsbesuche in der Bundesrepublik Deutschland 1949–1990. Kritische Studien zur Geschichtswissenschaft*, Göttingen 2009. Vgl. auch Susann Baller u. a. (Hrsg.), *Die Ankunft des Anderen. Repräsentationen sozialer und politischer Ordnungen in Empfangszeremonien,* Frankfurt 2008.

24 Vgl. Frieder Günther, *Heuss auf Reisen. Die auswärtige Repräsentation der Bundesrepublik durch den ersten Bundespräsidenten,* Stuttgart 2006.

25 Susanne Schattenberg fordert, die Akteure nicht als »great individuals« zu betrachten, »but to understand them as the products and producers of a symbolically interpreted world«. (Susanne Schattenberg, »The diplomat as ›an actor on a great stage before all the people‹? A cultural history of diplomacy and the Portsmouth peace negotiations of 1905«, in: Markus Mössling, Torsten Riotte (Hrsg.), *The Diplomats' World. A Cultural History of Diplomacy, 1915–1914,* Oxford 2008, S. 167–194, hier S. 171. Vgl. grundlegend zur Kulturgeschichte der Diplomatie auch die Arbeiten von Emily S. Rosenberg, zum Beispiel: *Financial Missionaries to the World. The Politics and Culture of Dollar Diplomacy,* Cambridge 1999.

26 Yves Pallade kam zu dem Ergebnis, dass »most of the […] existing academic works on the German-Israeli relationship have emphasized developments which suggest a normalisation of relations« (Yves Pallade, *Germany and Israel in the 1990s and Beyond: Still a »Special Relationship«?,* Frankfurt am Main 2005, S. 34). Exemplarisch ist die Arbeit

Forschungsliteratur hat sich bislang auf drei Aspekte konzentriert: Sie hat erstens die Rolle der deutsch-israelischen Beziehungen unter dem Aspekt der geostrategischen Implikationen gewürdigt, die mit Deutschlands Rückkehr in die internationale Gemeinschaft in den 1950er Jahren und mit seiner Suche nach Verbündeten während des Kalten Krieges ab den 1960er Jahren verbunden waren.[27] Zweitens hat sich die Forschung auf die ökonomischen Interessen Israels konzentriert. Besonders in den 1950er Jahren war der strukturschwache junge Staat dazu gezwungen, zunächst eine Wirtschaft und Infrastruktur aufzubauen sowie später, in den Siebzigerjahren, mit der Hilfe des deutschen Partners sich an die Europäische Wirtschaftsgemeinschaft zu assoziieren. Und drittens hat ein Teil der Forschungsliteratur das starke Versöhnungsbedürfnis deutscher Politiker herausgearbeitet.[28] In diesem Zusammenhang wurde die aus den 1960er Jahren stammende politische Formulierung eines »special relationship« zwischen Deutschland und Israel in der Forschung aufgegriffen, wobei allerdings aus dem Blick geriet, dass diese Charakterisierung auch politischen Zielen diente.[29] Während die »Besonderheit« im deutsch-israelischen Verhältnis aufs Engste mit dem Holocaust verbunden war, ist die Formulierung eines »special relationship« auch für andere Konstellationen verwendet worden, etwa für die britisch-amerikanischen Beziehungen, wie vor allem Gardner Feldman und Pallade gezeigt haben. Die deutschen Versöhnungsbestrebungen richteten sich nicht nur auf Israel, sondern zu anderen Zeitpunkten und mit anderer Ausprägung auch auf jene europäischen Länder, die von den Nationalsozialisten im Zweiten Weltkrieg besetzt und bekämpft worden waren: insbesondere auf Frankreich und, im Rahmen der neuen Ostpolitik, auch auf Polen, Tschechien und an-

von Till van Rahden, »History in the house of the hangman. How postwar Germany became a key site for the study of Jewish history«, in: Steven E. Aschheim, Vivian Liska (Hrsg.), *The German-Jewish Experience Revisited. Perspectives on Jewish Texts and Contexts*, Bd. 3, Berlin 2015, S. 171–192.

27 Adenauers Hauptanliegen war, wieder das Vertrauen der Alliierten zu gewinnen, um eine strategische Partnerschaft aufzubauen. Vgl. Gardner Feldman, *The Special Relationship between West Germany and Israel*, London 1984, S. 52.

28 Dies gilt insbesondere für George Lavy, *Germany and Israel. Moral Debt and National Interest*, London 1996.

29 Vgl. Gardner Feldman, *Special Relationship*. Lorena de Vita setzt diesen Terminus voraus, ohne ihn zu problematisieren: Lorena de Vita, »German-Israeli ties in 2015 and 1965. The difficult special relationship«, in: *International Affairs*, Jg. 91 (2015), H. 4, S. 835–849.

dere osteuropäische Länder.[30] Die Frage, wie aus existentieller Entfremdung und Misstrauen eine vertrauensvolle Zusammenarbeit hervorgehen kann, lässt sich somit anhand einer Vielzahl anderer Konstellationen untersuchen, wie zum Beispiel anhand des britisch-irischen oder japanisch-koreanischen Verhältnisses.

Trotz des großen Interesses an den deutsch-israelischen Beziehungen und ihrer Bedeutung sind nur drei Monographien zu ihrer Geschichte in deutscher Sprache zugänglich; davon enden zwei im Jahr 1965 mit der Aufnahme diplomatischer Beziehungen: Der israelische Historiker Yeshayahu Jelinek untersuchte die Geschichte der deutsch-israelischen Beziehungen über einen Zeitraum von 20 Jahren auf der Basis von umfangreichem Archivmaterial.[31] Die ebenfalls auf einem umfangreichen Quellenkorpus beruhende Untersuchung des ehemaligen Botschafters Niels Hansen mit dem Titel *Aus dem Schatten der Katastrophe* konzentriert sich stark auf die Verdienste der »beiden großen Staatsmänner« Ben Gurion und Konrad Adenauer.[32] Die dritte Monographie mit dem sprechenden Untertitel *Geschichte einer Gratwanderung* von Markus Weingardt bietet einen Überblick von 1949 bis 1990[33] – er verwendet jedoch fast ausschließlich Presseartikel als Quelle, nicht Archivmaterial. Auch fehlt die israelische Perspektive, da er nur deutsch- und englischsprachige Quellen und Literatur heranzieht.[34]

Die deutsche Forschung unterscheidet sich in ihren Annahmen substanziell von der israelischen: Im Gegensatz zu Hansen erkennt der israelische Politikwissenschaftler Shlomo Shpiro in der Beziehung zwischen Ben

30 Einen Vergleich dieser »Versöhnungspolitik« unternimmt Lily Gardner Feldman, »The principle and practice of ›reconciliation‹ in German foreign policy: Relations with France, Israel, Poland and the Czech Republic«, in: *International Affairs*, Jg. 75 (1999), H. 2, S. 333–356. Vgl. auch Hélène Miard-Delacroix, Rainer Hudemann (Hrsg.), *Wandel und Integration. Deutsch-französische Annäherungen der fünfziger Jahre*, München 2005.

31 Vgl. Yeshayahu Jelinek, *Deutschland und Israel 1945–1965. Ein neurotisches Verhältnis*, München 2004.

32 Vgl. Niels Hansen, *Aus dem Schatten der Katastrophe. Die deutsch-israelischen Beziehungen in der Ära Konrad Adenauer und David Ben Gurion*, Düsseldorf 2002, vgl. S. 20.

33 Vgl. Markus Weingardt, *Deutsche Israel- und Nahostpolitik. Die Geschichte einer Gratwanderung*, Frankfurt am Main 2002.

34 Vgl. zu dieser Kritik auch Sven-Olaf Berggötz, »Sympathie und Pragmatismus. Eine erste deutsche Gesamtdarstellung über die Israel-Politik der Bundesrepublik seit 1949«, in: *FAZ* vom 11.4.2003, http://www.faz.net/aktuell/feuilleton/politik/sympathie-und-pragmatismus-1105754.html (letzter Zugriff: 2.2.2016).

Gurion und Adenauer[35] lediglich höflichen Respekt: Ben Gurion habe den Deutschen nie wirklich vertraut, und seine Rede vom »anderen Deutschland« sei rein pragmatisch motiviert gewesen.[36] Der israelische Historiker Yechiam Weitz beschreibt die Stimmung beim Abschluss des Luxemburger Abkommens als düster, erst das persönliche Treffen zwischen Ben Gurion und Adenauer 1960 in New York habe Anzeichen von Entspannung gezeigt.[37] Die in der deutschen Forschung oft verwendete Formulierung des »besonderen« und »einzigartigen« Verhältnisses kontrastiert der israelische Historiker und Journalist David Witzthum mit seiner These, dass insbesondere während des Kalten Kriegs die bilateralen Beziehungen zwischen Deutschland und Israel nicht »besonders«, sondern einzig und allein *»Realpolitik«* gewesen seien.[38] Deutschland sei für Israel aufgrund der historischen Schuld leichter als Partner zu gewinnen gewesen als andere europäische Staaten: »Furthermore, in exchange for the reparations – and diplomatic relations – extended to Israel, Ben Gurion was willing to pay the true price Bonn demanded: legitimacy in the eyes of the US and recognition as ›the sole representative‹ of the German people and nation […].«[39] Es gab also einen Austausch von symbolischen Ressourcen auf der einen Seite – Deutschland erhielt einen anerkannten internationalen Status zurück, die Westintegration wurde erleichtert – und materiellen Ressourcen auf der anderen Seite – Israel bekam Waffen und Güter sowie Finanzhilfen. »[…] Deutschland konnte nicht wieder zu einem geachteten und gleichberechtigten Mitglied der Völkerfamilie werden, ehe es seinen Willen zur Wiedergutmachung – soweit sie überhaupt

35 Die Beziehung zwischen Ben Gurion und Adenauer wird auf deutscher Regierungsebene immer wieder herausgestrichen, zuletzt durch den Bundestagspräsidenten Norbert Lammert im Jahr 2008 zum 60. Jahrestag der Gründung des Staates Israel. Er nennt es »ein[en] doppelte[n] Glücksfall, dass mit Konrad Adenauer und David Ben Gurion in beiden Ländern unmittelbar nach der Staatsgründung die jeweiligen ersten Regierungschefs die Einsicht und die Größe zu einem völligen Neuanfang hatten«, http://www.bundestag.de/bundestag/praesidium/reden/2008/006/247038 (letzter Zugriff: 9.3.2015).

36 Vgl. Shlomo Shpiro, »Communicating interests across history. German-Israeli security cooperation«, in: Haim Goren (Hrsg.), *Germany and the Middle East. Past, Present and Future*, Jerusalem 2003, S. 305–330.

37 Vgl. Yechiam Weitz, »Ben Gurions Weg zum ›anderen Deutschland‹ 1952–1963«, in: *Vierteljahrshefte für Zeitgeschichte*, Jg. 48 (2000), H. 2, S. 255–279.

38 Vgl. David Witzthum, »Unique dilemmas of German-Israeli relations. A political avoidance of tragedy«, in: Shahram Chubin (Hrsg.), *Germany and the Middle East. Patterns and Prospects*, London 1992, S. 55–92.

39 Ebd., S. 64.

möglich ist – bekundet und erwiesen hatte«, hatte Adenauer nach seiner Reise nach Israel im Jahr 1966 gesagt.[40] Das Trauma des Holocaust und des Krieges beeinflusste eher die israelische und die deutsche Gesellschaft, so Witzthum, weniger jedoch die politischen Beziehungen. Und Dan Diner argumentierte im Jubiläumsjahr 2015, dass sich über das Abkommen von 1952 Deutschland und Israel gegenseitig als Staaten konstituiert hätten.[41]

Die amerikanische Politikwissenschaftlerin Lily Gardner Feldman untersuchte die deutsch-israelischen Beziehungen auf ihren Gehalt an »Moral« – in ihrer Sicht war die deutsche *raison d'état* ab den Verhandlungen von 1952 sowohl von Moral als auch von Pragmatismus motiviert.[42] Das deutsche Streben nach Versöhnung habe sich in symbolischen Akten wie Kranzniederlegungen und Gästebuchsignierungen artikuliert: »Germany acknowledged grievances through carefully orchestrated and highly public government acts […].«[43] Die Forschungsdebatte um »Normalität« versus »Besonderheit« der politischen Beziehungen zwischen Deutschland und Israel wertet Michael Wolffsohn als bloße Rhetorik: »Dem Ritual der Gewohnheiten entspricht das Ritual um Begriffe: Normalität? Besonderheit? Besondere Normalität? Schuld? Verpflichtung? Verantwortung? Einmaligkeit? Einzigartigkeit? Usw. usw. Inhalte? Nein, meistens Worthülsen!«[44]

Die vorliegende Untersuchung greift diese Debatten am Beispiel der privaten Reisen ranghoher Politiker und der Staatsbesuche auf. Sie analysiert die Besuchsverläufe als Inszenierungen, die den jeweiligen Interessen förderlich sein sollten.

Andere Forschungsarbeiten im Bereich der deutsch-israelischen Beziehungen beschäftigten sich mit Grassroots-Bewegungen, mit frühen Wissenschaftskooperationen, Jugendaustausch, vor allem der Aktion Sühnezeichen

---

40 Konrad Adenauer, »Bilanz einer Reise. Deutschlands Verhältnis zu Israel«, in: *Die Politische Meinung*, Jg. 11 (1966), H. 115.

41 Diner, *Rituelle Distanz*, S. 32 ff.

42 Lily Gardner Feldman, *Germany's Foreign Policy*, S. 68. Die beiden deutschen Ausdrücke für »reconciliation«, Versöhnung und Aussöhnung, enthielten im ersten Fall einen spirituellen, emotionalen Aspekt und im zweiten Fall einen pragmatischen, materiellen. Auch wenn Reden deutscher Politiker über Jahrzehnte hinweg auf Versöhnung als Begründung außenpolitischen Handelns hinwiesen, dürfe der Begriff nicht im religiösen Sinne verstanden werden. Das religiöse Konzept setze zudem eine Vergebung durch das Opfer voraus – wozu Israel als Gesellschaft stellvertretend für die ermordeten Juden Europas nicht bereit war.

43 Ebd., S. 138.

44 Michael Wolffsohn, *Ewige Schuld? 40 Jahre deutsch-jüdisch-israelische Beziehungen*, München 1988, S. 181.

Friedensdienste, und mit Städtepartnerschaften.[45] Zur Entwicklung der Rüstungskooperationen zwischen Deutschland und Israel gibt es bisher nur wenig Material, da die Archive auch nach 50 Jahren noch verschlossen sind. Insbesondere das israelische Militärarchiv behandelt die Quellen restriktiv, dementsprechend gering ist der Forschungsumfang zu diesem Thema.[46] Auch die Beziehungen zwischen der Deutschen Demokratischen Republik und Israel sind noch nicht umfassend erforscht. Ihren marginalen Status in der Politik der DDR und dessen Hintergründe, die mit der von der DDR angestrebten Bindung an die Sowjetunion und ihrem Verhältnis zu den arabischen Staaten zusammenhängen, hat Angelika Timm aufgearbeitet.[47] Ihrer These zufolge war diese Nicht-Beziehung stärker pragmatisch als ideologisch motiviert. Die vorliegende Arbeit bezieht sich ausschließlich auf die Bundesrepublik Deutschland. Da die DDR Israel völkerrechtlich erst 1990 anerkannte, fanden im Untersuchungszeitraum keine offiziellen Reisen statt. Das änderte sich in den letzten fünf Jahren ihres Bestehens, als die DDR ihre ablehnende Haltung Israel gegenüber aufgab und im Januar 1989 erstmals der Staatssekretär für religiöse Angelegenheiten, Kurt Löffler, nach Israel reiste.[48]

Die Recherchen für dieses Buch erstreckten sich auf Partei- und Staatsarchive sowohl in Deutschland als auch in Israel: Das Politische Archiv des Auswärtigen Amtes besitzt eine besonders umfangreiche Sammlung zu den Besuchen, die von diesem Ministerium vorbereitet und kontrolliert wurden. Zu den »privaten« Israel-Reisen der 1960er Jahre konnten zahlreiche Bestän-

---

45 Vgl. Hannfried von Hindenburg, *Demonstrating Reconciliation. State and Society in West German Foreign Policy toward Israel, 1952–1965*, New York 2007; Ute Deichmann, »The beginnings of Israeli-German collaboration in the sciences – motives, scientific benefits and hidden agendas«, in: *The Israeli Academy of Sciences and Humanities*, Bd. 9, Jerusalem 2016; Simone Heil, *Young Ambassadors. Youth Exchange and the Special Relationship between Germany and the State of Israel*, Baden-Baden 2011; Jenny Hestermann, »Atonement or self-experience? On the motivations of the first generation of volunteers of action reconciliation for peace«, Konrad-Adenauer-Stiftung, Working Paper 129/2014, Jerusalem 2014.

46 Vgl. Marcus Mohr, *Waffen für Israel. Westdeutsche Rüstungshilfe vor dem Sechstagekrieg*, Berlin 2003; Keren Tamam, »Is it truly business as usual? The coverage of the weapon deals between Germany and Israel in the Israeli media from a socio-political perspective«, in: Milena Uhlmann (Hrsg.), *Die deutsch-israelischen Sicherheitsbeziehungen. Vergangenheit, Gegenwart, Zukunft*, Berlin 2008, S. 42–53; Shlomo Shpiro, »Friends in the dark. The first decade of German-Israeli intelligence cooperation«, in: ebd., S. 76–89.

47 Angelika Timm, *Hammer, Zirkel, Davidstern. Das gestörte Verhältnis der DDR zu Zionismus und Staat Israel*, Bonn 1997.

48 Vgl. Angelika Timm, »Ideology and *Realpolitik*: East German attitudes towards Zionism and Israel«, in: *The Journal of Israeli History*, Jg. 25 (2006), H. 1, S. 203–222.

de des Bundesarchivs in Koblenz eingesehen werden. Dokumentationen und Protokolle zu den meisten der analysierten Besuche fanden sich im Israeli State Archive in Jerusalem, in hebräischer, englischer, teils auch deutscher Sprache. Über kleinere Bestände und Nachlässe verfügen die Archive der Friedrich-Ebert-Stiftung und der Konrad-Adenauer-Stiftung sowie die israelischen Parteiarchive der Arbeitspartei in Beit Berl und des Likud in Tel Aviv (Jabotinsky-Archiv). Zu den parlamentarischen Besuchen boten das Parlamentsarchiv des Deutschen Bundestages in Berlin und das Archiv der Knesset in Jerusalem relevantes Material.

Die Arbeit ist chronologisch aufgebaut. Untersucht wird der Zeitraum von 1957 bis 1984 – beginnend mit dem ersten geheimen Waffenabkommen zwischen Franz Josef Strauß und Shimon Peres und endend mit dem zweiten offiziellen Staatsbesuch, zu dem Helmut Kohl im Jahr 1984 nach Israel reiste. Geschichtliche Ereignisse, soweit sie zentral für die Entwicklung der deutsch-israelischen Beziehungen waren, wie zum Beispiel die NS-Prozesse in den 1960er Jahren, der Sechstagekrieg 1967 und das Olympia-Attentat in München 1972, werden in den entsprechenden Kapiteln kurz umrissen. Das erste Kapitel bietet einen knappen Überblick über das deutsch-jüdisch-israelische Verhältnis in den 1950er Jahren. Für diesen Zeitraum, der im Zeichen des 1952 abgeschlossenen Luxemburger Abkommens stand, liegen bereits mehrere Monographien vor.[49] Die Haltung der israelischen Gesellschaft gegenüber Deutschland, das Engagement einiger Juden in Deutschland als politische Akteure sowie der geheime Waffenhandel zwischen den Verteidigungsministern Franz Josef Strauß und Shimon Peres im Jahr 1957 werden als Hinführung zum Thema skizziert.

Im zweiten Kapitel werden die privaten und offiziellen Reisen deutscher Politiker zu »kritischen Zeitpunkten« in Fallstudien vorgestellt – nach einer kurzen biographischen Einführung zu den Reisenden folgt die Analyse der häufig diffizilen Vorbereitung, der Programmpunkte und ihrer Bedeutung sowie der medialen Rezeption und der politischen Nachwirkung. Der Zeitraum zwischen 1960 und 1966 wird eingeklammert von den aufsehenerregenden privaten Besuchen des Ex-Bundespräsidenten Theodor Heuss im Mai 1960 und des Altkanzlers Konrad Adenauer, der sich ein Jahr nach der

49 Vgl. Peter Reichel, *Vergangenheitsbewältigung in Deutschland. Die Auseinandersetzung mit der NS-Diktatur von 1945 bis heute*, München 2001; Norbert Frei, José Brunner, Constantin Goschler (Hrsg.), *Die Praxis der Wiedergutmachung: Geschichte, Erfahrung und Wirkung in Deutschland und Israel*, Bonn 2010; Dominique Trimbur, *De la Shoah à la réconciliation? La question des relations RFA et Israël (1949–1956)*, Paris 2001.

Aufnahme diplomatischer Beziehungen als »privater Pilger« in Israel inszenierte. Für die Jahre zwischen den Reisen dieser beiden ranghohen Persönlichkeiten wird anhand der Besuche von Bundestagspräsident Eugen Gerstenmaier, von Ex-Verteidigungsminister Franz Josef Strauß und anhand der Reisen des Bundestagsabgeordneten Kurt Birrenbach zur Verhandlung der Aufnahme diplomatischer Beziehungen der symbolpolitische Gehalt des Verhältnisses beider Staaten analysiert.

Der ebenfalls private Besuch des Altkanzlers Ludwig Erhard im Oktober 1967 führt in das dritte Kapitel über, denn in ihm sind bereits die Anfänge einer neuen Nahostpolitik der Bundesregierung erkennbar. Unter Außenminister Willy Brandt, ab 1969 Bundeskanzler, formulierte die Bundesregierung ihr Ziel einer »ausgewogenen Nahostpolitik«.[50] Zwar nahm Willy Brandt während seines ersten Staatsbesuchs 1973 noch eine Haltung der Demut ein, demonstrierte aber bereits das neue Selbstbewusstsein der Bundesrepublik gegenüber Israel und wies auf geänderte Prioritäten in der Außenpolitik hin.[51] Die deutsch-israelischen Debatten über die Implikationen dieser außenpolitischen Neuorientierung und über das deutsche Verständnis von »Normalisierung« im bilateralen Verhältnis prägten die 1970er Jahre – sie werden anhand der Reden und Gesprächsthemen bei wechselseitigen Zusammenkünften exemplarisch nachvollzogen, wobei der Inhalt der Besuche als Gradmesser für den Stand der Beziehungen verstanden wird. Auch einige Gegenbesuche israelischer Politiker in Deutschland sind in dieses Kapitel aufgenommen, um die Themen und Auseinandersetzungen, welche die Beziehungen prägten, in der umgekehrten Gast-/Gastgeberperspektive zu spiegeln. An prominenter Stelle steht die Analyse des ersten tatsächlichen Staatsbesuchs, den Willy Brandt im Juni 1973 unternahm. Da das Protokoll in den 1970er Jahren bereits erprobt war und sich zudem die Anzahl diplomatischer und politischer Begegnungen erhöhte, werden für die zweite Hälfte der 1970er Jahre nur ausgewählte Besuche untersucht.[52]

50 Zur Außenpolitik der Bundesrepublik gibt es eine Fülle an Forschungsliteratur, vgl. einführend zum Wandel ab 1969 und der Regierung unter Willy Brandt: Stefan Creuzberger, *Westintegration und neue Ostpolitik. Die Außenpolitik der Bonner Republik*, Berlin 2009, sowie allgemeiner und grundlegend: Helga Haftendorn, *Deutsche Außenpolitik zwischen Selbstbeschränkung und Selbstbehauptung 1945–2000*, München 2001, S. 173 ff.

51 Vgl. Carole Fink, »Ostpolitik and West German-Israeli relations«, in: dies., Bernd Schaefer (Hrsg.), *Ostpolitik 1969–1974. European and Global Responses*, Cambridge 2009, S. 182–205.

52 »Der Begriff Protokoll umfasst unter anderem die Regeln, die im schriftlichen und persönlichen Verkehr zwischen Staatsoberhäuptern, Regierungschefs und Ministern zu be-

Das letzte Kapitel, das den Zeitraum von 1977 bis 1984 behandelt, rückt den zweiten deutschen Staatsbesuch in Israel durch Bundeskanzler Helmut Kohl in den Vordergrund. In den späten 1970er Jahren bildete die Besuchskultur auf ministerieller und parlamentarischer Ebene einen Ersatz für die mangelnden Begegnungen auf Regierungsebene, da Bundeskanzler Helmut Schmidt es in seiner Amtszeit bis 1982 abgelehnt hatte, mit dem amtierenden israelischen Regierungschef Menachem Begin zusammenzukommen. Mit dem Besuch Helmut Kohls in Israel 1984 schließt die Untersuchung. Er markiert einen Tiefpunkt in der Beziehung beider Staaten, der erst durch die Rede Richard von Weizsäckers am 8. Mai 1985 im Deutschen Bundestag anlässlich des 40. Jahrestags des Kriegsendes überwunden werden konnte.

obachten sind. Protokoll ist der Kodex der internationalen Höflichkeit. Aus der Kenntnis des Protokolls weiß jeder Beteiligte, welches Verhalten bei einem Besuch oder einem Gespräch von ihm erwartet wird, welche Ehren er in Anspruch nehmen kann und welche Pflichten er als Gastgeber oder Gast hat. […] Besucher werten Art und Weise der protokollarischen Wahrnehmung als lautlose Erklärungen zum Stand der Beziehungen und die mit dem Treffen verbundenen Vorstellungen der anderen Seite über die Gestaltung des künftigen Verhältnisses. Begrüßungs- und Abschiedszeremoniell, Kranzniederlegung, Vorstellung des Diplomatischen Korps und Essen zu Ehren des Gastes. Durch Nuancierungen im Detail wird dem Gast deutlich, welche Einschätzung man ihm entgegenbringt. Ein Mehr oder Weniger wird als Entscheidung gewertet, wie Staat und Gast von einem Gastgeber eingestuft werden. […] Zumindest auf diese Weise soll ein möglichst hoher Platz, das heißt ein Optimum an Ansehen und Prestige innerhalb der internationalen Wertung der Staaten erreicht werden.« (Politisches Archiv des Auswärtigen Amtes (PA AA), Zwischenarchiv, Bd. 178645)

II. Vorsichtige Kontaktaufnahme und beginnende Kooperation in den 1950er Jahren

Nicht selten herrscht Erstaunen darüber, dass die diplomatischen Beziehungen zwischen Deutschland und Israel erst im Jahr 1965 aufgenommen wurden. Zu sehr ist im kollektiven Gedächtnis Israels und Deutschlands verankert, dass die ersten Beziehungen persönlicher und wirtschaftlicher Natur bereits kurze Zeit nach der Staatsgründung Israels im Jahr 1948 angeknüpft worden waren. Auch zwischen deutschen und israelischen Politikern gab es schon früh persönliche Kontakte, die in den 1950er Jahren jedoch größtenteils noch geheim gehalten wurden. In Israel sind aus dieser Zeit die Tumulte und gewalttätigen Proteste im Winter 1951/1952 gegen die Aufnahme von Wiedergutmachungsverhandlungen mit Deutschland in Erinnerung, in Deutschland die auf die Unterzeichnung des Luxemburger Abkommens folgende Empörung in weiten Teilen der Gesellschaft über die Höhe der vereinbarten Zahlungen.[1]

Die Debatte um die »Wiedergutmachung« wurde in der Bundesrepublik mit der Frage nach einer Kollektivschuld der Deutschen verbunden.[2] Moralische und politische Verantwortung für den Zweiten Weltkrieg und den Holocaust zu übernehmen lehnte die überwiegende Mehrheit der Gesellschaft ab. Der Philosoph Karl Jaspers unterschied zwischen juristischer,

1 Das Luxemburger Abkommen, auch »Wiedergutmachungsabkommen« genannt, wurde am 10. September 1952 unterzeichnet und regelte die Zahlungen der Bundesrepublik an Israel und die Jewish Claims Conference in Höhe von 3,45 Milliarden DM über eine Laufzeit von zwölf bis 14 Jahren. Zu den Tumulten siehe Tom Segev, *Die Siebte Million. Der Holocaust und Israels Politik der Erinnerung*, Reinbek 1995, S. 288 ff. Die *Zeit* rief dazu auf, die Güterlieferungen möglichst gering zu halten, damit Israel die kostenlosen Güter nicht zu »Dumpingpreisen im Vorderen Orient verschleuder[e]« und so den deutschen Exportmarkt schwäche (»Waren für Israel«, in: *Die Zeit* vom 12.3.1953).

2 Die im Ausdruck »Wiedergutmachung« angelegte Vorstellung, die Verbrechen des Nationalsozialismus könnten durch Entschädigungsleistungen des deutschen Staates wiedergutgemacht werden, ist höchst problematisch. Da der Begriff sich in der Forschungsliteratur eingebürgert hat, verwende ich ihn hier in Anlehnung an Kauders aus pragmatischen Gründen.

moralischer, politischer und metaphysischer Schuld.[3] Letztere charakterisierte er als Mitverantwortung für das »Übel in der Welt«, eine abstrakte Vorstellung, die aufgrund ihres nebulösen Charakters und weil sie ohne konkrete Täter auskommt, im Nachkriegsdeutschland sehr populär war.[4] Es überwog eine Sichtweise, der zufolge eine Gruppe verbrecherischer »Nazis« die deutsche Gesellschaft von außen eingenommen und kontrolliert habe. Konrad Adenauer vertrat in seiner Regierungserklärung im September 1951 zur Aufnahme der Wiedergutmachungsverhandlungen mit Israel hingegen die Auffassung, dass der millionenfache Mord von den Nazis »im Namen des deutschen Volkes« begangen worden sei.[5] In der politischen Realität stellte sich die Frage von politischer und moralischer Schuld einerseits und konkreten materiellen Schulden, die durch Raub, Enteignung, Plünderung von Individuen entstanden waren, andererseits. Die deutschen Politiker versuchten, in den Verhandlungen mit Israel politische und moralische Verantwortung in materiellen Ausgleich umzuwandeln – und damit abzugelten. Aus diesem Grund wurde der Begriff der »Wiedergutmachung« in Israel scharf kritisiert. Denn er transportiere eine – auch im christlichen Sinne – »aufdringliche Versöhnungserwartung«, die einen Erwartungsdruck auf die Opfer des Nationalsozialismus ausübe.[6] Stattdessen prägte der israelische Außenminister Moshe Sharett Anfang der 1950er Jahre den Ausdruck »Shilumim«, zu Deutsch »Zahlungen«, der ohne die kritisierte Konnotation auskam.[7] Nicht alle israelischen Politiker, zu ihnen gehörte auch Regierungschef David Ben Gurion, hielten sich jedoch mit Debatten über die richtige Begriffsfindung

3 Vgl. Karl Jaspers, *Die Schuldfrage*, Heidelberg 1946.

4 Vgl. Anthony Kauders, *Unmögliche Heimat. Eine deutsch-jüdische Geschichte der Bundesrepublik*, München 2007, S. 19. Benjamin Sagalowitz, Pressesprecher des Schweizerischen Israelitischen Gemeindebundes, fragte auf dem Jüdischen Weltkongress im Jahr 1950 provokativ, ob denn die Idee einer Kollektivschuld für Deutsche wirklich so absurd sei, es würden doch auch die Leistungen eines Goethe oder Schiller verkollektiviert (vgl. Kauders, *Unmögliche Heimat*, S. 35).

5 Vgl. Hansen, *Schatten*, S. 37.

6 Hans Günter Hockerts, »Wiedergutmachung. Ein umstrittener Begriff und ein weites Feld«, in: ders., Christiane Kuller, *Nach der Verfolgung. Wiedergutmachung nationalsozialistischen Unrechts in Deutschland?*, Göttingen 2003, S. 7–33, hier S. 10.

7 Der Begriff »Shilumim« wurde auch in der deutschen Übersetzung des Buches von Jelinek übernommen, während die deutsche Forschung weitgehend beim Wiedergutmachungsbegriff blieb, vgl. Jelinek, *Deutschland*.

auf. So äußerte sich Finanzminister Elieser Kaplan pragmatisch: »Nennen Sie es, wie Sie wollen, solange es Geld ist.«[8]

Um die im Luxemburger Abkommen vereinbarten Zahlungen und Güterlieferungen ab 1953 bürokratisch abzuwickeln, eröffnete die israelische Regierung in Köln eine konsularische Außenstelle. Die sogenannte Israel-Mission war ein Vorläufer der späteren israelischen Botschaft und mit nur einer Person, dem Juristen Felix Shinnar, besetzt. Ihre Existenz und ihren genauen Ort hielten deutsche Offizielle aus Angst vor Anschlägen, so gut es ging, geheim.[9]

Die israelische Gesellschaft nach dem Holocaust

Die zionistischen Pioniere – zu ihnen zählte auch Regierungschef David Ben Gurion – waren zu Beginn des 20. Jahrhunderts überwiegend aus osteuropäischen Ländern nach Palästina eingewandert. In den 1930er Jahren flohen zunehmend deutsche und österreichische Juden in die »Levante«.[10] Zwischen diesen beiden Gruppen und den Überlebenden des Holocaust, die nach traumatischen Erfahrungen in das britische Mandatsgebiet Palästina beziehungsweise nach dem 14. Mai 1948 in den jüdischen Staat Israel gelangten, bestand ein eklatanter Unterschied. Die Überlebenden hatten einen schweren Start: Die Ideologie des »starken Juden«, des »Sabre«,[11] war so dominant,

8 Yeshayahu Jelinek, »Israel und die Anfänge der Shilumim«, in: Ludolf Herbst, Constantin Goschler (Hrsg.), *Wiedergutmachung in der Bundesrepublik Deutschland*, München 1989, S. 119–138, hier S. 133.

9 Felix Elieser Shinnar (1905–1985) wurde als Felix Schneebalg in Stuttgart geboren, später hebraisierte er seinen Namen. Er war Gesandter in Köln von 1953 bis 1966. Zur Geheimhaltung der Verhandlungen vgl. Inge Deutschkron, *Israel und die Deutschen*, Köln 1970, S. 76.

10 Der Zionismus als Bewegung wurde von Theodor Herzl auf dem Ersten Zionistischen Kongress in Basel 1897 begründet. Seine wichtigste ideologische Forderung nach einer eigenen nationalen Heimstatt der Juden entstand angesichts der zunehmenden Gefährdung der osteuropäischen Juden durch Pogrome. Vgl. Michael Brenner, *Israel. Traum und Wirklichkeit des jüdischen Staates*, München 2016, S. 56 ff.

11 »Sabre« heißt übersetzt Kaktusfrucht und ist die Selbstbezeichnung der Vertreter des »neuen Israeli«, der außen stachelig und hart, also kämpferisch, und innen weich ist. In den Anfangsjahren des israelischen Staates diente sie dazu, das Ideal des neuen, starken, selbstbewussten Israeli vom als schwach geltenden und vermeintlich in der Opferrolle verharrenden »Diaspora-Juden« abzugrenzen.

dass »die zionistischen Pioniere keine Zeit damit [verbrachten], Tränen zu vergießen«.[12] So litten die Überlebenden in Israel unter mangelnder sozialer Integration und bitterer Armut, und 1948 wurden sie ohne militärische Ausbildung in den Unabhängigkeitskrieg geschickt, wie die israelische Historikerin Hanna Yablonka schreibt.[13] Bis zum Eichmann-Prozess im Jahr 1961 verdrängte die israelische Öffentlichkeit weitgehend die Leiden und Traumata der Überlebenden zugunsten eines Selbstverständnisses, in dem Stärke und Wehrhaftigkeit wertgeschätzt wurden. »Europa« stand bei vielen Israelis für die Sehnsucht nach der verlorenen Heimat, aber auch für die Erinnerung an den Holocaust. Beide Erinnerungen sollten im jungen israelischen Staat keine Rolle spielen, sondern als vergangen und überwunden gelten. Daher waren außer Hebräisch alle Sprachen verboten, insbesondere aber die deutsche, die sogar gesetzlich mit einem Bann belegt war.[14] Bis zum Ende der 1950er Jahre war an der Hebräischen Universität Jerusalem, die immerhin von deutschen Juden im Jahr 1925 gegründet worden war, das Studium der deutschen Sprache nicht möglich.[15] Noch 1961 wurde ein Gesetz erlassen, das Kulturveranstaltungen in deutscher Sprache untersagte. Dennoch wurden landsmannschaftliche Vereinigungen (so etwa die Vereinigungen ehemaliger Kölner, Stuttgarter etc.) ins Leben gerufen, die unter anderem die reisenden deutschen Politiker in Israel in den 1960er Jahren begeistert in ihrer jeweiligen Regionalsprache empfingen. Sie trafen sich im Geheimen an geschützten Rückzugsorten und in Nischen im Tel Aviver und Jerusalemer Stadtleben. Das israelische Einwanderungsministerium versah alle Pässe ab dem 22. Dezember 1949 mit dem Stempel »prat le-germania« – »mit Ausnahme Deutschlands«.[16] Israelische Staatsbürger sollten in alle Länder der Welt reisen dürfen, nur nicht nach Deutschland, das als verbrannte Erde galt.[17]

12 Moshe Pearlman, *Gespräche mit Ben Gurion. Erfahrungen, Erinnerungen, Erkenntnisse*, München 1966, S. 198.

13 Vgl. Hanna Yablonka, *Survivors of the Holocaust. Israel after the War*, New York 1999, S. 134. Vgl. Auch Segev, *Siebte Million*, S. 113 ff.

14 Nach dem Vorbild des symbolischen Banns, der über Spanien verhängt worden war, und der jüdischen Tradition des *cherem*, vgl. Diner, *Rituelle Distanz*, S. 66 ff.

15 Vgl. Yfaat Weiss, »Rückkehr in den Elfenbeinturm. Deutsch an der Hebräischen Universität«, in: *Naharaim*, Jg. 8 (2014), H. 2, S. 227–245, hier S. 234 ff.

16 Vgl. Diner, *Rituelle Distanz*, S. 50, vgl. auch Avi Primor, *»... mit Ausnahme Deutschlands«. Als Botschafter Israels in Bonn*, Berlin 1997, S. 56.

17 Diesen Ausdruck hat der israelische Historiker Walter Grab geprägt. Vgl. auch Kauders, *Unmögliche Heimat*, S. 116 ff.: »Schon früh haben sich Juden in Deutschland gegen die Vorhaltung aus Israel gewehrt, sie hätten im Land der Mörder nichts zu suchen.« Auf

Ein Tabu – Juden in Deutschland nach 1945

Der Rabbiner Leo Baeck hielt nach der Befreiung und seiner Rückkehr aus Theresienstadt 1945 jüdisches Leben in Deutschland für eine »Illusion«.[18] Und tatsächlich stießen die Remigranten bei Juden in aller Welt auf Unverständnis und fühlten sich schuldig, wieder im Land der Täter zu wohnen – unter »Leuten, die sich noch nicht mal geruhten, über unser ›Problem‹, die vielen Toten, zu sprechen«, wie Hannah Arendt es formulierte.[19] Der deutsch-jüdische Philosoph Gershom Scholem[20] schrieb im Jahr 1949 an den zurückgekehrten Religionsphilosophen Hans-Joachim Schoeps: »Ich staune, dass Sie in dieser Luft atmen können.«[21] Die Gründe, als Jude in Deutschland zu leben, waren vielfältig: Manche kehrten zurück, um ihren alten Beruf auszuüben, nachdem sie in Israel wirtschaftlich nicht hatten Fuß fassen können. Etliche waren geblieben, weil sie infolge des Krieges und der Haft zu krank und erschöpft oder als Displaced Persons staatenlos waren und weder in ihre Herkunftsländer einreisen noch uneingeschränkt in andere Länder auswandern konnten.[22]

Der Herausgeber der *Allgemeinen Wochenzeitung der Juden in Deutschland*, Karl Marx, der bereits 1946 mit seiner Frau aus der Emigration in England nach Deutschland zurückgekommen war, übernahm in den 1950er Jahren eine Vermittlerrolle zwischen Deutschland und Israel.[23] Er hatte den

dem Jüdischen Weltkongress 1948 in Montreux wurde gefordert, dass Juden sich »nie wieder auf dem blutgetränkten deutschen Boden ansiedeln« sollten (zitiert nach Michael Brenner, *Nach dem Holocaust. Juden in Deutschland 1945–1950*, München 1995, S. 99).

18 Leo Baeck nach seiner Befreiung aus dem KZ Theresienstadt, New York 1945, zitiert nach Nachum T. Gidal, *Die Juden in Deutschland von der Römerzeit bis zur Weimarer Republik*, Köln 1997, S. 426.

19 Hannah Arendt am 30. Mai 1946 an Gertrud Jaspers, in: Lotte Köhler, Hans Saner (Hrsg.), *Hannah Arendt/Karl Jaspers. Der Briefwechsel 1926–1969*, München 1985, S. 77.

20 Scholem wurde 1897 in Berlin geboren, wanderte 1923 nach Palästina aus und starb 1982 in Jerusalem.

21 Zitiert nach Monika Boll, Raphael Gross, *»Ich staune, dass Sie in dieser Luft atmen können«. Jüdische Intellektuelle in Deutschland nach 1945*, Frankfurt am Main 2013, S. 9. Rückkehrer berichteten von israelischen Freunden, die nie wieder ein Wort mit ihnen gesprochen hätten (vgl. ebd., S. 12).

22 Die sogenannten Displaced Persons mussten nach der Befreiung aus den Lagern teilweise jahrelang in DP-Camps in Deutschland ausharren. Vgl. Atina Grossmann, *Jews, Germans, and Allies. Close Encounters in Occupied Germany*, Princeton 2007.

23 Zu Karl Marx und zur Entstehung der *Jüdischen Allgemeinen Zeitung* vgl. Andrea Sinn, *Jüdische Politik und Presse in der frühen Bundesrepublik*, Göttingen 2014, S. 55 ff., S. 117 ff.

Vorsitz der Zionistischen Organisation in Deutschland inne, die allerdings von den Zionistenkongressen ausgeschlossen war.[24]

Es blieb freilich nicht bei den latenten Ressentiments der Israelis gegenüber den Juden, die Deutschland entweder nach dem Ende des Kriegs nicht verlassen hatten oder dorthin zurückgekehrt waren. Der World Jewish Congress verbot im Jahr 1948 offiziell die Ansiedlung in Deutschland. Und im Jahr 1950 wurden die Büros der Jewish Agency in Deutschland geschlossen und alle Juden dort dazu gedrängt, nach Israel auszuwandern.[25] Jene, die dem Aufruf nicht Folge leisteten, galten in den israelischen Diskursen als Verräter.[26] Um sich selbst und diese Stimmen zu beruhigen, versicherten die in Deutschland lebenden Juden, dieser Zustand sei vorübergehend, sie verzichteten auf die Anschaffung von Mobiliar und wohnten in Provisorien.[27] Aus dieser Zeit stammt auch der Name Zentralrat der Juden in Deutschland, ihrer 1950 gegründeten repräsentativen Organisation.[28] Er betont den temporären Charakter ihres Lebens »in Deutschland«, statt einer Zugehörigkeit zur deutschen Nation wie noch vor 1933 Ausdruck zu geben. Der Titel von Anthony Kauders' Buch *Unmögliche Heimat. Eine deutsch-jüdische Geschichte der Bundesrepublik* fasst die paradoxe Situation gut zusammen: Blieb Deutschland einerseits als Sprach- und Kulturraum Heimat und Sehnsuchtsort vieler Juden, die vor dem Holocaust oder als Überlebende nach Israel emigriert waren, war es andererseits unmöglich geworden, »nach Auschwitz« in Deutschland zu leben. Aber auch das deutsche Kollektiv erachtete die Juden im Land nicht als zugehörig. Für sie hatte daher der in

---

24 Vgl. Hansen, *Schatten*, S. 41 f.

25 Die Jewish Agency, 1929 auf dem 16. Zionistenkongress in Basel gegründet, ist bis heute die offizielle Einwanderungsorganisation des Staates Israel. Zur Rolle der internationalen jüdischen Hilfsorganisationen vgl. Donate Strathmann, *Auswandern oder Hierbleiben? Jüdisches Leben in Düsseldorf und Nordrhein 1945–1960*, Essen 2003, S. 98 ff. Der World Jewish Congress wurde 1936 in Genf unter anderem von Nahum Goldmann als diplomatische Vertretung der Juden weltweit gegründet.

26 Auch in den israelischen Debatten der Jahre 2014 und 2015 gehörte es zur Politik von Regierungschef Netanjahu, gezielt Schuldgefühle hervorzurufen und nach Deutschland ausgewanderte Israelis als Verräter zu bezeichnen beziehungsweise Juden in Frankreich zu drängen, nach Israel auszuwandern. Vgl. zum Beispiel https://www.washingtonpost.com/world/europe/waves-of-young-israelis-find-a-home-in-the-former-nazi-capital/2014/10/21/7ecd02bf-70fa-4b9f-b226-c4be22049a2f_story.html (letzter Zugriff: 11.4.2016).

27 Kauders, *Unmögliche Heimat*, S. 51. Die Resignation darüber wurde häufig geheim gehalten, oftmals sogar der Kontakt zu Familie und Freunden abgebrochen aus einem umfassenden Gefühl der Scham und des schlechten Gewissens heraus (vgl. ebd., S. 46).

28 Vgl. Sinn, *Jüdische Politik*, S. 161 ff.

den 1950er Jahren schleppend beginnende Prozess der »Wiedergutmachung« nicht nur finanzielle, sondern auch symbolische Bedeutung. Sie kämpften um die Anerkennung des erlittenen Unrechts auf Seiten der Gesellschaft, in der sie sich wieder zu Hause zu fühlen versuchten.[29]

Akteure der Wiedergutmachung

Nach der Gründung der Bundesrepublik im Jahr 1949 wurde in Israel kurzzeitig diskutiert, nicht nur über die deutsche Sprache, sondern auch über Deutschland symbolisch einen Bann, *cherem*, zu verhängen – so wie man mit Spanien verfahren war, das infolge des Ausweisungs- oder Alhambra-Edikts 1492 jahrhundertelang mit einem symbolischen jüdischen Bann belegt gewesen war, der erst 1992 aufgehoben wurde.[30] Den Vorschlag machte Gesundheitsminister Moshe Shapira im Oktober 1950 – er lehnte Verhandlungen mit Deutschland um Entschädigungsleistungen strikt ab. Im Wesentlichen hätte ein solcher Bann jeglichen Kontakt zu Deutschen und zur deutschen Regierung boykottiert. David Ben Gurion argumentierte dagegen, in der Diaspora gälten andere Regeln als in einem souveränen Staat, der sich nicht auf einen »Mystizismus« stützen dürfe, indem er religiöse Traditionen auf moderne Staatlichkeit anwende.[31] Auch warf er seinen Gegnern »Ghettomentalität« vor.[32]

Der anvisierte Bann ließ sich nicht durchsetzen, denn die Bundesrepublik Deutschland kehrte nach ihrer Gründung rasch in die internationalen Organisationen zurück. Israels Botschafter kamen nicht umhin, den deut-

29 »Denn es ist ja doch die deutsche Sprache und diese unerhoert schoene, heimatliche Landschaft, eine Vertrautheit, die es nirgendwo mehr fuer uns gegeben hat oder geben wird«, schrieb Hannah Arendt an Hilde Fränkel am 20. Dezember 1949 (zitiert nach Elisabeth Gallas, »Hannah Arendt. Rückkehr im Schreiben«, in: Boll, Gross, *»Ich staune«*, S. 233–263, hier S. 256. Zur Reorganisierung der Juden in Deutschland vgl. auch Sinn, *Jüdische Politik*, S. 262 ff.

30 Vgl. Avi Primor, *Nichts ist jemals vollendet. Die Autobiografie*, Berlin 2015, S. 303. Eine Darstellung, wie man sich den Boykott gegen Deutschland konkret vorstellte, findet sich bei Segev, *Siebte Million*, S. 257 ff. Zur rabbinischen Diskussion darüber, ob ab 1492 tatsächlich ein offizieller Bann über Spanien verhängt worden war, vgl. Diner, *Rituelle Distanz*, S. 41 ff.

31 Yechiam Weitz, »Ben Gurions Weg«, S. 260 f.

32 Segev, *Siebte Million*, S. 271 ff.

schen Vertretern in diesen Institutionen bei offiziellen Anlässen die Hände zu schütteln und einige Worte mit ihnen zu wechseln, wenn auch Israel sich in die internationale Gemeinschaft integrieren wollte. Zudem gab es inoffizielle Kontakte zwischen den Regierungen beider Staaten, auch wenn Israel diese bis 1952 öffentlich ablehnte. Direkte Gespräche konnten zunächst nur im Geheimen stattfinden, und es waren zwei deutsche Juden, Jakob Altmaier, einer der wenigen jüdischen Bundestagsabgeordneten, und Karl Marx, die dabei halfen, sie ins Leben zu rufen.[33] Auch Nahum Goldmann war an der Aufnahme von Verhandlungen beteiligt. Goldmann wurde 1895 in Weißrussland geboren, mit seinen Eltern übersiedelte er im Alter von fünf Jahren nach Deutschland, und später studierte er in Heidelberg, Marburg, Berlin und Freiburg. Bereits ab 1929 hatte er vor der Bedrohung durch die Nationalsozialisten gewarnt. Im Jahr 1940 emigrierte er in die Vereinigten Staaten, und in den folgenden Jahrzehnten hielt er sich abwechselnd in Amerika, Deutschland und Israel auf. Er nutzte seine noch aus der Weimarer Zeit stammenden Kontakte zu deutschen Politikern, um die Wiedergutmachungsverhandlungen mit Israel voranzubringen – unter anderem auch den zu Hans Globke, dem heftig umstrittenen Staatssekretär im Kabinett Adenauers zwischen 1953 und 1963, der an der rechtlichen Durchsetzung der Nürnberger Gesetze mitgewirkt hatte.[34] Seine Aufgabe sah Goldmann in der »richtige[n] Verhandlungstaktik«, dazu gehörte, »Adenauer gegenüber den richtigen Gesprächston« zu treffen und mit ihm Deutsch zu sprechen »über Goethe und Bach«.[35]

Im Jahr 1949 hatte die israelische Regierung zunächst über die vier Siegermächte versucht, Forderungen an den westdeutschen Staat zu stellen. Die westlichen Alliierten lehnten es jedoch ab, noch höhere Reparationszahlungen von Deutschland zu verlangen, aus Sorge, der Staat könne zahlungsun-

33 Altmaier war ein deutscher sozialdemokratischer Jude, der 1933 geflohen und in Frankreich zeitweise inhaftiert war. Nach weiteren Fluchtstationen auf dem Balkan, in Spanien und in Afrika kehrte er im Jahr 1949 nach Deutschland zurück. In Wassenaar befand er sich auf der Seite der deutschen Delegation. Vgl. Diner, *Rituelle Distanz*; Willy Albrecht, »Ein Wegbereiter: Jakob Altmaier und das Luxemburger Abkommen«, in: Herbst, Goschler (Hrsg.), *Wiedergutmachung*, S. 205–214.

34 Vgl. Susanne Bauer-Hack, *Die jüdische Wochenzeitung AUFBAU und die Wiedergutmachung*, Düsseldorf 1994, S. 136 ff.; Jeffrey Herf, *Zweierlei Erinnerung. Die NS-Vergangenheit im geteilten Deutschland*, Berlin 1998, S. 343.

35 Interview mit Nahum Goldmann, 24. November 1971, New York Public Library – AJC Oral History Collection, Jacob Blaustein Oral History Project, zitiert nach Goschler, *Schuld*, S. 145.

fähig werden. Konrad Adenauers erstes Angebot vom Sommer 1949, insgesamt zehn Millionen DM Wiedergutmachung zu zahlen, wies das israelische Kabinett empört zurück mit den Worten, es handle sich dabei um 1,60 DM pro ermordeten Juden.[36] Die ersten direkten Verhandlungen fanden im April 1951 in Paris statt, wo der israelische Finanzminister David Horowitz, der israelische Botschafter Maurice Fischer und Konrad Adenauer zusammentrafen: Sie achteten streng darauf, getrennt anzukommen und die Zusammenkunft nicht gemeinsam zu verlassen, um keine Aufmerksamkeit zu erregen. Moshe Sharett konnte dieses Treffen vor der israelischen Presse erfolgreich geheim halten.[37] Fischer wollte den israelischen Medien, vor allem den Tageszeitungen *Jedioth Achronoth* und *Maariv*, die deutlich gegen Deutschland eingestellt waren, keine neue Nahrung geben. Für diese Blätter war Deutschland der neue Amalek des jüdischen Volkes.[38]

In Deutschland hatten sich seit 1949 für einige Jahre parteiübergreifend Befürworter der Zahlungen an Israel zusammengefunden. In der Union waren dies maßgeblich Franz Böhm, der 1940 wegen Kritik am NS-Regime seine Lehrbefugnis als Jurist und Ökonom verloren hatte, und Bundestagspräsident Eugen Gerstenmaier. Böhm klagte 1952 über die Schwierigkeiten, die sich ihrer Arbeit in den Weg stellten: »Was soll man tun, wenn ein ganzes Volk bockt [...]?«[39] In der SPD engagierten sich Otto Heinrich Greve, der 1938 »aus politischen Gründen« aus dem Justizdienst entlassen worden war, und Adolf Arndt, selbst als »Halbjude« von den Nationalsozialisten verfolgt, für Verhandlungen mit Israel. Zwar waren nicht alle Parteimitglieder der SPD im antifaschistischen Widerstand aktiv gewesen, aber die Vergangenheit einiger als Angehörige des Widerstands hatte symbolischen Wert und unterschied die SPD als Partei vom bürgerlichen Lager. Alle drei Vorsitzen-

36 Vgl. Yeshayahu Jelinek, *Zwischen Moral und Realpolitik. Deutsch-israelische Beziehungen 1945–1965. Eine Dokumentensammlung*, Gerlingen 1997, S. 15.

37 Vgl. Segev, *Siebte Million*, S. 270.

38 Der Amalek ist eine Figur aus der jüdischen Mythologie, die den absoluten Feind Israels symbolisiert. Vgl. Moshe Zimmermann, »Zur Entstehung einer israelischen Schizophrenie. Amalek und Deutschland zwischen Vergangenheit und Gegenwart«, in: Kurt-Jürgen Maaß (Hrsg.), *Deutschland von außen. Der andere Blick 50 Jahre danach*, Rheinbach 1995, S. 168–188. Vgl. auch Segev, *Siebte Million*, S. 278 ff., und Diner, *Rituelle Distanz*, S. 46 ff.

39 Zitiert nach Otto Küster, »Grundlinien der deutschen Wiedergutmachung«, in: *Die Bundesrepublik Deutschland und die Opfer des Nationalsozialismus*, Tagung in der Evangelischen Akademie Bad Boll, 1984, S. 86–89, hier S. 89. Küster diente als Richter in der Weimarer Republik und wurde im Nationalsozialismus entlassen. Nach 1945 war er Staatsbeauftragter für Wiedergutmachung im Justizministerium in Württemberg-Baden.

den der SPD zwischen 1945 und 1987, Kurt Schumacher, Erich Ollenhauer und Willy Brandt, aber auch der Berliner Oberbürgermeister Ernst Reuter, waren Verfolgte des Naziregimes. Schumacher, der neun Jahre und neun Monate im Konzentrationslager inhaftiert gewesen war, sprach sich als Erster nach dem Krieg für ein Abkommen mit Israel aus.[40] Schon auf der Sozialistenkonferenz 1947 in Zürich hatte er Anstrengungen unternommen, die SPD wieder in die internationale sozialistische Gemeinschaft zu integrieren.[41] Dies scheiterte unter anderem an Golda Meir, damals noch Myerson,[42] die dagegen stimmte[43] und sich weigerte, dem Deutschen Kurt Schumacher die Hand zu schütteln.

Auch der liberale Jurist Hans Reif, der 1933 alle Ämter verlor, setzte sich für Zahlungen an Israel ein, ebenso Bundespräsident Theodor Heuss. Heuss, der 1884 geboren wurde, war der Älteste, Böhm, Altmaier und Reif gehörten Geburtsjahrgängen zwischen 1895 und 1899 an, und Gerstenmaier, Otto Küster und Greve wurden zwischen 1906 und 1908 geboren. Trotz ihrer unterschiedlichen Generationszugehörigkeit hatten sie alle ihre politische Prägung als junge Erwachsene im Kaiserreich beziehungsweise in der Weimarer Republik erhalten und wollten daher an eine »bessere deutsche Tradition« und eine »deutsch-jüdische Bildungsgemeinschaft« anknüpfen.[44] Der Jurist Adolf Arndt sprach davon, die Deutschen müssten »als Staatsvolk vor der Welt und vor uns ehrlich werden, das Recht wiederherzustellen«.[45] Ein Wiedergutmachungsabkommen mit Zahlungen an den israelischen Staat sah er als einen Schritt zur Rückkehr zu rechtsstaatlichen Maßstäben an.

Die entscheidenden Protagonisten der ersten Gespräche waren Bundeskanzler Konrad Adenauer und Ministerpräsident David Ben Gurion, die jeweils gegen den Willen der Bevölkerung miteinander in Kontakt traten und

40 Vgl. Frank R. Pfetsch, *Die Außenpolitik der Bundesrepublik Deutschland. Von Adenauer zu Merkel*, Schwalbach 2012, S. 61.

41 Darstellung bei Rolf Steininger, »Deutschland und die Sozialistische Internationale nach dem Zweiten Weltkrieg«, in: *Archiv für Sozialgeschichte*, Beiheft 7, Bonn 1979, S. 401–418. Vgl. auch Hartmut Soell, »Konrad Adenauer und Kurt Schumacher«, in: Martin Löhnig (Hrsg.), *Zwischenzeit. Rechtsgeschichte der Besatzungsjahre*, Regenstauf 2011, S. 61–82, hier S. 73.

42 Meir wurde 1898 in Kiew geboren, bei ihrer Einwanderung nach Palästina im Jahr 1921 hebraisierte sie ihren Namen.

43 Vgl. Shlomo Shafir, »Die SPD und die Wiedergutmachung gegenüber Israel«, in: Herbst, Goschler (Hrsg.), *Wiedergutmachung*, S. 191–203, hier S. 194.

44 Goschler, *Schuld*, S. 144 ff.

45 Adolf Arndt, »Warum und wozu Wiedergutmachung?«, in: *Juristenzeitung*, Jg. 11 (1956), Nr. 7, S. 211 ff., zitiert nach Goschler, *Schuld*, S. 144.

das Abkommen durchsetzten. Beide wurden im eigenen Land der »Alte« genannt und verfügten, so Niels Hansen, über ein »sprödes, kantiges Charisma«, »Führungsstärke«, »Pflichtbewusstsein«, »Pragmatismus« und »taktische Begabung«.[46] Aus Ben Gurions Sicht waren solche Treffen und der persönliche Austausch das wichtigste Mittel zum Aufbau zwischenstaatlicher Beziehungen: »General de Gaulle, dieser große französische Staatsmann, ging nach Bonn, um dort Dr. Adenauer zu treffen. Er sprach zum deutschen Volk in dessen eigener Sprache. [...] Sein Besuch endete mit einem Freundschaftsvertrag.«[47]

Das Luxemburger Abkommen von 1952

Am 27. September 1951 verlas Konrad Adenauer seine Regierungserklärung zur Aufnahme von Verhandlungen zwischen der Bundesrepublik Deutschland und Israel feierlich vor dem Deutschen Bundestag. Sie drückte seine Absicht aus, »eine Lösung des materiellen Wiedergutmachungsproblems herbeizuführen und damit den Weg zur seelischen Bereinigung unendlichen Leidens zu erleichtern«.[48] Der Wortlaut dieser Erklärung war das Ergebnis monatelanger Auseinandersetzungen zwischen Herbert Blankenhorn, dem Leiter der Politischen Abteilung des Auswärtigen Amtes, und Noah Baron, dem Vorsitzenden der europäischen Sektion des Jüdischen Weltkongresses.[49] »Die Wiederherstellung unseres Kredits in der Welt hängt von dem Erfolg beider Verhandlungen ab. Das aber ist der Zweck des Ganzen«, gab Adenauer als Ziel an.[50] Mit »beiden Verhandlungen« meinte er die in Wassenaar stattfindenden Gespräche über ein Wiedergutmachungsabkommen und die Londoner Schuldenkonferenz 1952–1953. Bei der materiellen Hilfe wollte er allerdings den »Eindruck vermeiden, als könne und solle allein durch die Hergabe materiellen Gutes das Unrecht, das geschehen war, gesühnt wer-

46 Hansen, *Schatten*, S. 20.

47 Pearlman, *Gespräche*, S. 201.

48 Feierliche Erklärung Konrad Adenauers am 27. September 1951 zur Aufnahme der Verhandlungen vor dem Deutschen Bundestag, zitiert nach Goschler, *Schuld*, S. 162.

49 Blankenhorn war bereits unter dem nationalsozialistischen Regime im Auswärtigen Amt tätig gewesen. Vgl. ebd., S. 162.

50 Aufzeichnung [Hans-Christoph] Seebohms über Kabinettssitzung vom 16. Mai 1952, Bundesarchiv Koblenz (BArch), Nachlass Seebohm, 178/7b, zitiert nach Goschler, *Schuld*, S. 166.

den. Sie konnte nur äußeres Zeichen unseres Bestrebens nach Wiedergutmachung sein«, schrieb er in seinen Memoiren.[51]

Der Vorsitzende der israelischen Oppositionspartei Cherut, Menachem Begin, organisierte Demonstrationen und bezeichnete das in Aussicht stehende deutsche Geld öffentlich als »Blutgeld«. Die Proteste gegen die Verhandlungen mit Deutschland kulminierten schließlich in gewalttätigen Auseinandersetzungen in der Volksvertretung Knesset in den frühen Januartagen des Jahres 1952.[52] Nicht nur in Israel, auch in Amerika protestierte eine Gruppe religiöser Juden gegen die Verhandlungen mit Deutschland als Verrat der jüdischen Ehre – mit denselben Worten, die Begin und seine Anhänger in Israel verwendeten. Auch für sie bedeutete es einen Verlust der »Ehre«, sollte Israel sich entscheiden, Geld aus Deutschland anzunehmen. Benjamin Ferencz, der Direktor der Conference on Jewish Material Claims against Germany, des dritten Partners in den Wiedergutmachungsverhandlungen,[53] wehrte sich gegen diese Vorwürfe, indem er seine Arbeit mit der eines Chirurgen und den Staat Israel mit einem Patienten verglich: »Jemand kommt herein, Sie können sich nicht hinsetzen und weinen, Sie müssen operieren.«[54] Die israelische Gesellschaft blieb gespalten, was die erste Zusammenkunft deutscher und israelischer Delegierter im Jahr 1952 betraf, schließlich wurde als Gegenleistung auf deutscher Seite erwartet, dass Deutschland mit diesen Verhandlungen als innerlich gewandelter demokratischer Staat anerkannt würde. Um der Kritik am Verlust der nationalen Ehre zu begegnen, betonte die israelische Regierung unablässig, diese Verhandlungen dienten allein der Restauration des gestohlenen Eigentums und nicht der moralischen Rehabilitierung Deutschlands. Auch Nahum Goldmann erklärte, nur das den Juden geraubte Geld wieder zurückbringen zu wollen.[55]

Am 10. März 1952 begannen die Verhandlungen im niederländischen Wassenaar. Der Ort war geheim gehalten worden, denn die Sicherheitsbe-

51 Konrad Adenauer, *Erinnerungen 1953–1955*, Stuttgart 1994 [1966], S. 132.

52 Vgl. Jelinek, *Deutschland*, S. 147 ff.

53 Die Conference on Jewish Material Claims against Germany, kurz: Claims Conference, ein Zusammenschluss jüdischer Organisationen, wurde kurze Zeit nach Adenauers Erklärung in Amerika gegründet. Als dritter Partner in den Verhandlungen setzte sie es sich zur Aufgabe, die Entschädigungsansprüche von Juden aus aller Welt, die sich aus dem Verlust ihres Eigentums ergaben, gegenüber der Bundesrepublik zu vertreten.

54 Interview mit Benjamin B. Ferencz von Yehuda Bauer, April 1971, United States Holocaust Memorial Museum Archive, zitiert nach Goschler, *Schuld*, S. 161.

55 Vgl. Nahum Goldmann, *Staatsmann ohne Staat*, Köln 1970, S. 309 ff.

hörden hatten eine »akute Gefahr« für die Teilnehmer an dieser Zusammenkunft befürchtet. Ihre Ahnung bewahrheitete sich, als israelische Aktivisten versuchten, Anschläge mit Brief- und Paketbomben auf die deutsche Delegation und auf Adenauer zu verüben.[56] Eine Person kam dabei ums Leben.

Die zuvor festgelegte Choreographie des Eintretens in den Verhandlungsraum durch zwei auf verschiedenen Seiten gelegenen Flügeltüren zielte darauf ab, jede Gelegenheit zu einem Wortwechsel oder Händedruck zu vermeiden, »bleibender Dissens sollte demonstriert werden«, denn für »demonstrative Distance bestand guter Grund«.[57] Dementsprechend hoch war die Spannung zwischen Adenauer und dem israelischen Außenminister Moshe Sharett. Steif ging Adenauer auf Sharett zu, streckte ihm die Hand entgegen und begrüßte ihn mit den Worten: »Ich habe diesem Tag in Erwartung und mit Freude entgegengesehen.« Sharett erwiderte auf Deutsch: »Auch für uns ist es ein besonderer und bedeutender Tag«,[58] gab ihm aber nicht die Hand.

Die israelischen Verhandlungspartner waren ausschließlich deutsche Muttersprachler. Zudem waren sie (ehemalige) deutsche Staatsbürger und wie ihre deutschen Verhandlungspartner Bildungsbürger, Angehörige derselben Generation und, im Fall von zwei Teilnehmern, Stuttgarter Schulgefährten. Dennoch waren beide Delegationen angehalten, miteinander nur auf Englisch zu kommunizieren. Das Eis wurde jedoch durch Otto Küster und Felix Shinnar gebrochen, als Küster Shinnar einen Zettel zuschob, auf dem stand, er glaube aus seinem Englisch einen schwäbischen Akzent herauszuhören. Daraufhin stellte sich heraus, dass sie vor dem Krieg dasselbe Gymnasium in Stuttgart besucht hatten und in der gleichen Nachbarschaft aufgewachsen waren. Diese absurde Entdeckung zelebrierten sie, indem sie ihrem damaligen geschätzten Lehrer eine Postkarte schrieben.[59] Diese Unterhaltung war die Initialzündung dafür, dass sich von nun an die gesamte Delegation der allen gemeinsamen Muttersprache Deutsch bediente. Da sämtliche Teilnehmer Juristen waren, versuchten sie vor allem, an die im ju-

56 Deutschkron, *Israel*, S. 59 f., vgl. auch Adenauer, *Erinnerungen 1953–1955*, S. 139.

57 Vortrag von Dan Diner zum Luxemburger Abkommen, 19. Oktober 2012, an der Freien Universität Berlin, online verfügbar unter: http://www.fu-berlin.de/sites/dhc/zVideothek/979DHCL_Dan_Diner/index.html (letzter Zugriff: 11.4.2016).

58 Zitiert nach Felix Shinnar, *Bericht eines Beauftragten. Die deutsch-israelischen Beziehungen 1951–1966*, Tübingen 1967, S. 54.

59 Vgl. Deutschkron, *Israel*, S. 63.

ristischen Bereich fortbestehende deutsch-jüdische Tradition anzuknüpfen.[60] Die erste Annäherung beider Seiten erfolgte also über die Gemeinsamkeit der Sprache und des Habitus. Die deutsche Sprache war eine wichtige, wenn nicht streckenweise die einzige Brücke zwischen Deutschen und deutsch-jüdischen Israelis.[61]

Während der Verhandlungen vermied es insbesondere die israelische Seite, über die nationalsozialistische Vergangenheit zu sprechen. Die Delegierten wollten damit die deutsche Erwartung eindämmen, mit einem Abkommen zwischen beiden Staaten die historische Schuld sühnen zu können. Um jedoch den eigenen Forderungen Nachdruck zu verleihen, betonten die Unterhändler durchaus die historische Verantwortung der Deutschen gegenüber den Juden.[62] Dieser Widerspruch erwies sich als eine Gratwanderung, denn mit dem Hinweis auf die besondere deutsche Verantwortung für das Zustandekommen des Abkommens wurde implizit in Aussicht gestellt, dass in einem einvernehmlichen Abschluss der Verhandlungen ein Läuterungsprozess der Deutschen zum Ausdruck komme.[63] Dabei hatte Adenauer am 4. März 1952 im Bundestag noch zur Geduld gemahnt: Trotz der »berechtigten Hoffnung, daß der Abschluß dieser Verträge schließlich auch zu einem ganz neuen Verhältnis zwischen dem deutschen und dem jüdischen Volke wie auch zu einer Normalisierung der Beziehungen zwischen der Bundesrepublik und dem Staate Israel führen wird«, warnte er vor überzogenen Erwartungen und verwies auf die »heilende Kraft der Zeit«.[64] Derselbe Adenauer meinte allerdings zehn Jahre später im Gespräch mit Felix Shinnar, das Kriegsende läge doch nun bereits »18 Jahre zurück« und die Geschichte solle allmählich als »abgeschlossen« gelten.[65]

60 Zur Diskussion über deutsch-jüdische Traditionen vgl. Christoph Schulte (Hrsg.), *Deutschtum und Judentum. Ein Disput unter Juden aus Deutschland*, Stuttgart 1993.

61 Vgl. auch Diner, *Rituelle Distanz*, S. 14: »Auf Dauer erwies sich die vormals geteilte deutsche Verhaltens- und Sprachkultur als stärker denn die beabsichtigte strikte Unterscheidung zweier Kollektive – von Deutschen und von Juden.«

62 So erklärte beispielsweise der israelische Erziehungsminister Zalman Aranne am 28. September 1955, nur wenn sich die Bundesrepublik zur Verteidigung des jüdischen Staates bekenne, könne das deutsche Volk von seinen Sünden gegen die Juden befreit werden (zitiert nach Jelinek, *Deutschland*, S. 275).

63 Vgl. Goschler, *Schuld*, S. 175.

64 Verhandlungen des Deutschen Bundestages, 1. Wahlperiode, Stenographische Berichte, Bd. 15, S. 12.095, zitiert nach Jelinek, *Deutschland*, S. 269.

65 *Akten zur Auswärtigen Politik der Bundesrepublik Deutschland 1965–1977* (*AAPD*), hrsg. im Auftrag des Auswärtigen Amts vom Institut für Zeitgeschichte, München 1994, S. 593 ff., Dokument Nr. 182, Gespräch Adenauer mit Shinnar, 28. Mai 1963.

Am 10. September 1952 unterzeichneten Bundeskanzler Adenauer, Außenminister Sharett und Nahum Goldmann als Vertreter der Claims Conference das Abkommen. Adenauer konnte es im Bundestag nur mit den Stimmen der oppositionellen SPD-Fraktion, die geschlossen dafür votierte, durchsetzen, in der CDU-Fraktion gab es 34 Gegenstimmen und 86 Enthaltungen.[66] Auf feierlichen Reden anlässlich der Unterzeichnung ließ er das Wort »Verbrechen« durch die Formulierung »Unrecht« ersetzen, da der entsprechende Absatz sonst »etwas sehr peinlich« wirke.[67] Das Gesamtpaket beinhaltete die Zahlung von insgesamt 3,45 Milliarden DM seitens der Bundesrepublik Deutschland, verteilt über einen Zeitraum von 14 Jahren. Ein Drittel davon war in Waren zu erbringen, und die Zahlungen dienten im Wesentlichen dem Aufbau der Infrastruktur in Israel, der Verteidigung und der militärischen Aufrüstung.[68] Vereinbart wurde auch die Möglichkeit, die Lieferungen nicht gleichmäßig über diesen Zeitraum zu verteilen, sondern die Güter zügiger zu bestellen – eine Möglichkeit, die die israelische Regierung wegen ihres tiefen Misstrauens, was die Zahlungswilligkeit der Deutschen anging, nutzte, so dass 1956 bereits 45,5 Prozent der vereinbarten Summe in Form von Warenbestellungen ausgezahlt waren.[69] 1965, statt wie geplant 1966, war die Gesamtsumme beglichen. Die Debatten darüber, wie es nun weitergehen sollte, führten indirekt zur Aufnahme diplomatischer Beziehungen. Langfristig konnte auch Deutschland vom Luxemburger Abkommen profitieren:[70] Der israelische Markt und die israelischen Konsumenten gewöhnten sich an deutsche Produkte, israelische Techniker entwickelten das nötige Know-how für Reparaturen, und so importierte Israel auch nach Beendigung der kostenfreien Lieferungen Produkte deutscher Firmen. Beispielhaft dafür steht die Autofirma Volkswagen, die sehr erfolgreich war, auch wenn sie von Teilen der israelischen Bevölkerung aufgrund ihrer Rolle im Nationalsozialismus umstritten blieb und boykottiert wurde.[71]

Der Gesandte in der Israel-Mission ab 1953, Felix Shinnar, wurde von israelischen Offiziellen verächtlich als »unterwürfig« und »Mann der Dias-

66 Vgl. Weingardt, *Israel- und Nahostpolitik*, S. 92.

67 Zitiert nach Goschler, *Schuld*, S. 172.

68 Vgl. Frei, Goschler, Brunner (Hrsg.), *Wiedergutmachung*, S. 18.

69 Vgl. Jelinek, *Deutschland*, S. 261.

70 Vgl. Weingardt, *Israel- und Nahostpolitik*, S. 98.

71 Zur Geschichte des Volkswagens in Israel vgl. http://magazin.volkswagen.de/Volkswagen-in-Israel.html (letzter Zugriff: 5.2.2016). Das Unternehmen hatte sich durch Zwangsarbeit und Beteiligung an der Rüstungsproduktion im Nationalsozialismus mitschuldig gemacht.

pora« bezeichnet.[72] In Bonn hingegen wurde er sehr positiv aufgenommen, bemerkenswert war das ungewöhnliche Protokoll: Obwohl Shinnar nicht den Status eines offiziellen Botschafters hatte, wurde er ab 1954 regelmäßig zu offiziellen Anlässen in die Residenz des Bundespräsidenten eingeladen. Bundespräsident Theodor Heuss pflegte mit Shinnar eine herzliche Beziehung und nannte ihn »ein[en] Mann, der seiner schweren Aufgabe mit ruhigem Takt und viel Einsicht gerecht wird«.[73] Ein Mitarbeiter des Auswärtigen Amtes sagte nach der Rückkehr Shinnars nach Israel im Jahr 1965, in seiner Person verbinde sich »die Zähigkeit des Schwaben mit der Subtilität und Intelligenz des jüdischen Volkes«.[74] Shinnar selbst berichtet davon, es sei »kein einfacher Entschluß« gewesen, nach Deutschland zu gehen, und es habe häufig »sehr kontroverse Fragen« gegeben.[75]

In der bundesdeutschen Gesellschaft war die Auffassung, der Holocaust sei durch die Zahlungen an Israel »wiedergutgemacht« und die Schuld beglichen worden, allgemein verbreitet.[76] Die Gesetzgebung zur Wiedergutmachung in Deutschland verrechtlichte die moralische Schuld und konnte sie so neutralisieren.

Neue Machtverhältnisse

Ab 1956 traten die Beziehungen zwischen der Bundesrepublik und Israel in eine neue Phase ein – das wechselseitige Abhängigkeitsverhältnis schien sich gewandelt zu haben.[77] Israel registrierte sehr aufmerksam die Einbindung der Bundesrepublik in das westliche Staatenbündnis. Sowohl die Viermächtekonferenz in Berlin im Februar 1954 als auch die Wiederbewaffnung 1955 waren Schritte hin zu einer Normalisierung, die von der israelischen Öffent-

72 Im Diaspora-Begriff schwang im israelischen Diskurs stets die verächtliche Konnotation von Schwäche mit. Vgl. Jelinek, *Deutschland*, S. 254.

73 Eberhard Pikart, *Theodor Heuss und Konrad Adenauer. Die Rolle des Bundespräsidenten in der Kanzlerdemokratie*, Stuttgart 1976, S. 153.

74 Bericht des Auswärtigen Amts vom 1. Mai 1965, PA AA, B 36, Bd. 192.

75 Shinnar, *Bericht*, S. 18, S. 178.

76 Vgl. Jelinek, *Deutschland*, S. 265.

77 Zu diesem Rollentausch vgl. ebd., S. 251 f. Vgl. auch Roni Stauber, »Israel's quest for diplomatic relations. The German-Israeli controversy, 1955–1956«, in: José Brunner (Hrsg.), *Deutsche(s) in Palästina und Israel. Alltag, Kultur, Politik*, Göttingen 2013, S. 215–228.

lichkeit kritisch gesehen wurde. Eine Wiedereingliederung Deutschlands in die internationale Gemeinschaft barg auch die Gefahr einer Relativierung des Holocaust, so die Befürchtung. Auf das ursprüngliche Angebot der Bundesregierung im Jahr 1953, diplomatische Beziehungen aufzunehmen, ging die israelische Regierung nur zögerlich ein. Erste Gespräche hierzu fanden auf den geheimen Reisen von Franz Böhm, einem der Unterhändler von Wassenaar, im März 1954 und von Abraham Frowein, Jurist und ebenfalls Unterhändler, im September 1955 statt.[78] Kurz darauf jedoch schlug Adenauer diese Tür zu: Im September 1955 reiste eine westdeutsche Delegation unter Leitung von Adenauer, dem Staatssekretär im Auswärtigen Amt Walter Hallstein und Außenminister Heinrich von Brentano nach Moskau, um sich mit der Führung der Sowjetunion auf die Aufnahme diplomatischer Beziehungen zu einigen.[79] Gewissermaßen auf dem Rückflug entwarfen sie die sogenannte »Hallstein-Doktrin«, deren außenpolitischer Grundsatz besagte, dass eine Anerkennung der DDR durch dritte Staaten von der Bundesrepublik als »unfreundlicher Akt« zu werten und um jeden Preis abzuwenden sei. Dieser Grundsatz bestimmte das folgende Jahrzehnt westdeutscher Außenpolitik und verzögerte die Aufnahme diplomatischer Beziehungen mit Israel. Die Sorge der bundesdeutschen Regierung war, dass im Fall der gegenseitigen diplomatischen Anerkennung zwischen der Bundesrepublik Deutschland und Israel die arabischen Staaten die DDR formell anerkennen würden. Dies galt es auf dem Höhepunkt des Kalten Krieges unbedingt zu verhindern. Erst 1969 gab die neu gewählte Bundesregierung diese Doktrin offiziell auf.[80]

Das Wiedergutmachungsabkommen mit Israel war ein Schritt auf dem Weg zu Adenauers primärem außenpolitischen Ziel, der Westintegration. Seine Kritiker, Bundesjustizminister Gustav Heinemann und der SPD-Vor-

78 Vgl. Jelinek, *Deutschland*, S. 276.

79 »Die Verhandlungen in Moskau waren zuerst sehr heftig. Chruschtschow war ein sehr temperamentvoller Mann. Aber wenn man mir eine Faust entgegenhielt, habe ich auch eine Faust entgegengehalten.« Adenauer im Gespräch mit Günter Gaus am 29.12.1965, zitiert nach Günter Gaus, *Zur Person. Von Adenauer bis Wehner. Porträts in Frage und Antwort*, München 1990, S. 13–24, hier S. 16. Vgl. auch Gerd Ruge, *Unterwegs. Politische Erinnerungen*, Berlin 2013, S. 83 ff.

80 Vgl. Rüdiger Marco Booz, *»Hallsteinzeit«. Deutsche Außenpolitik 1955–1972*, Bonn 1995, S. 17 ff. Vgl. auch Lorena de Vita, »Annäherung im Schatten der Hallstein-Doktrin. Das deutsch-deutsch-israelische 1965«, in: *Aus Politik und Zeitgeschichte*, Jg. 65 (2015), H. 6, S. 29–35, sowie Joachim Scholtyseck, »Im Schatten der Hallstein-Doktrin. Die globale Konkurrenz zwischen Bundesrepublik und DDR«, in: Eckart Conze (Hrsg.), *Die Herausforderung des Globalen in der Ära Adenauer*, Bonn 2010, S. 79–97.

sitzende Kurt Schumacher, warfen ihm vor, er habe sich viel zu schnell in das Schicksal eines geteilten Deutschlands ergeben: »Wenn ich nach Berlin will, steige ich nicht in einen Zug nach Paris ein«, so Heinemann im Jahr 1951, der darauf anspielte, dass für eine erfolgreiche Wiedervereinigung Gespräche mit Ostberlin und nicht nur mit dem Westen notwendig seien.[81] Adenauer sah jedoch keine Alternative zur Westintegration, unter anderem deshalb, weil sie auch ein Mittel zur Bändigung des Nationalismus sei, je stärker der Westen, desto größer die Chance auf Frieden.[82] Ähnlich wie David Ben Gurion blieb Adenauer skeptisch gegenüber der inneren Erneuerung Deutschlands und wollte »die Deutschen künftig vor sich selber schützen, indem man sie so fest wie nur möglich mit den Staaten des europäischen Westens verbände«.[83] Die Auslandsreisen des Bundeskanzlers in den 1950er Jahren spiegelten seine außenpolitischen Prioritäten wider: Adenauer reiste ein- bis zweimal jährlich nach Frankreich und in die Vereinigten Staaten. Im Jahr 1955 gewann Deutschland seine Souveränität wieder,[84] im selben Jahr wurde es NATO-Mitglied, und 1956 erlangte es die Erlaubnis zum Wiederaufbau einer Armee.[85] In der Folge wurde die allgemeine Wehrpflicht wieder eingeführt – ein Schritt, der in Israel heftig diskutiert und verurteilt wurde.

Trotz dieser – aus israelischer Sicht bedenklich raschen – Erfolge nur ein Jahrzehnt nach dem Krieg ließ die Skepsis der israelischen Öffentlichkeit ab 1955 etwas nach, weil Deutschland drei Jahre lang alle Vereinbarungen aus dem Abkommen eingehalten hatte und deren erste positive Auswirkungen auf die israelische Wirtschaft sichtbar wurden. Dass die israelische Regierung eine baldige Annäherung an Westdeutschland erwartete, zeigte sich unter anderem darin, dass sie den Stempel »prat le-Germania« aus den israelischen

81 Zitiert nach Rainer Zitelmann, *Adenauers Gegner. Streiter für die Einheit*, Erlangen 1991, S. 85 ff.

82 Zitiert nach ebd., S. 80.

83 Arnulf Baring, *Im Anfang war Adenauer. Die Entstehung der Kanzlerdemokratie*, München 1984, S. 101.

84 Die Wiedererlangung der Souveränität war ein entscheidendes Ziel der von Bundeskanzler Konrad Adenauer verfolgten Politik der Westintegration. Es wurde etappenweise erreicht: Schon 1949 trat Deutschland dem Europarat bei, 1951 fand die Gründung der Montanunion statt, und 1955 kam der wichtigste Schritt, der Beitritt zur NATO. Die Pariser Verträge und die Gründung der Europäischen Wirtschaftsgemeinschaft (EWG) sowie der EURATOM folgten 1956 beziehungsweise 1957.

85 Dass der jungen Bundesrepublik als Kriegsverlierer das Privileg einer eigenen Wehrverteidigung innerhalb nur eines Jahrzehnts wieder zugebilligt wurde, hatte maßgeblich damit zu tun, dass die Vereinigten Staaten im sich verschärfenden Kalten Krieg die Bundesrepublik als starken Bündnispartner in der Mitte Europas benötigten.

Pässen entfernen ließ. Außerdem wurden Beschränkungen für westdeutsche Journalisten und im Umgang mit deutschen Diplomaten im Ausland aufgehoben. Außenminister Heinrich von Brentano teilte am 14. März 1956 in einem Telegramm an Felix Shinnar mit, dass sein Amt »grundsätzlich damit einverstanden [sei], in Israel eine Dienststelle zu errichten, die – mutatis mutandis – in etwa der Israel-Mission entsprechen würde«.[86] Daher zeigte sich Shinnar in einer Besprechung mit Sharett und Goldmann am 10. Juni 1956 zuversichtlich, dass Bonn innerhalb von sechs Monaten diplomatische Beziehungen mit Israel aufnehmen würde. Doch beschränkte sich die Bundesregierung von nun an auf eine Hinhaltetaktik: Auf seinen regelmäßigen Treffen mit Nahum Goldmann und Felix Shinnar beteuerte Adenauer seinen guten Willen. Bei den halbjährlichen Treffen Brentanos und Shinnars versicherte der deutsche Außenminister dem israelischen Gesandten stets, der »richtige Zeitpunkt« sei noch nicht gekommen. So wurde ihr Treffen »zum hohlen Ritual, zur Posse mit zwei Darstellern, die ihre Rolle perfekt beherrschten. [...] Der israelische Diplomat war, ohne es wahrzunehmen, zum unfreiwilligen Hauptdarsteller einer endlosen Farce geworden.«[87] Die Bemühungen der israelischen Regierung um engere Beziehungen zu Deutschland ließen allerdings deutlich nach, als Golda Meir Moshe Sharett im Jahr 1956 in seinem Amt als Außenminister ablöste und ihre Abneigung gegen alles Deutsche kaum verbarg. Sie gab die Parole aus, man solle nicht mehr »betteln«, und die Devise lautete nun »alles oder nichts« – entweder diplomatische Beziehungen oder so wenig Kontakt wie möglich.[88]

Ein wichtiger Faktor im deutsch-israelischen Verhältnis blieben die arabischen Staaten, deren Regierungen die deutsch-israelischen Kontakte und Wirtschaftsbeziehungen ab 1953 genauestens beobachteten. Für den Fall einer Aufnahme offizieller Beziehungen zwischen der Bundesrepublik und Israel kündigte der ägyptische Präsident Gamal Abdel Nasser 1956 die Anerkennung der DDR an, da dieser Schritt seine »Hemmungen beseitig[e]«.[89] Aufgrund dieser Drohung berief das Auswärtige Amt alle deutschen Botschafter in der arabischen Welt zu einer vom 3. bis zum 7. April 1956 dauernden Konferenz in Istanbul ein. In Berichten über diese Konferenz bezeichneten die deutschen Diplomaten die Vertreter ihrer Gastländer als »Orientalen, [die] unstabil, emotional, unfähig zu rationalem Denken und

86 Zitiert nach Shinnar, *Bericht*, S. 113.
87 Jelinek, *Deutschland*, S. 301 f.
88 Ebd., S. 294.
89 *Die Welt* vom 3. April 1956, zitiert nach Booz, *»Hallsteinzeit«*, S. 35.

Hitzköpfe« seien, und empfahlen dennoch der Bundesregierung, die »guten Kontakte« zu ihren arabischen Gastländern nicht nachhaltig zu gefährden.[90] Für die Gratwanderung zwischen Israel und den arabischen Staaten schlug Staatssekretär Hallstein vor, eine weitere Verurteilung Israels durch den UN-Sicherheitsrat abzuwarten, um daraufhin gegenüber der israelischen Regierung die Aussicht auf diplomatische Beziehungen bedauernd abwinken zu können.[91] Nach dieser Konferenz hielt die Bundesregierung in den folgenden Jahren an ihrer Verzögerungstaktik fest.

Eine politische Annäherung auch ohne Botschafteraustausch kam jedoch im gleichen Jahr durch die Suezkrise zustande. Als die britische Herrschaft über den Suezkanal endete, sperrte Ägypten die Wasserstraße für israelische Handelsschiffe und rüstete an der Grenze zu Israel auf. Israel führte daraufhin einen Präventivschlag: Am 29. Oktober 1956 landeten israelische Fallschirmspringer in der Sinai-Wüste und eröffneten damit den Krieg.[92] Frankreich und Großbritannien lieferten Rüstungsmaterial, Kampfflugzeuge und Panzer an Israel und bezogen so Stellung gegen Ägypten. Israel nahm diese Importe gern an und war an verbesserten Beziehungen zu den europäischen Staaten sehr interessiert. Was jedoch eine begrenzte Operation sein sollte, nahm durch das Eingreifen französischer und britischer Truppen schnell weltpolitische Ausmaße an, da es um postkoloniale Konflikte der europäischen Staaten auf der einen Seite und Interessen und Einflussnahmen der USA und der Sowjetunion im Nahen Osten auf der anderen ging. Adenauers Zögern, sich auf die Seite der USA und damit Ägyptens zu schlagen, generierte erneut Vertrauen auf israelischer Seite. Deutsche Zeitungen sprachen lobend von einem »Blitzkrieg«, die Springer-Presse zeigte sich von der »Operation« beeindruckt.[93] Die Krise wurde zum Auslöser für die folgende Zusammenarbeit zwischen Bundeswehr und der Zahal, den israelischen

90 Zitiert nach Jelinek, *Deutschland*, S. 287.

91 Vgl. ebd., S. 288. Da konkret zu diesem Zeitpunkt nicht mit einer solchen Verurteilung gerechnet werden konnte, rechtfertigte die Bundesregierung ihre Ablehnung gegenüber Shinnar schließlich mit dem Verweis auf die »kommunistische Gefahr« und der drohenden Anerkennung der DDR durch die arabischen Staaten. Vgl. ebd.

92 Vgl. Chaim Herzog, *The Arab-Israeli Wars. War and Peace in the Middle East from the War of Independence through Lebanon*, New York 1984, S. 17 ff. Grundlegendes zum Thema findet sich bei Thomas Freiberger, *Allianzpolitik in der Suezkrise 1956*, Göttingen 2013.

93 Vgl. Fritz Backhaus, Dmitrij Belkin, Raphael Gross (Hrsg.), *Bild dir dein Volk! Axel Springer und die Juden*, Begleitband zur gleichnamigen Ausstellung des Fritz Bauer Instituts und des Jüdischen Museums Frankfurt am Main vom 15. März bis 29. Juli 2012, Göttingen 2012.

Verteidigungskräften.[94] Denn mit dem ersten geheimen Treffen der beiden Verteidigungsminister Franz Josef Strauß und Shimon Peres im Jahr 1957 begann die Bundesrepublik nun schrittweise Frankreich als wichtigsten Waffenlieferanten Israels abzulösen,[95] auch wenn die Regierung de Gaulle noch bis 1967 zur Entwicklung der israelischen Militär- und Luftfahrtindustrie beitragen sollte.[96]

Die größte vertrauensbildende Maßnahme war jedoch, dass Konrad Adenauer entgegen den negativen Erwartungen der Israelis und auch entgegen den Aufforderungen der amerikanischen Regierung die Zahlungen aus dem Luxemburger Abkommen nicht aussetzte. Dieser Schritt trug zumindest ansatzweise dazu bei, das Verhältnis beider Länder zu verbessern. Der vorläufige Höhepunkt dieser Entwicklung in den späten 1950er Jahren war, dass Ben Gurion die Bundesregierung um Aufnahme diplomatischer Beziehungen ersuchte. Seine Partei, die sozialdemokratische Mapai, bemühte sich sogar um Kontakte zur deutschen Opposition, der SPD.[97] Der stellvertretende Leiter der Kölner Israel-Mission, Arthur Bergmann, wurde im Februar 1956 beim SPD-Vorsitzenden Erich Ollenhauer vorstellig und bat ihn, das israelische Werben um diplomatische Beziehungen zu unterstützen. Ollenhauer sicherte ihm prompt Beistand zu und zementierte seine guten Absichten durch eine Reise nach Israel im März 1957.[98] Ben Gurion und sein Verteidigungsminister Shimon Peres freilich räumten diplomatischen Beziehungen nicht oberste Priorität ein, sie benutzten dieses Ersuchen vielmehr als Druckmittel, um fortwährende Finanz-, Wirtschafts- und Rüstungshilfe zu erhalten.[99] Der Ministerpräsident machte sich auch, anders als ihm seine Kritiker vorwarfen, keine Illusionen über den inneren Zustand der deutschen Gesellschaft. Er wisse »genau, daß es in Westdeutschland noch immer Nazis und Antisemiten gibt, genauso in Mitteldeutschland«.[100]

94 Vgl. auch Roni Stauber, »The impact of the Sinai campaign on relations between Israel and West Germany«, in: *Modern Judaism*, Jg. 33 (2013), Nr. 3, S. 235–259.

95 Von 1954 bis 1967 bezog Israel Waffen hauptsächlich aus Frankreich, vgl. Michael Wolffsohn, *Israel. Geschichte, Politik, Gesellschaft, Wirtschaft*, Wiesbaden 2007, S. 228.

96 Vgl. Asher Ben Natan, *Die Chuzpe zu leben. Stationen meines Lebens*, Düsseldorf 2003, S. 100.

97 Vgl. Shafir, »SPD«, S. 192 ff.

98 Vgl. http://www.bpb.de/izpb/25044/40-jahre-deutsch-israelische-beziehungen?p=all (letzter Zugriff: 5.2.2016).

99 »Germany would be taking a far-sighted step in building bridges to the past if she [sic] would help us with arms without requiring either money or anything else in exchange« (Shimon Peres, *David's Sling*, New York 1970, S. 71).

100 Pearlman, *Gespräche*, S. 204.

Die Jahre 1957–1959: Das geheime Waffenabkommen zwischen Franz Josef Strauß und Shimon Peres

In einer Nacht-und-Nebel-Aktion im Dezember 1957 fuhr Peres mit zwei weiteren Herren mit dem Wagen vom Flugplatz München durch das verschneite Bayern in das abgelegene Dorf Rott am Inn. Dort lebte Franz Josef Strauß mit seiner Familie. Strauß' Schilderung zufolge hatte ihn Ende 1957 »auf verschlungenen Wegen« die Nachricht erreicht, Moshe Dayan, der »Held« des Sinai-Kriegs von 1956, wolle ihn besuchen. Die Information über das potentielle Treffen sei sowohl in die deutsche als auch die israelische Presse gelangt, und um Journalisten aus dem Weg zu gehen, habe er sein Privathaus als Treffpunkt vorgeschlagen: »Im tiefen Winter und weitab von der Bundeshauptstadt schienen wir sicherer zu sein.«[101] Strauß schreibt, seine Frau habe die Gäste empfangen, da er noch mit dem Hund draußen im Schnee gespielt habe. An Dayans Stelle, der für die Indiskretion gegenüber der Presse verantwortlich gewesen sein soll, waren Generalstabsoffizier Chaim Laskov und ein weiterer hoher Offizier gekommen, geleitet wurde die kleine Delegation von Shimon Peres. Obwohl sie sich auf dem Weg zu Strauß verfuhren und die oberbayerische Dorfjugend nach dem Weg fragen mussten, gelang es, das Treffen geheim zu halten. In Bonn rechnete niemand mit der Chuzpe Strauß', solch ein wichtiges Treffen außerhalb der Hauptstadt stattfinden zu lassen. Nach einem von Strauß' Frau zubereiteten Abendessen saßen die Männer bis weit in die Nacht zusammen. Als Gastgeschenk hatten die Israelis ein antikes Glas vom Karmelberg und ein Fotoalbum mit Frontaufnahmen aus dem Sinai-Krieg mitgebracht.[102] Auf den Fotos waren neben Landschaftsaufnahmen ausgebrannte ägyptische Panzer zu sehen, mit Unterschriften in englischer und hebräischer Sprache, die den israelischen Sieg über den Feind priesen.[103] Strauß schildert, es habe »keinerlei Anlaufschwierigkeiten« gegeben, das Gespräch sei »offen, menschlich«[104] gewesen und habe den Grundstein für ein jahrzehntelanges Vertrauen gelegt. Die Wunschliste der Israelis habe »Transportflugzeuge, Hubschrauber, Artillerie, Panzerabwehrraketen« enthalten.[105] Über seine Zusagen informierte

101 Franz Josef Strauß, *Die Erinnerungen*, München 1998, S. 377.

102 Vgl. ebd., S. 381.

103 Dieses Fotoalbum konnte die Verfasserin in den Räumen der Hanns-Seidel-Stiftung in München einsehen.

104 Strauß, *Erinnerungen*, S. 378.

105 Ebd.

Strauß nur Adenauer, von Brentano und zwei Vertreter der FDP. Trotz deren Billigung habe die alleinige Verantwortung für die »Hilfsaktion«, so Strauß, bei ihm persönlich gelegen. Sein Handeln entzog sich nicht nur der Zustimmung durch den Bundestag, es verstieß auch gegen das geltende Haushaltsrecht der Bundesrepublik. Verteidigungsminister Strauß ließ die entsprechenden Waffen aus den Depots der Bundeswehr holen und meldete sie bei der Polizei als gestohlen. Die Hubschrauber wurden unter NATO-Abzeichen nach Frankreich geflogen und von Marseille aus unter französischer Flagge weiter nach Israel verschifft.[106] Diese illegale Geheimaktion findet sich in den deutschen Akten unter dem Decknamen »Frank/Kol«.[107] Die Lieferungen hatten damals einen Wert von 300 Millionen Mark, immerhin ein Zehntel der Gesamtsumme der »Shilumim«. Anlässlich des 70. Geburtstags von Franz Josef Strauß erinnerte sich Peres an das Treffen und bezeichnete es als den Startpunkt für sein eigenes Interesse an Deutschland und für seine Freundschaft mit Strauß, dessen »Bereitschaft, Israel beizustehen [...] in dieser Zeit außergewöhnlich« gewesen sei.[108]

Ein Nachspiel hatte die Geschichte fast 30 Jahre später, auf Strauß' Reise nach Israel im Jahr 1985, als er dort wegen seiner Zustimmung zu den Waffenverkäufen der Bundesregierung an Saudi-Arabien scharfer Kritik ausgesetzt war. In dieser Situation nahm ihn der Minister und spätere Präsident Ezer Weizmann in Schutz. Er verwies darauf, dass Strauß 1957 »unter Inkaufnahme größter persönlicher Risiken« dem Staat Israel geholfen habe. Strauß selbst gab in seinen *Erinnerungen* zu, nicht selbstlos gehandelt zu haben. Er habe erstens dazu beitragen wollen, die »Vergangenheit zu überwinden«, und zweitens sei es ihm um einen Zugriff auf das sowjetische Militärgerät gegangen, das von Israel während des Suezkrieges erbeutet worden war.[109] Denn das Abkommen beruhte auf Gegenseitigkeit. Israel lieferte in der Folge sein berühmtes Maschinengewehr Uzi nach Deutschland. Das nächste Treffen zwischen Strauß und Peres fand am Rande der Zusammenkunft von Adenauer und Ben Gurion im Hotel Waldorf Astoria im März 1960 statt und

106 Vgl. *AAPD*, 1965, Dokument Nr. 2, »Aufzeichnungen des Staatssekretärs Carstens«, S. 6–12.

107 Vgl. Niels Hansen, »Geheimvorhaben ›Frank/Kol‹. Zur deutsch-israelischen Rüstungszusammenarbeit 1957–1965«, in: *Historisch-Politische Mitteilungen*, Jg. 6 (1999), S. 229–264, Auch unter: http://www.kas.de/upload/ACDP/HPM/HPM_06_99/HPM_06_99_9.pdf (letzter Zugriff: 17.3.2015).

108 Zitiert nach Strauß, *Erinnerungen*, S. 383.

109 Vgl. Luay Ali, *Die deutsch-arabischen Beziehungen von 1949–1965*, Münster 1998, S. 124–127.

läutete 1961 die »Aktion Geschäftsfreund« ein – ein neuerliches wirtschaftliches Abkommen, in dem die Bundesregierung sich verpflichtete, weitere Zahlungen in Höhe von insgesamt 629,4 Millionen DM zu leisten.[110]

Die Öffentlichkeit erfuhr erst sieben Jahre später von der Existenz des in Rott am Inn vereinbarten geheimen Waffenhandels. Am 26. Oktober 1964 enthüllte die *Frankfurter Rundschau* die Absprache in einem Leitartikel und löste damit einen Sturm der Entrüstung aus. Diese Nachricht führte zur Krise in den deutsch-arabischen Beziehungen, diese wiederum zum Abbruch der Waffenlieferungen von deutscher Seite an Israel im Frühjahr 1965. Die Konsequenz war das offizielle Angebot diplomatischer Beziehungen durch Bundeskanzler Ludwig Erhard an die israelische Regierung im März 1965. An dem geheimen Waffenhandel zwischen Strauß und Peres zeigt sich die besondere Bedeutung persönlicher Diplomatie.

110 Vgl. Yeshayahu Jelinek, Rainer Blasius, »Ben Gurion und Adenauer im Waldorf Astoria. Gesprächsaufzeichnungen vom israelisch-deutschen Gipfeltreffen in New York am 14. März 1960«, in: *Vierteljahrshefte für Zeitgeschichte*, Jg. 45 (1997), H. 2, S. 309–344, hier S. 311 ff.

III. Von der Waffenhilfe zur Diplomatie – »Private« und offizielle Reisen in den 1960er Jahren

In den 1960er Jahren nutzten deutsche Politiker ihre privaten und inoffiziellen Besuche, um ein positives Bild ihres Landes in der überwiegend deutschlandkritischen Gesellschaft Israels zu vermitteln und für eine »gute Atmosphäre«[1] zu sorgen. Die Israel-Reisen hochrangiger deutscher Politiker fanden bewusst in kritischen Phasen der bilateralen Beziehungen statt, wie die folgende Übersicht zeigt. Den Besuchen des Vizepräsidenten des Deutschen Bundestags, Carlo Schmid, und von Ex-Bundespräsident Theodor Heuss gingen die Hakenkreuz-Schmierereien in Deutschland um den Jahreswechsel 1959/1960 und die israelische Regierungskrise von 1959 voraus, in der Ben Gurion aufgrund von Protesten gegen seine Deutschlandpolitik zurücktreten musste.[2] Heuss' Israel-Besuch war privater Natur, dauerte immerhin drei Wochen und sollte, was seine Länge und Konzeption betrifft, einzigartig bleiben. Obwohl Heuss verschiedene Ansprachen und Reden hielt, war sein Aufenthalt im Vergleich zu allen darauf folgenden der am wenigsten originär »politische«: Heuss war von deutsch-jüdischen, ebenfalls schwäbischen Intellektuellen eingeladen worden, von denen er einige noch persönlich aus der Vorkriegszeit kannte. Seine Reise zeigt besonders eindrucksvoll, dass die Angehörigen dieser Generation von Juden und Deutschen oftmals noch gemeinsam Erlebtes verband.

Der erste offizielle Besuch eines ranghohen deutschen Politikers war der des Bundestagspräsidenten Eugen Gerstenmaier im November 1962, der das Ende des Eichmann-Prozesses im Juli 1962 zum Anlass nahm, um sich für ein Bild des »anderen Deutschlands«[3] einzusetzen. Nur ein halbes Jahr später,

1 Diese Formulierung haben sowohl die die Reisen vorbereitenden deutschen Funktionäre als auch deutsche Politiker verwendet.

2 Wie bereits 1953. Vgl. Shlomo Aronson, *Ben Gurion and the Jewish Renaissance*, Cambridge 2011.

3 Das »andere Deutschland« war ein von Ministerpräsident Ben Gurion bereits im Jahr 1949 geprägter Begriff, mit dem er versuchte, seine Regierungskoalition zu überzeugen, wirtschaftliche und politische Beziehungen zur Bundesrepublik aufzunehmen.

im Mai 1963, reiste der ehemalige Verteidigungsminister Franz Josef Strauß in seiner Funktion als Bundestagsabgeordneter auf Einladung des stellvertretenden Verteidigungsministers Shimon Peres nach Israel.[4] Im Frühjahr 1965 dienten die Reisen Kurt Birrenbachs den Verhandlungen zur Aufnahme diplomatischer Beziehungen. Davor, im Oktober 1964, war bekannt geworden, dass sich deutsche Wissenschaftler am Raketenbau in Ägypten beteiligten. Die Entdeckung des deutschen Engagements in der militärischen Forschung im verfeindeten Ägypten war in Israel »stark von Emotionen überlagert« und rief heftige Proteste hervor. Sie habe in der israelischen Politik einen Wendepunkt markiert, so der israelische Historiker Yechiam Weitz.[5] Birrenbach war von 1957 bis 1976 Mitglied des Auswärtigen Ausschusses im Deutschen Bundestag und von der Bundesregierung in einer sogenannten Sondermission mit den Verhandlungen zur Aufnahme diplomatischer Beziehungen beauftragt. Der Besuch von Altkanzler Konrad Adenauer im Frühjahr 1966, der drei Jahre nach Ende seiner Kanzlerschaft nun zum ersten Mal – als Privatmann – nach Israel reiste, schloss sich an den umstrittenen Botschafteraustausch im Sommer 1965 an. Adenauer inszenierte sich als privater Pilger – er besuchte im Wesentlichen die christlichen Stätten im Norden des Landes und lehnte es ab, über politische Themen zu sprechen. Den Auftakt bildete Carlo Schmids Reise im Dezember 1959 – es war die erste Reise, auf der ein deutscher Politiker in Israel eine Rede in deutscher Sprache hielt.

Carlo Schmid, Mitglied des SPD-Parteivorstands und Vizepräsident des Deutschen Bundestages, besuchte Israel im Herbst und Winter des Jahres 1959 gleich zweimal. Den ersten Besuch unternahm er privat gemeinsam mit seiner Tochter, den zweiten allein kurz vor Weihnachten. Bei seiner ersten, privaten Reise bat Ben Gurion um ein Gespräch unter vier Augen mit der Tochter, um von ihr zu erfahren, »was die deutsche Jugend denke, wie sie fühle, was sie befürchte und was sie erhoffe«.[6] Von ihr ließ er sich von der positiven Einstellung der deutschen Jugend gegenüber dem israelischen Volk überzeugen. Gemeinsam fuhren Ben Gurion und Schmid in den Negev, wo Schmid der fortschreitende Aufbau des Landes beeindruckte: »In Eilat standen nur Baracken, aber schon waren junge Bäume gepflanzt.« Den letzten

4 Strauß war infolge der *Spiegel*-Affäre am 30.11.1962 als Verteidigungsminister zurückgetreten. Vgl. Martin Doerry (Hrsg.), *Die Spiegel-Affäre. Ein Skandal und seine Folgen*, München 2013.

5 Vgl. Yechiam Weitz, »Ben Gurions Weg zum ›anderen Deutschland‹ 1952–1963«, in: *Vierteljahrshefte für Zeitgeschichte*, Jg. 48 (2000), H. 2, S. 255–279, hier S. 256.

6 Carlo Schmid, *Erinnerungen*, Bern 1980, S. 638.

Tag verbrachten sie am See Genezareth und harrten lange am Hügel der Bergpredigt aus, »in erinnerndes Schweigen versunken [...], im Schatten der Bäume des Franziskanerklosters«.[7]

Die zweite Reise, zu der Schmid auf Einladung Felix Shinnars am 18. Dezember 1959 aufbrach, hatte dagegen einen explizit politischen Charakter. Dieses Mal kam er mit namhaften Ministern Israels zusammen. Schmid, der »hohes Ansehen als Politikwissenschaftler« genoss, hielt an der Hebräischen Universität in Jerusalem eine Gastvorlesung mit dem Titel »Die Entwicklung des Menschenbildes in der europäischen Geistesgeschichte«. Es war »die erste in deutscher Sprache an einer israelischen Universität gehaltene Vorlesung seit dem Krieg«.[8] Der aus Deutschland stammende Professor Ernst Simon dankte ihm ausführlich. Sein Hinweis auf einen Traktat über Zwillingsbrüder aus der Torah weckte in Schmid die Hoffnung, dass »das Verhältnis unserer Völker wieder mitmenschlich-brüderlich werde«.[9] In seinen *Erinnerungen* schrieb er, dass die Begegnung mit David Ben Gurion ihn sehr verlegen gemacht habe.[10] Ben Gurion habe jedoch den Bann gebrochen, indem er sich in holprigem Deutsch mit ihm unterhalten habe. Ben Gurion wiederum erwähnte in seinen Aufzeichnungen seine Rührung darüber, dass Schmid im Gespräch mit ihm geweint habe, als er ihm vom Selbstmord seines Sohnes berichtete, der »nicht mehr einer Nation angehören konnte, die diese Verbrechen begangen hatte«.[11]

Auf dieser Reise begegnete Schmid Israelis, die es seiner Einschätzung nach kurz zuvor noch abgelehnt hätten, mit einem Deutschen zusammenzutreffen. Im Norden des Landes war er zu Gast in einem Kibbuz, und in Nazareth wohnte er einer orthodoxen Hochzeit bei. In Haifa führte ihn der Bürgermeister, »ein aus Österreich stammender Gewerkschafter«,[12] durch die Stadt und erzählte ihm ihre Geschichte. Er blickte hinunter auf die Templersiedlungen aus dem 19. Jahrhundert, »die Siedlung der schwäbischen Pietisten, die Prälat [Christoph] Hoffmann Mitte des letzten Jahrhunderts gegründet hatte, um das Ende der Zeiten in der Nähe des Tempels im Heiligen Land erwarten zu können«. Beeindruckt berichtet er von der »glückliche[n]

7 Ebd., S. 640.
8 Jelinek, *Deutschland*, S. 393.
9 Schmid, *Erinnerungen*, S. 641.
10 Ebd., S. 638.
11 The Ben Gurion Archives, Tagebuch Ben Gurions, 26.12.1959.
12 Schmid, *Erinnerungen*, S. 643.

Exklave Schwabens im Orient«, von den Schulen und dem Spital, die die Templer aufgebaut hatten.[13]

In Akko führte ihn der »Leiter des kleinen Museums, der einst Zahnarzt in Frankfurt gewesen war«, durch die Altstadt und den Hafen. Schmid fielen die überall gegenwärtigen »Moslems mit ihren Wasserpfeifen auf den Terrassen der kleinen Kaffeehäuser« auf, die Radio aus Kairo hörten.[14] Für einige Stunden traf er mit David Ben Gurion zusammen. Auch eine Begegnung mit »dem neuen Außenminister [sic] Golda Meir« fand statt, bei der sein »kümmerliches Englisch« störend gewesen sei. Daher habe auch sie Deutsch mit ihm gesprochen und erzählt, wie sie als junge Lehrerin in Milwaukee Kindern von Einwanderern, die Jiddisch und Schwäbisch sprachen, Englischunterricht gegeben und auf diese Weise »mühsam die deutsche Sprache erlernt« habe.[15]

Die politischen Gespräche drehten sich um den israelischen Wunsch nach einem Botschafteraustausch und nach einer engeren Bindung an die Europäische Wirtschaftsgemeinschaft. Von der israelischen Presse wurde Schmids Besuch kaum wahrgenommen. Lediglich zwei kurze Mitteilungen in der sozialistischen Tageszeitung *Davar* und in der rechtskonservativen *Cherut* erwähnten den Besuch, jedoch ohne ihn zu kommentieren. Nach seiner Reise begann Schmid, sich in »Berichten an den Parteivorstand, den Außenminister und den Außenpolitischen Ausschuß des Bundestages« für die Aufnahme diplomatischer Beziehungen zu Israel, die aus seiner Sicht »dringlich« war, einzusetzen, beispielsweise in einer Sitzung im Bundestag wenige Wochen später:

»Die Frage ist mir auch von dem ersten Mann des Landes gestellt worden, der sehr eindringlich darauf verwies und mir sagte, daß Israel es auf die Dauer einfach aus Gründen der Selbstachtung – wie man mir auch von anderer Seite sagte – nicht ertragen könne, daß von ihm gewünschte diplomatische Beziehungen durch die Bundesrepublik nicht aufgenommen würden.«[16]

---

13 Ebd.

14 Ebd., S. 644.

15 Ebd.

16 Joachim Wintzer, Josef Boyer (Hrsg.), *Der Auswärtige Ausschuß des Deutschen Bundestages. Sitzungsprotokolle 1957–1961, Zweiter Halbband: September 1959–August 1961*, Düsseldorf 2003, hier 41. Sitzung am 12.1.1960, Dokument Nr. 173, S. 533.

Diesem Besuch ließ Carlo Schmid viele weitere folgen. In den 1960er Jahren flog er fast jährlich in den Nahen Osten: »Die Reise nach Israel gegen Ende jeden Jahres im Winter ist das ganze Jahr ein Lichtblick.«[17] Beim ersten Mal, im Dezember 1959, wurde auf ihren inoffiziellen Charakter Wert gelegt. Sie schien dazu gedacht, das Land, die Landschaft und die christlichen Orte kennenzulernen. Es war ein Aufenthalt, der Carlo Schmid nachhaltig beeindruckte und für Israel einnahm. Seine persönlich empfundene »Schuld durch Unterlassung im Nationalsozialismus«[18] wollte er durch eine spezifische Ausrichtung seiner Politik überwinden. So hatte er bereits im Februar 1951 gefordert, den Staat Israel als »Rechtsnachfolger für alle erbenlosen Rückerstattungs- und Wiedergutmachungsansprüche« anzuerkennen.[19] Zur Bedeutung seines Besuchs trugen zwei weitere Ereignisse bei: die Einladung – die erste, die an einen Deutschen erging –, an der Hebräischen Universität zu sprechen, und die Tatsache, dass er seinen Vortrag in deutscher Sprache hielt. Öffentlich Deutsch zu sprechen war ein wichtiger Präzedenzfall.[20] Schmids Besuch ist aber auch ein Beispiel für den unterschiedlichen Umgang mit Sprachen: Während die israelischen Politiker mehrere Sprachen fließend sprachen, darunter meist Deutsch, Jiddisch und auf jeden Fall Englisch, waren die deutschen Politiker weitaus weniger sprachgewandt und somit darauf angewiesen, dass ihr Gegenüber sich in ihrer Muttersprache mit ihnen verständigte. Schmid hat sehr imponiert, dass Ben Gurion noch in höherem Alter Griechisch lernte.

Schmids Reisen nach Israel machen deutlich, dass politisches Vertrauen zwischen beiden Seiten nur durch persönliche Bekanntschaften oder Freundschaften aufgebaut werden konnte. Wichtiger als Gespräche auf offizieller Ebene waren zunächst Gesten, etwa die, dass Schmid bei seinem privaten Israel-Aufenthalt von seiner Tochter begleitet wurde. Als ebenso wichtig erwies sich vermutlich die Tatsache, dass er privateste Gefühle preisgab, als er Ben Gurion den für ihn äußerst schmerzhaften Selbstmord seines Sohnes anvertraute. Damit zeigte er sich auf eine Weise verletzbar, die in offiziellen Gesprächen nicht möglich ist. Der Meinungsaustausch jenseits des Proto-

17 Archiv der sozialen Demokratie (AdsD), Nachlass (NL) Carlo Schmid, 1/CSAA000113, Bd. 1278.

18 Ebd.

19 Vgl. http://www.bpb.de/izpb/25044/40-jahre-deutsch-israelische-beziehungen?p=all (letzter Zugriff: 11.4.2016). Vgl. auch Jürgen Lillteicher, *Raub, Recht und Restitution. Die Rückerstattung jüdischen Eigentums in der frühen Bundesrepublik*, Göttingen 2007.

20 Moshe Zimmermann im Interview mit der Verfasserin am 5.9.2012 auf der Konferenz der European Association for Israel Studies in München.

kolls hat wesentlich dazu beigetragen, dass man sich zunehmend auf offizieller Ebene begegnete. Die deutsche Sprache schuf eine Brücke, als andere Brücken noch undenkbar waren.

Nach seinen ersten beiden Reisen erhielt Schmid viele Zuschriften, die an ihn als »Freund Israels« gerichtet waren und Bitten um Unterstützung in bestimmten Angelegenheiten enthielten. Er schrieb immer sehr herzlich zurück.

1. Die antisemitische Welle in der Bundesrepublik 1959/1960 und ein erstes Gipfeltreffen

Die Kölner Stadtgemeinde hatte im Jahr 1957 beschlossen, eine neue Synagoge zu errichten, an der Stelle, an der die ehemals größte Synagoge Deutschlands gestanden hatte, bevor sie während der Novemberpogrome 1938 zerstört wurde. An der feierlichen Eröffnung am 20. September 1959 nahm auch der ehemalige Kölner Oberbürgermeister Konrad Adenauer teil. Zum Jahreswechsel 1959/1960 war die neue Synagoge allerdings mit Hakenkreuzen und antijüdischen Parolen beschmiert – dies war der erste Fall einer ganzen Welle von nationalsozialistischen Schmierereien, die sich von der Bundesrepublik aus auf Europa und sogar die USA ausbreitete.[21] Die Referenten im Auswärtigen Amt scheuten sich nicht, die Ereignisse positiv zu deuten: »Als ein Glück im Unglück darf man ansehen, daß die antisemitischen Sudeleien nicht auf die Bundesrepublik beschränkt blieben, sondern sich wie eine ansteckende Krankheit über die halbe Welt verbreiteten. Dadurch ist die Kritik gehemmt worden.«[22] Die Kritik aus den Niederlanden und den anderen NATO-Ländern zeige, »daß die Decke des Vertrauens, auf der die Bundesrepublik steht, äußerst dünn ist. Besonders gilt das für die dickblütigen Niederländer, die einen extrem nachtragenden Charakter haben. So sehr wir Deutsche den verständlichen Wunsch haben, daß endlich Gras über die nationalsozialistische Vergangenheit wachsen möge, so sehr müssen wir der

21 Vgl. Heiko Buschke, *Deutsche Presse, Rechtsextremismus und nationalsozialistische Vergangenheit in der Ära Adenauer*, Frankfurt am Main 2003, S. 312 f.
22 Bericht des Referenten R. Dvorak, 3.2.1960, PA AA, B 122, Bd. 4938.

Tatsache ins Auge sehen, daß jedenfalls in den Niederlanden die derzeit führende Generation nichts vergessen wird, so lange sie lebt.«[23]

Diese Stellungnahme belegt, wie groß die Diskrepanz zwischen den Israelis, die Empathie für ihre Situation erwarteten – wie man an den Gesprächen mit Schmid sehen konnte –, und der Haltung der deutschen Beamten im Auswärtigen Amt war, die nicht zur Kenntnis nehmen wollten, was diese Schmierereien in Wirklichkeit bedeuteten, sondern vornehmlich an einer sauberen Fassade Deutschlands und ihres Ministeriums interessiert waren.

Die für die Schmierereien Verantwortlichen wurden nie gefasst, auch der von Ben Gurion eingeschaltete israelische Auslandsgeheimdienst Mossad konnte nicht zur Aufklärung beitragen.[24] Der israelische Botschafter in Brüssel, Gideon Rafael, und andere israelische Offizielle nahmen die Gelegenheit wahr, die um ihr Ansehen besorgte deutsche Regierung aufzufordern, Israel diplomatische Beziehungen anzubieten.[25] So kam es im März 1960 zu einem aufsehenerregenden ersten Treffen zwischen Adenauer und Ben Gurion, dessen Nachwirkungen noch bei den Wirtschaftsverhandlungen der Jahre 1965 und 1966 zu spüren waren. Das Treffen auf neutralem Boden in New York erfuhr große Aufmerksamkeit in den Medien. So schrieb der Publizist Rolf Vogel: »Ich werde niemals die Stunde im Waldorf Astoria Hotel im März 1960 vergessen, wo ungezählte Journalisten die Zugänge zu den Fahrstühlen und die Räume des Bundeskanzlers und der deutschen Delegation füllten, so daß Ben Gurion die Feuertreppe benutzen mußte, um an einem Seiteneingang das Apartment des Bundeskanzlers zu erreichen.«[26]

Für die »Botschaften im arabischen Raum« verfügte das Auswärtige Amt die »Sprachregelung«, dass das Treffen »nicht auf eigener Initiative« beruhe, sondern »von israelischer Seite ausgegangen« sei und es sich somit um einen »reinen Höflichkeitsbesuch« handle.[27] Die Unterredung bereiteten der in Israel höchst umstrittene Staatssekretär Hans Globke und der mit ihm befreundete amerikanische PR-Experte Julius Klein gemeinsam vor, Klein wurde auch 1965 für die Vorbereitungen zur Aufnahme diplomatischer Beziehungen von der Bundesregierung angeheuert.[28] Adenauer und

23 Ebd.

24 Vgl. Jelinek, *Deutschland*, S. 311.

25 Vgl. ebd.

26 Rolf Vogel (Hrsg.), *Deutschlandberichte*, Jg. 9 (1973), Nr. 5. Rolf Vogel war im Auftrag der Bundesregierung als Journalist für Israel zuständig, die *Deutschlandberichte* waren Teil der Öffentlichkeitsarbeit.

27 Schreiben Nahostreferat im Auswärtigen Amt vom 15.3.1960, PA AA, B 2-VS, Bd. 319A.

28 BArch, Nachlass Rainer Barzel, N 1371-57.

Ben Gurion würdigten ihn mit einer Widmung auf der berühmt gewordenen Fotografie beim Gipfeltreffen im Waldorf Astoria.[29]

Flaggen wurden nicht gehisst, um zu verhindern, dass die deutsche und die israelische Flagge Seite an Seite wehten – für ein solches Bild war die Welt noch nicht bereit.[30] Das Gespräch fand auf Wunsch Adenauers in seiner Hotelsuite statt, was er mit dem Altersunterschied und dem Vorrecht des Älteren begründete. Die israelische Presse reagierte verärgert, weil sie darin einen Hegemonieanspruch des deutschen Bundeskanzlers zu erkennen glaubte.[31] Konrad Adenauer sprach deutsch, Ben Gurion englisch, sie verstanden sich aber gegenseitig und verzichteten auf Dolmetscher. Die als »historisch«[32] bezeichnete Begegnung im Waldorf Astoria Hotel in New York war ein spektakuläres Ereignis im deutsch-israelischen Verhältnis und die Initialzündung für weitere Treffen in den folgenden Jahrzehnten.

Konrad Adenauer schreibt in seinen *Erinnerungen*, das Verhältnis zwischen ihm und Ben Gurion habe sich schon vor ihrer persönlichen Begegnung durch großen gegenseitigen Respekt ausgezeichnet, so dass sie gleich positiven Kontakt zueinander gefunden hätten.[33] Die seither vielfach publizierten Fotografien des Treffens demonstrieren Freundschaft und Einigkeit: Beide sitzen sich in offensichtlich vertrauter und entspannter Atmosphäre gegenüber, mit einander zugewandten, vorgebeugten Oberkörpern, und lächeln. Auch Amos Elon, der Korrespondent der israelischen Tageszeitung *Haaretz* in den USA, bezeichnete das Klima der Zusammenkunft als entspannt und schrieb, nichts erinnere an die »düstere Atmosphäre […], die das Treffen zwischen Adenauer und Sharett vor acht Jahren in Luxemburg charakterisiert hatte«. Damit gehe »eine Zeit, die 1932 begonnen hatte, zu Ende«.[34] Für das brisante Thema der diplomatischen Beziehungen war die Zeit freilich noch nicht reif. Ben Gurion klammerte das Thema aus, weil er die Wirtschafts- und Militärhilfe für eher durchsetzbar und auch wichtiger ansah.[35]

29 Dieses Foto ist zum Beispiel auf dem Umschlag von Jelineks Monographie *Deutschland und Israel* abgebildet.

30 Vgl. Jelinek, *Deutschland*, S. 314.

31 Vgl. ebd., S. 315.

32 So zum Beispiel Michael Brenner in seinem Vortrag anlässlich des Festakts der Volkswagenstiftung zum 50-jährigen Jubiläum deutsch-israelischer Beziehungen am 10.3.2015 in Hannover.

33 Konrad Adenauer, *Erinnerungen 1959–1963. Fragmente*, Stuttgart 1983 [1968], S. 32 ff.

34 »Hinweise auf zukünftige deutsche Hilfe an Israel«, in: *Haaretz* vom 15.3.1960, übersetzt von der Verfasserin.

35 Vgl. Jelinek, *Deutschland*, S. 317.

Bei diesem ersten Treffen wurde ein Muster angelegt, das sich durch die Geschichte der deutsch-israelischen Beziehungen in den Sechzigerjahren ziehen sollte. Als Ausgleich für die »moralischen Güter« – die Hilfe bei der Wiederherstellung eines guten Ansehens der Bundesrepublik – forderte die israelische Seite einen Preis: In New York verlangte Ben Gurion ein neues Kreditpaket in Höhe von 500 Millionen Dollar, da die Laufzeit der »Shilumim« ihrem Ende zuging. Diese Forderung begründete er sowohl ökonomisch als auch moralisch: Einerseits sollte der Negev industriell erschlossen werden, andererseits die nach dem Krieg geborene, junge deutsche Generation moralische Befriedigung darin finden, dass ihr Volk beim Aufbau Israels half.[36] Konrad Adenauer, der, so Jelinek, von Wirtschaftsfragen wenig Ahnung hatte, gab eine vage, doch von Ben Gurion als positiv interpretierte Antwort. Staatssekretär Felix von Eckardt, Adenauers Vertrauter und Begleiter auf Reisen, schilderte die Szene in seinen *Lebenserinnerungen*: »Ich sehe es noch vor mir, wie Adenauer eine Hand auf Ben Gurions Arm legte und sagte: ›Seien Sie sicher, wir werden Israel nicht im Stich lassen.‹«[37] Er nannte keine konkrete Summe, da ein neuer Kredit die Zustimmung des Bundestags erforderte. Die israelische Presse brachte bereits am nächsten Tag Berichte über den neuen Kredit: Um Fakten zu schaffen, hatte Ben Gurion die Veröffentlichung beschleunigt. Über die mutmaßlichen Formulierungen Adenauers und die Höhe der neuen Kreditsumme gingen in den folgenden Monaten 19 Briefe zwischen den entsprechenden Ministerien hin und her.[38] Die geheim gehaltenen langwierigen Verhandlungen um diesen Kredit wurden unter dem Decknamen »Aktion Geschäftsfreund« geführt. Sie kamen erst 1966 zum Abschluss, als die israelische Regierung auf ihre ursprünglichen Forderungen verzichtete und sich mit einer deutlich niedrigeren Summe zufriedengab.

Als Adenauer 1960 von der Presse in Washington, wohin er nach dem Treffen weiterreiste, auf den Antisemitismus in seiner Heimat angesprochen wurde, streckte er den Journalisten kommentarlos ein gemeinsames Foto mit Ben Gurion entgegen, als könne sein persönlicher Kontakt zum israelischen Ministerpräsidenten die Frage beantworten und die antisemitische

---

36 Vgl. Michal Bar-Zohar, *Ben Gurion, Ha Ish me'achorej ha'agada* [Der Mann hinter der Legende], Tel Aviv 2013, S. 482 f., auf Hebräisch.

37 Felix von Eckardt, *Ein unordentliches Leben. Lebenserinnerungen*, Düsseldorf 1967, S. 610.

38 Vgl. Shinnar, *Bericht*, S. 99.

Bewegung in der Bundesrepublik aus der Welt schaffen.[39] Mit freundlichen Worten Ben Gurions wollte er versuchen, das »angekratzte Image der Bundesrepublik aufzupolieren«.[40] Israelische Proteste gegen das Treffen zwischen Adenauer und Ben Gurion im Waldorf Astoria blieben weitgehend aus, und die wenigen, die es gab, glichen einem »mechanischen Ritual«, das »politisch folgenlos« blieb.[41]

Bei dieser Zusammenkunft traten die unterschiedlichen Anliegen der deutschen und der israelischen Seite deutlich zutage. Während die Bundesregierung das symbolträchtige erste Treffen zwischen Adenauer und Ben Gurion als ein Instrument ansah, der Welt ein positives Bild eines demokratischen Deutschlands, das seine Vergangenheit überwunden hat, zu präsentieren, stand es für Israel im Zeichen wirtschaftlicher Interessen. Um die Auswirkungen der antisemitischen Welle in Deutschland zu neutralisieren, warf »der Alte« seine Freundschaft zu seinem israelischen Amtskollegen in die Waagschale.[42] Die Pressefotos, die Freundschaft und Zuneigung demonstrieren, haben heute ikonischen Charakter für das deutsch-israelische Verhältnis. Der persönliche Kontakt der beiden Staatschefs sei bei diesem Treffen gefestigt worden und habe somit die deutsch-israelischen Beziehungen erst möglich gemacht, heißt es bis heute in glorifizierenden Darstellungen, in denen von dieser Begegnung auch als »Wunder« gesprochen wird.[43]

2. Ein Schwabe zu Besuch bei Schwaben – Der Altpräsident Theodor Heuss in Israel im Mai 1960

Theodor Heuss wurde 1884 in Brackenheim in Württemberg geboren und wuchs in Heilbronn auf. Er stammte aus einem bürgerlich-schwäbischen

39 NBC, »Meet the Press«, Bd. 4, Nr. 12 vom 20.3.1960, zitiert nach Jelinek, *Deutschland*, S. 317.

40 Jelinek, Blasius, »Ben Gurion«, S. 310.

41 Yechiam Weitz, »Ben Gurions Weg«, S. 275.

42 Adenauer war Jahrgang 1876, Ben Gurion Jahrgang 1886. Beide wurden in ihrem Land der »Alte« genannt.

43 Zuletzt in der *Jerusalem Post*: »a miracle and a friendship«, http://www.jpost.com/Christian-News/Today-in-History-Israel-and-Germany-began-road-to-mutual-cooperation-447831 (letzter Zugriff: 13.4.2016) und bei der Konrad-Adenauer-Stiftung: »Am 12. Mai 2015 jährt sich eines der größten Wunder der deutschen Geschichte […]«, http://www.kas.de/wf/de/21.158/ (letzter Zugriff: 22.5.2016).

Milieu, in dem er im demokratischen Geist der 1848er-Revolution erzogen wurde. Nach beruflichen Anfängen im Journalismus promovierte Heuss 1905 in Nationalökonomie und setzte sich von 1924 bis 1933 als Abgeordneter der linksliberalen Deutschen Demokratischen Partei (DDP) im Reichstag für die sozialpolitischen Ideen Friedrich Naumanns ein.[44] Am 23. März 1933 stimmte er für das Ermächtigungsgesetz – eine Entscheidung, die Peter Merseburger als »einzige[n] Bruch in seiner Biographie« wertet.[45] Dennoch war Heuss in den Augen der Nationalsozialisten ein »unerwünschter Autor«: Im Mai 1933 wurden zwei Bücher von ihm verbrannt, und im Juni verlor er seinen Posten als Dozent an der Deutschen Hochschule für Politik in Berlin. Das »Ja [zum Ermächtigungsgesetz], das sich nie mehr aus der Lebensgeschichte auslöschen läßt«,[46] geben seine Biographen als Grund dafür an, dass sich Heuss nach dem Krieg für die »Wiedergutmachung« am jüdischen Volk einsetzte.[47] In verschiedenen Reden in der unmittelbaren Nachkriegszeit brachte Heuss seine tief empfundene Scham und Trauer über die von Deutschen begangenen Verbrechen zum Ausdruck.[48] So prägte er bereits im Jahr 1949 den Begriff der »Kollektivscham« – in einer Zeit, da der Großteil der Gesellschaft nach vorn schauen wollte, statt sich mit der Vergangenheit auseinanderzusetzen.[49] Die Rede von der »Scham«, und zwar explizit auch im Namen aller nicht direkt am Völkermord Beteiligten, war außergewöhn-

44 Vgl. Frank-Thomas Gräfe, *Die deutsche Vergangenheit in der britischen Öffentlichkeit. Staatsbesuche und der Wandel des Deutschlandbildes in Großbritannien 1958 bis 1972*, Augsburg 2009, S. 88.

45 Peter Merseburger, *Theodor Heuss. Der Bürger als Präsident. Biographie*, München 2013, S. 12.

46 Theodor Heuss, »Fragment von Erinnerungen aus der NS-Zeit«, in: *Vierteljahrshefte für Zeitgeschichte*, Jg. 15 (1967), H. 1, S. 1–17, hier S. 6.

47 1962 schrieb Heuss warnend in der *Allgemeinen Wochenzeitung der Juden in Deutschland*, die »Vernichtung von Leben und Glück, das [sic] die Juden zu Millionen erduldeten, [die] Beschmutzung des deutschen Namens, die wir erleiden mußten, werden nicht durch eine Reihe stattlicher Schecks in der Geschichte ausgelöscht. […] Das geläufige Wort von der ›Wiedergutmachung‹ ist nur die Ersatzformel für einen Annäherungswert der Form« (zitiert nach Merseburger, *Theodor Heuss*, S. 408).

48 Vgl. Theodor Heuss, *An und über Juden*, hrsg. von Hans Lamm, Wien 1964. Besonders eindrücklich ist die Schilderung von Karl Marx im Vorwort: Heuss habe sich bei der Einweihung des internationalen Mahnmals in Bergen-Belsen im November 1952 auf ihn gestützt, die Worte »schrecklich, schrecklich« gestammelt und am ganzen Körper gezittert (vgl. ebd., S. 11).

49 Vgl. Theodor Heuss, »Mut zur Liebe. Rede, gehalten am 7. Dezember 1949 anläßlich einer Feierstunde der Gesellschaft für christlich-jüdische Zusammenarbeit in Wiesbaden«, in: Heuss, *Juden*, S. 121–127, hier S. 122.

lich für die junge bundesdeutsche Gesellschaft, in deren Augen nur die Führungselite der NS-Funktionäre für die Verbrechen verantwortlich war, nicht jedoch die große Zahl derjenigen, die an der reibungslosen Organisation der Verbrechen mitgewirkt hatten.

Heuss' Versuch, eine »Versöhnung mit dem jüdischen Volk« herbeizuführen, drückte sich auch darin aus, dass er als erster offizieller Repräsentant der Bundesrepublik den jüdischen Gemeinden zum Neujahrsfest Rosch ha-Schana gratulierte und zeitweise Schirmherr der Gesellschaft für christlich-jüdische Zusammenarbeit war.[50] Die Annäherung zwischen Deutschen und Israelis verstand er tatsächlich als Aufgabe der »Aussöhnung« im christlichen Sinne, obwohl er selbst nicht besonders gläubig war. Seinem Biographen Merseburger zufolge seien Heuss' Beziehungen zum deutschen Judentum jenem »zutiefst konservativ-bürgerlichen Instinkt« entsprungen, den er »mit der Minderheit des nicht antisemitisch orientierten protestantischen Bürgertums« teilte.[51] Diese Haltung habe verlangt, »dass man vor allem jene deutsche ›Judenheit‹ respektiert, die sich assimilierte, zum ›selbstständigen Teil der deutschen Gesellschaft wurde‹, die es zu akademischem Status oder wirtschaftlichem Erfolg brachte und zur deutschen Bourgeoisie gehört«.[52]

Sein Engagement für das deutsch-jüdische Verhältnis schloss auch die in seinen Augen notwendige Heilung der eigenen Gesellschaft mit ein. So sprach er in seiner berühmten Berliner Rede am 18. März 1946 davon, dass es das »Scheußlichste und Schrecklichste [war], das uns der Nationalsozialismus antat, daß er uns zwang, uns schämen zu müssen, Deutsche zu sein […] und daß wir Sehnsucht haben müssen nach dem Tag, wieder mit freier Seele stolz darauf sein zu dürfen, Deutsche zu sein. Das ist ein schwerer Weg der Selbstreinigung, den wir gehen müssen.«[53]

Die »schwerste Aufgabe im Geistigen und im Politischen« sei die »Reinigung des deutschen Geschichtsbilds«, die aber nicht dadurch zustande komme, »daß man eine Reinigungsanstalt herbeiholt und die braune Farbe abputzen läßt, um eine andere Farbe aus bereitgestellten Kübeln aufzuschmieren«.[54] Heuss' Sorge, die er auch in seiner Rede an der Hebrä-

50 Vgl. Esther Braunwarth, *Interkulturelle Kooperation am Beispiel der Gesellschaften für christlich-jüdische Zusammenarbeit*, München 2011, S. 34.

51 Merseburger, *Theodor Heuss*, S. 332 ff.

52 Ebd.

53 Theodor Heuss, »Über Deutschlands Zukunft«. Öffentlicher Vortrag im Haus des Rundfunks in Berlin, in: Eberhart Pikart (Hrsg.), *Theodor Heuss. Aufzeichnungen 1945–1947*, Stuttgart 1966, S. 184–208, hier S. 189 f.

54 Ebd., S. 200.

ischen Universität im Jahr 1960 zum Ausdruck brachte, galt demnach der Frage, wie sich die deutsche Gesellschaft erholen könne. Das setze, so Heuss, einen tatsächlichen demokratischen Gesinnungswandel voraus, für den er immer wieder in eindringlichen Worten plädierte.

Als Bundespräsident war Heuss sehr beliebt, »volksnah und behäbig, ein Präsident zum Anfassen«.[55] Er wurde in zahlreichen Briefen und medialen Darstellungen als »Papa Heuss« verkitscht, wogegen er sich zu wehren suchte.[56] In den von »Sehnsucht nach bürgerlicher Zivilität, Wohlstand und friedlicher Ordnung geprägt[en]« 1950er Jahren habe sich Heuss' Habitus als »breite Projektionsfläche für die Wünsche vieler Bürgerinnen und Bürger nach wohlgeordneten Verhältnissen und nach einem fürsorglichen Erzieher« angeboten.[57] In diesem Sinne war er zur Zeit seiner Reise nach Israel im Mai 1960 ein Volksvertreter, obwohl er das Amt des Bundespräsidenten ein Jahr zuvor niedergelegt hatte. Erst als Privatperson war es Heuss möglich, diese Reise anzutreten. Als Bundespräsident durfte er sich nicht in die Debatte um die Aufnahme diplomatischer Beziehungen einbringen – ein Staatsbesuch wäre als eine solche Einmischung angesehen worden. Als die antisemitischen Schändungen um die Jahreswende 1959/1960 in der jüdischen Welt für Aufruhr sorgten, schien ihm die Gelegenheit gekommen, endlich persönlich nach Israel zu fahren. Karl Marx riet ihm, damit zu warten, bis sich die Wogen wieder geglättet haben, allerdings schrieb Heuss Mitte Januar 1960 in einem Brief an Toni Stolper, seine Lebensgefährtin, die in New York lebte und ihn auf der Reise begleitete:

»Das herbe Problem werden Terminfragen. Und da heute Shabbat ist, habe ich keine Klärung unternehmen wollen. […] Karl Marx, der mich in jüdischen Dingen immer völlig loyal beraten hat, war vorgestern früh bei mir, unzufrieden mit einigen jüdischen Aktionen – er meint, *jetzt* solle ich nicht fahren, sondern einige Wochen warten, bis sich ›die Dinge‹ gelegt haben, aber freilich, für ihn sei der Mai unerträglich. Klaiber [der deutsche Botschafter in Rom] schreibt aus Rom, möglichst bald fahren, weil die Sauereien einen so großen Rückschlag gebracht hätten. Ich persönlich weiß nun, daß mein

55 Ebd., S. 11. Heuss selbst schrieb dazu am 3.1.1959 an Ludwig Erhard: »Man darf keinen Heuss-Kult etablieren – die Demokratie ist nebenher ein Erziehungs- und Gesinnungsprozeß. Ich weiß, daß ich einige angenehme Talente besitze, darunter das für mich wichtigste, daß ich mich nie mit mir gelangweilt habe« (zitiert nach Joachim Radkau, *Theodor Heuss*, München 2013, S. 11).

56 Vgl. Merseburger, *Theodor Heuss*, S. 535.

57 Ebd., S. 531.

Besuch in dieser Gesamtsituation aus der privaten ›Lebensneugier‹ in die politische Bewertung gerät, aber ich fühle mich nicht gerade als ›Sühneprinz‹ berufen […].«[58]

Heuss, der sich auf die »Reihe rührender persönlicher Einladungen, etwa ein[en] Heilbronner Abend in Tel Aviv«, freute, wollte am Termin im Mai festhalten, räumte aber ein: »[D]ie Hakenkreuz-Schmierereien sind freilich eine wüste Ouvertüre.«[59]

Noch aus einem anderen Grund war die Reise politisch aufgeladen. In den drei Wochen, in denen Heuss sich in Israel aufhielt, wurde Adolf Eichmann in Argentinien gefasst. »Es war eine Erregung, eine explosive! Alle Leute haben einen darauf angesprochen«, berichtete Heuss im Interview nach seiner Rückkehr.[60] Im Vorfeld schien es ihm jedoch wichtig, den politischen Charakter der Reise so gut wie möglich herunterzuspielen – so schrieb er am 25. März 1960 an den Staatssekretär im Auswärtigen Amt Albert Hilger van Scherpenberg:

»Ich werde auch an der Hebräischen Universität in Jerusalem eine Vorlesung halten, wodurch die Reise etwas entpolitisiert erscheint; aber ich halte es für absolut notwendig – auch wenn ich in Israel keine ›Verhandlungen‹ zu führen habe – über den letzten Stand der Dinge von Bonn aus in irgendeinem Gespräch genau informiert zu werden, denn es ist ja schier unvermeidlich, daß der und der und der mit mir über das und das der deutsch-israelischen Beziehungen reden wird.«[61]

Einerseits unterstrich er den politischen Rang seiner Reise gegenüber der Bundesregierung und setzte den Ausdruck »privat« in einem Brief an Konrad Adenauer selbst in Anführungsstriche: »Es ist, ungeachtet des ›privaten‹ Charakters der Reise, auch eine Begegnung mit Ben Gurion vorgesehen.«[62] Andererseits schätzte er die Handlungsspielräume, die ihm der »private Charakter« der Reise bot. Denn durch seine biographische Verbindung zu den deutschen Juden, die ihn eingeladen hatten, trug sein Besuch auch persönliche Züge: »Prof. Heuss erklärte […], er sei gekommen, um all seine Schüler und Freunde zu treffen, die jetzt in Israel wohnen«, so kündigte die deutsch-

58 Heuss an Stolper, 16.1.1960, zitiert nach Eberhard Pikart (Hrsg.), *Theodor Heuss. Tagebuchbriefe 1955–1963. Eine Auswahl aus Briefen an Toni Stolper*, Tübingen 1970, S. 467.

59 Brief an Stolper, 13.1.1960, in: Frieder Günther (Hrsg.), *Theodor Heuss. Privatier und Elder Statesman. Briefe 1959–1963*, Berlin 2014, S. 145.

60 »Theodor Heuss, Reiseeindrücke in Israel. Gespräch mit Thilo Koch«, Sendung des Deutschen Fernsehens am 28.6.1960, Transkript in: Theodor Heuss, *Staat und Volk im Werden. Reden in und über Israel*, München 1960, S. 71–90, hier S. 71.

61 Zitiert nach Günther, *Theodor Heuss*, S. 179.

62 Brief an Konrad Adenauer, 28.4.1960, zitiert nach ebd., S. 186.

sprachige Zeitung *Jedioth Chadashot* den Besuch des Altpräsidenten an.[63] Angesichts dieser persönlichen Verbindung bedauerte er es sehr, dass ihm bislang aufgrund seines Amtes eine solche Reise verwehrt geblieben war, wie aus dem ausführlichen Briefwechsel mit Stolper hervorgeht. Auch mit seiner Vorfreude und seiner Unsicherheit wandte er sich an sie:

»Das Israel-Abenteuer wird unsere Korrespondenz noch manchmal in den kommenden Wochen beschäftigen. [...] Sind die Israeli amerikanisiert, daß man weißen Smoking mitnimmt? Denn Shinnar rechnet damit, daß ich, wenn auch ›Privatmann‹, mit Regierungsleuten zu einem Dinner oder dergleichen zusammenkomme. [...] Daß die Heilbronner Juden rührender Weise eine Sache mit mir arrangieren wollen, schrieb ich Dir wohl schon [...].«[64]

Angebahnt wurde die Reise in einem monatelangen Briefwechsel mit freundschaftlichem Tonfall zwischen Theodor Heuss und Felix Shinnar.[65] Noch hatte niemand Übung darin, den Besuch eines Deutschen in Israel mit allen notwendigen Sicherheitsvorkehrungen zu planen; zudem war unklar, wie die israelische Bevölkerung reagieren würde. Der Leiter der Israel-Mission trug neben zwei Referenten aus dem israelischen Religionsministerium die Hauptverantwortung für die Vorbereitung. Er fungierte generell als Verbindungsmann zwischen deutschen und israelischen Politikern und organisierte – da es an weiterem israelischen Personal in der Bundesrepublik mangelte – die Besuche von reisenden Politikern, indem er die Kontakte zur israelischen Seite vermittelte. Auf die Frage nach dem Smoking, die Heuss auch Shinnar gestellt hatte, antwortete der Gesandte: »Lieber, verehrter Professor Heuss, [...] weder Smoking (schwarz oder weiß) noch Cut sind gebräuchliche Kleidungsstücke für Ihren Besuch. Wir erlauben uns, zumindest

63 »Prof. Heuss besucht Israel als Gast der Reparationsgesellschaft«, in: *Jedioth Chadashot* (deutschsprachige Zeitung in Israel) vom 5.5.1960.

64 Heuss an Toni Stolper, 29.12.1959, zitiert nach Pikart (Hrsg.), *Tagebuchbriefe*, S. 466.

65 Heuss und Shinnar korrespondierten über Jahre hinweg sehr herzlich miteinander. So bedankte sich Heuss jedes Jahr um die Weihnachtszeit: Es ist »überaus liebenswürdig, dass Sie mich auch in diesem Jahre wieder mit Früchten aus Israel bedacht haben« (Israeli State Archives (ISA) 294/1 חץ). Offenbar schenkte Shinnar der gesamten Bonner Gesellschaft regelmäßig Zitrusfrüchte, denn auch Ministerialdirektor Hans Bott bedankte sich bei ihm am 11.2.1959: »nun sind sie da, die schönen Orangen, um die Sie sich so viel Hintergedanken machten. Mich stimmen Südfrüchte unbeschwert. Mit mir freuen sich viele Mitarbeiter im Hause über diesen Gruß, für den ich Ihnen und der Einkaufsdelegation in alter Verbundenheit herzlich danke. Mit guten Grüßen, Ihr Hans Bott« (BArch, B 122, Bd. 506). Die große Anzahl solcher Dankesbriefe von Bonner Beamten an Shinnar zu fast jeder Jahreszeit verweist darauf, wie wichtig die Zitrone als Symbol und als wichtigstes Exportgut für Israel in den 1950ern war.

vorläufig noch, das romantische Abweichen von den Gepflogenheiten der internationalen Diplomatie, ich weiß, daß Sie diese ›harte‹ Entscheidung mit Würde tragen werden […].«[66]

Heuss antwortete knapp: »Verehrter, lieber Dr. Shinnar, […] ich werde also mit ganz normaler Garderobe kommen und da ich nie zur Jugendbewegung gehört habe, auch ohne kurze Hosen […].«[67] Auf diese Weise scherzten sie miteinander in ihren Briefen, und Heuss bedankte sich bei dem israelischen Gesandten für das entspannte Programm, da er im vergangenen Jahr keinen Urlaub gehabt habe: »Ich habe das Gefühl, daß das Programm auf der einen Seite bunt und auf der anderen Seite nicht verhetzt ist. Darf ich alttestamentarisch werden? Ich werde mich bei Ihnen fühlen wie in Abrahams Schoß.«[68] Für seine Reise nach Israel nahm er sich ganze drei Wochen Zeit.

Toni Stolper, im Programm als »Damenbegleitung« bezeichnet, sei »ganz aufgeregt« gewesen, nach Israel zu reisen.[69] Auch Heuss schien trotz seiner jahrzehntelangen Erfahrung als Staatsmann verunsichert, wie er als Person und wie seine Reden aufgenommen würden. Seinen Vortrag, den er an der Hebräischen Universität zu halten beabsichtigte, schickte er vorher an Shinnar, mit der Bitte, »das, was ich niederschrieb, mit kritischen Augen zu lesen, mich wissen zu lassen, wo ein sachlicher Fehler vorliegt«.[70] Mit bemerkenswerter Bescheidenheit gestand er Shinnar, dass er sich ob seiner Themenwahl und Ausdrucksweise unsicher fühle und keinesfalls das Risiko eingehen wolle, in Israel auf Kritik zu stoßen.

Am 4. Mai 1960 landete Heuss in Israel. Ungezwungen begann er sein Besuchsprogramm mit einer Rundfahrt in Tel Aviv und Jaffa. Am Tag darauf besuchte er das Weizmann-Institut für naturwissenschaftliche Forschung in Rechovot und war zum Abendessen im Privathaus Felix Shinnars eingeladen. Am 6. Mai besichtigte er Ausgrabungen in Ashkelon, und am nächsten Tag fuhr er zum Kibbuz Brenner, wo er mit Nahum Goldmann zu Abend aß. Am 8. Mai ging es schließlich nach Jerusalem zum politischen Teil der Reise, er bewunderte die Qumranrollen in der Nationalbibliothek und traf Außenministerin Golda Meir, die ihm zu Ehren ein Abendessen im King David

66 Shinnar an Heuss, 20.3.1960, ISA 294/13 חץ.

67 Heuss an Shinnar, Stuttgart, 23.3.1960, ISA 294/13 חץ. Eine Anspielung auf die in Israel im Vergleich zu Deutschland sehr viel informelleren Kleiderregelungen und die von einer Jugendbewegung getragene Kibbuzbewegung.

68 Heuss an Shinnar, Stuttgart, 25.4.1960, ISA 294/13 חץ.

69 Programmvorbereitung, ISA 294/13 חץ.

70 Heuss an Shinnar, Stuttgart, 23.4.1960, ISA 294/13 חץ.

Hotel gab, bei dem alle Minister anwesend waren.[71] Am fünften Tag suchte Heuss die Holocaust-Gedenkstätte Yad Vashem auf und legte dort einen Gedenkkranz in der Halle der Erinnerung nieder. Mit der schwarz-rot-goldenen Schleife am Kranz kam zum Ausdruck, dass er seine Privatreise durchaus als offiziellen Auftrag der Bundesrepublik ansah.[72]

Am Nachmittag hielt Heuss seine sorgfältig vorbereitete Rede an der Hebräischen Universität, auf dem damals noch einzigen Campus Givat Ram.[73] Eingeladen hatte ihn eine kleine Gruppe deutsch-jüdischer Intellektueller: Martin Buber, Ernst Simon, Leopold Marx und Theodor C. Hirsch. Der Rektor der Universität und andere offizielle Vertreter fehlten, Heuss' Publikum bestand ausschließlich aus deutschen Juden – 1.100 Zuhörer drängten sich in einen Hörsaal, der für 800 Personen ausgelegt war. Bevor er nach Israel aufbrach, hatte Heuss sich beschwert, dass er »nur« an der Universität sprechen dürfe, er empfand es als Herabsetzung, dass die Reise dadurch ihren »spezifisch politischen Charakter« verlor.[74] Martin Buber hieß ihn in seinen Grußworten »nicht als de[n] Altbundespräsidenten, sondern als Theodor Heuss, de[n] Geschichtsschreiber und Staatenforscher«, willkommen. Seine kurze Einführung war zwar nicht überschwänglich, aber sie ließ doch freundliche kollegiale Verbundenheit erkennen – da beide den Friedenspreis des Deutschen Buchhandels erhalten hatten, begrüßte Buber Heuss als »Kollege[n]«. Heuss bedankte sich fast schüchtern zu Beginn seiner Rede für die »ehrende Einladung«, der er »nicht ganz ohne Befangenheit folge[n]« könne. Doch »die Tatsache, daß der mir befreundete Professor Carlo Schmid vor einigen Monaten eine Art von Vorläufertum im Gebrauch der deutschen Sprache in diesem Raum darstellte«, erleichtere ihm die schwe-

71 Besuchsprogramm, ISA 294/13 חץ.

72 Schon seine ersten Staatsbesuche als Bundespräsident hatte er mit Versöhnungsgesten an Mahnmalen für die Opfer deutscher Massaker in den ehemals besetzten Ländern eingeleitet, so erstmalig 1956 in Griechenland, 1957 in der Türkei und Italien sowie in Kanada, den USA und Großbritannien 1958, vgl. Merseburger, *Theodor Heuss*, S. 540. Ziel der Besuche war es, das demokratische Deutschland zu repräsentieren und seine Wiedereingliederung in die westliche Welt über persönlichen Kontakt und demonstratives Streben nach Versöhnung voranzubringen. Die Türkei war zu einem wichtigen deutschen Absatzmarkt geworden und diente militärisch als Bollwerk an der Südflanke der NATO.

73 Der Campus auf dem Skopusberg, wo sich heute die Geisteswissenschaften befinden, lag bis 1967 im jordanischen Teil der Stadt und diente lediglich als militärische Enklave. Vgl. zum Beispiel »A brief history of the Hebrew University«, https://new.huji.ac.il/en/page/452 (letzter Zugriff: 16.4.2016).

74 Brief an Carlo Schmid, AdsD, NL Schmid 1/CSAA000113, Bd. 483.

re Aufgabe, vor Israelis auf dem Boden des Heiligen Landes auf Deutsch zu sprechen.[75] Da seine Zuhörerschaft selbst dem deutsch-jüdischen Bildungsbürgertum entstammte, durfte er aber erwarten, dass sie ihm folgen konnte.[76] »Man hat mich verstanden. Ich wurde auf hebräisch begrüßt. Das hat Martin Buber besorgt, um dann deutsch fortzufahren – das wurde als eine ganz selbstverständliche Vermittlungsform angesehen.«[77] Verwundert und erleichtert nahm Heuss das Geschenk, auf Deutsch vortragen zu dürfen, an, denn sein Englisch hielt er für »Gegackse«.[78]

Das Thema seiner Rede, »Selbstgestaltung der Demokratie«, war von Shinnar angeregt worden. In seinen Ausführungen wollte Heuss die Rollen von Befehlsgewalt, Gehorsamsanspruch und Widerstandsrecht in einer Demokratie untersuchen, ein Thema, das in Bezug auf Deutschland apologetisch klang und das er selbst als »lapidar, fast grob« bezeichnete.[79] Er wolle versuchen, den »inneren Zustand« Deutschlands zu erklären. Dabei gehe es ihm »nicht nur, so scheußlich der Sinn und die Technik des Verfahrens war, lediglich um die versuchte Austilgung des Judentums, sondern auch […] um die kaum tilgbare Beschmutzung der deutschen Geschichte, des deutschen Namens«.[80] Er zeigte sich auch demütig und beeindruckt von den Leistungen des jungen israelischen Staates:

> »Nun bin ich nicht nach Israel gereist, um hier zu lehren, sondern um zu lernen, und ich habe schon manches gelernt, auch von solchen, die vor Jahrzehnten meine eigenen Schüler an der ›Deutschen Hochschule für Politik‹ in Berlin gewesen waren. Aber es hat etwas innerlich Erregendes, zumal für den historisch gestimmten Menschen, der jetzt nicht als Politiker a. D. vor Ihnen steht, Zeitgenosse und Zeuge des Unternehmens zu sein, daß auf einem geschichtsdurchwühlten Boden beides neu gebildet wurde, ein Staat und ein Volk.«[81]

Der Altbundespräsident beendete die Rede mit den Worten, er habe »nur geringes Talent zu pathetischen Beschwörungen«, und da man sich »im akademischen Raum und nicht in dem politischer Zweckhaftigkeiten« befin-

75 Alle Zitate in Heuss, *Staat*, S. 12.
76 Zur intellektuellen Elite und der deutschen Sprache in Israel vgl. Yfaat Weiss, »Rückkehr«.
77 Interview mit Thilo Koch, in: Heuss, *Staat*, S. 73.
78 Merseburger, *Theodor Heuss*, S. 388.
79 Heuss, *Staat*, S. 14.
80 Ebd., S. 30.
81 Ebd., S. 27.

de, wolle er einfach schließen mit Dank, dass er sprechen durfte, »an dieser Stelle, die gewiß eine recht bedeutende Zukunft vor sich hat«.[82]

Nach Heuss' Rede an der Hebräischen Universität begrüßte Justizminister Pinchas Rosen am Abend in seiner Ansprache den Gast »namens eines Kreises [von] Persönlichkeiten verschiedener Schichten [...], Männer welche die Staatsgeschäfte leiten, Führer der zionistischen Bewegung, Männer der Wissenschaft und der Wirtschaft«. Für viele unter ihnen habe »der Gedanke an Deutschland, die Erinnerung an Deutschland, etwas Unheimliches«. Gerade deswegen sei es »um so wesentlicher und bedeutungsvoller [...], von Zeit zu Zeit hervorragende deutsche Repräsentanten einer humanen, demokratischen, von Rassenwahn unberührten Schicht zu treffen – man müßte ja an der Menschheit vollends verzweifeln, wenn man nicht annehmen dürfte, daß es Menschen Ihrer Art, Herr Professor, in Deutschland auch in der Schreckenszeit gegeben hat, wenn auch leider in einer zu geringen Zahl. [...] Kollektivscham, in diesem tiefen Bekenntnis ist viel von dem enthalten, was uns Ihren Besuch wertvoll und bedeutsam macht.«[83]

Dem Programm in Jerusalem folgten eine kurze Fahrt in die Wüstenstadt Beersheba und eine Bootsfahrt auf dem Roten Meer bei Eilat, bevor Heuss nach Tel Aviv zurückflog. »Die Fahrt ans Tote Meer fiel aus, weil [Jitzchak] Ben Zwi mich kennenlernen wollte, aber gestern 6 Stunden Auto durch die bergige Negev-Wüste nach Eilat (am Roten Meer,) abends Rückflug. Ich habe den mehrtägigen heißen Wüstenwind, für den sich alle Israelis bei mir entschuldigen, aufs Beste überstanden.«[84]

Staunend besuchte der in Heilbronn Aufgewachsene das schwäbisch-jüdische Dorf Shavej Zion bei Nahariya an der Mittelmeerküste nördlich von Haifa.[85] Der Vorsitzende des Ortes empfing ihn herzlich in seinem Haus, und Heuss verbrachte immerhin neun Nächte, fast die Hälfte seiner gesamten Zeit in Israel, im Gästehaus Dolphin House. In den 1930er Jahren waren Dutzende jüdischer Bauern aus dem württembergischen Rexingen nach Israel geflüchtet und hatten 1938 das Dorf gegründet. Unter den Kibbuzbewohnern, die auch den »schwäbischen Abend« zu Ehren Heuss' organisierten, waren viele alte Bekannte des Altpräsidenten, die aus Heilbronn,

82 Ebd., S. 36.

83 Rede Pinchas Rosen, zitiert nach ISA 294/13 חץ.

84 Theodor Heuss an seinen Sohn Ernst Ludwig Heuss, 12.5.1960, aus dem Sharon Hotel in Herzliya gesendet, zitiert nach Günther, *Theodor Heuss*, S. 196.

85 Zu Shavej Zion vgl. Christian Petz (Hrsg.), *Shavej Zion. Blüte in Israel aus schwäbischer Wurzel. Ein Bericht in Wort und Bild. Von Günther und Leslie Petzold,* Gerlingen 1993.

Stuttgart oder Rexingen stammten.[86] »So etwas gibt es: eine jüdische Bauerngemeinde Rexingen, bei Horb am Neckar, hat hier eine Genossenschaftssiedlung [Kibbuz], die floriert, und ein Südafrikaner hat ein reizvolles, hübsches Hotel dazu gebaut, mit Schwimmbassin und Grünanlagen – das Meer ist ganz nah, aber steinig und felsig.«[87]

Mit Leopold Marx und Otto Hirsch,[88] die beide seinerzeit das Stuttgarter Jüdische Lehrhaus (1926–1938) mitbegründet hatten, und dem Heilbronner Rechtsanwalt Martin Scheuer, dem ersten Bürgermeister von Shavej Zion und alten Studienfreund, war Heuss bereits in der Weimarer Republik verbunden gewesen. Auch dieser alten Freundschaften wegen folgte er am 12. Mai 1960 der Einladung des Vorstands des Freundeskreises Shavej Zion in das schwäbische Dorf am Mittelmeer. Von dort berichtete er an seine Lebensgefährtin Toni Stolper:

»Es war fast wie in Stuttgart. Offenbar war mitgeteilt, daß ich heute hier sei – ein dicker Stoß von Briefen erwartete mich, zumal auch von ungarischen und rumänischen Juden, telefonische Besuchsbitten, von einem Schöneberger ›Jungdemokraten‹, ich möchte in seiner Gemeinde, wo hauptsächlich ›Jecken‹ wohnen, einen Vortrag halten u. s. f. Zum Glück meldete Wuggel [Heuss' Tochter Hanna Frielinghaus-Heuss, Anm. d. Verf.], daß sie Schreibmaschine beherrsche – so konnte alles höflich negativ erledigt werden.«[89]

Anlässlich seines Besuchs hielten die Dorfbewohner eine Gedenkfeier zu Ehren des Begründers des Stuttgarter Lehrhauses, Otto Hirsch, am zentralen Denkmal des Ortes ab. Heuss berichtet darüber in seinem Tagebuch:

»Die Otto-Hirsch-Feier verlief sehr würdig – einer der Redner nahm mir einige Pointen weg, indem er einen Brief von mir aus dem Jahr 1950 oder 51 vorlas an den Stuttgarter Oberbürgermeister wegen einer Ehrung von Otto Hirsch. Davon hatte ich der jüdischen Gemeinde in Stuttgart, die deshalb an mich herangetreten war, eine Abschrift gesandt und die hatte Leopold Marx, der mit Otto Hirsch nahe be-

86 Über die Begegnung der Rexinger Juden mit den ehemaligen Nachbarn in der alten Heimatstadt schrieb Gal Engelhard, »Israelis zu Besuch in Rexingen. Eine intergenerationelle Begegnung«, in: Linde Apel, Klaus David, Stefanie Schüler-Springorum (Hrsg.), *Aus Hamburg in die Welt. Lebensgeschichten jüdischer Verfolgter aus der »Werkstatt der Erinnerung«*, Hamburg 2011, S. 233–253.

87 Heuss an seinen Freund Carl Zuckmayer, 14.5.1960, zitiert nach Günther, *Theodor Heuss*, S. 200.

88 Hirsch leitete ab 1933 in Berlin die Reichsvertretung der deutschen Juden gemeinsam mit Leo Baeck, 1941 wurde er im Konzentrationslager Mauthausen ermordet.

89 Brief von Heuss aus Shavej Zion an Toni Stolper, 12.5.1960, in: Pikart, *Tagebuchbriefe*, S. 477.

freundet war, bekommen. Und was hat es den Leuten Freude gemacht, als ich von dem früheren Rexinger Kantor und Lehrer Spatz sprach, bei dem viele im Unterricht gewesen waren. Es ging nachher sehr heilbronnerisch u. s. f. zu. [...] Das Hotel ist eine höchst geglückte Anlage – es wird ein Sommerfrischen-Schlager von Israel werden mit dem vielen Grün und dem großen Schwimm-Bassin [...].«[90]

Beim schwäbischen Abend, der sich daran anschloss, wurden Ansprachen gehalten, man nahm gemeinsam ein Festmahl ein und sang schwäbische Volkslieder. Ein Höhepunkt war dabei das Gedicht von Fritz Wolf aus Nahariya:[91]

»Mein lieber verehrter Professor Heuss,
(Und ihr auch dabei, Shaveh Zions Bekannte)
Eins bin ich sicher: in diesem Kreis
Da sind Sie fast wie in Schwaebische Lande
Mit Maedel und Flaedle, mit Taenzle und Haensle

[...] Mit Ach und Krach gibts a bissle Ivrith,
Wirds schwerer, komme se scho nimmer mit,
Und wenn i gar hochdeutsch daher rede taet
So hiess es, der saudummer Dackel, der bloed.
Mit Ihnen isch's anders: a Staatspraesident,
Und dazu noch ins Karlsgymnasium gegangen,
I hoff, dass der ausser Schwaebisch noch Sprache kennt,
Und Sinn hat für hoeh're Kulturbelange.
Sie wolle was lerne, Sie wolle was sehe
Sie wolle Israel und die Jude verstehe
[...]
Kommet Se heim, fragt der Pfleiderer und der Schmitt;
›Ha no! Wie schwaetzt mer denn wirklich Ivrith?
Was ischt's für a Sprach' und was für a Dings? Ischt's
Wahr, mer liest das von recht von links?
Hat a vernuenftiger Mensch schon so was gehoert?
Kei Wunder, dass niemand mit Jude verkehrt [...]
Drum solle se jetzt von mir Unterricht kriege,
Ivrith zu spreche solid und gediege‹
[...]

90 Ebd.

91 Nahariya ist eine Stadt, die von aus Deutschland emigrierten Juden gegründet wurde. Der gebürtige Heilbronner Fritz Wolf (1908–2006) war einer der ersten Siedler, vgl. Salean A. Maiwald, *Aber die Sprache bleibt. Begegnungen mit deutschstämmigen Juden in Israel*, Berlin 2008, darin: Fritz Wolf, »Fragen Sie mich nicht nach meiner Vergangenheit, das tut mir weh«, S. 37–45. Vgl. auch Lena Kreppel, *Deutsch. Jüdisch. Israelisch. Identitätskonstruktionen in autobiographischen und essayistischen Texten von Erich Bloch, Jenny Cramer und Fritz Wolf*, Würzburg 2012, S. 264 ff.

Wir haben Ben Gurion, das ist unser Bester;
Wir haben den Tiefsten Punkt in der Welt,
Und von allen Nationen das wenigste Geld;
Wir bohren nach Oel, bauen Karpfenteiche,
Und machen die lustigsten Schildbuergerstreiche;
Wir lassen Amerika uns Dollars spendieren,
S'ist eine Gnade, wir akzeptieren;
Wir lassen die Deutschen a bissle bleche,
Wenns auch verbote ist, Deutsch zu spreche;
Wir reche mit Wunder – das heisst Politik;
Nichts wie Schlamassel – und am End immer Glueck;
[…]
Die Sabres, die wachse an Kaktus-Hecke,
Mit Stachle wie Igel, es ischt zum Erschrecke –
Und so stachlig sind unsere Kinder halt auch,
[…]
so haesslich von aussähe, so stachlig und mies –
Von inne, da ischt es wunderbar suess.
Sie verstehen die Moral? Des Symboles Bedeutung?
Der Kern wird entdeckt nach vollzogener Haeutung!
Mer muss denen Sabres ihr Herz versteh –
Und darf net zu sehr auf das Aeussere seh'.
[…]
Und nun zum Schluss, ganz schlicht, fast fromm,
Das allerwichtigste Wort: *Shalom*
[…]
Shalom heisst Frieden – das ist nie zu vergessen,
Es ist suess wie Sabres, mit Zucker zu essen;
[…]
Dass ei'mal sich liebe, die ewig sich hassen.
Shalom zwischen allen den Arabern draussen,
Und ›anachnu‹, die wir in Israel hausen.
Und Shalom, zum Ende, ich hoff, s'ist kein Wahn,
Mit denen, die uns bitteres Leid getan:
Zwischen Juden und Christen – und dafuer, ich weiss,
sind Sie uns Buerge, Professor Heuss!!«[92]

92 »Rede an Prof. Dr. Heuss, gehalten anlässlich des ›Schwäbischen Abends‹ in Shavej Zion am 21.5.1960 von Dr. Fritz Wolff [sic], Nahariya«, ISA 294/13 חץ.

Nach Wolfs Gedicht trug Heuss seine feierliche Ansprache vor, in der er den ehemaligen Rexinger Lehrer und Kantor Samuel Spatz erwähnte, der, wie er vermutete, vielen der Anwesenden die Grundlagen ihres »Schwäbisch-Hebräisch« beigebracht hatte. Für diese Anekdote erhielt er »lebhaften Beifall«, da es die Schwaben vom Mittelmeer mit »heiterer Befriedigung« erfüllt habe, ihren alten Dorfschullehrer vom deutschen Altbundespräsidenten gewürdigt zu sehen.[93]

Von Shavej Zion aus unternahm Heuss Ausflüge nach Haifa und in die nähere Umgebung: Er besichtigte die renommierte Technische Universität »Technion«, den Karmelberg und das nahegelegene Künstlerdorf Ejn Hod sowie eines der ersten Pionierdörfer in Israel, Zichron Ja'akov. Das römische Aquädukt in Caesarea an der Mittelmeerküste war der Ausgangspunkt einer Tour an der Küste entlang nach Akko, einer der ältesten Städte Israels mit einer imposanten Altstadt. Auf seinem nächsten Ausflug besuchte er Safed, die kleine Stadt der Kabbala in den Bergen Galiläas, und den See Genezareth mit seinen christlichen Stätten: Tabgha, Kapernaum, der Kirche der Seligpreisungen und Chatzor, sowie den Kibbuz Ayelet Ha Shachar. Auf der Rückfahrt bestieg er den Berg Tabor, um sich dort die franziskanische Verklärungsbasilika anzusehen, und machte auch kurz Halt in Nazareth. Nach weiteren vier Tagen im Dolphin House, im Programm als »Erholung« bezeichnet, endete die Reise mit einem Abschied in Shinnars Privathaus.

Im Interview mit Thilo Koch nach der Reise lobte Heuss den Aufbau Israels mit deutscher Finanzhilfe als eine »eigene unerhörte Leistung«: »Zitruspflanzungen, Milchwirtschaft, Obstgärten – alles meist von Leuten geschaffen, die vorher in Büros saßen.«[94] Der erfolgreiche Staatswerdungsprozess sei aus der »Schöpferkraft« und der »hebräischen Kommandosprache« der Armee entstanden. Die Streitkräfte seien zu einem »wesentlichen Mittel« geworden, »ein Volk zu formen«. Heuss' Enthusiasmus galt vor allem den Kibbuzim als »sozial-ökonomische[m] und volkspsychologische[m] Unternehmen« und der israelischen Armee als »Kommandozentrale« – denn eine Demokratie brauche Befehle und folgsame Bürger. Eine der zentralen Funktionen der israelischen Armee erkannte er darin, die vielen verschiedenen Kulturen und Migranten zusammenzubringen, um eine Kultur der »Israeli-

93 Vgl. http://www.schwarzwaelder-bote.de/inhalt.horb-a-n-was-theodor-heuss-mit-rexingen-verband.5d3b2c16-b3c7-41c9-9f8b-65451c4acac9.html (letzter Zugriff: 13.4.2016).

94 Interview mit Thilo Koch, in: Heuss, *Staat,* S. 78.

ness« zu formen.[95] Bedeutsam in diesem Prozess sei auch die hebräische Sprache: »Das Zusammenwachsen von sehr vielen Herkünften ist eine pädagogische, organisatorische – ich will nicht sagen: militärische – Leistung.«[96]

Der Verlag Ner-Tamid (Ewiges Licht)[97] publizierte Heuss' Jerusalemer Rede in einem dünnen Band mit dem Titel *Staat und Volk im Werden. Reden in und über Israel.* Das Buch enthält auch ein Interview mit ihm und die Ansprachen der deutsch-jüdischen Intellektuellen Buber, Simon, Marx und Hirsch.[98] Zurück in Deutschland, ließ Heuss die Publikation durch Shinnar als Dankeschön und Erinnerung an Begleiter und Freunde verschicken. An den israelischen Gesandten wandten sich viele Deutsche als Autorität in Israel-Fragen. Unter den Briefen, die ihn auf den Versand des Buches hin erreichten, war auch die Bitte von Dr. Alexander Besser: »Teilweise liefen sie [die Berichte] darauf hinaus, daß Heuss eigentlich schwach gewesen sei, man habe mehr von ihm erwartet und Ernst Simon habe den größeren Erfolg für sich verbuchen können. Da ich annehme, daß Sie auch anwesend waren, würde es mich interessieren, Ihre Meinung zu hören.«[99]

Als Schwäche interpretierte er, dass Heuss nicht hinreichend auf diplomatische Beziehungen gedrängt, sondern sich auf die Reminiszenz an die deutsch-jüdische Vergangenheit konzentriert habe. Ein anderer Leser lobte Heuss, sein Buch »atme jenen Geist redlicher Verbundenheit, der durch schreckliche Geschehnisse verschüttet worden ist« – und klammert mit der Passivkonstruktion die nationalsozialistischen Täter aus.[100] Die spätere Lebensgefährtin Carlo Schmids, Hanne Goebel, schrieb, sie habe die Reden »mit aller Aufmerksamkeit und Begeisterung durchstudiert«. Es schien ihr »ein Wunder in Israel zu sein, daß man, auch wenn man nur so kurze Zeit die Gastfreundschaft dieses gastfreien Landes genießen kann, das Wesen Ih-

95 Vgl. Gad Yair, »Israeli diplomacy. The effects of cultural trauma«, in: *The Hague Journal of Diplomacy*, Jg. 9 (2014), H. 1, S. 1–23.

96 Interview mit Thilo Koch, in: Heuss, *Staat*, S. 74.

97 Vgl. Stefanie Schüler-Springorum, »The ›German question‹: The Leo Baeck Institute in Germany«, in: Christhard Hoffmann (Hrsg.), *Preserving the Legacy of German Jewry. A History of the Leo Baeck Institute 1955–2005*, Tübingen 2005, S. 201–236, hier S. 204.

98 Vgl. Interview mit Thilo Koch, in: Heuss, *Staat*, S. 74.

99 Brief von Alexander Besser an Felix Shinnar, 17.11.1960, ISA 294/2 חץ. Dr. Alexander Besser ist der Namensgeber einer Stiftung, die sich seit 1990 für deutsch-israelische Beziehungen einsetzt, indem sie den Wissenschafts- und Journalistenaustausch finanziell fördert, vgl. http://juedischesmuseum.de/431.html (letzter Zugriff: 13.4.2016).

100 Die Geschichtswissenschaft reflektiert das Problem des fehlenden Akteurs in der Sprache schon seit langem. Eine Änderung dieses Sprachgebrauchs hat sich allerdings leider bis heute nicht vollständig durchgesetzt.

res Staates ›sehen‹ kann. […] Das ist in der Arbeit Professor Heuss' ganz hervorragend zum Ausdruck gekommen. Ich könnte mir denken, daß dieser Band Ihre Arbeit sehr fördern kann […].«[101]

Mit der zu fördernden Arbeit meinte Goebel vermutlich die Shinnar zugedachte Aufgabe, für Versöhnung und Verständnis zwischen Deutschen und Israelis zu sorgen. Denn trotz des bürokratischen Charakters der Israel-Mission, die über die finanzielle Abwicklung der »Shilumim«-Geschäfte zu wachen hatte, nahm die breite deutsche Öffentlichkeit diese Institution als Versöhnungsprojekt wahr. Der Theologe Hermann Maas blickt in einem Brief zurück:

»Shavej Zion, wo ich die Grundsteinlegung der Otto Hirsch-Gedenkstätte miterlebt habe und Leopold Marx, die Universität und Martin Buber und Ernst Simon, die verehrten und geliebten Männer (Ernst Simon besuchte mich vor drei Tagen hier) und über allen der größte Staatsmann unserer Tage Ben Gurion. Von allen Türmen der Sehnsucht sehe ich nach dem Land […].«[102]

Maas war lebenslang mit Martin Buber befreundet und wurde 1966 von Yad Vashem als Gerechter unter den Völkern geehrt. Er gehörte zu einer kleinen Gruppe deutscher evangelischer Zionisten, die sich schon vor dem Nationalsozialismus für die jüdisch-christliche Verständigung eingesetzt hatten. Sein rührender Brief an Heuss, in dem er Ben Gurion als »größtem Staatsmann unserer Tage«[103] den Vorzug vor dem eigenen »Alten«, Konrad Adenauer, gab, steht beispielhaft für die Haltung einer kleinen philosemitischen Schicht, interessanterweise vor allem Schwaben, in der deutschen Nachkriegsgesellschaft.[104] Auch Axel Springer, Journalist und später wichtiger zivilgesellschaftlicher Akteur der deutsch-israelischen Beziehungen,[105] schrieb am 16. November 1960 an Shinnar, er habe »nach wie vor den brennenden Wunsch, den Staat Israel zu besuchen«.[106]

Die *Jerusalem Post* urteilte kritisch, Heuss habe dem Staat Israel zwar Respekt gezollt, sei aber nicht auf die eigentlich brennende Frage eingegangen: »He paid high tribute to Israel as a home for the Jewish people, praising its achievements and determination, he avoided the question of Israeli-Ger-

101 Brief von Hanne Goebel an Felix Shinnar, 5.10.1960, ISA 294/2 חץ.
102 Brief von Hermann Maas an Felix Shinnar, 21.9.1960, ebd.
103 Ebd.
104 Vgl. Backhaus, Belkin, Gross, *Axel Springer*, insbesondere S. 96 ff., S. 101 ff.
105 Vgl. ebd.
106 Brief von Axel Springer an Felix Shinnar, 21.9.1960, ISA 294/2 חץ.

man relations.«[107] Anscheinend war es irrelevant, ob der Besuch deutscher Persönlichkeiten als privat oder politisch deklariert wurde, er wurde stets daran gemessen, wie sein Protagonist sich zur Zukunft der diplomatischen Beziehungen verhielt. Heuss war wegen seines integren Charakters ein hoch angesehener Gast: »Dem Mann, der als Persönlichkeit, als humaner Geist und als Repräsentant eines würdigen Deutschland derart geehrt wird, wird alle diese Reverenz aus der inneren Überzeugung seiner Gastgeber zuteil. Das ist von höherem Wert als der Pomp offizieller Empfänge.«[108] Der Altpräsident selbst hatte erwartet, seine Reise würde weitaus politischer aufgenommen werden. Felix Shinnar hatte ihn zuvor gewarnt, dass die Israelis wahrscheinlich versuchen würden, mit ihm über deutsche Zahlungen zu sprechen. Nach seiner Rückkehr nach Deutschland berichtete Heuss ihm erleichtert:

»Nun muß ich zunächst Ihre Landsleute gegen Ihr Vorurteil in Schutz nehmen: Sie fürchteten, ich werde durch Wiedergutmachungsgespräche die eine oder andere unangenehme Belästigung erfahren. Ich muß Ihnen nun mitteilen, daß kein einziger Passagier [auf der Schiffsreise von Italien nach Israel] […] mich auf diese Frage angesprochen hat. Man ist mir, wenn ich das so sagen darf, mit einem respektvollen Wohlwollen begegnet. […] In den nächsten Tagen […] werde ich nun viele Briefe nach Israel zu schreiben haben. Ich möchte mit diesen Zeilen Ihnen nun noch einmal sehr herzlich danken […] für Ihre so zahlreichen persönlichen Bemühungen, alles so angenehm und ›glatt‹ zu gestalten, wie der Aufenthalt verlief.«[109]

Auf die Frage eines deutschen Journalisten, ob die Vergangenheit noch nahe und schmerzhaft für die Menschen in Israel sei, berichtet Heuss über seine Erlebnisse: »Der harmlos heitere Friseur spricht gut Deutsch, mit einem etwas fremden Akzent. Ich frage ihn: ›Sie sind nicht aus Deutschland, aber Sie sprechen gut Deutsch‹ – ›in zwei Konzentrationslagern gelernt.‹ Das verschlägt einem immer etwas den Atem; denn es ist nicht gelogen. Das spürt man.«[110]

107 »Huess [sic] lectures at Hebrew U.«, in: *Jerusalem Post* vom 5.5.1960.

108 Brief Theodor Heuss an Felix Shinnar, 1.6.1960, ISA 294/13 חץ.

109 Ebd. Ein wenig ironisch fällt allerdings sein Dank an Shinnar Monate nach der Reise für einen überlassenen Bildband aus: »Das ist nun meine Erfahrung geworden: Die Deutschen und die Israeli sind doch eine sehr verwandte Angelegenheit. Denn ohne das was man heute ›Angabe‹ nennt, geht es bei keinem von beiden. Sie glauben gar nicht, wie viele Lederbände sich bei mir in diesen zehn Jahren angesammelt haben und ich komme mir fast vor wie eine Hilfskraft für das internationale Buchbinderhandwerk mit echtem und künstlichem Leder. Entschuldigen Sie bitte diesen Vorspruch eines Dankes für den so stattlichen Band, in dem eine ganze Anzahl der netten Bilder vom Israel-Besuch vereinigt sind.« (Heuss an Shinnar, 27.9.1960, ISA 294/13 חץ)

110 Interview mit Thilo Koch, in: Heuss, *Staat*, S. 72.

Heuss zeigte sich aufrichtig berührt durch dieses Erlebnis. Bemerkenswert ist auch, dass er es in einem Interview erwähnte, in einer Zeit, in der in Deutschland über Konzentrationslager noch weitgehend geschwiegen wurde.[111] Schließlich sahen sich Angehörige von Heuss' Generation und des bildungsbürgerlichen Milieus in Israel damit konfrontiert, dass ihre geliebte deutsche Sprache auch die der SS-Männer gewesen war. Im Interview mit Thilo Koch zieht Heuss dennoch positiv Bilanz:

»Ich bin dankbar, daß ich diese Reise machen konnte. Aber ich bin mir auch vollkommen klar darüber, daß sie keine seelische Beruhigungsreise weder für mich noch für die anderen sein konnte, sein sollte. Die Israeli [...] haben doch den furchtbaren Geschichtsvorgang des Versuches der Massenaustilgung, der Massenvernichtung ungezählter unschuldiger Männer, Frauen, Kinder in ihrem Bewußtsein behalten, und wir dürfen diesen Vorgang aus *unserem* Bewußtsein nicht ausscheiden wollen, denn das wäre einfach Feigheit gegenüber der Wahrheit! Das können wir uns nicht gestatten um *unserer* Seele willen. Was ich hier sage, das gefällt vielen Leuten nicht. Die sagen: Schluß, Schluß, Schluß mit dieser Geschichte! Derlei ist uns nicht erlaubt – *um unseretwillen nicht.*«[112]

Das dreimalige »unser« ist im Originaltranskript des Interviews hervorgehoben – offenbar hatte Heuss die Wörter besonders eindringlich betont. In seinem Appell, den Holocaust nicht zu vergessen, unterstrich er, wie viel die »Versöhnung mit den Juden« für die deutsche Gesellschaft bedeute. Geschickt verwies er auf die Notwendigkeit für die deutsche »Seele«, die historische Vergangenheit zu erinnern, und rief so die Nachkriegsgesellschaft dazu auf, das Verlangen nach einem Schlussstrich zu ihrem eigenen Wohl zu überwinden.

Heuss' Unsicherheit, als er im jüdischen Staat als einer der ersten Repräsentanten Westdeutschlands eine Rede halten sollte, zeugte von der Demut in der politischen Klasse seiner Generation. Neben dieser Demut brachte er in seiner Rede auch das deutsche Bedürfnis nach mentalem und psychologischem Wiederaufbau der eigenen Gesellschaft zur Sprache. Sein Anliegen war die »seelische Bereinigung« des deutschen Gewissens, in einem religiösen Sinne also die Rettung der deutschen Seele.

Die Begegnung mit den vier deutsch-jüdischen Intellektuellen, die Heuss in erster Linie eingeladen hatten, hinterließ einen tieferen Eindruck als die

111 Erst mit dem Eichmann-Prozess und dann verstärkt im Zuge des Auschwitz-Prozesses begann sich die deutsche Öffentlichkeit darüber zu informieren, was in Auschwitz geschehen war.

112 Interview mit Thilo Koch, in: Heuss, *Staat*, S. 90.

Empfänge bei den Politikern. Denn im Gespräch mit Buber und Simon konnte Heuss an die bildungsbürgerliche – imaginierte – »Symbiose« zwischen Deutschen und Juden vor 1933 anknüpfen.[113]

Heuss' Israel-Besuch, als Privatreise konzipiert, wahrte tatsächlich in vielerlei Hinsicht ihren privaten Charakter, da bei einem Ex-Bundespräsidenten kein offizielles Protokoll vorgesehen war. In manchen Situationen jedoch wurde Heuss sehr offiziell, wie bei seiner Rede an der Hebräischen Universität – über den Vortragsort hatte er sich freilich im Vorhinein bei Shinnar beklagt: Für seinen einzigen öffentlichen Auftritt während der dreiwöchigen Reise hätte er sich einen politischeren Ort gewünscht. Damit die israelische Seite ihn guten Gewissens empfangen konnte, war es extrem wichtig, dass er als Privatmann kam und seine eigene Agenda mitbrachte, anstatt in die offizielle Kakophonie über die deutsch-israelischen Beziehungen mit einzustimmen, die im Jahr 1960 stark von der Hinhaltetaktik Adenauers geprägt waren. In der damaligen Zeit waren persönliche Kontakte, darunter auch die des schwäbelnden Altpräsidenten, der ein Wir-Gefühl mit den schwäbischen Juden in Shavej Zion herstellte, der Schlüssel zu den später folgenden offiziellen Gesprächen.

Heuss' Aufenthalt begründete zwei neue Rituale für die Reisen deutscher Politiker nach Israel. Erstens wurde der Besuch der Erinnerungsstätte Yad Vashem zur symbolischen Eintrittskarte auf israelischem Boden und zum politischen Statement: Die deutschen Politiker erkannten damit das Narrativ der israelischen Politik an, aus historischen Gründen der militärischen Verteidigung und der Sicherheitspolitik absolute Priorität einzuräumen. Zweitens wurden die christlichen Pilgerstätten Tabgha und Kapernaum am See Genezareth zum festen Programmpunkt, insbesondere bei CDU-Politikern in den 1960er Jahren. Er steht für die Rückbindung an christliche Traditionen, für den Versuch, an die eigene Herkunft und Geschichte anzuschließen, und zugleich für die Erinnerung an gemeinsame Wurzeln und die Suche nach etwas Verbindendem nach der »Katastrophe«. Letzteres Motiv spielte vor allem bei den regionalen Abenden der deutschsprachigen Juden eine Rolle, zu denen Heuss und seine Nachfolger sich gern einladen ließen. So diente Heuss' Besuch weniger einem politischen Zweck, er sollte vielmehr

113 Gershom Scholem wies darauf hin, dass die »Symbiose« im Nachhinein einseitig von den nichtjüdischen Deutschen verklärt worden und mit den Toten kein Gespräch mehr möglich sei. Vgl. Gershom Scholem, »Wider den Mythos vom deutsch-jüdischen Gespräch«, in: *Bulletin des Leo Baeck Instituts 27*, Frankfurt am Main 1964, S. 278–281, hier S. 281.

an eine gemeinsame Vergangenheit anknüpfen und Heuss' tief empfundener Verbundenheit Ausdruck verleihen. Seine Person stand für das Motiv der Vergebung, das die ersten Bemühungen um Wiederannäherung prägte.

3. »Deutschlands Ansehen wiederherstellen« – Eugen Gerstenmaier in Israel im November 1962

Bundestagspräsident Eugen Gerstenmaier war der erste ranghohe Vertreter Deutschlands, der offiziell nach Israel reiste. Seine Einladung durch die israelische Regierung reichte zurück ins Jahr 1958, auch er konnte ihr nicht Folge leisten, solange die »Hallstein-Doktrin« gültig war, denn eine offizielle Reise wäre in den arabischen Staaten als Zeichen einer politischen Annäherung zwischen Deutschland und Israel verstanden worden und hätte unweigerlich zur Anerkennung der DDR geführt. Auch 1962 war ein solcher Besuch noch heikel: In der Auseinandersetzung der Blöcke wollten sowohl der Westen als auch der Osten die arabischen Staaten wirtschaftlich und politisch an sich binden. Für die Diplomaten des bundesdeutschen Auswärtigen Amtes war es vor diesem Hintergrund problematisch, positive Signale an den jüdischen Staat zu senden. Insofern hatte Gerstenmaiers Reise eine neue Qualität.

Als Zielsetzung seines Besuchs im November 1962 gab Gerstenmaier an, er wolle das durch den Eichmann-Prozess »schwer beschädigte Ansehen«[114] Deutschlands wiederherstellen: Und Israel schien als einziger Akteur dem NS-Nachfolgestaat die nötige Anerkennung gewähren zu können. Die Hinrichtung Adolf Eichmanns in Jerusalem im Juli 1962 beendete einen anderthalb Jahre währenden Prozess, der die NS-Verbrechen und das Leid der Überlebenden zum ersten Mal ausführlich ans Licht der israelischen und der bundesdeutschen Öffentlichkeit gebracht hatte. Der Hörfunk übertrug die Augenzeugenberichte live von früh bis spät, Tageszeitungen wie *Jedioth Achronoth* und *Maariv* berichteten detailliert über die Erkenntnisse aus dem Strafverfahren. Die kalte, bürokratische Art, mit der Adolf Eichmann ohne erkennbares Schuldbewusstsein die Erledigung seiner Aufträge als Leiter des NS-Judenreferats verteidigte, erzeugte ein erschreckendes Bild der

114 Vgl. auch den Vortrag Eugen Gerstenmaiers in der Hebräischen Universität am 21.11.1962, ISA 1045/11 חץ.

Deutschen. Generalstaatsanwalt Gideon Hausner wollte »ein lebendes und lebendiges Protokoll einer gigantischen menschlichen und nationalen Katastrophe« erstellen, damit die Ereignisse nicht länger das »phantastische, unglaubhafte Gespenst der Nazi-Dokumente« blieben, als das sie bisher begriffen worden waren.[115]

In dieser auch emotional aufgewühlten Lage in Israel wollte Eugen Gerstenmaier nun um Sympathien für das »andere Deutschland« werben, in den Worten Ben Gurions jenes Deutschlands, das dem Nationalsozialismus moralisch standgehalten hatte – und das nicht zuletzt auch Gerstenmaier selbst repräsentierte.

Eugen Gerstenmaier war Bundestagspräsident von 1954 bis 1969 und eine der einflussreichsten Persönlichkeiten in der politischen Landschaft der deutschen Nachkriegsgesellschaft. Er wurde 1906 geboren. Nach dem Studium der Philosophie, Germanistik und evangelischen Theologie promovierte er im Jahr 1935 bei dem konservativ-lutherischen Theologen Friedrich Brunstäd über den ersten Artikel des Glaubensbekenntnisses, 1938 habilitierte er sich mit der Schrift »Die Kirche und die Schöpfung«.[116] Eine wissenschaftliche Karriere blieb Gerstenmaier jedoch aus politischen Gründen verwehrt, da er der Bekennenden Kirche angehörte und als Student im Jahr 1933 wegen einer Protestaktion gegen einen NSDAP-nahen Kandidaten für das Amt des Reichsbischofs verhaftet worden war. Mit dieser Zurückweisung wuchs seine Ablehnung des Nationalsozialismus, und er schloss sich dem Kreisauer Kreis an.[117] Trotz seiner Kritik am Regime war er von 1936 bis 1949 als wissenschaftlicher Mitarbeiter im Außenamt der Deutschen Evangelischen Kirche beschäftigt, das seine Tätigkeit als wichtigen Beitrag zur »gesamtkirchlichen volksdeutschen Arbeit« bezeichnete.[118] Seine Ambivalenz sah Gerstenmaier mit zeitlichem Abstand selbst kritisch:

115 Aus den Memoiren Gideon Hausners, zitiert nach Svenja Goltermann, *Die Gesellschaft der Überlebenden. Deutsche Kriegsheimkehrer und ihre Gewalterfahrungen im Zweiten Weltkrieg*, München 2009, S. 393.

116 Brunstäd gehörte der Bekennenden Kirche an. Vgl. Eugen Gerstenmaier, *Streit und Friede hat seine Zeit. Ein Lebensbericht*, Frankfurt am Main 1981, S. 33–37.

117 Der Kreisauer Kreis war eine sozialistisch und christlich geprägte Gruppierung, die mit ihrer Betonung des Individualismus gegen die Ideologie des Faschismus antreten wollte.

118 Vgl. Martin Honecker, »Gerstenmaier und die evangelische Kirche«, in: Günter Buchstab (Hrsg.), *Eugen Gerstenmaier 1906–1986. Kirche, Widerstand, Politik*, Sankt Augustin 2006, S. 27–43, hier S. 30.

»So seltsam es klingt: Bis zum Abend des 29. Sept. 1938 hielt ich es für möglich, dem Regime zwar innerlich mit angemessener kritischer Distanz gegenüberzustehen, aber dennoch ein loyaler Deutscher und ein Christ zu sein, der sich nicht mit der Frage auseinanderzusetzen brauchte, ob er selbst mit seiner eigenen Person eine Tat befürworten, mitermöglichen und mitdurchführen müsse, gegen die sich sein eigenes Inneres, sein Gefühl und sein Gewordensein sträubten. Ich habe miterlebt, wie sich enge, vertraute Freunde nur unter Qualen in einem monatelangen, zuweilen jahrelangen Prozeß dazu durchrangen. Bei mir geschah es in einigen Nachtstunden vom 29. zum 30. September 1938 in der einsamen Wohnung im vierten Stock eines Hauses in Charlottenburg. In den Wochen danach habe ich mich gefragt, warum ich so spät erst zu dieser Einsicht gekommen bin.«[119]

Gerstenmaier, der, nach eigener Auskunft, »sein Leben nach der Bibel« lebte,[120] stammte aus einem pietistischen Elternhaus auf der Schwäbischen Alb. Damit steht er in einer Reihe von Schwaben, die ein besonderes historisches Interesse an Israel entwickelten.[121] Seine Beziehung zum Judentum und sein Verantwortungsgefühl als deutscher Nachkriegspolitiker erwuchsen aus einem theologischen Verständnis. Seine Rolle im Nationalsozialismus zwischen den beiden Polen Deutsche Evangelische Kirche und Widerstand ist jedoch umstritten. Als Strafe für die Beteiligung des Kreisauer Kreises an der Vorbereitung des Attentats vom 20. Juli hatte Gerstenmaier sieben Jahre Gefängnis erhalten, er wurde in der Prinz-Albrecht-Straße gefoltert und schließlich durch »die herannahenden russischen Heere [...] befreit, weil es Gott so gefiel«.[122] Unter der Regierung Adenauer erfüllten sich Gerstenmaiers Hoffnungen auf einen Ministerposten allerdings nicht, zu oft gerieten

119 Gerstenmaier, *Streit*, S. 108. Am 29.9.1938 wurde das Münchner Abkommen geschlossen, in dem Großbritannien und Frankreich, als »Appeasement-Politik«, ihre Zustimmung zur Eingliederung Böhmens und des Sudetenlandes in das Deutsche Reich gaben. Vgl. zum Beispiel Jürgen Zarusky (Hrsg.), *Das Münchner Abkommen 1938 in europäischer Perspektive*, München 2013, darin besonders ders., »Der deutsche Widerstand gegen den Nationalsozialismus und das Münchener Abkommen«, S. 217–248.

120 Gerstenmaier, *Streit*, S. 17.

121 Die auffällig zugewandte Haltung der Schwaben gegenüber dem Heiligen Land und seiner jüdischen Bevölkerung lohnt eine eigene Untersuchung. Viele der zivilgesellschaftlichen und politischen Akteure, die nach der Katastrophe nach Israel reisten, waren schwäbischer Herkunft. Zur historischen Entwicklung der schwäbischen Verbindung mit dem Heiligen Land vgl. Leonhard Bauer, *Volksleben im Lande der Bibel*, Leipzig 1903.

122 Gerstenmaier im Hörfunkinterview, ISA 1045/11 חץ.

er und der autoritär regierende Adenauer aneinander.[123] Grundsätzlich einig waren sie sich im Streben nach der Westintegration, nach der europäischen Einigung, der Wiederbewaffnung und der »Aussöhnung mit Israel«.[124] Im Jahr 1969 trat Gerstenmaier zurück infolge des Vorwurfs der politischen Opposition, dass er als Spitzel für das nationalsozialistische Regime gearbeitet habe. Von diesem Vorwurf sprach die Staatsanwaltschaft ihn zwar sechs Jahre später frei, doch da war seine politische Karriere bereits beendet.[125]

Als Gerstenmaier 1962 nach Israel reiste, sahen die israelischen Politiker und die Öffentlichkeit seinem siebentägigen Besuch mit gemischten Gefühlen entgegen.[126] Mitglieder der rechtsgerichteten Oppositionspartei Cherut[127] und der linkssozialistischen Partei Mapam[128] kündigten Proteste an – als erster offizieller ranghoher Vertreter Deutschlands war ihnen der Bundestagspräsident nicht willkommen. So sagte die israelische Regierung aus Sorge vor Ausschreitungen wie im Jahr 1952 und wegen Sicherheitsbedenken die in der Knesset geplante Rede Gerstenmaiers ab.

Als der umstrittene Gast am 19. November 1962 auf dem Flugplatz Lod landete, erwies ihm Regierungschef David Ben Gurion persönlich die Ehre eines Empfangs. Der offizielle Empfang fand im privaten Rahmen statt, um jene Teile der Regierungskoalition, die sich gegen seinen Besuch ausgesprochen hatten, nicht zu verärgern. Parlamentspräsident Kadish Luz lud Gerstenmaier, statt wie ursprünglich geplant in sein Büro im Parlamentsgebäude, in sein Haus am See Genezareth ein. Das Besuchsprogramm hatte der israelische Gesandte Leo Savir in Köln ausgearbeitet und mit dem Hinweis an

---

123 Im Interview mit Günter Gaus in der Sendereihe ZUR PERSON im ZDF am 29.12.1965 fragt Gaus Adenauer, ob er einen Mitarbeiter gebrauchen könne, der sich nicht anpasse. Darauf Adenauer: »Wenn das wiederholt vorgekommen wäre, hätte ich ihn gebeten, doch auf seine Dienste verzichten zu können, denn schließlich muss – das ist eine der wesentlichsten Aufgaben – der Bundeskanzler dafür sorgen, dass das Kabinett geschlossen ist.« Abdruck in Günter Gaus, *Was bleibt, sind Fragen. Die klassischen Interviews*, hrsg. von Hans-Dieter Schütt, Berlin 2001, S. 392–405, hier S. 395.

124 Rudolf Morsey, »Gerstenmaier und Adenauer«, in: Buchstab, *Gerstenmaier*, S. 73–91, hier S. 75 f.

125 Vgl. Norbert Lammert, »Zwischen Demut und Selbstbewusstsein. Gerstenmaier als Bundestagspräsident«, in: Buchstab, *Gerstenmaier*, S. 45–59.

126 »Spannungen um Besuch Gerstenmaiers in Israel«, in: *Kölner Stadtanzeiger* vom 16.11.1962.

127 Cherut (hebräisch: Freiheit) war die Vorgängerpartei des heutigen Likud.

128 Kurzform für Mifleget ha poalim haMeuchedet (Vereinigte Arbeiterpartei). Zur Entstehung der Partei aus der sozialistischen Jugendbewegung Shomer Ha Zair vgl. Wolffsohn, *Israel*, S. 141 ff., auch Yotam Hotam, *Deutsch-jüdische Jugendliche im Zeitalter der »Jugend«*, Göttingen 2009, insbesondere S. 61 ff., S. 213 ff.

Gerstenmaier geschickt, selbstverständlich werde ihm »ein ins Einzelne gehender Programmvorschlag noch vorgelegt [...], um sicherzustellen, daß er in allen Punkten Ihren Anliegen und Wünschen entspricht«.[129] Um die Einzelheiten des Besuchs war auf diplomatischer Ebene gerungen worden. Das endgültige Programm hielt man geheim, damit »die Sache ruhig von statten geht in Öffentlichkeit und Presse«.[130]

Am ersten Tag in Israel traf sich der deutsche Bundestagspräsident zum Gespräch mit Staatssekretär Chaim Yachil im Außenministerium, anschließend mit Staatspräsident Jitzchak Ben Zwi und kurz darauf mit dem Ministerpräsidenten David Ben Gurion, den er wenige Tage später erneut für eine Stunde in der Wüstenstadt Sde Boker aufsuchte. Nach einem Mittagessen mit dem ehemaligen Außenminister und damaligen Vorsitzenden der Jewish Agency, Moshe Sharett, hatten ihm die Gastgeber eine Rundfahrt in Jerusalem organisiert. Ihn begleitete Dr. Kobli, der Leiter der Abteilung für christliche Gemeinden im israelischen Religionsministerium. Der minutiös geplante Tag endete mit einer nachmittäglichen Begegnung mit dem deutsch-jüdischen Philosophen Martin Buber.

Am zweiten Morgen besuchte Gerstenmaier zunächst das Hadassah-Krankenhaus in Ein Kerem, bevor er sich nach Yad Vashem aufmachte: In der Halle der Erinnerung legte er einen Kranz nieder, zum Gedenken an die jüdischen Opfer des Holocaust. Die Tour durch das Museum Yad Vashem fiel recht kurz aus, denn insgesamt sah das Programm nur eine knappe Stunde für den Aufenthalt in der Gedenkstätte vor.[131] Bereits um 12 Uhr sollte sich Gerstenmaier als Gast beim stellvertretenden Präsidenten der Hebräischen Universität, J. G. Liebes, zum Mittagessen einfinden. Die Einladung zum Vortrag war, anders als bei Heuss, durch den Präsidenten Eliahu Eilat anstatt durch die deutsch-jüdischen Professoren erfolgt. Dies geschah kurzfristig vor Reiseantritt auf die dringende Bitte Shinnars, der nach einem geeigneten Vortragsort als Ersatz für die Knesset suchte.[132] »In Anbetracht des

---

129 Programmentwurf Savir an Gerstenmaier, deutsch im Original, ISA 1045/11 חץ. Leo Savir war einer der Gründer des Israelischen Auslandsdienstes und fest davon überzeugt, dass »Israel mit seinen Feinden reden« müsse. Vgl. Patrick Tyler, *A World of Trouble. The White House and the Middle East – from Cold War to War on Terror*, New York 2008, S. 408.

130 Bericht Zvi Brush aus Köln an Shinnar, ISA 1045/11 חץ.

131 Fotografien des Besuchs zeigen Gerstenmaier vor den großen an der Wand hängenden Aufnahmen aus den Konzentrationslagern, ISA 1045/11 חץ.

132 Briefwechsel Shinnar mit Eliahu Eilat, 24.9.1962, ISA 1045/11 חץ, Original hebräisch, übersetzt von der Verfasserin.

Status des Gastes« sollte der deutsche Bundestagspräsident in der Aula der Universität sprechen.[133] In seiner Rede mit dem Titel »Wandlung der Deutschen? Tatsachen, Ziele und Gefahren« stellte Gerstenmaier die Frage, wie die deutsche Nachkriegsgesellschaft sich demokratisch läutern und von innen wandeln könne: »Was nach dem Nationalsozialismus übrig blieb, war ein tief gestörtes, wenn nicht überhaupt *zer*-störtes deutsches Nationalbewußtsein. Eine der großen inneren Existenzfragen der Deutschen besteht darum heute darin, ob und wie sie zu einem geklärten Nationalbewußtsein kommen.«

Er überlegte, wie die deutsche Gesellschaft mit dem Erbe von zwölf Jahren Nationalsozialismus in ihrem Innern, »seelisch«, umgehen könne, und bezeichnete die Vergangenheitsbewältigung als »unmöglich«: »Bewältigung verlangt mehr als gewissenhafte Leute leisten können.« Außerdem sprach er von seiner Sorge um die junge Generation:

»Die deutsche Jugend verlangt in ihrer Seele nach etwas Größerem als die eigene Person, etwas wofür es sich zu leben lohnt. Die innere Gefahr Deutschlands ist vielmehr ein noch weithin unbezwungenes geistig[-]seelisches Vakuum. [...] Auch in ihm [dem Staat] muß eine Seele hausen. Was ist denn Staatsbewußtsein ohne ein geklärtes Geschichtsbewußtsein?«[134]

17 Jahre nach Kriegsende sei die deutsche Jugend »orientierungslos«, suche nach Sinn und neuen Werten, da das Modell der Führungsfigur im demokratischen Staat nicht mehr tragfähig sei. Themen, die als politisch brisant gelten konnten, wie die deutsche Kollektivschuld oder das deutsch-israelische Verhältnis, vermied er, benannte jedoch deutlich den Grund für den Zeitpunkt seiner Rede:

»Hier in Israel ist die wichtigste Frage, die mein Land betrifft, ob oder ob nicht es heute ein ›anderes Deutschland‹ gibt, besonders im Blick auf die neue Generation. Ich hielt es für besonders bedeutsam, meinen Vortrag über ›Wandlung der Deutschen? Tatsachen, Ziele und Gefahren‹ in *dem* Jahr zu halten, in dem die Eichmann-Angelegenheit geklärt wurde.«[135]

Während Gerstenmaier in der Aula der Universität seine Rede hielt, demonstrierte draußen auf dem Campus eine kleine Gruppe Studenten, die Plakate hochhielten, auf denen stand: »Gerstenmaier go home and tell your government: Call back your rocket-experts from Egypt!!!«, »Stop Einsatz-ex-

133 Ebd.
134 Alle Zitate: Transkript der Rede Gerstenmaiers vom 21.11.1962, ISA 1045/11 חץ.
135 Ebd.

perts from giving rockets to Israel's enemys«, »Egyptian Nasserism[136] and German nazism collaborate against Jews and Israel«, »Germans who destroyed 6.000.000 Jews give arms for mass-annihilation to Israel's enemies«, »Joz'u et ha'tilim ha germanim mi mizrajim mijad! [Zieht sofort die deutschen Raketen aus Ägypten ab!].«[137] Die Bundesregierung berief sich auf die Freiheit der Wissenschaft und weigerte sich, die zentrale Forderung der israelischen Regierung zu erfüllen und eine Rückkehr der Raketenforscher anzuordnen.[138] Ein weiterer Slogan wandte sich gegen Adenauers Staatssekretär Hans Globke: »To Globke's friend we say Get out and stay out«.[139] Schließlich übten die Demonstranten auch Kritik an Gerstenmaiers Doppelrolle zur Zeit des Nationalsozialismus: »Ejse Anti-nazi se she avad ba misrad ha milchama shel Hitler ad 1944 [Was ist das für ein Antinazi, der bis 1944 in Hitlers Kriegsbüro gearbeitet hat]«, und bekundeten: »Lo bejadejnu Bonn nafkid et bitchonenu [Wir legen unsere Sicherheit nicht in die Hände von Bonn]«.[140] Die Demonstration war klein und friedlich, nach seinem Vortrag wurde Gerstenmaier jedoch aus Sicherheitsgründen durch die Hintertür herausgeführt.

Der Tag endete mit einem Abendessen mit Finanzminister Levi Eshkol im Hotel Holyland; in das repräsentative King David Hotel wurde Gerstenmaier nicht eingeladen. Dieses Dinner diente wirtschaftlichen Verhandlungen. So ist in Aufzeichnungen des israelischen Staatssekretärs Chaim Yachil zu lesen, er habe eine Diskussion mit Eshkol und Gerstenmaier »über das Problem der Entschädigungen [geführt], in dem Gerstenmaier seine Sorge ausdrückte über die hohen Forderungen von Nahum Goldmann«. Er hoffe, dass es gelungen sei, »ihm zu erklären, dass die Zahlen, die er erinnert, deutlich überzogen erscheinen und nicht mit der Realität übereinstimmen«.[141]

Nach einem Ruhetag in Tel Aviv flog die Delegation nach Eilat, unternahm dort eine kurze Bootsfahrt auf dem Roten Meer, eine Rundfahrt durch die Stadt, besichtigte die nördlich gelegenen Kupferbergwerke im Nationalpark Timna und fuhr anschließend über einige Wüstenstädte in die Metropole des Landes zurück. An den Trip in den Süden schloss sich eine Pilger-

136 Gemeint ist Gamal Abdel Nasser, der ägyptische Präsident.

137 Unveröffentlichtes Bildmaterial, ISA 1045/11 חץ, übersetzt von der Verfasserin.

138 Vgl. Jelinek, *Deutschland*, S. 417 ff.

139 Bundespräsident Heuss verlieh Globke zu seinem 60. Geburtstag am 10.9.1958 auf Adenauers Wunsch das »Große Verdienstkreuz mit Stern und Schulterband des Verdienstordens der BRD« (Merseburger, *Theodor Heuss*, S. 563).

140 Unveröffentlichtes Bildmaterial, ISA 1045/11 חץ, übersetzt von der Verfasserin.

141 Bericht von Staatssekretär Yachil, 4.12.1962, ISA 1045/11 חץ, Original hebräisch, übersetzt von der Verfasserin.

reise in den Norden als Höhepunkt an, zunächst über Afula in den Kibbuz Degania, in dem Parlamentspräsident Kadish Luz heimisch war, der zum Mittagessen einlud. Nachmittags führte die christliche Besichtigungstour über Tiberias, Tabgha und Kapernaum. Als Abschluss begab man sich in den Kibbuz Ajelet Ha Shachar. Bilder der begleitenden israelischen Fotografen zeigen Gerstenmaier in entspannter Körperhaltung, wie er sich lässig mit aufgekrempeltem Hosenbein in Kapernaum auf sein Knie stützt.

Auf der Rückreise über Zfat und Nazareth konnte Gerstenmaier dem Gottesdienst in der Kapelle des Schottischen Hospitals beiwohnen und die Verkündigungskirche besuchen, bevor er abends beim christlich-arabischen Bürgermeister zu Gast war. Tags darauf wurde er durch das Museum für Folklore in der alten Hafenstadt Akko geführt, und über einen Abstecher nach Caesarea kehrte die Delegation nach Tel Aviv zurück. Dort fand der Besuch seinen Abschluss mit einem Abendessen im Privathaus Felix Shinnars.

Wie schon bei Theodor Heuss spielt auch bei Gerstenmaier das christliche Motiv der Sühne und Buße als Anerkennung und Ableistung von Schuld eine wichtige Rolle. Wie Heuss legte er einen Kranz mit einem Band in den deutschen Nationalfarben in Yad Vashem nieder – neben der Trauer über die sechs Millionen Toten drückte dieser Akt auch die Hoffnung aus, der Staat Israel als Vertreter des jüdischen Volkes möge die deutsche Buße für das Verbrechen des Holocaust akzeptieren. Ebenso wurden die Treffen mit deutsch-jüdischen Intellektuellen, insbesondere mit Martin Buber, zum festen Bestandteil der Israel-Reisen deutscher Politiker. Sie bezeugten den Wunsch seitens der Deutschen, sich mit den deutsch-jüdischen Traditionen vor 1933 wieder verbinden zu wollen. Buber lehnte dieses Ansinnen freilich ab. Schon im Jahr 1961 stellte er gegenüber der ersten Generation der Freiwilligen der Aktion Sühnezeichen klar: »Was Ihr mit Versöhnung meint, ist *Eure* Sache, nicht unsere.«[142] Die Besuche in der nationalen Gedenkstätte führten in das politische Narrativ des Staates Israel ein und erleichterten die anschließenden Wirtschaftsverhandlungen. Indem gleich zu Beginn auf die historische Schuld der Deutschen verwiesen wurde, konnte der eigenen Forderung nach verstärkter Finanzhilfe Nachdruck verliehen werden.[143]

142 Otto Schenk, »Was kann die deutsche Jugend für die Aussöhnung mit Israel tun? Ein Gespräch mit Martin Buber«, Manuskript, November 1963, Evangelisches Zentralarchiv (EZAB), Bestand 97, Aktion Sühnezeichen Friedensdienste, bearbeitet von Petra Giese 1999, 97/692.

143 Vgl. Guy Katz, *Intercultural Negotiations. The Unique Case of Germany and Israel*, Norderstedt 2011, S. 104.

In seiner Rede an der Hebräischen Universität trug Gerstenmaier Thesen über die innere Verfasstheit der deutschen Gesellschaft vor, vermied aber bewusst, wie bereits erwähnt, brisante Themen wie die deutsche Kollektivschuld oder das deutsch-israelische Verhältnis. Seine Suche nach einem »geklärten Nationalbewußtsein« drückt das deutsche Bedürfnis aus, sich mental und seelisch wieder als Nation definieren zu können. Das Motiv der seelischen Reinigung ist auch ein zutiefst christliches. Da eine Ansprache vor der Knesset abgelehnt worden war, glaubte man in der Hebräischen Universität eine – vermeintlich – unpolitische, gleichwohl öffentliche Bühne für Gerstenmaier gefunden zu haben. Die Demonstration gegen den Besuch eines Politikers aus einem befreundeten, demokratischen Land war eine bemerkenswerte Abweichung vom Protokoll. Es handelte sich allerdings weniger um eine selbstorganisierte Studentenbewegung als um eine Inszenierung durch die Oppositionspartei Cherut unter der Führung Menachem Begins. Begin hatte bereits 1952 während der Wiedergutmachungsverhandlungen gegen die Annahme deutschen »Blutgelds«[144] protestiert. Die Demonstration trug damit im Wesentlichen eine innenpolitische Handschrift: Begins Partei opponierte gegen die Deutschlandpolitik der Regierung Ben Gurions; die Jugendorganisation der Partei entzündete diesen Konflikt stellvertretend am Besuch des deutschen Bundestagspräsidenten. Inhaltlich konzentrierten sich die Proteste auf den Vorwurf, die deutschen Raketenexperten in Ägypten seien eine Fortführung der nationalsozialistischen Verbrechen. In der deutschen Presse war dazu zu lesen, dass sich »in den Protesten der israelischen Opposition [...] gar nicht so sehr die schwere Last der Vergangenheit [entlädt], vielleicht muß Gerstenmaier den Kopf hinhalten für Ungeschicklichkeiten, die [...] von der Bundesrepublik in den letzten Jahren gegenüber dem Staat Israel begangen worden sind«.[145]

Nach Gerstenmaiers Rückkehr wurden eine Reihe Dankesbriefe gewechselt. Gerstenmaier war gemeinsam mit seiner Frau Brigitte nach Israel gereist. Sie bedankte sich mit einem Schreiben an Frau Shinnar, quasi außerhalb des offiziellen Protokolls von Frau zu Frau, für die freundliche Aufnahme in Israel:

---

144 Eine Formulierung, die Menachem Begin am 9.1.1951 in der Knesset gebraucht hatte, als über die Aufnahme von Verhandlungen mit Deutschland debattiert wurde. Vgl. Weingardt, *Israel- und Nahostpolitik*, S. 81 f.

145 »Die Reise nach Jerusalem«, in: *Kölner Stadtanzeiger* vom 19.11.1962.

»Es folgt hier mein ›lettre de chapeau‹: Danke für Ihre Gastfreundschaft, für Ihre Teilnahme, Ihr Mitdenken und Mitfühlen! Wenn man Fremdlinge durch Deutschland führte mit der gleichen Liebe zur Sache, wie sie der Uri [vermutlich der Reiseführer, Anm. d. Verf.] entwickelte, könnte man natürlich auch ›Deutschland-Fans‹ züchten. Aber es wäre doch nicht das Gleiche wie die Liebe zu Israel: Wonach bei uns die jungen Leute sozusagen lechzen, ist zu wissen, wofür sie leben dürfen. Fürderhin nach Selbst-Entäußerung, Kargheit, Zucht und dem Etwas von ›Umrungen von Gefahr‹, das der Mensch offenbar benötigt, um das richtige Verhältnis zu sich selbst zu gewinnen. Es ist sehr schwer dahinter zu kommen, was bei uns die Aufnahme von diplomatischen Beziehungen zu Ihnen eigentlich verhindert: Die Angst, kein Öl mehr zu bekommen, bzw. Märkte zu verlieren oder die Hallstein-Doktrin mit dem möglicherweise dann folgenden Erdrutsch. Wie dem auch sei – es gibt viele Menschen hier, die die Lösung des Problems anstreben. Für Weihnachten und das neue Jahr lege ich Ihnen alle meine guten Wünsche zu Füßen! Ich hoffe, daß wir uns in nicht zu ferner Zeit bei uns wiedersehen und bin mit herzlichen Grüßen Ihre ergebene und dankbare Brigitte Gerstenmaier.«[146]

Dieser Dankesbrief veranschaulicht die Rolle der Politikerfrauen – sie reisen mit, um das Eis zu brechen, und vertreten die Position ihrer Männer, als handele es sich um ihre persönlichen Ansichten. Auch offizielle Besuche schlossen diesen zwischenmenschlich bedeutsamen Bereich mit ein, der für die Entwicklung diplomatischer Beziehungen zwischen beiden Staaten besonders im frühen Stadium wichtiger war als publikumswirksame Auftritte.

Etwas nüchterner ließ Felix Shinnar Gerstenmaier wissen, er habe sich »herzlich gefreut, daß der Plan Ihres Besuches seine Verwirklichung fand, und ich bin sicher, daß Sie gefühlt haben, welche aufrichtige Sympathie von allen Ihrer Frau und Ihnen entgegengebracht wurde«.[147] Einen weiteren Dankesbrief richtete Shinnar an die Polizei, die für Gerstenmaiers Sicherheit und die seiner Begleitpersonen gesorgt hatte.

Die beiden Gesandten Leo Savir und Zvi Brush aus der Kölner Israel-Mission zogen das Fazit aus dem ersten offiziellen Besuch eines hochrangigen deutschen Politikers. Gerstenmaier sei »die Ehre erwiesen [worden,] die ihm gebührt, ausgedrückt in Treffen mit dem Staatspräsidenten, mit dem Ministerpräsidenten, mit dem Finanzminister, Vertretern der Universität [...] und anderen«.[148] Offenbar hatte Gerstenmaier sein Ziel erreicht,

146 Brief von Brigitte Gerstenmaier an Frau Shinnar, Bad Godesberg, 7.12.1962, ISA 1045/11 חץ.

147 Schreiben von Felix Shinnar an Eugen Gerstenmaier, Tel Aviv, 7.12.1962, ISA 1045/11 חץ.

148 Fazit des Besuchs der Gesandten in der Kölner Israel-Mission, Leo Savir und Zvi Brush, 6.12.1962, ISA 1045/11 חץ, Original hebräisch, übersetzt von der Verfasserin.

eine deutschfreundlichere Stimmung herzustellen und für den außenpolitischen Kurs der Bundesregierung zu werben. Zumindest schrieb die liberale *Jerusalem Post*, falls es »jemals« zu diplomatischen Beziehungen kommen sollte, werde man sich dieses Besuchs als eines wichtigen Schrittes in diese Richtung erinnern.[149]

Zurück in Bonn, kündigte Gerstenmaier an, er werde »mit Nachdruck die Aufnahme diplomatischer Beziehungen zu Israel betreiben« – und zwar nicht als »bloße Demonstration« – und »auf einen Termin für diesen diplomatischen Schritt dringen«. Bereits bei der Landung in Frankfurt hatte er erklärt, er habe in Israel »den Eindruck gewonnen, daß man dort das Fehlen diplomatischer Beziehungen zu Bonn ›fast als eine Diskriminierung‹ empfinde«.[150] Kurz vor seiner Reise waren Vertreter der Evangelischen Kirche Deutschlands (EKD), unter anderem Probst Heinrich Grüber, zu einem Besuch in Israel gewesen.[151] Der EKD-Vorsitzende Kurt Scharf warnte hinterher vor »gelähmten« Beziehungen und der Gefahr, dass »die angeknüpften Bande wieder abreißen, [wenn] die Bundesrepublik nicht aus den Fallstricken doktrinärer Außenpolitik herausfindet«, gemeint ist die noch geltende Hallstein-Doktrin. Verglichen mit echter Diplomatie sei Gerstenmaiers Reise »bestenfalls eine Geste. Ein Ersatz dafür ist sie nicht.«[152]

Gerstenmaiers Engagement für diplomatische Beziehungen mit Israel wurde von der SPD-Fraktion unterstützt, die das Zögern der Regierung als »peinlich« kritisierte.[153] Die Bundesregierung hingegen wies Gerstenmaiers Vorstoß als »Selbstüberschätzung des Bundestagspräsidenten, der offenbar geglaubt hatte, durch seinen Aufenthalt maßgeblich zur Verbesserung des deutsch-israelischen Verhältnisses beitragen zu können«, zurück.[154] Aufgrund der harschen Kritik aus den Reihen der eigenen Partei nahm Gerstenmaier von einem weiteren Engagement zunächst Abstand. Im Februar des Jahres 1963 schrieb er jedoch an Shinnar:

---

149 *Jerusalem Post* vom 30.11.1962, übersetzt von der Verfasserin. Damals war die *Jerusalem Post* noch eine liberal-intellektuelle Zeitung, die weitgehend die Arbeitspartei unterstützte. Ihre Wende hin zu einer konservativen Ausrichtung vollzog sie erst ab 1989 im Zuge eines Herausgeberwechsels.

150 *FAZ* vom 5.12.1962.

151 Probst Heinrich Grüber (1891–1975) war ein bekannter Theologe und Vertreter der Bekennenden Kirche.

152 Vgl. »Die Reise nach Jerusalem«, in: *Kölner Stadtanzeiger* vom 19.11.1962.

153 »Israel braucht die Hilfe der Bundesrepublik«, in: *Stuttgarter Zeitung* vom 16.11.1962.

154 Daniela Gniss, *Der Politiker Eugen Gerstenmaier 1906–1986. Eine Biographie*, Düsseldorf 2005, S. 348.

»In der Frage der diplomatischen Beziehungen habe ich hinter den Kulissen eine ernstliche Klärung mit dem Ziel einer baldigen definitiven Entscheidung in Gang gebracht. Das mutmaßliche Ergebnis kann ich noch nicht sicher beurteilen, da es mir bislang kaum möglich war, unseren Außenminister, der meist unterwegs ist, hinreichend mit der Sache zu konfrontieren.«[155]

Gerstenmaiers Initiative ging, sosehr er sich bemühte, bei der Bundesregierung zunächst ins Leere. Es ist also fraglich, ob seine Rede an der Hebräischen Universität und sein Besuch in Israel im Jahr 1966 zur Einweihung des neuen Knessetgebäudes[156] tatsächlich einen Beitrag dazu geleistet haben, das Verhältnis zwischen Israel und Deutschland »trotz der geschichtlichen Belastung zu entkrampfen« und der »Aussöhnung mit den Juden einen Schritt näher zu kommen«, wie seine Biographin Daniela Gniss schreibt.[157]

Während die politische Linie der Bundesregierung im Kalten Krieg vor allem von außenpolitischem Kalkül geprägt war, haben einzelne engagierte Persönlichkeiten den atmosphärischen Rahmen geschaffen, innerhalb dessen sich die zunehmenden politischen Kontakte zwischen beiden Staaten allmählich zu diplomatischen Beziehungen weiterentwickeln konnten. Wie im Fall Eugen Gerstenmaier, der sich im deutschen Widerstand verdient gemacht hatte, hing es in hohem Maß von der Biographie und der Generationszugehörigkeit eines bundesdeutschen Amtsträgers ab, wie er in Israel aufgenommen wurde. Wenn es bei Besuchen deutscher Politiker zu Protesten kam, richteten sie sich weniger gegen die Person als vielmehr gegen ihre Funktion als Repräsentant einer deutschen Politik, die sich in den Augen eines kritischen Teils der israelischen Bevölkerung mit ihren Waffenverkäufen an arabische Staaten beziehungsweise mit ihrer Unterstützung dieser Länder bei der Entwicklung eigener Waffen erneut schuldig machte.

---

155 Gerstenmaier an Shinnar, 8.2.1963, ISA 1045/11 חץ.

156 Die Reise 1966 folgte wenige Wochen auf seine Rede vor dem Jüdischen Weltkongress, deren Annahmen Gershom Scholem scharf zurückwies: Eine Brücke über den Abgrund sei nicht möglich. Zu diesem Konflikt vgl. die Rede Scholems, abgedruckt in: Nahum Goldmann, *Deutsche und Juden*, S. 21 ff.

157 Gniss, *Gerstenmaier*, S. 350.

4. »Hereingebracht wie ein Dieb in der Nacht«[158] – Franz Josef Strauß

»Two years ago, West Germany's Defense Minister Franz Josef Strauss ordered a consignment of Israeli-made submachine guns for the Bundeswehr and the Israeli government was so grateful for the arms order that it invited Strauss down for a visit. The invitation gathered dust until Strauss, who is now out of the government, decided recently that the trip to Israel might not hurt his chances of making a political comeback at home.«[159]

So schätzte die *Times* die Einladung Strauß' nach Israel als Dank für die 1957 versprochenen und bis 1961 erfolgten Waffenlieferungen ein – und seine Zusage als Hoffnung auf politische Rehabilitierung im Jahr 1963. Die Einladung hatte Shimon Peres ausgesprochen, in seinen Briefen spiegeln sich das herzliche Verhältnis und der Respekt gegenüber seinem Amtskollegen wider.[160] So hatte er im Mai 1961 den damals noch amtierenden Verteidigungsminister Strauß gelobt: »Dear Mr. Strauss, after our last meeting, I came home in high spirits and related to Mr. David Ben Gurion the gist of our conversation. Mr. Ben Gurion fully appreciates your basic approach to the world topics and your readiness to view our problems with such a big degree of understanding and ability of decision.«[161]

Und zu Weihnachten 1962 hatte Peres seinem ehemaligen Amtskollegen eine Ausgabe der Bibel überreicht, mit der Widmung »To F. J. Strauss, a great leader and a daring friend, with best wishes for the new year«,[162] wobei sich »daring« auf Strauß' Bereitschaft zu den geheimen Waffenlieferungen bezogen haben dürfte.

Strauß konnte sich erst, nachdem er sein Ministeramt infolge der *Spiegel*-Affäre[163] niedergelegt hatte, zu der Reise entschließen, um nicht als Mitglied

158 Oppositionsführer Menachem Begin, zitiert nach »Demnächst Ackerbau«, in: *Der Spiegel* vom 5.6.1963.

159 »Bridging the Past«, in: *The Times* vom 7.6.1963.

160 In seinen Erinnerungen spricht Peres von einer jahrzehntelangen Freundschaft (vgl. Peres, *Sling*, S. 70 f.).

161 Shimon Peres an Strauß, 14.5.1961, Archiv für Christlich-Soziale Politik (ACSP), Nachlass (NL) Franz Josef Strauß, BMVg: 725, Schriftwechsel mit Peres 1961–1962.

162 Ebd.

163 Der *Spiegel*-Affäre war die Besetzung der Redaktion des Nachrichtenmagazins *Der Spiegel* durch die Polizei vorausgegangen. Die Redakteure standen unter Verdacht, Landesverrat begangen zu haben. In der Folge musste Franz Josef Strauß als einer der verantwortlichen Politiker zurücktreten. Die politische Affäre gilt als Prüfstein für die

der Bundesregierung Signale der politischen Anerkennung Israels auszusenden. Als Abgeordneter ohne Ministerrang befand er sich nun in einer »formell anderen Situation«,[164] in der ein Besuch nicht zwingend diplomatische Beziehungen in Aussicht stellte. Während die israelische Regierung den Besuch vor den Medien zu verheimlichen suchte, kündigte Strauß selbst ihn öffentlichkeitswirksam an. Daraufhin stellten die Cherut, die Mapam und die kommunistische Partei Maki in der Knesset den Antrag, die Einladung zurückzuziehen. Menachem Begin argumentierte, Strauß sei »ein Symbol des deutschen Revanchismus und Militarismus«.[165] Regierungschef David Ben Gurion, der sich grundsätzlich für deutsche Gäste im Land aussprach, griff die Gegner verbal scharf an: »[T]he Jewish people will not accept Hitler's racist theory that a man is tainted because he belongs to a certain people.«[166]

Der ehemalige deutsche Verteidigungsminister traf im Mai 1963 zu seinem elftägigen Besuch in Israel auf dem Flugplatz Lod ein. In München hatte er sich von einem Freund mit den Worten verabschiedet, er breche zu der »wichtigsten Mission« seines Lebens auf.[167] Als Ankunftsdatum hatte man wegen der erwarteten starken Proteste den Tag vor seinem geplanten Eintreffen angekündigt.[168] Tatsächlich lieferten sich an diesem Tag Strauß' Gegner aus dem linken und rechten politischen Spektrum auf dem Flugplatz Lod gewaltsame Auseinandersetzungen mit der Polizei.[169] Die Demonstranten hielten Schilder hoch mit der deutschen Aufschrift »Strauß raus«. Auf anderen Plakaten stand: »Strauss go home«, »Strauss means war«, »We remember Dachau« und »We remember Buchenwald«.[170] Strauß selbst wurde am Tag darauf, am 28. Mai 1963, in Begleitung seiner Ehefrau Marianne und des Publizisten Rolf Vogel von einem kleinen Komitee, bestehend aus David

Verteidigung der Pressefreiheit in der jungen Bundesrepublik. Vgl. Doerry (Hrsg.), *Spiegel-Affäre.*

164 http://www.zeit.de/1963/22/viel-laerm-um-strauss (letzter Zugriff: 21.3.2015). Der Verfasser dieses Artikels ist der Meinung, Strauß' Besuch hätte »stiller geschehen« sollen.

165 Zitiert nach »Demnächst Ackerbau«, in: *Der Spiegel* vom 5.6.1963.

166 »Bridging the Past«, in: *The Times* vom 7.6.1963.

167 Zitiert nach *Newsweek* vom 28.5.1963, ACSP.

168 Zudem sorgte ein Versehen beim Drucken des Flugtickets und des Passes für große Aufmerksamkeit in der deutschen und der israelischen Presse: Herr Strauß reise als Herr ›Trauss‹. Damit war die Vorstellung verbunden, dass er in streng klandestiner Mission unterwegs sei, was noch Monate später für Zuschriften irritierter Bürger sorgte. Vgl. Schreiben von Sekretariat Strauß an Privatmann Franz Kampmann, 7.10.1963, ACSP, NL Strauß, LG-4, WP:116.

169 »Demnächst Ackerbau«, in: *Der Spiegel* vom 5.6.1963.

170 Vgl. *Maariv* vom 28.5.1963.

Ben Gurion, Shimon Peres und Moshe Dayan, sowie einem hohen Aufgebot an Sicherheitskräften empfangen. Das Flugzeug war von Polizisten umstellt, drei Bodyguards begleiteten Strauß ins Hotel. Das Programm wurde geheim gehalten, um nach den Ausschreitungen am Flughafen weitere Proteste zu verhindern.

Beim Besuch des ehemaligen Verteidigungsministers dominierten Programmpunkte zur militärischen Situation des Landes. Fast ausschließlich suchte er Stationierungsorte und Stellungen der israelischen Armee auf, zum Beispiel die Befestigungsanlagen auf den Golanhöhen. Das Programm begann am 28. Mai 1963 mit einem informellen Dinner im Sharon Hotel in Herzliya, wo schon Heuss genächtigt hatte. Am nächsten Morgen traf Strauß sich sogleich mit Regierungschef Ben Gurion in seiner zusätzlichen Funktion als israelischer Verteidigungsminister, mit dem Generalstabschef Zwi Zur und kurz mit dem Direktor des Geheimdienstes Meir Amit. Abends fuhr er nach Haifa – in der Hafenstadt am Mittelmeer sollte am folgenden Tag seine Tour durch den Norden starten. Anders als bei Heuss und Adenauer standen hier nicht die christlichen Stätten auf dem Programm: Statt Tabgha und Kapernaum besuchte er nach dem Mittagessen gemeinsam mit dem Kommandanten der Nordeinheit den Kibbuz Alumoth und am nächsten Morgen, einem Freitag, die Luftwaffenbasis und deren Stabschef sowie anschließend das Luftwaffentrainingsbasislager. Nach einer Pressekonferenz am Abend besichtigte er, direkt vor Shabbatbeginn, militärische Industrieanlagen. Am Sonntag suchte er die Grenzpolizei an der Grenze zu Syrien auf und machte eine Rundreise durch die nördliche Sharon-Ebene. Nachdem er am 3. Juni in die Landesmitte zurückgekehrt war, wich das Programm mit Strauß' Besuch im Weizmann-Institut für naturwissenschaftliche Forschung kurzzeitig von seiner streng militärischen Ausrichtung ab. Gleich darauf verband er seinen Aufenthalt in Rechovot mit der Besichtigung des nahegelegenen Atomreaktors Nahal Sorek und einem abendlichen Besuch bei den Reservepanzerbrigaden.[171]

Nach einem abendlichen Empfang in Shinnars Privathaus stand am nächsten Tag ein Flug über die sich industriell entwickelnden Gebiete in der Negev-Wüste an, außerdem absolvierte Strauß Besuche bei der Luftwaffe und einer weiteren Armeebasis und nahm an einer Fallschirmspringerübung

171 Der Atomreaktor Nahal Sorek steht noch heute auf der Armeebasis Palmachim, circa 15 Kilometer südlich von Tel Aviv. Vgl. zum Beispiel Zaki Shalom, *Israel's Nuclear Option. Behind the Scenes Diplomacy between Dimona and Washington*, Sussex 2005, S. 34 ff.

teil. Einen Tag lang durfte der Gast sich noch in Eilat vergnügen, bevor er abends wieder vom Verteidigungsminister in Jerusalem empfangen wurde. Tags darauf besichtigte er die Altstadt Jerusalems und die Hebräische Universität. Im Unterschied zu Heuss und Gerstenmeier verzichtete er jedoch darauf, hier eine Rede zu halten. Beim Abflug versprach er, sich für diplomatische Beziehungen zwischen Israel und Deutschland und für den Abzug der umstrittenen Raketenwissenschaftler aus Ägypten einzusetzen.

In allen Unterredungen lobten Strauß' Gesprächspartner die Zusammenarbeit mit Deutschland im Verteidigungsbereich und insbesondere seinen persönlichen Einsatz für die Waffenhilfe. Als Gastgeschenk überreichte ihm Peres ein Fotoalbum vom siegreich beendeten Sinai-Krieg 1956. Der Krieg lag zwar schon sieben Jahre zurück, aber auf israelischer Seite kam dem geheimen Waffenabkommen zwischen Strauß und Peres infolge der Suezkrise nach wie vor besondere Bedeutung zu. Da Strauß nicht als Regierungsvertreter reiste, konsternierte er die Bonner Regierung, als er in Israel eigenmächtig erklärte: »[D]ie Zeit der halben Lösungen ist vorbei. Die Bundesrepublik muß nunmehr klare Stellung zu Israel beziehen.«[172] Direkt am Tag von Strauß' Abreise nach Israel hatte Staatssekretär Karl-Günther von Hase noch unmissverständlich die Position der Bundesregierung formuliert: »Vorerst KEINE diplomatischen Beziehungen!«[173] Der deutsche Gesandte in Kairo, Walter Weber, fragte daher bei seinem Arbeitgeber, dem Auswärtigen Amt, nach, ob nicht durch Strauß' Bemerkung eine »erneute Klarstellung« vonnöten sei. Strauß habe sich »zum Interpreten der Nahostpolitik der Bundesregierung aufgeworfen«. Auch Weber bediente sich der Rhetorik Adenauers und erklärte, die Aufnahme diplomatischer Beziehungen sei keine Frage des »ob«, sondern des »wann«.[174] Das Auswärtige Amt reagierte auf Strauß' diplomatischen Fehltritt mit der offiziellen Erklärung, er habe »übersehen«, dass die Anerkennung Israels die »Anerkennung der Ostzone« durch die arabischen Staaten nach sich zöge.[175] Aufgrund der Probleme, die die forschen Reden des ehemaligen Verteidigungsministers in Israel mit sich bringen könnten, distanzierten sich Außenminister Gerhard Schröder (CDU)

172 Zitiert nach *AAPD*, 1963, Dokument Nr. 189, Botschafter Weber, Kairo, an das Auswärtige Amt, 5.6.1963, S. 609. Weber beeilte sich daraufhin, den aufgebrachten ägyptischen Ministern in Kairo zu erklären, dass Strauß lediglich seine private Ansicht zum Ausdruck gebracht habe. Ebd.

173 Zitiert nach *FAZ* vom 30.5.1963.

174 Zitiert nach *AAPD*, 1963, Dokument Nr. 189, Botschafter Weber, Kairo, an das Auswärtige Amt, 5.6.1963, S. 610.

175 Ebd., S. 611.

und sein damaliger Stellvertreter Walter Scheel rasch von Strauß, der »nur als Privatmann« gesprochen habe, als er »volle diplomatische Beziehungen zu Israel« forderte.[176]

Bemerkenswert an Strauß' Israel-Besuch ist, dass er, obwohl nur noch einfacher Abgeordneter, von Regierungschef David Ben Gurion empfangen wurde und Gespräche mit ranghohen Politikern wie Außenministerin Golda Meir, Finanzminister Levi Eshkol und Generalstabschef Zwi Zur führen konnte. Diese Ehre wurde ihm nur zuteil, weil er sich durch die Waffenlieferungen des Jahres 1957, als Israel sich militärisch bedroht sah, in besonderer Weise für die Interessen der Israelis eingesetzt hatte. Ben Gurion wollte sich mit der Einladung für diese unkonventionelle Hilfe bedanken. Strauß kam die Einladung zu diesem Zeitpunkt nicht ungelegen. Nach der *Spiegel*-Affäre politisch ins Abseits geraten, diente ihm diese Reise mit Gesprächen auf höchster Ebene dazu, wieder Handlungsfähigkeit zu demonstrieren.[177] Obwohl er die Reise 1963 als »wichtige Mission« bezeichnete, verlor er in seinen *Erinnerungen* kein einziges Wort darüber.[178]

In den Protesten gegen Strauß kehrte ein Motiv wieder, das bereits in den Demonstrationen gegen Gerstenmaier eine Rolle gespielt hatte: die direkte Verknüpfung zwischen den nationalsozialistischen Verbrechen, der aktuellen Politik Deutschlands und der militärischen Bedrohung Israels im Nahen Osten. So geriet Strauß wegen seiner Waffenlieferungen an arabische Staaten ins Kreuzfeuer der Kritik (»Strauss means war«), man warf ihm, wie zuvor Gerstenmaier, die Untätigkeit der Bundesregierung vor, die nichts gegen die deutschen Raketenwissenschaftler in Ägypten unternehme. Die Argumentation lautete: Wenn Deutschland »Israels Feinden« dabei helfe, das kleine Land zwischen Mittelmeer und Jordan zu vernichten, komme dies einer Fortführung der NS-Verbrechen gleich. Der Besucher wehrte diese Kritik ab, indem er über das ägyptische Raketenprogramm und die »sowieso nicht fähig[en]« deutschen Wissenschaftler »spottete«. Es habe sich nämlich herausgestellt, dass sie mehr Schaden angerichtet als Nutzen gebracht hätten.[179]

176 Zitiert nach *FAZ* vom 30.5.1963.

177 Er kommentierte: »Meine vor Jahren getroffene Feststellung, daß die Deutschen aus dem Schatten Hitlers heraustreten und wieder den aufrechten Gang lernen müßten, hat zu schriller Polemik gegen mich geführt.« (Strauß, *Erinnerungen*, S. 484)

178 Seine *Erinnerungen* sind insgesamt unpersönlich gehalten. Er scheint den Anspruch zu haben, das Zeitgeschehen »objektiv« darzustellen (vgl. ebd., zum Beispiel S. 469).

179 Ben Natan, *Chuzpe*, S. 112.

Strauß gehörte zwar nicht mehr der Generation an, die für den Aufstieg des Nationalsozialismus verantwortlich gemacht werden konnte. Aber ein Anwalt der Maki-Partei wollte ihn wegen »Kriegsverbrechen« in seiner Zeit als junger Leutnant gegen Ende des Krieges anklagen. Strauß' Entgegnung darauf war lapidar: »I have a clear record and a clean conscience.«[180]

An seiner Person wird deutlich, dass israelische Politiker die »Freundschaft« der Deutschen nicht an ihren Worten, sondern an ihren Taten maßen. Im Wesentlichen bestanden die positiv interpretierten Taten in einseitiger Militärhilfe. Am 18. Januar 1966 schrieb der zu diesem Zeitpunkt bereits zurückgetretene Ben Gurion an Strauß: »May I say how much I appreciate your friendship towards Israel which you have proved not only in words but also in deeds.«[181]

5. »Zwiespalt zwischen Vernunft und Gefühl« – Die Verhandlungen zur Aufnahme diplomatischer Beziehungen

Im Februar 1965 trat in den politischen Beziehungen zwischen Deutschland und Israel eine entscheidende Wende ein. Der ägyptische Ministerpräsident Nasser lud den DDR-Regierungschef Walter Ulbricht nach Kairo ein und erkannte durch diesen symbolischen Akt die DDR als Staat *de facto* an. Die Bundesregierung deutete diese Aufwertung der »Zone« gemäß der Hallstein-Doktrin als feindlichen Akt. Bundeskanzler Ludwig Erhard schäumte in seiner Rede bei einer Presseversammlung am 12. Februar 1965, Nasser setze die »traditionellen, [...] bewährten Bande« zwischen Ägypten und der Bundesrepublik aufs Spiel:

»Das deutsche Volk hat dafür [...] auch Opfer gebracht. [...] Trotz der alten, stets ungetrübten Freundschaft zur arabischen Welt, die wir bewußt gepflegt haben und die in keiner der kriegerischen Spannungen in der Welt getrübt wurde, erfahren wir, daß der Staatspräsident von Ägypten den Herrn Ulbricht eingeladen hat. [...] [Er] ist der bestgehaßte Mann in Deutschland, im deutschen Volk, und ich glaube, das kann ich sagen für diesseits und jenseits des Stacheldrahts. [...] Wir empfinden die-

180 Ebd.
181 Ben Gurion an Strauß, 18.1.1966, ACSP, NL Strauß, BMVg: 725.

se Einladung als einen feindseligen Akt, der geeignet ist, die Beziehungen zwischen Ägypten und der Bundesrepublik zu gefährden oder zu stören.«[182]

Obwohl bei der Einladung Ulbrichts nach Kairo der symbolische Charakter dominierte, gab es auch einen konkreten monetären Hintergrund: Bei seinem Besuch sollte Ulbricht einen Kredit über 78 Millionen Dollar an Ägypten unterzeichnen. Der ägyptische Präsident Nasser verband mit dem Besuch Ulbrichts jedoch noch keine Anerkennung der DDR. Er war lediglich als Warnung und als Aufforderung an die Bundesregierung gemeint, die Waffenlieferungen nach Israel einzustellen.

Die Bundesrepublik reagierte auf diesen Druck der arabischen Staaten. Bereits im Vorfeld von Ulbrichts Reise nach Kairo beschloss der Bundestag, keine Waffen mehr in Konfliktgebiete zu liefern. Nach dem Wortlaut des Luxemburger Abkommens war dies im Fall Israels jedoch nur möglich, wenn die noch bestehenden Lieferverpflichtungen einvernehmlich in Zahlungen umgewandelt werden konnten. Es folgten monatelange Verhandlungen zwischen deutschen und israelischen Unterhändlern. Auch die Öffentlichkeit in beiden Staaten setzte sich kritisch mit dem Für und Wider der neuen Regelung auseinander.

In seiner plötzlichen öffentlichen Ankündigung, die Waffenlieferungen an Israel einzustellen, habe sich Erhard wie ein »Nichtschwimmer, den man ins Wasser geworfen hat«, verhalten und Deutschland »vor der ganzen Welt lächerlich« gemacht, kommentierte der Bayerische Rundfunk.[183] Auch Franz Josef Strauß hielt es für »ausgeschlossen«, die »laufenden Verpflichtungen [...] in finanzielle oder wirtschaftliche Hilfe« umzuwandeln: Das technische Material für die Panzer sei eingekauft, »60 Panzer [...] bereits ausgeliefert. Die Israelis haben bereits die 150 Umrüstungssätze (Motor, Kanone usw.) gekauft [...].«[184] Den finanziellen Ausgleich für die noch ausstehen-

182 »Einladung Ulbrichts – ein feindseliger Akt«, in: *Bulletin des Presse- und Informationsamtes der Bundesregierung*, Nr. 28 vom 16.2.1965.

183 Bayerischer Rundfunk, Politische Redaktion, Kommentar der Woche, 20.2.1965. Derselbe Kommentar forderte auch mehr Rücksicht auf die Gefühle der Überlebenden und ihrer Nachkommen: »Es ist auch sehr die Frage, ob eine diplomatische Vertretung der Bundesrepublik in Israel normale Arbeitsbedingungen vorfinden würde. Was geschähe, wenn sie dort beispielsweise die deutsche Flagge bei den üblichen Gelegenheiten hissen würde? [...] Unser Verhältnis zu Israel [ist] von der Gefühlsseite her belastet [...] und [kann] daher durch den bloßen Akt der Aufnahme diplomatischer Beziehungen nicht ohne weiteres *normalisiert* werden [...].«, Transkript der Sendung im Archiv des Bayerischen Rundfunks, München.

184 Schreiben von Franz Josef Strauß an Bundeskanzler Erhard, 5.3.1965, ACSP, NL Strauß, LG-4, WP: 92.

den 90 Panzer nahmen die israelischen Offiziellen lediglich als Trostpflaster wahr: »Herr Oberst [Asher] Arbel zeigte sich äußerst bestürzt und schien ehrlich bemüht zu sein, einen Weg zu finden, um den Sachverhalt nicht sogleich nach Hause melden zu müssen, weil er – gerade im Hinblick auf die neuen beruhigenderen Erklärungen Ben Gurions – eine zusätzliche Verstimmung und antideutsche Welle in Israel befürchtete.«[185]

Das schrieb der stellvertretende Staatssekretär Werner Knieper in Bonn am 5. März 1965. Um die weiteren Schritte zu verhandeln, hatte Bundeskanzler Erhard Kurt Birrenbach für eine Sondermission in Israel ausgewählt. Der CDU-Bundestagsabgeordnete besaß gute Chancen auf ein freundliches Willkommen in Israel, denn als Vorstandsmitglied der Thyssen-Stiftung hatte er dem Weizmann-Institut ab 1962 hohe finanzielle Zuwendungen zukommen lassen. Zudem galt er wegen seiner jüdischen Ehefrau in einem für deutsche Politiker seiner Generation ungewohnt hohen Maß als vertrauenswürdig und unbelastet durch den Nationalsozialismus. Durch seine beruflichen Erfahrungen in der Eisen- und Stahlindustrie war er mit Wirtschaftsabläufen vertraut, und weil er bis dato kein ausgewiesener Nahostexperte war, konnte ihm weder die deutsche noch die israelische Presse eine tendenziöse Haltung vorwerfen.[186] Im Frühjahr 1965 reiste er insgesamt dreimal nach Israel, erstmalig am 7. März, zunächst noch geheim und ohne genauen Auftrag.[187] Vor Ort sollte er Telegramme mit Anweisungen von Bundeskanzler Erhard erwarten. Er befand sich bereits in Tel Aviv, als Staatssekretär Karl Carstens aus Bonn den Auftrag sandte, im Namen des Bundeskanzlers Ludwig Erhard Levi Eshkol die Aufnahme diplomatischer Beziehungen anzubieten.[188] Der ehemalige Botschafter Niels Hansen schrieb, damit habe Erhard den »gordischen Knoten« durchtrennt, der in der Debatte um die Ablösung der Waffenlieferungen entstanden war.[189] Der überraschte Birrenbach »stolperte unvorbereitet in eine wichtige und heikle Situation«, wie er sich in

185 Archiv für Christlich-Demokratische Politik (ACDP), Nachlass (NL) Kurt Birrenbach, 01-433-133/2. Die Notiz »Abwicklung des Panzerprogramms« von Werner Knieper vom 5.3.1965 gibt an, dass es bereits gelungen sei, »in Deutschland etwa 20 Panzer im Monat zu ›entgermanisieren‹«, um sie anschließend über Italien zu verschiffen (ebd.).

186 Vgl. Jelinek, *Deutschland,* S. 459.

187 Vgl. Deutschkron, *Israel*, S. 318.

188 Karl Carstens, der fünf Jahre lang NSDAP-Mitglied gewesen war, wurde von der Bremer Spruchkammer im Rahmen der Entnazifizierung als »entlastet« eingestuft.

189 Hansen, *Schatten*, S. 749 ff.

seinen Memoiren erinnerte.[190] Im Laufe der folgenden sechswöchigen Verhandlungen spielte er durch Formulierungen wie »angeblich« und »zweifelhaft« in seinen vertraulichen Berichten an das Auswärtige Amt häufiger darauf an, dass die israelischen Verhandlungspartner nicht aufrichtig seien.[191] Nachsichtig, doch auch etwas überheblich, führte er ihre Verhandlungstaktik, die er als dreist empfand, auf die prekäre Situation des Landes zurück. Auch das »Drängen« und die »Härte« Shimon Peres' brachte er wohlwollend, doch in überheblichem Tonfall mit der wirtschaftlichen Situation des Landes in Beziehung:

»Lieber Herr Westrick, ich habe Sie nach Beendigung meiner Verhandlungen in Israel informiert über die Form, wie man die Erklärungen des Herrn Bundeskanzler und Ihre persönlichen Äußerungen gegenüber Shinnar ausgelegt hat. Warum sollte ich in einer besseren Situation sein als Sie? Dasselbe ist jetzt mit mir geschehen, natürlich völlig zu Unrecht. [...] Die einzige Entschuldigung, die ich sehe, ist die prekäre Lage dieses Landes. Persönliche Kommentare möchte ich mir schenken.«[192]

Die Gespräche fanden unter strenger Geheimhaltung statt. Das erste Gespräch zwischen Birrenbach, dem aus Köln eingeflogenen Felix Shinnar, Premierminister Levi Eshkol, Außenministerin Golda Meir, Shimon Peres, dem Generalsekretär Arie Levavi und dem Leiter der Westeuropa-Abteilung im israelischen Außenministerium und Holocaust-Überlebenden Zeev Shek sei »von starken Emotionen begleitet« gewesen.[193] Birrenbach erklärte der israelischen Delegation, seine Mission bestünde in der »Liquidierung des Waffenabkommens« und der »Einleitung« diplomatischer Beziehungen in zwei Etappen. Aufgrund der Gefahr, dass »eine Reihe arabischer Staaten die

190 Kurt Birrenbach, *Meine Sondermissionen. Rückblick auf zwei Jahrzehnte bundesdeutscher Außenpolitik*, Düsseldorf 1984, S. 100 f.; vgl. auch Hansen, *Schatten*, S. 758.

191 Zum Beispiel Delegations-Drahtbericht aus Tel Aviv an das Auswärtige Amt, 11.4.1965, ACDP, NL Birrenbach, 01-433-133/2.

192 Birrenbach an Bundesminister Ludger Westrick, 18.3.1965, ebd. Westrick war von 1951 bis 1963 Staatssekretär im von Ludwig Erhard geführten Wirtschaftsministerium, von 1963 bis 1966 Chef des Bundeskanzleramts. Birrenbach bezieht sich hier auf Westricks Rolle bei der Ablösung des Waffenabkommens. Im Bericht seiner dritten Reise schrieb er: »Am 15. April suchte ich zunächst Herrn Westrick auf. Dieser Besuch bestätigte, woher die Widerstände auf meiner letzten Reise herrührten. Herr Westrick war der irrtümlichen Meinung, die noch ausstehenden Lieferungen seien reiner Schrott gewesen.« Westrick hatte offensichtlich versucht, die Höhe der Ablösesumme herunterzuhandeln.

193 Ebd.

SBZ anerkennen« würde,[194] könnten die Waffenlieferungen in der bisherigen Form nicht fortgeführt werden. Ansonsten »droh[e] ein ›Dammbruch‹, welcher der Deutschland-Politik den Boden entziehen« könne, so Birrenbach. Damit spielte er auf die Hoffnung an, die beiden deutschen Staaten bald wieder miteinander vereinigen zu können. So müsse einerseits das Waffenabkommen mit sofortiger Wirkung aufgelöst werden, die diplomatischen Beziehungen allerdings müssten noch etwas warten, damit die Bundesrepublik »so weit mit den Arabern ins Gespräch [...] kommen [könne], daß sie für einen Schritt dieser Art dann Verständnis zeigen«.[195]

Auch die zweite Gesprächsrunde wurde nach Birrenbachs Schilderung »von israelischer Seite mit großer Zähigkeit geführt«.[196] Am 14. März hatte Eshkol Erhards Angebot, diplomatische Beziehungen zwischen beiden Ländern aufzunehmen, als Ausgleich für die Ablösung der Waffenlieferungen in Geld offiziell angenommen. Einen Tag darauf versuchte er die Zustimmung des israelischen Parlaments, der Knesset, dafür zu erlangen. Zu diesem Zweck erklärte er, dass Deutschland sich »befreit« habe, und betonte die deutsche Verantwortung, Israel nicht zu »verletzen«. Er machte den Parlamentariern klar, dass der deutsch-israelische Dialog sich nicht in einem Vakuum abspiele, sondern im Zusammenhang weltpolitischer Kräfte.[197] Politisch war Eshkol Pragmatiker, er vertrat die Auffassung, Israel müsse die neue Machtstellung Deutschlands anerkennen und sie für sich nutzen. Er war ein Rhetoriker und verwendete religiöse und pathetische Bilder in seiner Rede. Eshkol zufolge versuchten die arabischen Regierungen, Deutschland an der »Sühne für die blutige Tragödie« und der »Erfüllung seiner Pflicht« zu hindern. Diese Einmischung könne wegen des »tiefen Abgrundes, den der Völkermord zwischen uns gelegt hat«, nicht geduldet werden. Er mahnte das Parlament, lange habe man auf diesen Schritt Deutschlands gewartet; die

---

194 Um deutlich zu machen, dass sie den Status der DDR als eigenständige Republik nicht anerkannten, verwendeten die bundesdeutschen Politiker konsequent den Titel »Sowjetische Besatzungszone«, der offiziell nur bis 1949 galt.

195 Bericht »Kurt Birrenbach nach Israel«, ohne Datum, ACDP, NL Birrenbach, 01-433-094/2. *Der Spiegel* berichtete: »Am Mittwochabend vergangener Woche traf Sonderbotschafter Birrenbach mit diesen israelischen Forderungen wieder in Bonn ein. Bonns Diplomaten waren entsetzt: ›Die Juden verlangen immer viel zuviel‹, hieß es im Außenamt.« In: *Der Spiegel* vom 17.3.1965.

196 Bericht »Kurt Birrenbach nach Israel«, ACDP, NL Birrenbach, 01-433-094/2.

197 Zitiert nach »Zur Stärkung des Staates Israel. Die Knesset stimmt der Aufnahme diplomatischer Beziehungen zu Bonn zu. Wortlaut der Erklärung Eshkols«, abgedruckt in deutscher Übersetzung in: *FAZ* vom 16.3.1965.

sich nun bietende günstige historische Konstellation dürfe nicht versäumt werden:

»Wir befinden uns in einem Zwiespalt zwischen Gefühl und Gedanken. Die Rechnung des Gewissens und der Geschichte, die in der Judenkatastrophe wurzelt,[198] sich außerhalb des Rahmens der politischen Handlung befindet, sogar die Rechnung, die in der Tiefe des Gefühls nicht ihresgleichen hat, kann uns nicht davon befreien, die zentrale und entscheidende Bestimmung zu erfüllen, die uns in dieser Generation auferlegt ist – den Staat Israel zu festigen.«[199]

Seine Position glich der pragmatischen Einstellung seines Amtsvorgängers David Ben Gurion, der sie ebenfalls eindringlich vorgetragen hatte. Noch im Februar desselben Jahres hatte der Ministerpräsident auf die immense Schuld hingewiesen, die sich niemals abgelten lasse: »Nun, die blutige Rechnung, die zwischen dem deutschen und dem jüdischen Volk schwebt, ist jenseits des politischen und materiellen Bereiches. Hinter uns liegt ein Leiden, *für das es keine Buße gibt* und das im Bewußtsein unserer Generation nicht ausgelöscht werden kann.«[200]

Im »Zwiespalt« zwischen »Gefühl und Gedanken« entschloss Eshkol sich im März jedoch für eine strategische Wiederannäherung an das mächtiger werdende Deutschland. Mit seiner Rede in der Knesset erntete er scharfe Widerworte von Menachem Begin: »Man spricht uns von einem anderen Deutschland. Gewiß, […] es ist geteilt, und Treblinka und Auschwitz liegen nicht mehr auf deutschem Territorium. Das ist aber auch alles.«[201] Bei künftigen Empfängen solle man das Lied singen, »das die Deutschen […] zwischen der Ostsee und dem Schwarzen Meer gesungen haben, als sie [die] Juden gefaßt, ins Gefängnis geworfen, eingesperrt, gequält, erschossen, verbrannt und vergast haben«.[202] Die Zeitung *Cherut* ging noch weiter und

198 »Judenkatastrophe« in der deutschen Übersetzung, »Shoah« im Original. Das Wort »Holocaust« war noch nicht in Gebrauch, es fand erst mit der gleichnamigen amerikanischen Fernsehserie 1979 Verbreitung. Im Jahr 1965 wussten deutsche Übersetzer und Politiker noch nicht, wie sie den Massenmord an den Juden Europas in Worte fassen sollten.

199 Zitiert nach »Zur Stärkung des Staates Israel. Die Knesset stimmt der Aufnahme diplomatischer Beziehungen zu Bonn zu. Wortlaut der Erklärung Eshkols«, in: *FAZ* vom 16.3.1965.

200 Regierungserklärung Eshkol vom 15.2.1965 (Hervorhebung und Übersetzung von der Verfasserin), ISA 1897/8 חץ.

201 Protokoll der Knessetsitzung vom 15.3.1965, in deutscher Übersetzung, ACDP, NL Birrenbach, 01-433-133/2.

202 Ebd.

warnte, »daß dieses Volk von Mördern weder seine Haut gewechselt noch seine Seele von ihren satanischen Anwandlungen gereinigt hat. Der Tag, an dem entschieden wurde, diplomatische Beziehungen mit Deutschland aufzunehmen, wird als einer der tragischsten und schamvollsten Tage in die blutüberströmte Geschichte unseres Volkes eingehen.«[203]

Nach heftigen Debatten und einer langen anklagenden Widerrede Menachem Begins traf die israelische Volksvertretung am 15. März die schwierige Entscheidung, ihrem Ministerpräsidenten zu folgen. Die *Jerusalem Post* kommentierte, wenn dieser Schritt tatsächlich ein Sieg der Vernunft über das Gefühl gewesen sei, so sei es kein leichter Sieg gewesen.[204] Insgesamt blieb die israelische Presse sehr kritisch, nur das gewerkschaftsnahe Blatt *Davar* räumte ein: »Die Aufnahme diplomatischer Beziehungen schließt Zeremonien ein, die die Gefühle vieler Menschen mehr verletzen mögen als die Annahme deutscher Wirtschaftshilfe oder der Kauf eines Volkswagens. Aber das ist der Preis, den Gefühle der politischen Vernunft zahlen müssen.«[205]

In den Verhandlungen zwischen Deutschen und Israelis spielte die Sorge der israelischen Politiker eine Rolle, ob es gelingen würde, Waffen und Panzer statt aus Deutschland von anderen Ländern zu beziehen. So drehte sich ein Teil der Gespräche darum, dass die Bundesregierung versuchen solle, Frankreich und die USA zu überzeugen, an ihrer statt Waffen an Israel zu verkaufen. Laut Shimon Peres gebe es bereits ein Versprechen über Lieferungen aus den USA, sofern Deutschland diese autorisiere, aber »ob dieser Punkt zutreffend ist, erscheint uns zweifelhaft«,[206] äußerte Birrenbach, der die Aufrichtigkeit seiner Verhandlungspartner infrage stellte.

Nachdem die Knesset abgestimmt hatte, flog Birrenbach am 18. März ein zweites Mal nach Israel. »Die Boote sind ohne jede Frage, nach Erledigung der Panzer, das zentrale Anliegen Israels«,[207] zog er nach einem Ge-

---

203 *Cherut* vom 17.3.1965, zitiert in deutscher Übersetzung, PA AA, B 2-VS, Bd. 423A, 1965–1967.

204 *Jerusalem Post* vom 17.3.1965, zitiert in deutscher Übersetzung, PA AA, B 2-VS, Bd. 423A, 1965–1967.

205 *Davar* vom 17.3.1965, zitiert in deutscher Übersetzung, ebd.

206 Birrenbach, Bericht an das Auswärtige Amt und den Bundeskanzler, 18.3.1965, ACDP, NL Birrenbach, 01-433-133/2.

207 Gemeint sind die U-Boote. Birrenbach, Bericht an das Auswärtige Amt, ebd. Das war im Übrigen in den 1990er Jahren immer noch so, wie eine Äußerung des israelischen Botschafters belegt: Es gebe zehn Prioritäten in den Beziehungen auch zum vereinigten Deutschland, und alle seien U-Boote. Vgl. Benjamin Navon, »Im vereinten Deutschland«, in: Ben Natan, Hansen (Hrsg.), *Israel*, S. 187–194, hier S. 193.

spräch mit Eshkol Bilanz in einem geheimen Bericht an das Auswärtige Amt. Dessen Staatssekretär Karl Carstens antwortete am 19. März: »Alles soll streng geheim bleiben, wenn wir es wünschen. Bisher war Geheimhaltung hervorragend.«[208] Da sich die Deutschen mit ihrem grundlegenden Anliegen nun durchgesetzt hatten, versuchte die israelische Seite dasselbe mit ihrem Wunsch, den Ort der zukünftigen deutschen Botschaft zu bestimmen: Jerusalem war zwar international als Hauptstadt nicht anerkannt, sollte aber durch eine offizielle deutsche Präsenz als solche legitimiert werden. »Das Problem Tel Aviv« habe für Israel »außerordentliche politische und moralische Bedeutung«, trug der Generalsekretär des Außenministeriums, Levavi, vor und nannte auch praktische Gründe, die Birrenbach an Staatssekretär Carstens im Auswärtigen Amt berichtete: »Wir selbst hätten hier die außerordentliche Unbequemlichkeit zu spüren bekommen, für jede Verhandlung mit der Regierung abgesehen vom Verteidigungsministerium über drei Stunden nach Jerusalem hin und zurückfahren zu müssen.«[209] In diesem Punkt setzte sich Birrenbach gegen die israelischen Verhandlungspartner durch. Die Bundesregierung favorisierte, weil der Status Jerusalems als Hauptstadt international umstritten war, eindeutig den Standort Tel Aviv. Er habe »den Eindruck, daß Jerusalem als Ort der Botschaft fallengelassen wird«, auch der gewünschte »pied à terre«, ein diplomatischer Ableger in Jerusalem, werde nicht errichtet, berichtete Birrenbach vom letzten Zusammentreffen im israelischen Verteidigungsministerium am 11. April 1965.[210] Im Gegenzug fordere nun die »israelische Regierung [...,] das Wort ›Spannungszone‹ durch einen neutraleren Begriff [zu] ersetzen«.[211] Mit der Formulierung, keine Waffen mehr in Spannungsgebiete liefern zu wollen, hatte das Auswärtige Amt in Israel für Missstimmung gesorgt. Die dritte Reise, die laut Birrenbach weitere »grundsätzliche Probleme« offenbarte, unternahm er vom 6. bis 14. April 1965. In den Verhandlungen wurde er diesmal von Ministerialdirigent Rolf Pauls unterstützt, der damals noch Leiter der Unterabteilung Entwicklungshilfe im Auswärtigen Amt war. Als erstes diplomatisches »Problem« bezeichnete er die zeitgleich stattfindende Verjährungsdebatte im Bundestag: In den Jahren 1964, 1969 und 1979 diskutierte der Bundestag jeweils darüber, ob und

208 Staatssekretär Carstens an Birrenbach, 19.3.1965, ACDP, NL Birrenbach, 01-433-133/2.

209 Drahtbericht Birrenbach aus Tel Aviv an das Auswärtige Amt, 8.4.1965, ACDP, NL Birrenbach, 01-433-133/2.

210 »As far as a pied à terre in Jerusalem is concerned, this is not considered now.« Meeting held at Ministry of Defence, Tel Aviv, 11.4.1965, ebd., englisch im Original.

211 Bericht Birrenbach an das Auswärtige Amt, ebd.

in welchem Maß die im Nationalsozialismus begangenen Verbrechen entgegen geltendem Recht von der Verjährung ausgenommen werden sollten. Die israelische Öffentlichkeit hatte kein Verständnis für die zähe Debatte und die Entscheidung, die Verjährung jeweils für vier bis fünf Jahre aufzuschieben, statt sie ganz aufzuheben. Das zweite Problem bestand in der anhaltenden Weigerung der Bundesregierung, sich um die Rückkehr der umstrittenen Raketenwissenschaftler aus Ägypten zu bemühen – mit Hinweis auf die Freiheit der Wissenschaft sah sie sich »aus rechtsstaatlichen Erwägungen« heraus dazu nicht in der Lage.[212] Und das dritte Problem war die künftige Höhe der deutschen Finanzhilfe. Die Bundesregierung wollte die Einigung darüber mindestens bis Ende 1965 verschieben, die israelischen Unterhändler drängten jedoch auf eine baldige Entscheidung. »Wir wissen noch nicht, wie der Kuchen aussehen wird«, wich Birrenbach aus und schrieb in seinem Bericht, man müsse aber vorsichtshalber schon einmal die »völlig überzogenen« Forderungen der Gegenseite zurückweisen, »damit die Israelis nicht mit Vorstellungen in die künftigen Verhandlungen in Bonn gehen, die dann zu einem Eklat führen«.[213] Carstens war optimistischer: »Wir sollten aber die jetzt erhobenen israelischen Forderungen als Versuch bewerten, möglichst viel herauszuholen, nicht aber als Auftakt für einen Abbruch der Verhandlungen.«[214] Damit gab er zu verstehen, dass es seinen Gesprächspartnern, wie auf einem orientalischen Basar, um das »Spiel« des Handelns gehe. Ein weiterer Streitpunkt war die Bezeichnung der künftigen Zahlungen: Die Bundesregierung wollte sie gern unter die Kategorie »Technische Hilfe« subsumieren. Diese sei aber Entwicklungsländern vorbehalten, und so müsse Israel von nun an unter diese Kategorie fallen, was bei den Verhandlungspartnern heftigen Widerspruch hervorrief. Sie monierten, »Israel könne sich nicht mit dem Gedanken abfinden, mit Tansania oder Ghana auf gleichem Fuß behandelt zu werden. […] Immer wieder sei von Herrn Adenauer und auch Herrn Prof. Erhard die Sonderrolle Israels unterstrichen worden. Nun werde plötzlich unter dem Einfluß der Arabischen Feinde Israel auf das Niveau eines afrikanischen Entwicklungslandes herabgedrückt.«[215]

Eshkol habe mit »ziemlicher Schärfe« erwidert, die Gleichbehandlung Israels mit den arabischen Ländern sei »aufgrund der spezifischen Vergan-

212 Bericht »Kurt Birrenbach nach Israel«, undatiert, ACDP, NL Birrenbach, 01-433-094/2.

213 ACDP, NL Birrenbach, 01-433-133/2.

214 Ebd.

215 Fernschreiben von Birrenbach an Bundeskanzler Erhard und Staatssekretär Carstens aus Jerusalem, 8.4.1965, ebd.

genheit moralisch einfach nicht vertretbar. [...] Erst nach längerem Hin und Her der Verhandlungen gelang es, Herrn Eshkol wieder auf eine Verhandlungstonart zurückzuführen, die den sachlichen Notwendigkeiten der Verhandlung entsprach.«[216]

Ein Kernpunkt der Kritik von israelischer Seite war, dass unter der Kategorie »Technische Hilfe« keine Waffen mehr geliefert werden könnten. Zur gütlichen Einigung schlug Birrenbach eine illegale Lösung vor, nämlich eine Reparaturwerkstätte für Lastkraftwagen zu finanzieren, die klammheimlich für militärische Zwecke genutzt werden könne: »Sie dürfen nicht verlauten lassen, daß sie für die Armee ist. Das dürfen wir nicht laut sagen. Was Sie im Einzelnen tun, liegt ganz bei Ihnen. Sie verwenden die Reparaturwerkstätte für zivile Zwecke, und ein Jahr später übernimmt sie die Armee, das können wir dann nicht ändern.«[217]

Für die Aufteilung der Gesamtsumme in »Darlehen« (Kredit) und »Technische Hilfe« (Geschenk) gebe es keine Prozentzahlen, jedoch »gewisse Gepflogenheiten«. Auf Birrenbachs Klarstellung, es handele sich nicht um eine Zahlung, sondern um einen Kredit, antwortete ihm Peres leicht ungeduldig: »Es gibt eine Institution in dieser Welt, die ein ausgezeichnetes Gedächtnis hat, und das sind unsere Banken. Ich kenne keine Bank, die irgend etwas vergißt.«[218]

Im nächsten Bericht aus der dritten Verhandlungsrunde vom 11. April verzeichnete Birrenbach einen »prinzipielle[n] Durchbruch« in den Verhandlungen.[219] Peres habe betont, es gehe Israel nicht um »zivile Infrastruktur«, sondern um die »Erhöhung der Sicherheit«, daher wolle man auf Birrenbachs Vorschlag eingehen, Lastkraftwagen, Telefonleitungen, Maschinenersatzteile etc. zu kaufen, die dann militärisch genutzt werden könnten. Die Diskussion sei »gelöster« als am Vortag gewesen, als die Israelis eine Klausel hätten einfügen wollen, die »die aus der Vergangenheit herrührende moralische Verpflichtung der Bundesrepublik mit einem formulierten Versprechen der Bundesrepublik, Finanzhilfe zu leisten, verbindet«. Die deutschen Unterhändler lehnten ab:

»Da die massive Forderung der Injizierung von Moral in die Finanzhilfe heute nicht wiederholt wurde, scheint es uns, als hätte auch in dieser Frage die Gegenseite nach-

216 Ebd.
217 Auszug aus dem Protokoll über die Zusammenkunft im Verteidigungsministerium in Tel Aviv am Donnerstag, dem 8.4.1965, ACDP, NL Birrenbach, 01-433-133/2.
218 Ebd.
219 Birrenbach an das Auswärtige Amt, 11.4.1965, ebd.

gegeben. […] Auch hier möchten wir uns nur des Wortes scheint bedienen, da die Generalklausel sicherlich immer ein Instrument der Diplomatie dieses Landes gegenüber der Bundesrepublik sein wird.«[220]

Birrenbach übersah in seiner Kritik allerdings, dass es die deutsche Seite war, die schon Jahre zuvor, als es um ihre eigenen Interessen, die militärische Westintegration, ging, moralisch zu argumentieren begonnen hatte. Im Jahr 1965 sah er in Golda Meir die »treibende Kraft für eine weitgehende Formulierung der moralischen Schuld Deutschlands […] hinter den Kulissen«.[221] Staatssekretär Carstens aus dem Auswärtigen Amt antwortete der Delegation umgehend. Ihn »stör[e] jedoch die wiederholte Verwendung des Begriffs der ›moralischen Verantwortung‹. Wofür sollten wir moralisch verantwortlich sein? Doch gewiß nicht für die Schwierigkeiten, die Israel mit seinen arabischen Nachbarn hat. Deswegen kann Israel uns insoweit nicht mit moralischen Argumenten engagieren.«[222]

Selbstverständlich erkenne die Bundesregierung ihre »moralische Verantwortung für eine Wiedergutmachung des den Juden zugefügten Unrechts an«, schrieb Carstens weiter. Danach habe man schließlich seit 1952 gehandelt. Aber im Luxemburger Abkommen vom 10. September 1952 habe Israel ausdrücklich auf weitere Forderungen verzichtet. »Ich halte es auch für gut, wenn Sie in geeigneter Weise den Israelis zu verstehen geben würden, daß die öffentliche Meinung bei uns in dieser Frage sehr empfindlich zu werden beginnt«, warnte Carstens – der deutsche Steuerzahler habe das Gefühl, es seien nun genug Zahlungen geleistet worden: »Ich bin in den letzten Tagen von mehreren Abgeordneten und vorwiegend von solchen, die als Freunde Israels bekannt sind, dringend gebeten worden, den Israelis keine Konzessionen zu machen, die nicht aus der Sachlage eindeutig gerechtfertigt sind.«[223]

Nachdem er das ursprüngliche Anliegen, die Verhandlungen »fair und zügig zu Ende« zu führen, nochmals benannt hatte, fuhr er drohend fort, wenn »die Israelis derartige Schwierigkeiten machen, wie sie es jetzt tun, bleibt uns nichts übrig, als die Verhandlungen nochmals zu unterbrechen«.[224]

Zwischen der zweiten und der dritten Verhandlungsrunde habe sich das Verhandlungsklima »erkennbar verschlechtert«, berichtete Birrenbach und

220 Drahtbericht Birrenbach aus Tel Aviv an das Auswärtige Amt, 8.4.1965, ebd.

221 Abschlussbericht Birrenbach, undatiert, circa Ende April 1965, ebd.

222 Schreiben Carstens an Birrenbach in Tel Aviv, 8.4.1965, ACDP, NL Birrenbach, 01-433-133/2.

223 Ebd.

224 Ebd.

führte dies auf »eine bis zu Verbitterung gesteigerte Verärgerung über Erklärungen der deutschen Regierungssprecher zu dem bisherigen Ergebnis der Verhandlungen« zurück.[225] Am 14. April flog ein sichtlich genervter Birrenbach schließlich nach Bonn zurück, seine Aufgabe sah er als erledigt an: Eine Verhandlungspause sei »notwendig«, und die Besprechung der »restlichen Probleme« solle besser in Bonn stattfinden. Oberst Arbel verabschiedete ihn nicht am Flughafen – den Grund seines Fernbleibens sah Birrenbach darin, dass Arbel und Peres »erbittert« darüber seien, keine Fortsetzung der Panzerlieferungen erwirkt zu haben.[226]

Mit dem Entlassungsschreiben durch Ludwig Erhard am 20. April endete Birrenbachs Mission offiziell. Der Bundeskanzler bedankte sich bei ihm mit den Worten, er sei zu »einem Maximum der gegenseitigen Verständigung gelangt«. Und er bewies Humor: »Zum Abschluß Ihrer Mission darf ich mich selbst beglückwünschen, in Ihnen, lieber Herr Birrenbach, einen Mann beauftragt zu haben, der in seiner moralischen und geistigen Haltung die besten Voraussetzungen für ein Gelingen bot.«[227] Birrenbach bekannte, die Einigung über die Ablösung der Waffenlieferungen sei erst nach »langem und zähem Ringen« möglich gewesen, und zog das Fazit, die deutsch-israelischen Beziehungen dürften wohl »noch für eine unabsehbare Zeit nicht normalen Charakter haben«, vor allem, weil »angesichts der prekären Lage des Staates« mit weiteren Ansprüchen zu rechnen sei. Aber »wenn Ansprüche in der Zukunft an uns gestellt werden, welche die Grenze des Zumutbaren überschreiten, so muß man sie ebenso ruhig und bestimmt ablehnen, wie ich es getan habe«, lobte er sich selbst am Ende seiner Mission.[228] Er erkannte durchaus an, dass in diesen Verhandlungen die israelische Seite weitaus mehr Konzessionen gemacht hatte, und wollte deshalb davor »warnen, das bisher erreichte Ergebnis materiell zu ändern. Die Kompromißbereitschaft der israelischen Regierung hat ihre Grenzen erreicht, insbesondere, wenn Sie bedenken, wie lang das Stück Weg ist, auf dem mir die Regierung Israels schließlich nach mehrwöchigen Verhandlungen gefolgt ist.«[229]

Doch solle man sich auch nicht zu sehr von den arabischen Staaten abhängig machen, »auf Dauer ist eine aus der Furcht vor anderen diktierte

---

225 Fernschreiben von Birrenbach an Bundeskanzler Erhard und Staatssekretär Carstens aus Jerusalem vom 8.4.1965, ebd.

226 Bericht Birrenbach, 11.4.1965, ebd.

227 Schreiben Erhard an Birrenbach, 20.4.1965, ACDP, NL Birrenbach, 01-433-133/2.

228 Schreiben Birrenbach an Erhard, undatiert, S. 4, ebd.

229 Ebd., S. 5.

Politik nicht haltbar«. Dennoch riet er, das ausgehandelte Schlusskommuniqué nicht vor dem 25. April zu veröffentlichen, um noch mit den arabischen Staaten verhandeln zu können und die deutschen Zivilisten aus den arabischen Ländern zu evakuieren. Dort sei mit einem politischen und gesellschaftlichen Aufschrei zu rechnen. So erfuhr auch die deutsche Öffentlichkeit erst mit Verzögerung von den Verhandlungen. Shimon Peres, den Birrenbach durchweg als sehr aggressiv und hart in seiner Verhandlungsweise eingestuft hatte, dankte ihm abschließend persönlich: »There is a great appreciation of the way you handled your very difficult task. Thank you very much and I want to express my sympathy for you personally.«[230] Birrenbach erwiderte:

»[A]nd I think the sacrifice we are making [regarding Arab reactions] in the beginning of our diplomatic relations shows to you that we mean earnestly to normalize our relationship with your country and to begin modestly to build up a better future. These negotiations, difficult as they were at some moments, have established something which is more than only the success or lack of success, and that is human relations and mutual understanding.«[231]

Nach seiner Heimkehr schickte Birrenbach Grüße und kleine Geschenke an alle beteiligten israelischen Verhandlungspartner, an Eshkol sandte er Dank für die »freundliche Aufnahme«. Er, Birrenbach, sei »heimgekehrt mit dem Gefühl tiefer Bewunderung für den Pioniergeist, den ich überall in Ihrem Lande angetroffen habe. Zum Schluß gestatten Sie mir, sehr verehrter Herr Ministerpräsident, Ihnen meinen besonderen Dank für den wundervollen antiken Krug aus der Zeit der Könige auszusprechen, den Sie mir als Geschenk überreicht haben.«[232]

Ebenfalls kurz nach seiner Rückkehr hielt Birrenbach eine Rede vor der Evangelischen Akademie Tutzing zum Thema »Israel und die Deutschen«. Darin sagte er, schon Kaiser Wilhelm II. sei in seinem Versprechen, Israel zu protegieren, gescheitert, da der Sultan des Osmanenreichs sich »gegen den Judenstaat« ausgesprochen habe und Wilhelm ihn nicht vergrämen wollte. Er deutete dies als »seltsame Parallele in der Geschichte«. Vor einem weitgehend aus Lehrern bestehenden Publikum verglich er diese Episode mit den 1950er Jahren: »Deutsche wurden gestraft durch den selbstverschuldeten Verlust an geistiger Substanz, durch den Verlust an Menschen, die im Na-

230 Meeting held at Ministry of Defence, Tel Aviv, 11.4.1965, ebd.
231 Ebd.
232 Brief Birrenbach an Levi Eshkol, 17.5.1965, ACDP, NL Birrenbach, 01-433-088/1.

men unseres Volkes ermordet wurden. Was wir durch die Juden innerhalb Deutschlands und in der Synthese mit Deutschland einst besaßen, erleben wir nun heute als ein körperliches Gegenüber im Staate Israel.«[233]

Das Zitat zeigt zum einen die Larmoyanz, die in der deutschen Nachkriegsgesellschaft allgemein verbreitet war und die Behandlung der Deutschen durch die internationale Staatengemeinschaft als Strafe charakterisierte; zum anderen deutet es auf abstrakte Täter – »im Namen unseres Volkes« – hin, eine Formulierung, die in dieser Zeit half, konkrete Schuldvorwürfe zurückzuweisen.

Wie unsicher Birrenbach in seiner Einschätzung der Israelis war und wie sehr er um Formulierungen rang, die einerseits den Bruch der deutsch-jüdischen Geschichte markierten, andererseits dem modernen Israel gerecht wurden, wird im folgenden Zitat sichtbar:

»Zumindest können wir uns dahingehend bemühen, nun der nachfolgenden deutschen, ebenso wie der nachfolgenden israelischen Generation ein Deutschland zu demonstrieren, das ein anderes Gesicht zeigt als jenes, das heute vielen israelischen Staatsbürgern und einstigen Deutschen in Fleisch und Seele eingebrannt worden ist. [...] Allerdings müssen wir dabei von einer völligen Wandlung dessen ausgehen, was die ältere und die alte deutsche Generation bisher vom Juden wußte; denn der Jude, der unter uns heute noch in leider nur sehr begrenztem Ausmaß lebt, kann kaum identifiziert werden mit dem Juden, der heute den Staat Israel trägt, das bedeutet, daß wir – entsprechend seiner Lage – den Staat Israel als ein orientalisches Staatswesen in unser Blickfeld nehmen. [...] Sie sind noch Europäer und doch schon Orientalen, beides also in einem, tragen europäisches und nahöstliches Schicksal. Ihre Kinder aber, die zweite Generation, sind Menschen, die keine andere Heimat mehr kennen. Sie sind Vollorientalen!«[234]

Birrenbachs Einordnung der Juden als »Orientalen« und sein Ausdruck »der Jude« zeigen, wie fern ihm – trotz seiner Problemsichtigkeit, was die deutsche Vergangenheit anging, und trotz seiner intensiven Gespräche mit den israelischen Unterhändlern – die israelische Gesellschaft war und wie sehr sein Denken rassistischen Kategorien verhaftet blieb.

Auf seiner »Sondermission« hatte er die Verhandlungsstrategie der Israelis als »orientalisch« gedeutet: Bereits nach zwei Tagen schrieb er in seinem ersten Bericht über ein »sogenanntes Mißverständnis« – er glaubte den »Behauptungen« der Israelis über die Höhe und Laufzeit der Zahlungen nicht, sondern hielt sie für eine bewusste Lüge, die vermutlich dazu gedacht war,

233 Vortrag Birrenbach in Tutzing, »Israel und die Deutschen«, 16.6.1965, ebd.
234 Ebd.

in der eigenen Öffentlichkeit gegen Deutschland Stimmung zu machen und sich einen Vorteil in den Verhandlungen zu verschaffen. Mit Zuschreibungen wie Enttäuschung, Unzufriedenheit, Verbitterung und Verärgerung spricht er den israelischen Unterhändlern sachliche Argumente ab und stellt das Bild der »rationalen Deutschen« den »emotionalen, irrationalen Orientalen« gegenüber. Die höflichen Dankesfloskeln nach seiner Rückkehr stehen nur scheinbar im Widerspruch zu dem teils sehr abfälligen Tonfall der internen Papiere: Der diplomatische Tonfall bietet einen Rahmen für strategische Partnerschaften.

Nachdem die Verhandlungen abgeschlossen waren, führte der Briefwechsel zwischen den beiden Regierungschefs Erhard und Eshkol am 12. Mai 1965 offiziell zur Aufnahme diplomatischer Beziehungen. Über den Wortlaut hatten die Staatssekretäre beider Seiten wochenlang gestritten: »[A]ußerordentlich erbittert war der Kampf um die Formulierung des Briefes von Herrn Erhard. Auch hier hatte es den Anschein, als wenn die Regierung Israels die Fixierung einer neuen Rechtsbasis suchte, um später Ansprüche geltend machen zu können«, hatte Birrenbach von seiner dritten Reise berichtet.[235] Schließlich erklärte Erhard öffentlichkeitswirksam in seinem Brief an Eshkol vom 12. Mai, »die Haltung der Bundesrepublik Deutschland in der Vergangenheit beweis[e], daß sie sich der besonderen Lage der Deutschen gegenüber den Juden in aller Welt einschließlich Israel bewußt« sei, frühere Vereinbarungen seien »in gegenseitigem Einvernehmen« umgewandelt worden.[236] Auf diese Weise suchte er die Härte und Zähigkeit dieser Verhandlungen zu kaschieren.[237] Zum Streitpunkt der deutschen Raketenwissenschaftler in Ägypten bekannte er lapidar, er sehe keinen Grund für gesetzgeberisches Handeln: »Die Bundesregierung hat Grund zu der Annahme, daß ein weiterer Teil der noch verbliebenen Experten […] gleichfalls die Absicht hat, in nächster Zeit nach Deutschland zurückzukehren.«[238] Insgesamt war sein in einer Presseerklärung vorgetragener Brief aber betont freundlich und formulierte die Hoffnung, durch diesen Schritt »den Weg in eine glücklichere Zukunft der Beziehungen unserer beiden Völker [zu]

235 Bericht Birrenbach 11.4.1965, ACDP, NL Birrenbach, 01-433-133/2.

236 »Mitteilung an die Presse«, Presse- und Informationsamt der Bundesregierung, Nr. 529/65 vom 13.5.1965.

237 Vgl. Deutschkron, *Israel*, S. 320.

238 »Mitteilung an die Presse«, Presse- und Informationsamt der Bundesregierung, Nr. 529/65 vom 13.5.1965. Beide Briefe abgedruckt in: Jelinek, *Moral*, Dokument Nr. 239, S. 653.

ebnen«.[239] Ganz anders klang die deutlich kürzere Stellungnahme von Levi Eshkol. Der israelische Ministerpräsident verzichtete auf blumige Formulierungen und hob als Grundlage der beiderseitigen Vereinbarung erneut »die Vergangenheit, die nicht vergeht«, hervor:[240] »Unsere beiden Regierungen haben ihre Entscheidung vor einem düsteren geschichtlichen und einem stürmischen politischen Hintergrund getroffen.«[241] Nüchtern gab er an, Erhards Äußerungen »zur Kenntnis« zu nehmen, und anstatt auf eine glückliche Zukunft hoffe er auf eine »rasche Erledigung« der Geschäftssachen. Er dankte Erhard für seine »persönliche Initiative und Entschlossenheit«, die zu einer »befriedigende[n] Lösung« geführt hätten, wie es in seiner Erklärung ohne jeglichen Überschwang hieß.

Beide Regierungschefs formulierten damit eine Haltung, die ihnen vor allem innenpolitisch nützte: Ludwig Erhard gab sich optimistisch und zukunftsgerichtet und bediente damit den in der deutschen Gesellschaft verbreiteten Wunsch, die allgegenwärtige Vergangenheit zu überwinden. Levi Eshkol hingegen präsentierte sich nüchtern und griff die in Israel herrschende Meinung auf, die Vergangenheit könne niemals als abgeschlossen gelten. Der Hinweis auf die historische Schuld der Deutschen blieb weiterhin wichtig, da die Höhe der künftigen Finanzhilfe noch nicht abschließend geklärt war.

In ihrem Kommuniqué zur Aufnahme diplomatischer Beziehungen hielten beide Parteien fest, dass die Botschafter nach »vorheriger gegenseitiger Abstimmung« ernannt werden sollten. Dieser Passus führte kurz darauf zu Problemen, denn das Auswärtige Amt favorisierte als Anwärter Rolf Pauls: Pauls, Jurist und ehemaliger Referent von Staatssekretär Hallstein sowie Botschafter in Washington, hatte im Zweiten Weltkrieg an der Front einen Arm verloren und erinnerte schon durch seine körperliche Behinderung an den Krieg und die gleichzeitig verübten Verbrechen. Die Bonner Bürokraten hatten hierfür kein Gespür. Sie achteten allein auf die »Professionalität« des zukünftigen Botschafters. So lobte das Auswärtige Amt Pauls' Begabung, seine »Gründlichkeit und Vielseitigkeit, seine Zuverlässigkeit und seine Ausgeglichenheit«.[242] Kanzler Erhard ließ verlauten, man könne nie-

239 Ebd.

240 »Vergangenheit, die nicht vergehen will« betitelte Ernst Nolte seinen Aufsatz, der am 6.6.1986 in der *FAZ* erschien und den Historikerstreit auslöste.

241 »Mitteilung an die Presse«, Presse- und Informationsamt der Bundesregierung, Nr. 529/65 vom 13.5.1965.

242 Zitiert nach »Botschafter für Israel«, in: *FAZ* vom 23.6.1965.

manden diskriminieren, nur weil er »während des Krieges Soldat gewesen ist und seine Pflicht getan hat«.[243] Wenig sensibel erklärte er: »Wir wollen keine neue Entnazifizierung.«[244] Durch die Entnazifizierung im Rahmen der Spruchkammerverfahren, die im Auftrag der alliierten Siegermächte Ende der 1940er Jahre durchgeführt wurden, war Pauls zwar offiziell von der Mittäterschaft an Kriegsverbrechen »entlastet« worden. Die Einschätzungen der deutschen Laiengerichte waren schon damals von der amerikanischen Besatzungsmacht kritisiert worden und werden heute in der Forschung als Fehlurteile bewertet, da es zu oft allein aus formalen Gründen zu Eingruppierungen als »Entlastete« gekommen war.[245] Die harsche Kritik aus Israel blieb nicht bei den Entnazifizierungsverfahren stehen: Auch wenn Pauls direkt keine Verbrechen nachzuweisen seien, mache ihn doch seine Funktion als Wehrmachtsoffizier höchst ungeeignet für die »sensible Aufgabe«, in Israel die Bundesrepublik zu vertreten. Zweieinhalb Jahre nach dem Eichmann-Prozess und nur 18 Jahre nach Kriegsende sträubte sich die überwiegende Mehrheit der Israelis dagegen, einen ehemaligen Wehrmachtsoffizier als deutschen Diplomaten zu akzeptieren. Wütende Proteste in Israel waren die Folge. In einer Kampagne gegen Pauls schlossen sich Teile der Regierungskoalition mit der populären Presse zusammen. Selbst die sonst gegenüber Deutschland sehr gemäßigte *Haaretz* kommentierte, »die Bundesregierung werde von selbst wissen, dass sie die noch wacklige Brücke der deutsch-israelischen Beziehungen nicht unnötig belasten« dürfe. Die Beschwerde des Auswärtigen Amtes, Israel lehne den favorisierten Botschafter ab, hielt die Zeitung aber für übertrieben: »Israel machte [lediglich] die Andeutung, dass die Ernennung einer Persönlichkeit anderer Art wünschenswert wäre.«[246]

Auch die deutschsprachige Zeitung *Jedioth Chadashot* schrieb, die Israelis seien »nun einmal gegen Angehörige der ehemaligen Wehrmacht allergisch«.[247] Und die *Cherut* meinte gar, die Ernennung Rolf Pauls' sei »ganz offensichtlich die teuflische Idee des deutschen Außenministers Gerhard Schröder [gewesen], der niemals seine proarabischen und antijüdischen

243 Erhard, zitiert nach »Mit Ritterkreuz nach Israel«, in: *Die Weltwoche* vom 2.7.1965.

244 Ebd.

245 Vgl. Karl Jaspers, *Wohin treibt die Bundesrepublik? Tatsachen, Gefahren, Chancen*, München 1967, S. 63 ff., und Peter Reichel, *Vergangenheitsbewältigung*, S. 34 ff.

246 »Israel hat Rolf Pauls nicht zurückgewiesen«, in: *Haaretz* vom 10.6.1965, übersetzt von der Verfasserin.

247 *Jedioth Chadashot* vom 10.6.1965. Die deutschsprachige Tageszeitung *Jedioth Chadashot* wurde 1935 von Siegfried Blumenthal gegründet und war 1950 die auflagenstärkste Zeitung in Israel. 2011 wurde sie eingestellt.

Neigungen verborgen hat«.[248] In seinem Ärger über diese Aussage bezeichnete das Bundespresseamt, das die israelischen Stimmen analysierte, die komplette Zeitung als »bösartig«. Obwohl »ein Sturm« in der israelischen Öffentlichkeit bei der tatsächlichen Ernennung Pauls' zu befürchten war, blieb die Bundesregierung zuversichtlich, dass sie sich durchsetzen werde.[249] Schließlich war bekannt, dass die israelische Öffentlichkeit zwar sehr kritisch, die Regierungspolitik aber höchst pragmatisch war. Teile der deutschen Presse konnten das Problem, das mit der Identität und der Vergangenheit des Botschafters zusammenhing, nicht wirklich erkennen. So meinte die *Frankfurter Allgemeine Zeitung* optimistisch, Pauls sei doch »unbefangen und diskret genug, um ein Verhältnis zu knüpfen, das nicht das der Freundschaft sein kann; das wäre zuviel verlangt. Nicht einmal den reinen Einklang wird es zwischen ihm und seinem Gastland immer geben können. Aber man sollte erwarten, daß es mit der Zeit etwas wie Normalisierung und Abklärung gibt.«[250]

In gleicher Weise urteilte die *Weltwoche*, die als irrational bekannten Israelis hätten einem zwar »verständlichen Ressentiment nachgegeben«, indem sie den »fleißigen, eisig korrekten Pauls als Botschafter« ablehnten, er sei doch aber einer der »fähigsten Diplomaten seiner Generation«.[251] Außenminister Gerhard Schröder (CDU), den die *Cherut* so angegriffen hatte, schrieb als Replik auf die Debatte am 10. Juni 1965 an Ludwig Erhard, er sei »nach langem Nachdenken […] zu dem Schluß gekommen, daß es unseren Interessen am besten entsprechen würde, wenn wir einen Berufsdiplomaten nach Tel Aviv schickten. Mit einer solchen Entscheidung würde vor allem deutlich gemacht, daß es uns um eine Normalisierung der Beziehungen zwischen den beiden Ländern geht.«[252]

Unterstützung bekamen die kritischen Stimmen von unerwarteter Seite: Ex-Bundeskanzler Konrad Adenauer bemerkte, es werde sich doch wohl ein »Unbescholtenerer« finden lassen, der in Israel nicht ganz so offenkundig Erinnerungen an die Shoah wecke. Für ihn sei die Entscheidung des Auswärtigen Amtes »unverständlich«, er sehe darin eine falsche Botschaft, denn je-

248 Zitiert nach Bundespresseamt, Analyse israelischer Presse, 11.6.1965, BArch, B 136, Bd. 6171.

249 Ebd.

250 »Botschafter für Israel«, in: *FAZ* vom 23.6.1965.

251 »Mit Ritterkreuz nach Israel«, in: *Die Weltwoche* vom 2.7.1965.

252 Gerhard Schröder an Ludwig Erhard, 10.6.1965, BArch, B 136, Bd. 6171.

der in Israel sage: »Das ist der Mann, der Hitlers Krieg geführt hat.«[253] Die Kritik des Altkanzlers mag auch seinem erzwungenen Rücktritt 1963 und seinem Zerwürfnis mit der Nachfolgeregierung geschuldet sein. Sie drückte vor allem seinen Unwillen aus, Ludwig Erhard als Nachfolger im Amt zu sehen.[254]

Die Proteste und Demonstrationen auf den israelischen Straßen gegen die Aufnahme diplomatischer Beziehungen und gegen die Ernennung Pauls' als Botschafter waren eine seltsam wirkende Allianz aus Überlebenden, Linksradikalen, Rechtsextremen und Partisanenverbänden.[255] Die einzigen klaren Befürworter politischer und kultureller Beziehungen zu Deutschland waren die aus Deutschland stammenden Juden in Israel. Kurt Birrenbach hielt bei seinem Vortrag in der Evangelischen Akademie am 16. Juni 1965 seinen Unmut nicht zurück:

»Muß sich denn aber wegen eines unbescholtenen Mannes, nur weil er im Kriege Hitlers die Soldatenuniform trug, nun alles Ressentiment auf einmal entladen. [...] Wenn man sich in den vielen Jahren unter Adenauer, da immer neue Wege zur Normalisierung gesucht wurden, des Staatssekretärs Globke als Verhandlungspartner bediente, wenn man eine Baumgruppe im Wald der Versöhnung vor Jerusalem mit dem Namen unseres Bundestagspräsidenten belegte, der auch einmal diese Uniform getragen hat – dann sollte man nicht einen Mann, wenn auch ungewollt, beladen, der der agierenden Generation entstammt und nach menschlicher Voraussicht integer geblieben ist. Gewiß hätte es die jüngere Generation leichter, gewiß auch jeder Anti-Nazi. Sollten aber die Israeli denen, die seelisch unter der Vergangenheit gelitten haben und trotz Uniform nicht identisch waren mit den Schergen von Auschwitz und den Schreibtischmördern, nicht wenigstens die Chance in Israel geben, um unseren Wandel kundzutun? Nur den guten Willen.«[256]

253 Adenauer im Interview mit Alfred Wolfmann, 17. März 1966, in: Rudolf Morsey, Hans-Peter Schwarz (Hrsg.), *Adenauer. Die letzten Lebensjahre 1963–1967. Briefe und Aufzeichnungen, Gespräche, Interviews und Reden*, Bd. 2: *September 1965–April 1967*, Rhöndorfer Ausgabe, Paderborn 2009, Dokument Nr. 343, S. 168. Das Interview wurde am 24.3.1966 in der *Jedioth Achronoth* in hebräischer Übersetzung und am 8.4.1966 in der *Allgemeinen Wochenzeitung der Juden in Deutschland* im deutschen Original abgedruckt.

254 Adenauer versuchte schon während seiner Amtszeit, Erhard als Nachfolger zu verhindern, vgl. Henning Köhler, *Adenauer. Eine politische Biographie*, Frankfurt am Main 1994, S. 747 ff., sowie Wilhelm von Sternburg, *Adenauer – Eine deutsche Legende*, Berlin 2001.

255 David Witzthum im Interview mit der Verfasserin vom 17.9.2014.

256 Vortrag Birrenbach in Tutzing, »Israel und die Deutschen«, 16.6.1965, ACDP, NL Birrenbach, 01-433-088/1.

In der zweiten Hälfte der sechziger Jahre galt in der Bundesrepublik noch als ehrenvoll, wer als Soldat am Krieg teilgenommen hatte. Die Aktivitäten der Wehrmacht waren noch nicht als Verbrechen eingestuft worden. Daher sahen die deutschen Regierungsbeamten die soldatische Ehre der Kriegsgeneration durch die Israelis im Allgemeinen angegriffen. Umso schärfer wiesen sie die israelischen Bedenken zurück und unterstellten, die Israelis spielten die Karten der »historischen Sensibilität« und der Moral nur dann aus, wenn es ihren Interessen diene. Hinzu kam der Anspruch, Israel müsse den Deutschen doch zumindest die Möglichkeit zur Versöhnung geben. Auch journalistische Beiträge wehrten sich gegen die Moralisierung des Verhältnisses:

»Noch vor fünf Jahren hätte man sich überzeugt jedem moralischen Argument aus Israel beugen müssen, jedenfalls als Deutscher. Seitdem wir aber wissen, daß in den führenden Kreisen Israels ein Machtmensch wie Franz Josef Strauß *deshalb* einer der beliebtesten Deutschen war, weil er sich ohne Bedenken zu geheimen Waffenlieferungen bereitfand, seit dieser Zeit darf man wohl mit Recht daran zweifeln, ob israelische Argumente immer den Quellen reiner moralischer Gesinnung entspringen. Seither steht fest, daß der Staat Israel – wie alle anderen Staaten auch – handfesten nationalen Motiven folgt.«[257]

Mit anderen Worten: Wer einmal Realpolitik betrieben und sich an nationalen Interessen orientiert habe, habe die Legitimation verwirkt, im politischen Geschäft moralisch zu argumentieren. Jerusalem habe diplomatischen Beziehungen nur zugestimmt, um nach der Umwandlung des Waffenabkommens »den Spatz in der Hand« zu haben. Im Sommer 1965 nähmen aber »nicht Heilige und Ungerechte [...] diplomatische Beziehungen auf, sondern normale Staaten, die vor Gottes Thron allzumal Sünder sind«.[258] Mit dieser Ansicht verteidigte Joachim Besser sozusagen das Recht der Deutschen auf »aufrechten Gang« – der Historiker Michael Wolffsohn hatte die angeblich demütige Haltung der Deutschen nach dem Krieg als »Legende vom gebückten Gang« bezeichnet. Das deutsche Selbstbewusstsein sei nach 1945 fast ungebrochen gewesen, und Deutschland habe bereits vor seiner Staatsgründung begonnen, Israel Ratschläge zu erteilen.[259] Bemerkenswert sind die Meinungsverschiedenheiten über die Besetzung des ersten deutschen Diplomatenpostens in Israel auch deshalb, weil sie zum Ausdruck bringen, wie wenig Verständnis man für die Aufgaben der Diplomatie hatte. Hätte man begriffen, dass es darum geht, Stimmungen einzufangen und um Verständ-

257 »Richtig und doch falsch«, in: *Kölner Stadt-Anzeiger* vom 15.6.1965.
258 Ebd.
259 Michael Wolffsohn, *Ewige Schuld*, S. 84 ff.

nis für die andere Seite zu werben, so wäre eine andere Sprache zu erwarten gewesen. Die Bonner Machtpolitiker konnten jedoch das Plädoyer der israelischen Regierung, auf die noch offenen Wunden vieler Israelis Rücksicht zu nehmen, nur als moralischen Erpressungsversuch interpretieren.

Als Rolf Pauls am 19. August 1965 inauguriert wurde, veröffentlichte die Zeitung *Maariv* eine Karikatur zweier zur Versöhnung gereichter Hände, eine war blutig, die andere hatte eine eintätowierte Nummer aus Auschwitz.[260] Der mediale Aufruhr ging in den folgenden Monaten zurück; möglicherweise behielt Pauls recht mit seiner Strategie: »Nur unser ruhiges, aber festes Durchhalten wird Respekt einflößen und den praktischen Beginn der Beziehungen auf den in unserem Sinne rechten Weg bringen.«[261] Jedenfalls konnte er bereits im November diplomatische Erfolge verzeichnen: »Prof. [Franz] Boehm reist heute nach Deutschland zurück. Sein Besuch hier hat sich positiv ausgewirkt. Zu meinem für ihn gegebenen Empfang waren von 400 geladenen Gästen etwa 370 erschienen, Atmosphäre gut. Jeder Israeli war erstaunt, daß der andere auch gekommen war.«[262]

Ähnliche Kritik wie an Pauls wurde im Herbst 1965 an seinem Stellvertreter Alexander Török laut. Der gebürtige Ungar sei Mitglied der faschistischen Pfeilkreuzlerbewegung gewesen, führe seinen Doktortitel zu Unrecht und habe als Sekretär an der ungarischen Gesandtschaft in Berlin an Deportationen mitgewirkt. Um sich zu rehabilitieren, beantragte Török selbst ein Disziplinarverfahren gegen sich, das im Juli 1966 durchgeführt wurde und ihn entlastete.[263] Das laufende Verfahren aber lenkte die öffentliche Aufmerksamkeit auf ihn: »Wer Török nach Israel schickte, legte eine Mine auf den Weg der diplomatischen Beziehungen. Das Platzen der Mine war nur eine Frage der Zeit«, kommentierte die *Davar*.[264] Nun lasse »sich die ganze Affäre nicht mehr mit einer ungeduldigen Handbewegung aus der Welt schaffen, wie Botschafter Dr. Pauls es am Flughafen von Lod tat«.[265] Die Vorwürfe richteten sich nicht nur gegen Török, sondern auch gegen Außenminister Gerhard Schröder, der den Übergang zu diplomatischen Beziehungen leite und dessen »Haltung nicht aus einer Feindschaft gegen Israel oder ge-

260 *Maariv* vom 19.8.1965, PA AA, Zwischenarchiv, Bd. 104771.

261 Rolf Pauls an das Auswärtige Amt, 28.6.1965, BArch, B 130, Bd. 8904A.

262 Rolf Pauls an das Auswärtige Amt, 5.11.1965, PA AA, B 36, Bd. 190.

263 »Török rehabilitiert«, in: *Die Zeit* vom 15.7.1966.

264 *Davar*, die Zeitung des Gewerkschaftsbundes Histadruth, stand der linkssozialistischen Regierungspartei Mapai nahe. »Wer ist schuld an der Affäre Török«, in: *Davar* vom 21.11.1965, zitiert nach Presseschau der Botschaft Tel Aviv, BArch, B 136, Bd. 6171.

265 »Wer ist schuld an der Affäre Török«, in: *Davar* vom 21.11.1965.

gen Juden [herrührt]. Er ist weit entfernt von gefühlsmäßigen Erwägungen, sondern wird getragen von kalten, trockenen Abwägungen, bei denen er das Interesse an der arabischen Welt vorzieht gegenüber den moralischen Bindungen Deutschlands gegenüber dem jüdischen Volk.«[266]

Die andere Seite des Botschafteraustauschs verlief glatter, wenn auch nicht weniger symbolträchtig für das deutsch-israelische Verhältnis: Um Israel in Bonn zu vertreten, wurde Asher Ben Natan ausgewählt, der so gewirkt habe, wie man sich einen deutschen Berufssoldaten vorstellte: »Breitschultrig, hochgewachsen, mit einem selbstsicheren Lächeln auf den schmalen Lippen und einer sympathisch-überlegenen Zurückhaltung [...], kühl und gelassen«, mit einem »ereignisvolle[n] Leben [...], das fast ständig mit illegalen Aufgaben, gefährlichen Missionen, unerwarteten Bravour-Stücken verbunden war«.[267] Bereits im Alter von zehn Jahren hatte sich Ben Natan in zionistischen Jugendbewegungen in Wien engagiert, bevor er mit 17 Jahren, direkt nach dem »Anschluss« Österreichs im März 1938, nach Palästina floh. Nach dem Krieg half er zwei Jahre lang in Wien, über 100.000 jüdische Flüchtlinge durch Österreich und Italien in das britische Mandatsgebiet zu schleusen. Nach 1948 war er immer wieder in Europa für den neu gegründeten jüdischen Staat tätig. Man sei »sowohl in Israel als auch in Westdeutschland [...] überzeugt, daß der Mann, der immer hinter den Kulissen wirkte, auch in Bonn einiges tun dürfte, was nicht in diplomatischen Protokollen und offiziellen Verlautbarungen erwähnt werden wird«.[268] Asher Ben Natan selbst hatte zunächst Bedenken, sich auf die Aufgabe in Deutschland einzulassen: Die Familie seiner Frau Erika war in Auschwitz ermordet worden, und ihr fiel es wie vielen Überlebenden schwer, deutschen Boden zu betreten. Ben Natan nahm das Amt dennoch an. In seinen Memoiren berichtete er, er habe »schon vorher beschlossen, Deutsch zu sprechen, für mich war dies vor allem die Sprache Goethes, Einsteins und unter anderem auch die Sprache des Zionistenkongresses«.[269] An seinem ersten Tag in Deutschland legte er einen Kranz an der Synagoge in Köln nieder und besuchte kurze Zeit später Karl Marx, um Kontakt zu den deutschen Juden herzustellen. An den Wochenenden fuhr er allerdings mit seiner Familie meist in die nahen Niederlande, um »am Anfang noch öfter Luft [zu] schöpfen«, denn zum Wohl-

266 Ebd.
267 »Wird Arthur Exzellenz?«, in: *Die Weltwoche* vom 2.7.1965.
268 Ebd.
269 Ben Natan, *Chuzpe*, S. 120.

fühlen in Deutschland habe ihm das Vertrauen in den tatsächlichen Wandel der Menschen gefehlt.[270]

Nachdem Ben Natan und Pauls beglaubigt worden waren, nahmen die Unterhändler im Herbst 1965 erneut die schwierige Verhandlung über die Ablösesumme für das Waffenabkommen auf. Birrenbach versuchte zu vermitteln. In einem Brief an Botschafter Pauls vom 29. Oktober 1965 schrieb er:

»Ich habe über diese Frage [der Wirtschaftsverhandlungen] zweimal mit Ben Natan gesprochen, der übrigens ein ausgezeichneter Mann ist. Ich habe mich bemüht, seine Erwartungen möglichst zu dämpfen. Er erklärte aber immer wieder, man verstünde in Israel nicht, daß die deutsche Bereitschaft zur Hilfe nach Einleitung diplomatischer Beziehungen geringer sei als vorher. Es könne doch nicht der Sinn der Einleitung diplomatischer Beziehungen sein, die Position Israels zu verschlechtern. Immer wieder verwies Ben Natan auf die bekannte Besprechung zwischen Adenauer und Ben Gurion in New York. [...] Ich verstehe Ihren Standpunkt. Selbstverständlich muß sich die Hilfe in einem vernünftigen Rahmen halten. Sie aber allein und ausschließlich aus der Perspektive der arabischen Länder zu sehen, halte ich für falsch. [...] Mit den besten Wünschen für Ihre schwierige Mission [...].«[271]

Karl Marx wandte sich zwei Wochen darauf an Birrenbach, um ihn zu beruhigen: Er habe trotz der Schwierigkeiten seine Mission zu einem guten Abschluss geführt: »Für mich besteht kein Zweifel, daß Sie erfolgreich waren; bleibt also zu hoffen, daß nicht nachträglich Porzellan zertrampelt wird«.[272] Und am 29. November zitierte Birrenbach in einem Brief an Erhard den Präsidenten des American Jewish Congress, Rabbi Joachim Prinz, der »sich auf das stärkste dagegen [verwahrte], daß Israel in Zukunft wie ein Entwicklungsland behandelt wird«.[273] Birrenbach erklärte, er erkenne durchaus den Unterschied zwischen der bürokratischen Kategorie und der Realität: Man müsse sich nur das Weizmann-Institut sowie Jerusalem und Haifa ansehen, um sich »der Abwegigkeit« der Einordnung Israels als Entwicklungsland »sofort bewußt« zu sein. So habe »das Problem Israel [...] seine Eigengesetzlichkeit, die nicht übersehen werden« dürfe.[274] Die zähen Verhandlungen zogen sich bis ins Jahr 1966 und begleiteten auch noch Altkanzler Adenauers Israel-

270 Ebd, S. 121.

271 Birrenbach an Pauls, 29.10.1965, ACDP, NL Birrenbach, 01-433-088/1.

272 Karl Marx an Birrenbach, 14.11.1965, ebd.

273 Birrenbach an Bundeskanzler Ludwig Erhard, 29.11.1965, ACDP, NL Birrenbach, 01-433-133/2.

274 Ebd.

Reise im Mai. Kurz vor seinem Besuch, im März 1966, gab es erneut Verstimmungen im deutsch-israelischen Verhältnis wegen israelischer Zeitungsberichte über vermeintliche Details der vereinbarten »Technischen Hilfe«. Birrenbach stellte in einem Schreiben an Staatssekretär Rolf Lahr klar, es handele sich »von Seiten der israelischen Delegation [um] zwei weitere Behauptungen, die eindeutig unrichtig sind«, und zwar über die vermeintlich vereinbarte Höhe der »Technischen Hilfe« und der rückzuzahlenden Darlehen: »Zahl und Charakter der unrichtigen Behauptungen seitens der israelischen Delegation sind meines Erachtens nur erklärlich aus der schwierigen Lage des Landes.«[275] Das »angebliche Ergebnis« der Verhandlungen, so wie es aus dem israelischen Protokoll vom März 1966 hervorgehe, könne nicht als Grundlage für das weitere Handeln dienen.[276] Selbst Shinnar habe keinen Versuch unternommen, »die Frage des sogenannten Dissens, [...] das sogenannte Mißverständnis«, mit ihm zu klären.[277] Das zweimalige »sogenannt« weist darauf hin, dass Birrenbach nicht an ein Missverständnis, das auf das berühmt gewordene Gespräch der beiden ehemaligen Regierungschefs Adenauer und Ben Gurion 1960 in New York zurückgeht, glaubte, sondern den israelischen Verhandlungspartnern eine bewusste Manipulation unterstellte. In ähnlicher Weise wehrte sich Botschafter Rolf Pauls gegen ihm zugeschriebene Aussagen vom April 1965: »Die Aufzeichnungen sind rein israelischer Herkunft. [...] Eine Beweiskraft kann ich ihnen nicht zubilligen. [...] Dr. Birrenbach [hat] an allen Verhandlungstagen dem ständigen israelischen Drängen, schon irgendwelche Vorabfestlegungen über die bevorstehende Wirtschaftshilfe zu treffen, widerstanden.«[278]

Die Diskussion um die Besetzung des deutschen Botschafterpostens in Israel war ein machtpolitisches Ringen, ganz ohne gegenseitige Rücksichtnahme. Das Auswärtige Amt beharrte auf Rolf Pauls und rief damit unweigerlich die Anschuldigung der Israelis auf den Plan, die Deutschen seien sich ihrer Schuld gegenüber den Juden nicht bewusst. Die Situation glich einem einstudierten Auftritt, bei dem jeder seine Rolle vorhersehbar übernahm. Während die deutsche Seite Hoffnung auf eine unbefangenere Zukunft ausdrückte, warnte die israelische vor einem Vergessen der Vergangenheit durch fortschreitende Normalisierung. Das Beispiel der Verhandlungen des Jahres

275 Birrenbach an Staatssekretär Rolf Lahr im Auswärtigen Amt, 9.3.1966, ebd.
276 Birrenbach an Staatssekretär Rolf Lahr im Auswärtigen Amt, 7.3.1966, ebd.
277 Ebd.
278 Pauls an Staatssekretär Rolf Lahr, 29.3.1966, ebd.

1965 zeigt, wie wenig vertrauensvoll die Regierungskontakte 18 Jahre nach dem Krieg noch waren. Sie mussten hinter den Kulissen geführt werden. Die Debatten entzündeten sich besonders an symbolträchtigen Formulierungen: Die Bezeichnung Israels als »Entwicklungsland«, das »technischer Hilfe« bedürfe, war deshalb so explosiv, weil man sie auf israelischer Seite als Überlegenheitsgestus der Deutschen auffasste, deren Erfahrungen und Bestand als Nation nicht einmal durch die größten Kriege und Verbrechen zu erschüttern seien. Mit dem ebenfalls umstrittenen Begriff der »Spannungszone« brachte die Bundesregierung einerseits zum Ausdruck, dass sie sich in potentiellen Konfliktgebieten neutral und damit friedensfördernd zu verhalten gedenke, indem sie sich jeglicher Waffenexporte dorthin enthalte – oder sie gab dies zumindest vor. Andererseits ließ die Formulierung erkennen, dass Israel seine Lektion als demokratischer Staat in einer friedlichen Staatengemeinschaft noch nicht gelernt habe. Genau das aber, die Anerkennung als friedlicher demokratischer Staat, forderte Israel in diesen Auseinandersetzungen. Das Streben nach Gleichrangigkeit lag auch einem weiteren Konflikt zugrunde: Am 22. März 1965, kurz vor der offiziellen Aufnahme diplomatischer Beziehungen zwischen Deutschland und Israel, teilte die israelische Regierung Polen unvermittelt mit, dass sie die Oder-Neiße-Grenze als ständige Grenze zwischen Deutschland und Polen anerkenne. Damit durchkreuzten die Israelis die westdeutsche Sprachregelung, der zufolge die Frage der ehemals deutschen Gebiete jenseits der Oder-Neiße-Grenze erst in einem endgültigen Friedensvertrag geregelt werden könne. Bereits im Februar hatte die israelische Regierung die Anerkennung der Oder-Neiße-Linie durch die Bundesrepublik gefordert. Die christdemokratische Bundesregierung wollte sich allerdings nicht auf eine endgültige Grenze festlegen, um die Vertriebenenverbände nicht vor den Kopf zu stoßen. Mit ihrem Festhalten an den »verlorenen Ostgebieten« konnte sie sich 1965 noch auf einen breiten gesellschaftlichen Konsens stützen, dem auch Linksliberale angehörten. Erst mit dem Warschauer Vertrag 1970 änderte sich die Haltung der Bundesregierung in dieser Frage. Im Rahmen der bilateralen Verhandlungen in den Siebzigerjahren erklärte Ministerpräsidentin Golda Meir Bundeskanzler Willy Brandt, dass sich Deutschland die Oder-Neiße-Linie nicht offenhalten und gleichzeitig für arabische Flüchtlinge ein Recht auf Rückkehr auf nun israelischen Boden fordern könne.

Insgesamt zeugten die Verhandlungen über die Aufnahme diplomatischer Beziehungen von einem tiefsitzenden gegenseitigen Unverständnis.[279] Birrenbach bemühte sich permanent, »Sachverhalte zu erklären« – als handele es sich um ein Verständigungsproblem und nicht um die Anmeldung berechtigter Interessen seitens der Israelis. Besonders auffällig ist der in den Akten des Auswärtigen Amtes formulierte Gegensatz zwischen den »emotionalen« Israelis und den »sachlichen« Deutschen.

6. »The builder of Jsrael« – Altkanzler Adenauers Pilgerreise im Mai 1966

Seit der Einladung des damaligen Regierungschefs Ben Gurion im Mai 1963 hatte Konrad Adenauer seinen Besuch immer wieder verschoben, obwohl Shinnar mehrfach im Namen Ben Gurions, der sich »natürlich auch für eine zutreffende Information in dieser Frage« interessiere, angefragt hatte.[280] Das Auswärtige Amt berief sich bei diesen Anfragen auf den Zeitmangel des Kanzlers, so wie Adenauer selbst, der auf die Frage eines israelischen Journalisten im Jahr 1966, warum er nicht schon früher gekommen sei, erklärte: »Die Frage kann ich Ihnen sehr einfach beantworten. Ich bin im Jahre 1963 ausgeschieden, und nach meinem Ausscheiden hatte ich keinen Tag und keine Stunde zur Verfügung, um die Reise nach Israel anzutreten.«[281]

Während es in der offiziellen Verlautbarung zu Adenauers Israel-Reise hieß, er habe nun endlich die Zeit gefunden, sich einen Lebenstraum zu erfüllen und in das Land der christlichen Ursprünge zu reisen sowie seinen alten Freund und Weggefährten Ben Gurion zu besuchen, scheint es eher angebracht zu sein, den Zeitpunkt seines Besuchs als bewusst gewählte politische Intervention zu verstehen. Erstens war Adenauers Reise dazu angetan, die deutsche Position in den zeitgleich stattfindenden Wirtschaftsverhandlungen zu unterstützen, und zweitens – damit verknüpft – sah er es als

279 Vgl. Jelinek, *Deutschland*, S. 466.

280 Shinnar an Adenauer, 28.10.1964, in: Morsey, Schwarz (Hrsg.), *Adenauer*, Bd. 2, S. 645. Im Juni 1963, zehn Jahre nach der sogenannten Lavon-Affäre, musste Ben Gurion wegen der Position, die er dazu vertrat, endgültig zurücktreten. Zu den innenpolitischen Umständen dieser Affäre vgl. Aronson, *David Ben Gurion*, S. 283 ff., vor allem S. 302 ff.

281 Adenauer im Interview mit Alfred Wolfmann, 17. März 1966, in: Morsey, Schwarz (Hrsg.), *Adenauer*, Bd. 2, Dokument Nr. 343, S. 164.

seine Aufgabe an, die »gute Stimmung« nach der schwierigen Ernennung Rolf Pauls' als Botschafter im Sommer 1965 wiederherzustellen.[282] Pauls selbst stellte eine »Koinzidenz des Adenauer-Besuchs und des Abschlusses der Wirtschaftshilfe-Verhandlungen« fest.[283] »Hoffentlich werden die Verhandlungen sich so schnell abspielen, daß die hiesige Presse nicht Gelegenheit hat, sich erneut in volle Hysterie zu steigern. Es wäre nützlich, wenn sie vor dem Beginn des Adenauerbesuchs abgeschlossen wären.«[284] Nach dem Abschluss der Verhandlungen und nach Adenauers Reise prophezeite Pauls: »Die eigentliche Normalisierung beginnt jetzt.«[285]

Adenauers Reise verband sich also mit dem Interesse des Auswärtigen Amtes, seine Verhandlungsposition zu stärken. Der Altkanzler selbst hatte seine »private« Reise nach Israel im Vorhinein gekonnt zu einem PR-Event stilisiert, das mediale Aufmerksamkeit auf sich zog, als handle es sich um den ersten Staatsbesuch eines deutschen Regierungschefs in Israel. Dazu sollte es jedoch erst im Jahr 1973 kommen, als Kanzler Willy Brandt nach Israel reiste.

Ben Gurions Nachfolger Levi Eshkol hatte dem Besuch des ranghohen Gastes aus Deutschland eher widerstrebend zugestimmt, da die Mapam als Teil der Regierungskoalition ihn deutlich ablehnte. Daher stand die Verleihung der Ehrendoktorwürde an Konrad Adenauer durch das renommierte Weizmann-Institut für Naturwissenschaften im Vordergrund des Aufenthalts und gab ihm den offiziellen Rahmen. Vorbereitet hatten den Besuch unter anderem Moshe Dayan, Shimon Peres, Nahum Goldmann und Teddy Kollek. Felix Shinnar hatte ihn auf Regierungsebene durchgesetzt und die Details gemeinsam mit dem israelischen Gesandten in Köln, Leo Savir, ausgearbeitet. Rolf Pauls in Tel Aviv war in die Planungen nicht miteinbezogen worden, was vom Auswärtigen Amt als Affront aufgefasst wurde.

Konrad Adenauer (1876–1967) zählte zu den Verfolgten des nationalsozialistischen Regimes. 1933 wegen des Vorwurfs des Philosemitismus aus dem Amt des Kölner Oberbürgermeisters entfernt und in den vorzeitigen Ruhestand versetzt, zog er sich vollständig in die Provinz nach Rhöndorf zurück. Im August 1944 wurde er von der Gestapo verhört, saß einige Wochen im Gefängnis Brauweiler bei Köln ein und verlor durch das NS-Regime seine

282 Ebd.

283 *AAPD*, 1966, Dokument Nr. 148, S. 633 f.

284 Rolf Pauls an Kurt Birrenbach, 4.4.1966, ACDP, NL Birrenbach, 01-433-133/2.

285 *AAPD*, 1966, Dokument Nr. 148, S. 633.

Frau, die verhaftet und gefoltert wurde und im Jahr 1948 an den physischen und psychischen Folgen starb.[286]

Adenauer hatte das Amt des Kölner Oberbürgermeisters seit 1917 insgesamt 17 Jahre lang bekleidet und die Region in der Weimarer Republik entscheidend geprägt. Aus der Vorkriegszeit kannte er noch einige der nach Israel emigrierten ehemaligen Kölner – die er 1966 in Israel wiedertraf. 1922 war er in den zionistischen Verband der Palästina-Freunde eingetreten, der es sich zum Ziel gesetzt hatte, Juden aus Europa in das britische Mandatsgebiet Palästina zu bringen. Am 30. Mai 1966, nach seiner Rückkehr aus Israel, erinnerte sich Adenauer:

»Die zionistische Bewegung hat mich schon seit der Unterprima lebhaft beschäftigt. Ich habe deswegen auch das Hebraicum gemacht und autodidaktisch Jiddisch gelernt, um die Quellen lesen zu können. Später habe ich einige Jahre lang die ›Deutsche Allgemeine Zeitung‹ in Jerusalem vertreten. Mit der älteren zionistischen Führergeneration bin ich mein ganzes Leben lang eng verbunden gewesen.«[287]

Auch hatte er im Gymnasium sogar ein wenig modernes Hebräisch, Ivrith, gelernt, wie er Wolfmann im Interview vorführte.[288] Mit seinem Lebenslauf war Adenauer über jeden Verdacht erhaben, Täter oder auch nur Mitläufer bei den nationalsozialistischen Verbrechen gewesen zu sein. Seine israelischen Freunde betonten dies bereitwillig gegenüber seinen Kritikern in Israel. Die Kritik an seinem Staatssekretär Hans Globke wies er selbst stets mit den Worten zurück, Schuld könne allein durch strafrechtliche Verfolgung nachgewiesen werden. Ohne eine erfolgreiche Verurteilung trügen Einzelne keine Schuld an den Verbrechen des Nationalsozialismus, so Adenauer, der auch den Gedanken einer Kollektivschuld der deutschen Gesellschaft als Ganzes ablehnte.[289]

Als der 90-jährige Altkanzler am 2. Mai 1966 auf dem Flugplatz Lod zum ersten Mal in seinem Leben israelischen Boden betrat, wurde keine Hymne gespielt und keine Flagge gehisst. Es war noch undenkbar, eine deutsche

286 Gussie Adenauer starb am 3.3.1948. Vgl. Hans Peter Mensing, »Emma, Gussie und Konrad Adenauer. Mit den Töchtern Ria Reiners, Lotte Multhaupt und Libet Werhahn«, in: Dieter Zimmer (Hrsg.), *Deutschlands First Ladies. Die Frauen der Bundespräsidenten und Bundeskanzler von 1949 bis heute*, Stuttgart 1998, S. 33–62.

287 Morsey, Schwarz (Hrsg.), *Adenauer*, Bd. 2, S. 530.

288 Adenauer im Interview mit Alfred Wolfmann, 17. März 1966, in: ebd., Dokument Nr. 343, S. 502.

289 Vgl. Hans Peter Mensing, *Adenauer im Dritten Reich*, Rhöndorfer Ausgabe, Berlin 1991, S. 410 ff.

ranghohe Persönlichkeit mit allen Ehren, die ein diplomatisches Protokoll vorschrieb, zu empfangen. Neben der deutschen Nationalhymne, die ja noch dieselbe war wie im Nationalsozialismus, hätte dies auch militärische Ehren wie Salutschüsse und Ehrenspalier mit eingeschlossen. Ministerpräsident Levi Eshkol fand sich nicht am Flughafen ein, um den »Alten«, den »Ben Gurion Westdeutschlands«, zu empfangen. »Ein Feuerwerk von Blitzlichtern und Fernsehscheinwerfern« erwartete Adenauer; sein Abholkomittee, Außenminister Abba Eban, Ben Gurion, Nahum Goldmann, Felix Shinnar und Shimon Peres, ging in der Masse der Journalisten fast unter.[290] Da Eshkol ihm nicht die Ehre erwies, hielt Eban stellvertretend die Begrüßungsrede, beginnend mit »Baruch haba«, was wörtlich übersetzt »gesegnet sei der Gast« lautet und in der deutschen Literatur gern als besonders feierliche Begrüßung interpretiert wurde.[291] Tatsächlich handelte es sich jedoch um eine recht gebräuchliche Anrede, die umgangssprachlich schlicht »willkommen« bedeutet. In seiner Dankesrede drückte Adenauer Bewunderung für die Aufbauleistungen des Gastlandes aus, auf dem jüdischen Volk ruhe die »Hoffnung« der Welt:

> »Das ist einer der erstesten und schönsten Augenblicke meines Lebens. Einer der erstesten, denn er erinnert mich an die Ungerechtigkeit, die besonders Ihrem Volke angetan wurde, aber auch einer der schönsten, weil ich hier sehen kann, was Ihr Volk geschaffen hat. Es ist eine der größten Vollendungen der Geschichte, daß Sie hierhergekommen sind und Ihre Unabhängigkeit wiederhergestellt haben.«[292]

Beim Verlassen des Flughafens musste das Sicherheitspersonal Adenauer vor mehreren hundert Demonstranten, die lautstark gegen die Ankunft des deutschen Repräsentanten protestierten, abschirmen. Vom Flughafen aus fuhr die Gesellschaft am späten Abend direkt zum Weizmann-Institut. Hier wurde der Gast überschwänglich willkommen geheißen – schließlich hatte er im Jahr 1959 als Bundeskanzler einer grundlegenden dauerhaften Förderung des Instituts mit deutschen Steuergeldern zugestimmt.[293] Nach der ers-

290 Vgl. Rolf Vogel (Hrsg.), *Deutschlandberichte*, Jg. 2 (1966), Nr. 5, S. 3.

291 Vgl. Hans-Peter Schwarz, *Adenauer. Der Staatsmann 1952–1967*, Stuttgart 1991, S. 966.

292 Rede Adenauers bei seiner Ankunft in Israel am 2.5.1966, ACDP, NL Birrenbach, 01-433-088/1.

293 »... hieß Dr. Konrad Adenauer im Namen des Instituts und bei dieser ersten Gelegenheit gleichzeitig auch im Namen der überwältigenden Mehrheit der Bevölkerung Israels willkommen. Diese wisse die mutige Haltung des Bundeskanzlers, seine Fähigkeit, die am jüdischen Volk begangenen Verbrechen in ihrer ganzen Ungeheuerlichkeit zu erfassen, und seine Entschlossenheit wiedergutzumachen, soweit dies überhaupt möglich sei, voll zu würdigen«, zitiert nach Europäisches Komitee des Weizmann Institute of Science

ten Übernachtung in Rechovot legte Adenauer am Morgen einen Kranz aus roten und weißen Nelken und Gladiolen am Grab von Chaim Weizmann nieder. Nach einem Rundgang durch das Institut wurde Adenauer »die Würde verliehen«, der Ehrendoktortitel.[294] In seiner Dankesrede betonte er, er sei »im Innersten ergriffen und gerührt durch diese Reise nach Israel […]. Die Versöhnung herbeizuführen mit Israel und dem gesamten Judentum ist mein vornehmstes Anliegen aus dem Gefühl einer tiefen inneren Verpflichtung heraus.«[295] Auch lobte er wieder ausdrücklich den israelischen Pioniergeist.[296] Nach einem Mittagessen mit dem Direktor, Generalsekretär Meyer Wolf Weisgal, fand sich Adenauer zur Pressekonferenz im Institut ein. Die allererste Frage der Journalisten betraf die finanziellen Zusagen aus dem Jahr 1960: Hatte Adenauer Ben Gurion bei ihrem Treffen im Waldorf Astoria tatsächlich 500 Millionen Dollar als Finanzhilfe versprochen?[297] Auch im Laufe seines Besuchs drängten israelische Journalisten Adenauer immer wieder zu einer Stellungnahme in dieser Frage.[298] Das Auswärtige Amt hatte dem Altkanzler allerdings dringend angeraten, Stillschweigen zu bewahren, um die Unterhändler in Bonn nicht in noch stärkere Bedrängnis zu bringen. So zog sich der Altkanzler launig aus der Affäre: »Ach, meine Herren, das hat doch nichts mit Chemie und Physik zu tun. In diesen Räumen wollen wir doch nicht über die dumme Politik sprechen.«[299]

Der negative Höhepunkt der Reise trug sich gleich am ersten Abend zu. Adenauer und seine Begleitung – sein persönlicher Referent Josef Selbach,

---

Rehovoth (Hrsg.), *Konrad Adenauer. Ehrenmitglied des Weizmann-Instituts. Ein denkwürdiger Tag in Rehovoth*, Zürich 1966, S. 5.

294 Stand des Programms vom 27.4.1966, zitiert nach Morsey, Schwarz (Hrsg.), *Adenauer*, Bd. 2, S. 208.

295 *AAPD*, 1966, Dokument Nr. 356: »Rede bei der Verleihung des ›Honorary fellowship‹ des Weizmann-Instituts, Rechovot, am 3.5.1966«.

296 »Aber ich hätte niemals gedacht, daß diese Schöpfung, wie sie der Staat Israel ist, hervorgerufen werden könnte auf diesem dürren Boden, der nun durch den Fleiß der Menschen und durch den Glauben der Menschen an die Zukunft sich in einem solchen Grün und in einer solchen Pracht entfalten konnte, wie er das getan hat.« (Ebd.) Vgl. auch Kapitel III.2. mit ähnlich lautenden Formulierungen von Theodor Heuss in diesem Band.

297 Zur Frage des Gesprächs über 500 Millionen im März 1960 vgl. Jelinek, Blasius, »Ben Gurion«, S. 310 ff., S. 319 ff.

298 Vgl. Rolf Vogel, »Die Bedeutung der Israel-Reise von Bundeskanzler a. D.: Dr. Konrad Adenauer für das deutsch-israelische Verhältnis – Versuch einer Analyse –, 24.5.1966«, ACDP, NL Birrenbach, 01-433-088/1.

299 Zitiert nach: Vogel (Hrsg.), *Deutschlandberichte*, Jg. 2 (1966), Nr. 5, sowie Fernsehaufzeichnung Adenauer in Israel, Archiv des Bayerischen Rundfunks, 2530/761023.

seine Tochter Lotte Multhaupt und seine Sekretärin Anneliese Poppinga – waren zum Abendessen in Eshkols Privathaus eingeladen. Das übliche Prozedere bei einem wenn auch halboffiziellen Essen dieser Art schreibt vor, dass zunächst der Gastgeber eine Tischrede hält und der Gast sich daraufhin mit einer Dankesrede revanchiert. Normalerweise sind diese Reden eher blumig, eine Bekundung der Freundschaft zwischen beiden Ländern und heben das Positive am beiderseitigen Verhältnis hervor. Der Gastgeber Levi Eshkol tat jedoch etwas Unvorhergesehenes. In zwei Bemerkungen formulierte er harsche Kritik an der deutschen Regierung und an Adenauer persönlich.[300] Nahum Goldmann berichtete, er habe den deutschen Altkanzler noch »nie so aufgeregt und böse gesehen«.[301] Eshkol sagte, die Wiedergutmachung, die der deutsche Staat seit 14 Jahren leiste, könne nur *symbolisch* sein und das vom jüdischen Volk erlittene Unrecht niemals aufheben. »Das israelische Volk wartet auf neue Zeichen und Beweise dafür, daß das deutsche Volk die schreckliche Last der Vergangenheit erkennt. Die Wiedergutmachung stellt nur eine symbolische Rückerstattung des blutigen Raubes dar. Es gibt keine Sühne für die Greuel und keinen Trost für unsere Trauer.«[302] Und mit Blick auf die Zukunft äußerte er, dass er immer noch auf ein *Zeichen* der Bereitschaft Deutschlands warte, sich wieder in die westliche Werte- und Völkergemeinschaft zu integrieren:

300 »Der feierliche Schimmer der Kerzen, die Levi Eshkols Speisetafel zierten, fiel auf böse Gesichter. Sooft sich die braune Schiebetür, die das Eßzimmer der bescheidenen Residenz des israelischen Ministerpräsidenten in Jerusalems Ben Mayom Allee 44 abschließt, einen Spaltbreit öffnete, erkannten die im Salon ausharrenden Ehrengäste, daß Konrad Adenauers erstes Gastmahl auf israelischem Boden eher so verlief, als werde es sein letztes sein. Auf neun Uhr abends am Dienstag der vergangenen Woche waren 17 prominente Repräsentanten Israels […] bestellt worden, um dem Kanzler der Wiedergutmachung Reverenz zu erweisen. Aber um zehn Uhr hatten sie bereits den schweißgebadeten deutschen Botschafter Pauls und den sichtlich unangenehm berührten israelischen Außenminister Abba Eban die Tafelrunde des Gastgebers zeitweilig verlassen sehen. Denn drinnen gab es Saures zum Nachtisch.« *Der Spiegel* 20/1966, http://www.spiegel.de/spiegel/print/d-46407151.html (letzter Zugriff: 13.4.2016).

301 Nahum Goldmann, *Mein Leben als deutscher Jude*, München 1980, S. 420 f. Der Präsident des Jüdischen Weltkongresses Nahum Goldmann war ein wichtiger Akteur der deutsch-israelischen Beziehungen, insbesondere in den 1970er Jahren. Vgl. Mark A. Raider (Hrsg.), *Nahum Goldmann. Statesman without a State*, Albany 2009, S. 203 ff.

302 Zitiert in deutscher Übersetzung nach *AAPD*, 1966, Dokument Nr. 135, S. 588. Zu dieser Episode vgl. auch Jelinek, Blasius, »Ben Gurion«, S. 321.

»Wir haben nicht vergessen. Wir können den furchtbaren Massenmord nicht vergessen. Wir haben sechs Millionen unseres Volkes verloren. […] Sie verstehen, daß das Wiedergutmachungsabkommen, das Sie im Namen Ihres Volkes unterzeichnet haben, keine Sühne ist, sondern nur ein Zeichen, daß es keine Sühne gibt für die Greueltaten, keine Sühne für die Vernichtung […].«[303]

In beiden Punkten sah Adenauer sein Lebenswerk infrage gestellt – erachtete er doch sowohl die Wiedergutmachung als auch die bundesdeutschen Bemühungen, in die »Wertegemeinschaft« zurückzukehren, als sein politisches Vermächtnis.[304] Entrüstet entgegnete er Eshkol, es müsse doch »nun mal gut sein«, die »Vergangenheit« sei schließlich »schon achtzehn Jahre her«.[305] Erregt in Kölner Mundart verfallend, habe er mit seiner Abreise gedroht.[306] Er rang sich dennoch zu einer kurzen Erwiderungsrede durch und begann mit den Worten, »es ist schwer, Herr Ministerpräsident, auf Ihre Ansprache zu antworten«,[307] um kurz darauf die historisch gewagte Aussage zu machen, »der Nationalsozialismus ha[be] so viele Deutsche wie Juden getötet«.[308] Diese »Greuel«, von Adenauer sehr allgemein gefasst, sollten »aber nun der Vergangenheit überlassen« werden. Denn wenn »guter Wille nicht anerkannt wird, kann daraus nichts Gutes entstehen«, mahnte er und schlug vor, um mit der Vergangenheit abzuschließen, sollten die Israelis doch »Trost« aus der »ihnen gestellten Aufgabe« ziehen, der »wundervollen Aufgabe, allen Ländern aufzuzeigen, wie man Vorbildliches schaffen kann«.[309] Mit den Wünschen, dass dies gelingen möge, beendete Adenauer seine sehr kurze Rede.

Nach dem missglückten Abendessen beschwerte er sich bei Journalisten: Er habe am Nachmittag Eshkol zu einem Gespräch unter vier Augen getroffen. Zu dem Zeitpunkt sei ihm »noch alles in Ordnung« erschienen, und er

---

303 Rede Levi Eshkol am 3.5.1966, abgedruckt in deutscher Übersetzung in PA AA, B 36, Bd. 239.

304 Brief an den Vorsitzenden der Vereinigung der Freunde des Israel-Aufbaus, Dr. Erich W. Lotz in Braunschweig, am 15.3.1966: »Sie wissen, daß es zu einem der wichtigsten Ziele meiner Politik gehörte, unser Verhältnis zu Israel in Ordnung zu bringen. Es freut mich, jetzt feststellen zu können, daß meine Reise in dieses Land von so vielen Landsleuten mit guten Wünschen begleitet wird« (Stiftung Bundeskanzler-Adenauer-Haus (StBKAH), II/29), abgedruckt in Morsey, Schwarz (Hrsg.), *Adenauer*, Bd. 2, S. 158.

305 Presseberichte über die Reise, StBKAH, II/52.

306 Ebd.

307 Anneliese Poppinga, *Adenauers letzte Tage. Die Erinnerungen seiner engsten Mitarbeiterin*, Stuttgart 2009, S. 21.

308 Drahtbericht Pauls, 4.5.1966, PA AA, B 36, Bd. 239.

309 Vgl. Poppinga, *Adenauers letzte Tage*, S. 22.

habe mit diesem Gespräch Eshkol »Gelegenheit gegeben, sein Herz auszuschütten«, die dieser aber nicht wahrgenommen habe.[310] Auch Botschafter Pauls sprach in seinem Bericht an Außenminister Gerhard Schröder von »einer Atmosphäre des Wohlwollens«, die nachmittags geherrscht habe.[311] Eshkol habe hauptsächlich über die Notwendigkeit von Absatzmärkten für israelische Produkte und in diesem Zusammenhang über eine Assoziierung an die Europäische Wirtschaftsgemeinschaft gesprochen, »Waldorf-Astoria-Gespräch, 500 Mio. Dollar, 10-Jahres-Verpflichtung oder Jahresleistungen und Summen irgendwelcher Art wurden von keiner Seite auch nur erwähnt. Andere Passagen des Gespräches waren mehr philosophischer Art.«[312] Während das Auswärtige Amt an seinem Standpunkt festhielt, der Bundeskanzler habe nur ganz allgemein Unterstützung zugesichert, beharrte die israelische Regierung seit 1960 auf dieser Summe.[313] Den israelischen Hinweis auf die bei der Zusammenkunft im Waldorf Astoria getroffene Abmachung hatte Adenauer im Vorfeld seiner Reise abgewehrt: »Bei dem Gespräch [in New York] sind wir natürlich auch auf geschäftliche Dinge zu sprechen gekommen, aber nur in groben Umrissen. […] Ich fürchte, man sollte das jetzt nicht bringen, weil ja gewisse Schwierigkeiten bestehen bei den Verhandlungen, und die könnten vielleicht dadurch beeinflußt werden.«[314]

Im Vieraugengespräch hatte Eshkol lediglich auf das seiner Ansicht nach widersprüchliche Verhalten aufmerksam gemacht, »uns bei der Staatsgründung zu helfen, um uns zu ermöglichen, Juden aus über hundert Ländern aufzunehmen, uns nun jedoch diese Hilfe bei der Vermarktung unserer Produkte zu verweigern«.[315] Für Adenauers empörte Replik beim feierlichen Abendessen revanchierte sich Eshkol, indem er dem großen Empfang von Botschafter Pauls fernblieb und auch keinen Vertreter entsandte. Am darauffolgenden Tag, dem 4. Mai, begab sich Adenauer zur Kranzniederlegung in

310 PA AA, B 36, Bd. 239.

311 *AAPD*, 1966, Dokument Nr. 132, Botschafter Pauls, Tel Aviv, an Bundesminister Gerhard Schröder, S. 577.

312 Ebd.

313 Erst nachdem die Protokolle nach Ablauf der 30-jährigen archivalischen Schutzfrist veröffentlicht worden waren, deckte der israelische Historiker Yechiam Weitz auf, dass Adenauer dem Vorschlag wohl mehr oder weniger zugestimmt hatte, obwohl dies außerhalb seiner Befugnis lag (vgl. Jelinek, Blasius, »Ben Gurion«, S. 315).

314 Adenauer im Interview mit Alfred Wolfmann, 17. März 1966, in: Morsey, Schwarz (Hrsg.), *Adenauer*, Bd. 2, Dokument Nr. 343, S. 165.

315 Gesprächsaufzeichnung mit dem israelischen Ministerpräsidenten Eshkol, Übersetzung aus dem Hebräischen, PA AA, B 36, Bd. 239, Original in The Ben Gurion Archives.

die Gedenkstätte Yad Vashem. Auf der schwarz-rot-goldenen Schleife stand lediglich sein Name, damit tat er kund, dass er diesen Akt nicht als Vertreter der Bundesregierung vollzog. Die Nationalfarben auf der Schleife mussten aber als Würdigung durch eine offizielle Stelle angesehen werden. Augenzeugenberichten zufolge zeigte Adenauer sich »erschüttert«, nachdem er das Museum besichtigt hatte, eine Viertelstunde stand er unbeweglich in der Halle der Erinnerung, während Psalmen zitiert wurden.[316] Diese Situation blieb ihm so im Gedächtnis:

»Diese Vergangenheit lebt in Israel und die Wunden bluten. Während meines Aufenthaltes in Jerusalem nahm ich an einem Gottesdienst in Yad Vashem teil, einer Gedächtnisstätte für die Opfer des Nationalsozialismus. Es war ein eindrucksvolles Erlebnis, nie werde ich diese Stunde vergessen, den dunklen Raum, den getragenen Klagegesang, den betenden Rabbiner, das flackernde Licht einiger Öllampen vor den Gedächtnistafeln.«[317]

Obwohl der Altkanzler in Yad Vashem sensibel aufgetreten war, war sein Israel-Besuch von Protesten begleitet. Es begann bereits am Flughafen und setzte sich im Tel Aviver Rathaus und vor der Hebräischen Universität Jerusalem fort. Seine Rede dort schloss sich direkt an ein privates Gespräch mit Staatspräsident Salman Shasar an. Am Nachmittag hatte ihn Shazar noch vor den Demonstrationen gewarnt und ihm die Entscheidung überlassen, seinen Auftritt abzusagen. Adenauer jedoch entgegnete: »Nein nein, wir sollten uns beeilen, wir dürfen diese jungen Leute nicht warten lassen.«[318] Im Interview mit der israelischen Zeitung *Jedioth Achronoth* sagte er sogar: »Ich begreife die Gefühle der Leute, die gegen mich demonstriert haben. Aber es muss eine Brücke zwischen der Jugend unserer beiden Länder geschaffen werden.«[319] Und zum gleichen Thema sagte er im Interview mit dem *Spiegel* nach seiner Rückkehr: »Ich bin so viel Demonstrationen gewöhnt, daß mir das wirklich nichts ausmacht. […] Wie überhaupt […] man von Tag zu Tag mehr erkennen konnte, daß die Stimmung uns gegenüber freundlich ist.«[320]

Adenauers Rede an der Hebräischen Universität befasste sich, ähnlich wie die Vorträge von Gerstenmaier und Heuss, mit der Frage, wie sich ein

316 »Adenauer besichtigt Gedenkstätte«, in: *FAZ* vom 5.5.1966.

317 Zitiert nach Morsey, Schwarz (Hrsg.), *Adenauer*, Bd. 2, S. 11.

318 »Adenauer spricht heute 45 Minuten mit Shazar«, in: *Jedioth Achronoth* vom 5.5.1966, übersetzt von der Verfasserin.

319 Ebd.

320 »Und das Heimweh der Leute nach Deutschland«. Adenauer im Interview mit Hermann Schreiber, in: *Der Spiegel* vom 16.5.1966.

deutsches Nationalgefühl wiedererlangen lasse. Bereits 1949 hatte Adenauer über die positiven Wirkungen des Patriotismus gesprochen: »Man kann das Wiedererwachen eines gesunden, sich in den richtigen Bahnen haltenden Nationalgefühls nur begrüßen, denn ein Volk, das kein Nationalgefühl mehr hat, gibt sich selbst auf.«[321] In Jerusalem nun wollte er die Entwicklung des »Nationalgefühls« analysieren. Während er den ersten Teil seiner Ansprache theoretisch und unpolitisch hielt, sprach er im zweiten Teil über die Geschichte und Gegenwart Deutschlands. Den Einschnitt durch den Nationalsozialismus erwähnte er zwar in einem Satz. Am stärksten beschäftigte ihn jedoch die Frage, warum und inwiefern die »deutsche Jugend«, die nach dem Krieg aufgewachsene Generation, unter dem Entzug ihres Nationalgefühls litt – und vor allem, was man dagegen tun könne.[322]

Währenddessen hatten sich draußen auf dem Campus ungefähr 200 Studenten mit Plakaten und Sprechchören versammelt. Die Polizei ging brutal gegen die Demonstranten vor, etwa 30 Personen wurden festgenommen, und der Polizeibericht hielt schwere Gesichts- und Nasenverletzungen fest.[323] Zehn Studenten mussten schwer verletzt in das nahegelegene Hadassah-Krankenhaus eingeliefert werden, einige Polizisten erlitten Verletzungen durch Steinwürfe. Aus Protest gegen das Ausmaß der Polizeigewalt streikte die Studierendenschaft eine Woche lang, die »Zusammenstöße« waren ein vielbeachtetes Ereignis in der israelischen Presse. Die Studenten waren maßgeblich Cherut-Mitglieder; auch dieser Protest hatte einen innenpolitischen Hintergrund: die Opposition des Cherut gegen die Deutschland zugewandte israelische Regierungspolitik.[324] Abgesehen von Schlagzeilen in der in- und ausländischen Presse übte die Demonstration allerdings keinen nachhaltigen Einfluss aus. Es gab auch Stimmen gegen die Proteste, die sich auf Adenauers Seite stellten. So erhielt er Briefe wie den folgenden aus Tel Aviv:

»Architect S. Rupp, Tel Aviv, May 8, 1966: ›[…] The Israeli University Body of students do not attend, usually, to political matters, but being stirred-up they indulge in self-importance – which happens all over the world. I do not mind words: Hitler was the destroyer of Judentum – you are the builder of Jsrael. […] Please take home the *true* feelings of the people of Israel.‹«[325]

321 Konrad Adenauer, *Erinnerungen 1945–1953*, Stuttgart 1965, S. 188.

322 Transkript der Rede Adenauers an der Hebräischen Universität, 5.51960, ISA 5943/10 חץ.

323 Polizeibericht vom 5.51960, ISA 5943/10 חץ, Original auf Hebräisch.

324 Moshe Zimmermann im Interview mit der Verfasserin am 5.9.2012 in München.

325 S. Rupp, Tel Aviv, an Konrad Adenauer, 8.5.1960, StBKAH, II/52.

Adenauers geplante Rede an der Bar-Ilan-Universität musste aus Sorge vor weiteren Ausschreitungen abgesagt weden.[326] Beim Empfang im Rathaus von Tel Aviv war die Stimmung auf der Straße geteilt, es gab sowohl Applaus als auch Rufe wie »We shall never forget!«.[327]

Nachdem Adenauer tags darauf das geteilte Jerusalem besichtigt hatte, noch ohne die Altstadt und den jordanischen Teil, fuhr er nach Haifa, zum See Genezareth, nach Nazareth und zum Berg Tabor. Die Reise in den Norden verlief als Kontrastprogramm zu den angespannten Situationen, denen er in Jerusalem begegnet war, völlig entspannt. Zwei volle Tage seiner insgesamt siebentägigen Reise verbrachte »der Alte« in Galiläa und am See Genezareth, wo er sich als pilgernder Christ präsentierte. Mit Sonnenbrille, aber nie ohne den obligatorischen Anzug in der israelischen Frühsommerhitze, lauscht er in Kapernaum den Ausführungen des Rektors der Vatikanischen Hochschule von Jerusalem. Die Israelis im Norden des Landes hätten ihn überwiegend sehr freundlich begrüßt, hielt Adenauer in seinen Erinnerungen fest. In Nazareth sagte er zu seinen Begleitern, er sei »sehr bewegt, auf diesem Fleckchen Erde zu stehen, auf dem Jesus waltete«.[328]

Zurück in Tel Aviv, stand das Ritual des regionalen Abends auf dem Programm: Die »Gruppe ehemaliger Kölner« hatte den aus Köln gebürtigen Altkanzler als Ehrengast zu einer Kölschen Feierlichkeit eingeladen; die aus der Region Köln geflohenen Juden erinnerten sich noch lebhaft an »ihren Herrn Oberbürgermeister«.[329] Am 10. März hatte der Vorsitzende des Zweckverbandes Rheinisch-Westfälischer Juden in Israel Kurt Lewertoff an Adenauer geschrieben:

»Wir hier aus dem Rheinland freuen uns alle schon auf Ihr Kommen im Mai. Wir vom Zweckverband Rheinisch-Westfälischer Juden würden uns freuen, wenn Sie es ermöglichen könnten, uns einen Abend im kleinen Kreis in meiner Wohnung zu widmen, um alte Erinnerungen aufzufrischen. Wir denken an einen geruhsamen Abend ohne Politik und Reden – ein Wiedersehen unter alten Kölschen.«[330]

---

326 »Der Besuch an der Bar-Ilan-Universität ist abgesagt wegen der Ausschreitungen zwischen Studenten und Polizei am gestrigen Tag«, in: *Jedioth Achronoth* vom 5.5.1966, übersetzt von der Verfasserin.

327 StBKAH, II/52.

328 Ebd.

329 Wie auch später als Bundeskanzler hatte Adenauer in Köln in der Weimarer Zeit eine Ära geprägt. Zu Adenauers Beziehungen zu und seinem ausgeprägten Schriftwechsel mit Kölner Juden siehe Morsey, Schwarz (Hrsg.), *Adenauer*, Bd. 2, S. 325, S. 361.

330 Brief von Kurt Lewertoff, abgeschickt aus der Ben Yehuda Road 94, Tel Aviv, an Konrad Adenauer, 10.3.1966, StBKAH, II/52.

Ausgelassen feierten sie seine Anwesenheit und verbrachten den Abend damit, Volkslieder im Kölschen Dialekt zu singen, erinnerte sich Adenauer:

»Ja, das war eine sehr lustige Gesellschaft. Das war ein Kölner Klub, und die kommen jeden Monat einmal zusammen. In Tel Aviv wohnen 400 gebürtige Kölner. Die Leute vom Klub kamen also zu mir – die haben mir auch früher schon von Tel Aviv aus geschrieben – und das war eine so lustige Gesellschaft, das können Sie sich gar nicht vorstellen. [...] Ja, sie gingen singend hinaus und sie sangen ein uraltes Karnevalslied.«[331]

Seine damalige Sekretärin Anneliese Poppinga erinnerte sich Jahrzehnte später in eigenen Aufzeichnungen über die Reise, Adenauer habe »der wehe Zug in den Gesichtern, obgleich sie sich lustig gaben, [erschüttert]. Er spürte das Heimweh dieser Menschen, aber sie konnten nicht zurück, der Abgrund war zu tief. Er verstand es, und er fühlte das Leid, das Heimweh trotz allem. Er fühlte den Schmerz, die Zerrissenheit, das Quälende.«[332]

Bemerkenswert in diesem Zusammenhang sind die Zuschriften, die Adenauer bereits in den ersten Tagen seines Aufenthalts über Shinnar erreichten: Nachdem die Auseinandersetzung mit Levi Eshkol am folgenden Tag durch die Presse bekannt geworden war, schrieben die ehemaligen Kölner Juden umgehend Briefe an Adenauer, in denen sie ihm ihren Respekt und ihre Scham über den Vorfall ausdrückten. Dabei adressierten sie ihn mit »lieber Herr Oberbürgermeister«, als sei ihre Zeitrechnung 33 Jahre zuvor stehengeblieben. Häufig erzählten sie auch von ihrem früheren Leben oder dem ihrer Eltern in Köln. So schrieb Grete Chachanowicz, sie sei »die ehemalige Mönchen-Gladbacher Referendarin Grete Baum, die Ihnen seit Kindheitstagen in Verehrung und Hochachtung verbunden ist«. Sie danke ihm »von Herzen« für diese Reise, es sei »wunderbar zu wissen, daß Dr. Adenauer, der sich so für uns Juden eingesetzt hat, mit eigenen Augen unsere schöne, neue Heimat gesehen hat«.[333] Und Erni Margalith schrieb, sie fühle sich »als israelische Bürgerin stolz und geehrt durch Ihren Besuch in unserem Lande«.[334] Beispielhaft drückt Clara Markuse aus Raanana ihre Empörung über den Ministerpräsidenten aus: »Leider ist es zu unliebsamen Vorkommnissen gekommen, die der Hetze gewisser, hier im Lande nicht beliebter Elemente zu-

331 Adenauer im Interview mit Wilfried Saliger, »Adenauer: Mich hat das ergriffen. Erste Bilanz des Altbundeskanzlers nach der Rückkehr aus Israel – der Ärger ist vergessen«, in: *Die Welt am Sonntag* vom 15.5.1966. Wörtliche Niederschrift in StBKAH, II/37.

332 Poppinga, *Adenauers letzte Tage*, S. 12.

333 Brief von Grete Chachanowicz, StBKAH, II/52.

334 Brief von Erni Margalith aus Haifa, 6.5.1966, StBKAH, II/52.

zuschreiben sind«,[335] die Bevölkerung sei »empört«, sie könne »nicht sagen, wie [sie] es bedauere und wie leid es [ihr] tut«, und bittet, er möge »keine Bitterkeit in sich aufkommen« lassen und diese »beschämenden Zwischenfälle als Auswüchse eines kleinen verhetzten Teiles der Bevölkerung« begreifen.[336] Und schließlich wandte sich eine alte Bekannte seiner verstorbenen Frau an ihn, die die Gelegenheit nutzte, ihn willkommen zu heißen: »Eine ehemalige Kölnerin, Mitschülerin der anmutigen Gussie Zinsser [der Mädchenname von Adenauers erster, 1948 verstorbener Frau, Anm. d. Verf.] begrüßt Sie in unserem Alt-Neuland. […] Unser Neffe Dr. Albert Kramer, Stadtdirektor […] war immer voll des Lobes über Sie, Herr Dr. Adenauer. Leider ist er in Litzmannstadt umgekommen. Dann höre ich in der Erinnerung Kölsch […].«[337]

Der vorletzte Programmpunkt von Adenauers Israel-Reise schließlich war ein von Rolf Pauls für den Altkanzler gegebener Empfang im Sheraton Hotel in Tel Aviv, in dem die deutsche Botschaft provisorisch ihr Büro eingerichtet hatte. Viele geladene Gäste aus der kulturellen und intellektuellen Elite fanden sich ein, zahlreiche Mitglieder der israelischen Regierung und Abgeordnete der Knesset waren der Einladung allerdings nicht gefolgt.[338] Anschließend flog Adenauer mit dem Hubschrauber in den Negev, um Ben Gurion in seinem Kibbuz in Sde Boker zu besuchen. Dies war der letzte Stopp seiner Reise und zugleich ihr Höhepunkt. Ben Gurion hielt in seinem Tagebuch fest:

»Der heutige Tag war dem Herrn Dr. Adenauer gewidmet. […] Das Mittagessen mit der von Paula zubereiteten Mahlzeit dauerte bis nach 14.30 Uhr an. Nach seiner Rückkehr vom Speisesaal begab sich Adenauer in das Zimmer von Paula und legte sich zur Mittagsruhe. […] Nachdem sich Adenauer ausgeruht hatte, unterhielten wir uns über unsere innenpolitische Tätigkeit und über europäische und amerikanische Probleme […]. Er war von seinem Besuch in Beer Sheva und im Negev (einschließlich in Sde Boker) tief beeindruckt. Er bedauerte jedoch, dass die Zeit für einen Besuch in der ›Midrascha‹ [dem an den Kibbuz angrenzenden Dorf, Anm. d. Verf.] nicht ausreichte, weil die Abflugzeit der beiden Hubschrauber heranrückte. […] Ich war entsetzt, aus den Morgenzeitungen zu erfahren, was Goldmann über meine Unterredung mit Adenauer in New York im Jahre 1960 mitgeteilt hat. Ich hätte eine sol-

335 Damit meint sie vermutlich Levi Eshkol als »Ostjuden« und reproduziert ein althergebrachtes Ressentiment der deutschen Juden gegenüber den Juden aus Ost- und Ostmitteleuropa.

336 Brief von Clara Markuse aus Raanana, 6.5.1966, StBKAH, II/52.

337 Brief von Elisabeth Schartenberg, Ramat-Gan, 3.5.1966, StBKAH, II/52.

338 Vgl. Vogel (Hrsg.), *Deutschlandberichte*, Jg. 2 (1966), H. 5.

che Dummheit und Unverschämtheit von diesem Mann, der schließlich kein Narr ist, nicht erwartet. Der Abflug der beiden Hubschrauber fand um 17.15 Uhr statt. Adenauer überreichte mir den ersten Band der von ihm verfaßten Erinnerungen (in deutscher und englischer Sprache), und ich übergab ihm das Buch über die Geschichte der Juden in ihrem Lande mit einer Widmung in hebräischer Sprache.«[339]

Ein großes Journalistenaufgebot begleitete Adenauers nur knapp vierstündigen Besuch bei Ben Gurion in der Negev-Wüste. Der eher spartanische Empfang im Wüstensand und im gemeinschaftlichen Speisesaal stand im Scheinwerferlicht der Weltpresse. Die anwesenden Fotografen hielten fest, wie die beiden »Alten« gemeinsam auf den Sandwegen, zwischen geduckten Häusern, unter freiem Himmel spazieren gehen. Der *Spiegel* berichtete blumig:

»Er [Ben Gurion] verzichtete sogar, Adenauer zuliebe, auf seinen Spaziergang, den er täglich um 16 Uhr in genau viermal zwanzig Minuten auf einer insgesamt sechseinhalb Kilometer messenden Rundstrecke um Sde Boker herum absolviert und zu dem er seinen fast zehn Jahre älteren Freund eigentlich mitnehmen wollte, wenigstens über die halbe Distanz. Doch Paula hatte protestiert. Nur ein paar Schritte taten die beiden also zusammen, den Photographen zuliebe, die marschbereit draußen warteten. Ungleich von Gestalt und fast ein wenig verlegen, tappten sie nebeneinander durch den hügeligen Wüstensand, ausgeschlafen jetzt und dennoch wie im Traum.«[340]

Die deutschen Journalisten erwähnten in ihren Berichten die unterschiedliche Einhaltung des Protokolls. Ben Gurion habe erstaunlicherweise nur ein kurzärmeliges Khaki-Hemd zu diesem feierlichen Anlass getragen. Auch die legere Kleidung von Ben Gurions Frau Paula, die sich in schlichten Sandalen und Sommerkleid präsentierte, hoben die deutschen Zeitungen hervor:

»Im verschossenen grünen Khakihemd trat Ben Gurion vor seinem Holzhäuschen dem Gast entgegen. Seine Frau Paula zur Seite. Frau Ben Gurion trug ein blaugeblümtes Kleid und keine Strümpfe. Kaum verbarg sie den Ärger über die zügellose Kavalkade von Fotografen, Kameramännern und Journalisten, die über ihren Rasen und in ihre Rosensträucher trampelten.«[341]

339 Ben Gurions Tagebucheintrag vom 9.5.1966, Ben Gurion Archives, hier deutsche Übersetzung von Dr. Mark Kohn, zitiert nach Morsey, Schwarz (Hrsg.), *Adenauer*, Bd. 2, Dokument Nr. 359, S. 226.

340 »›Ich will überall verkünden […]‹. Die Begegnung Konrad Adenauers mit David Ben Gurion in Israel«, in: *Der Spiegel* vom 16.5.1966.

341 »Die Gastgeber begingen viele Ungeschicklichkeiten«, in: *Die Welt* vom 11.5.1966.

Das gemeinsame Mittagessen nahmen die beiden ehemaligen Regierungschefs im lärmenden Speisesaal des Kibbuz ein. In seiner kurzen Rede dort drückte Adenauer erneut in religiösen Wendungen seine Hochachtung vor den israelischen Aufbauleistungen aus: Er glaube, »daß wir alle in Gottes Hand sind, und daß es eine Fügung ist, daß das israelische Volk von neuem sich erheben konnte so stark und kräftig, wie das der Besucher Ihres Landes mit Staunen und Bewunderung sieht«.[342]

Die *Jedioth Achronoth* und die *Haaretz* äußerten sich positiv über den Besuch des »Alten« – wie sie, freundliche Aufnahme und freundschaftliche Verbundenheit bekennend, neben Ben Gurion auch Adenauer nannten. Insofern kann der Besuch, dessen Zielsetzung lautete, eine »gute Atmosphäre« herzustellen, als erfolgreich gelten. Der mitreisende Journalist Rolf Vogel zog nach dem Ende der Reise Bilanz: »Nach dem klärenden Gespräch mit dem israelischen Ministerpräsidenten Levi Eshkol hat sich zeitlich parallel bei den deutsch-israelischen Wirtschaftsverhandlungen in Bonn das Klima wesentlich geändert.«[343] Selbst Hans-Peter Schwarz, derjenige der beiden Biographen, der Adenauer politisch sehr nahe stand, betonte, die Reise sei »offensichtlich« hochpolitisch gewesen: Adenauers Absicht habe darin gelegen, mit der Einladung einen psychologischen Durchbruch in den zwischenstaatlichen Beziehungen zu erzielen.[344] Adenauer wurde in der nichtjüdischen deutschen Öffentlichkeit als derjenige Politiker gewürdigt, der sich in ganz besonderem Maß um die Versöhnung zwischen Juden und Christen bemühte. Er selbst sah dies kritischer und traf damit auf die Zustimmung der *Jüdischen Allgemeinen Wochenzeitung*. Sie zitierte ihn: »Ich würde nie über Versöhnung sprechen. Denn was heißt das schon, Versöhnung. Die Israelis fühlen sich, und das aus guten Gründen, als die verfolgte, ermordete Seite, vertrieben oder geflohen aus ihrem Heimatland. Und was haben die Israelis

342 Rede Adenauers in Sde Boker, 9.5.1966, StBKAH, II/52.

343 Rolf Vogel, »Versuch einer Analyse«, S. 5, zitiert nach StBKAH, II/52.

344 Vgl. Schwarz, *Adenauer*. Schwarz' Analyse von Adenauers Auftreten in Israel ist affirmativ, er bezeichnet ihn in seiner Biographie als »einfühlsam genug«, für Eshkol »dann doch Verständnis zu haben«. Er sei behandelt worden »als der große Freund Israels, als der er sich schließlich erwiesen hat. Er ist also ganz der Alte wie früher stets bei Staatsbesuchen: direkt, selbstbewußt, scharf beobachtend, ein Feind von Klischees, voll Verständnis für die Psychologie der Gastgeber, von nicht zu stillender Aufnahmebereitschaft und unermüdlich.« (Ebd., S. 968) Vgl. auch Köhler, *Adenauer*. Zum »peinlichen Zwischenfall« mit Eshkol schreibt Köhler nur sehr knapp auf S. 721.

uns getan? Nichts. Aber Versöhnung ist etwas Gegenseitiges, ist ein Geben und Nehmen.«[345]

Bereits im Vorfeld des Besuchs hatte Adenauer mit der Formulierung, er reise »nicht als Deutscher, sondern als Katholik«[346] nach Israel, versucht, heikle Fragen zu seiner Identität als Deutscher und seiner Rolle als Ex-Regierungschef zu vermeiden. Damit distanzierte er sich vom ethnischen Kollektiv der Deutschen und stellte sich als Teil einer vermeintlich apolitischen christlichen Gemeinschaft dar. Die Betonung seiner Religiosität und seine Zuordnung zum Kollektiv der Katholiken anstatt zum Kollektiv der Deutschen erlaubten es ihm auch, sich von den Protesten, die seinen Besuch begleiteten, unbeeindruckt zu zeigen und jegliche Verantwortung für die Handlungen der Bundesregierung von sich zu weisen.[347] Gleichwohl war ihm klar, dass man ihn, den ehemaligen Bundeskanzler, als deutschen Staatsgast wahrnehmen würde. Dem entsprach auch die Kranzniederlegung mit einer Schleife in den deutschen Nationalfarben. Und entsprechend hat ihn Ministerpräsident Eshkol aufgenommen: Adenauer persönlich behandelte er in privaten Gesprächen freundschaftlich, in der Öffentlichkeit verfiel er jedoch in die offizielle Rhetorik, die in seinen Augen einem deutschen Staatsmann gegenüber angemessen war.

»Der Charakter des Adenauer-Besuches ließ von vornherein keine andere als eine psychologische Wirkung erwarten«, schrieb der Botschafter Rolf Pauls als Fazit in seinem Abschlussbericht an das Auswärtige Amt am 12. Mai 1966. Sie mache sich auf zweierlei Art bemerkbar: Erstens sei die Öffentlichkeit positiv beeindruckt gewesen, und zweitens hätten »die Demonstrationen und die innerisraelischen Reaktionen darauf [...] der Öffentlichkeit deutlicher gemacht, was Deutschland seit Gründung der Bundesrepublik für Israel getan hat, als wenn der Besuch ohne Kontroversen verlaufen wäre«.[348] Die Proteste verbuchte er deshalb als etwas Positives, weil sie auch die Ver-

345 Adenauer im Interview, »Meine Reise war ein Erfolg«, in: *Allgemeine Jüdische Wochenzeitung* vom 20.5.1966.

346 dpa-Meldung vom 2.5.1966, Pressesammlung ACDP.

347 Auf der anderen Seite trug sein katholischer Glaube dazu bei, dass er in seinen Bemühungen um Beziehungen zu Israel Glaubwürdigkeit erlangte. So schrieb David Ben Gurion in seinem Artikel »The greatness of Adenauer: Moral and religious motives governed attitude to Israel«: »Als einer der wenigen Deutschen, denen ihr katholischer Glaube mehr war als Gewohnheit und Routine, lehnte er, anders als die meisten seiner Landsleute, das schändliche Naziregime ab.« (*Jerusalem Post* vom 14.10.1963)

348 Botschafter Rolf Pauls, Tel Aviv, an das Auswärtige Amt, 12.5.1966, *AAPD*, Dokument Nr. 148, S. 632.

teidiger Adenauers auf den Plan gerufen hatten. Der israelischen Regierung sei klar geworden, dass der »auch im israelischen Sinne ›beste Deutsche‹ sich von israelischer Seite nicht alles gefallen läßt und daß das Verfahren, jede Leistung zu verlangen, aber jede Anerkennung zu verweigern, nicht mehr zieht«.[349] Und als Abschlussempfehlung gab Pauls an: »[D]en Israelis muß nun die Erkenntnis bewußt gemacht werden, daß die deutsch-israelischen Beziehungen auf einem ›do ut des‹ aufgebaut werden und daß Deutschland es nicht mehr hinnimmt, leisten zu sollen und schlecht behandelt zu werden.«[350] Sein Tonfall war auch nach neun Monaten im Amt in Israel immer noch kein diplomatischer. Adenauers Faustschlag auf den Tisch sah der Botschafter als Symbol für ein neues, angemessenes deutsches Selbstbewusstsein und übersetzte es in die Worte: »Deutschland nimmt es nicht mehr hin!« Darin zeigt sich, dass die deutsche Seite Adenauers Besuch als offiziell erachtete und die spontan geäußerte Regung des Altkanzlers als eine Äußerung der Deutschen insgesamt verstand.[351] Da die Person Adenauers in dieser Perspektive repräsentativ für Deutschland war, lief seine nur auf den ersten Blick beleidigte Reaktion auf die Worte des israelischen Regierungschefs auf eine Befreiung von der lästigen, ewig lauernden Vergangenheit hinaus: »Schlecht behandelt« zu werden stand Deutschland in dieser Lesart 18 Jahre nach Kriegsende nicht mehr an.

Adenauer demonstrierte erfolgreich die deutsche Vormachtstellung, indem er offen mit seiner Abreise drohte. Von da an bestimmte er die Spielregeln und bewog Eshkol dazu, wenn auch in letzter Minute, seine Worte zurückzunehmen. Adenauers heftige Reaktion und die erzwungene Entschuldigung Eshkols zeigen, dass der »Alte«, obwohl er nicht mehr Regierungschef war und seine Machtstellung innerhalb der Bundesregierung schon seit 1959 zu bröckeln drohte, die Regeln des Sagbaren und des Nicht-Sagbaren bestimmen konnte.[352] Indem Eshkol die aus seiner Sicht mangelhafte Vergangenheitsbewältigung der Deutschen in einer Situation ansprach, die hochoffiziell war, berührte er ihren schwächsten Punkt: den Wunsch

349 Ebd., S. 633.

350 Ebd.

351 Vgl. zur Rolle der Gefühle in der Historiographie Ute Frevert, »Was haben Gefühle in der Geschichte zu suchen?«, in: *Geschichte und Gesellschaft. Zeitschrift für Historische Sozialwissenschaft*, Jg. 35 (2009), H. 2, S. 183–208.

352 Das passt auch zu seinem häufig als patriarchalisch charakterisierten Regierungsstil, der zur Bezeichnung »Kanzlerdemokratie« für die deutsche Nachkriegsgesellschaft führte und dem damals noch weit verbreiteten Bedürfnis nach einem starken Führer entgegenkam.

nach Anerkennung und Vergebung. Mit dem Schlüsselsatz »*Wenn guter Wille nicht anerkannt wird, kann daraus nichts Gutes entstehen*« stellte Adenauer auch die weitere Entwicklung der bilateralen Beziehungen in Frage. Danach gefragt, ob Eshkols Haltung hauptsächlich auf innenpolitische Schwierigkeiten zurückzuführen sei, antwortete Adenauer geradeheraus nach seiner Rückkehr:

»Worüber die innenpolitisch Krach haben, das weiß ich nicht. Aber bei Menschen verschiedener Herkunft ist es klar, daß da Meinungsverschiedenheiten bestehen, ganz bestimmt bei so temperamentvollen Menschen, wie es die Juden sind. Das sind ja nun wirklich sehr temperamentvolle Menschen. Bei Ben Gurion hörte man das ja, was das für ein Spektakel war. Das können Sie sich gar nicht vorstellen.«[353]

Beide Biographen Adenauers bezeichnen den Vorfall als »Skandal«. In der israelischen Öffentlichkeit und der israelischen Forschung ist er als solcher nicht wahrgenommen worden. Die divergierenden Bewertungen scheinen in einer kulturell unterschiedlichen Verhaltensetikette begründet zu sein.[354] Nicht zuletzt ist Adenauers Formulierung, dass er im Vieraugengespräch Eshkol »Gelegenheit gegeben« habe, eine Herrschaftsdemonstration – obwohl die Bundesrepublik Deutschland sich in ihrer Versöhnungsrhetorik eher als Bittsteller inszenierte. Adenauer war brüskiert, weil Eshkol sich nicht an die ungeschriebene diplomatische Regel gehalten hatte, schwierige Themen hinter geschlossenen Türen zu besprechen und öffentliche Auftritte von brisanten Äußerungen frei zu halten.

Auf der israelischen Seite erfüllte der provozierte Zwischenfall eine innenpolitische Funktion. Levi Eshkol suchte sich mit seinem harschen Auftreten von David Ben Gurion abzugrenzen, der für seine Deutschlandfreundlichkeit und sein positives Verhältnis zu Adenauer bekannt war. Zudem hatte Ben Gurion im Jahr 1965 die neue Partei Rafi gegründet, die der traditionellen Mapai, nun geleitet von Levi Eshkol, Konkurrenz in der Knesset zu machen drohte.[355] Adenauer wird sogar direkt aufgefordert, sich in die israelische Innenpolitik einzumischen. Im Gespräch mit Alfred Wolfmann, dem Deutschlandkorrespondenten der *Jedioth Achronoth*, einen Monat vor seiner Reise hatte Adenauer bemerkt: »Nur schade, dass der arme Ben Gurion

353 Adenauer im Interview mit Wilfried Saliger, »Adenauer: Mich hat das ergriffen. Erste Bilanz des Altbundeskanzlers nach der Rückkehr aus Israel – der Ärger ist vergessen«, in: *Die Welt am Sonntag* vom 15.5.1966. Wörtliche Niederschrift in StBKAH, II/37.

354 Anmerkungen israelischer WissenschaftlerInnen zu einem Vortrag der Verfasserin am 12.1.2014 in Haifa.

355 Rafi ist das Akronym für Reshimat Poalei Israel (Israelische Arbeiterliste).

den Krach hat mit dem Eshkol.« Wolfmann erwiderte: »Leider ist der Krach jetzt ernst geworden, er führt eine eigene Partei an. [...] Ich wäre aber dankbar, wenn Sie ihn vielleicht bewegen könnten, im Interesse Israels und der israelisch-deutschen Freundschaft mit seiner alten Partei wieder zusammenzukommen – nur als Anregung«! Adenauer: »Ich werde mich hüten!« Wolfmann: »Gerade was seine Haltung Ihnen gegenüber betrifft: Er hat doch ein grenzenloses Vertrauen, so dass Sie sich das hätten erlauben können.«[356]

Mit seiner kleinen Attacke auf Adenauer griff Eshkol eine gegen Deutschland gerichtete Stimmung im Land auf. Sicherlich hatte er dabei auch die bevorstehenden Wahlen im Blick. Seine Weigerung, sich der demonstrativen deutschen Überlegenheit zu unterwerfen, funktionierte gut in einer Zeit, in der deutsche Marken wie Volkswagen in Israel noch von einem nicht geringen Teil der Bevölkerung boykottiert wurden.[357] Darüber hinaus war Eshkol auch auf die symbolische Wirkung seines Auftritts bedacht: Er sprach zwar fließend Deutsch, hielt seine Rede aber auf Hebräisch und ließ sie dann übersetzen. Anders als die Unterzeichnenden des Luxemburger Abkommens war Eshkol selbst kein gebürtiger Deutscher, sondern Ungar, der in seinem Elternhaus eine mitteleuropäische Prägung erfahren und auch Deutsch gelernt hatte.[358] Mit der Verwendung der hebräischen Sprache wollte er sich deutlich von den Deutschen und ihrer Kultur distanzieren.

Die Proteste gegen Konrad Adenauer waren die heftigsten von Seiten der Studenten seit der israelischen Staatsgründung. Während ein bis zwei Jahre später die Studentenbewegungen auf dem europäischen Kontinent die Öffentlichkeit an Demonstrationen und gewaltsame Proteste gewöhnten, hielt sich die Studentenbewegung in Israel in Grenzen.[359]

In seinen Erinnerungen schrieb Adenauer: »Selten habe ich so tiefgehende seelische Erschütterungen erlebt wie bei meinem Besuch im Staate Israel.«[360] Auf die Interviewfrage nach seiner Reise: »[Sie sind] auch als Katholik an die Stätten des Wirkens von Jesus Christus gereist. Hat das Ihren Glauben, Ihre Religiosität in irgendeiner Weise beeinflußt?« antwortete Ade-

356 Adenauer im Interview mit Alfred Wolfmann, 17. März 1966, in: Morsey, Schwarz (Hrsg.), *Adenauer,* Bd. 2, Dokument Nr. 343, S. 162.

357 Segev, *Siebte Million*, S. 283 ff., S. 427 ff.

358 Vgl. Shlomo Aronson, *Levi Eshkol. From Pioneering Operator to Tragic Hero – A Doer*, Edgware 2010, S. 2.

359 Vgl. Doron Timor, »The students' protest and the public sphere: Israel-Germany relationships as a turning point for the Israeli student«, Vortrag auf der Konferenz der Association for Israel Studies, Jerusalem 2016.

360 Konrad Adenauer, »Meine Reise nach Israel«, in: StBKAH, II/52.

nauer: »Belebt! Die Stätten, an denen Christus gewesen ist, namentlich das ganze Gebiet um den See Genezareth herum [...] Christus ist ja nur drei Jahre öffentlich aufgetreten, so daß sich also sein Wirken begrenzt in der Hauptsache dort abgespielt hat – wenn man das bedenkt und nun da hinkommt und das sieht, dann beeindruckt es einen doch sehr.«[361]

Die Briefe der Kölner Juden zollten Adenauer als dem »Gründer Israels« Respekt, eine Anspielung auf seine maßgebliche Rolle beim Wiedergutmachungsabkommen. An diesen Briefen fällt auf, dass ihre Verfasser, Israelis deutscher Herkunft, für die Zurückweisung Adenauers Verantwortung übernahmen und Scham über das Verhalten ihres Ministerpräsidenten bekundeten. Das Thema der deutschen Schuld und Scham erscheint hier merkwürdig verdreht.

Die Briefe veranschaulichen überdies, dass sich die ehemaligen Kölner Juden ihrer Heimat vor 1933 stärker verbunden fühlten als Israel. Der Besuch des deutschen Politikers aus der eigenen Region rief bei einem nicht unbedeutenden Teil der israelischen Bevölkerung verdrängte Sehnsüchte nach der ehemaligen Heimat wach. So schien die Solidarität mit ihrem vormaligen Oberbürgermeister jene mit ihrem israelischen Regierungschef deutlich zu überwiegen.

Die Szenerie des Kibbuz, der Ruheresidenz seines alten Freundes, war Bestandteil des PR-Events und unterstrich den privaten Charakter des Besuchs. Er wolle »nur mal einen menschlich-freundlichen Besuch machen«, hatte Adenauer vorher angekündigt.[362] Ben Gurions legeres Hemd stand für eine lockere *Laissez-faire*-Einstellung, die auf die Bonner Bürokraten befremdlich wirken musste. Diese Szene zeigt anschaulich den Gegensatz zwischen dem trotz der Hitze korrekt in Anzüge gekleideten deutschen Gefolge aus Bonn und dem israelischen Ex-Regierungschef, der seinen Ruhestand nah an der Natur und im Einklang mit der zionistischen Ideologie verbrachte und sich durch einen solchen Besuch nicht zwingen ließ, die Kleiderordnung des Kibbuz durch eine offizielle zu ersetzen. Schließlich demonstrierte der informelle Charakter des Treffens in der Wüste auch die freundschaftliche Nähe und das grundsätzliche Einverständnis zwischen den beiden »Gründungsvätern« der deutsch-israelischen Beziehungen. Er stellt das Motiv der Versöhnung über das der strategischen Partnerschaft. In Adenauers kurzer Tischrede im

361 Interview mit Reinhard Appel am 13.5.1966, ZDF-Reihe Journalisten fragen – Politiker antworten, Transkript in StBKAH, II/52.

362 Adenauer im Interview mit Alfred Wolfmann, 17. März 1966, in: Morsey, Schwarz (Hrsg.), *Adenauer*, Bd. 2, Dokument Nr. 343, S. 165.

Speisesaal des Kibbuz kam eine Vorstellung zum Tragen, wonach Politik von einer höheren Fügung gelenkt werde. So gesehen und zusammen genommen mit Adenauers Bewunderung für den Aufbau Israels erhielt auch die Shoah einen Sinn: Durch sie habe das jüdische Volk die Chance eines Neuanfangs erhalten, in dem es »seine Kräfte unter Beweis stellen« konnte.

Im Interview mit dem Journalisten Wilfried Saliger sprach Adenauer über seinen Antrieb für die späte Reise: »Ich habe sie aus zwei Gründen gemacht, einmal, um zu sehen, was in Israel mit dem Geld, das ja von uns stammt zum großen Teil, geschaffen worden ist, und zweitens, um zu sehen, in welcher Verfassung das ganze Land ist.«[363] Auf die Nachfrage, was er mit diesem Besuch habe erreichen wollen, antwortete der Altkanzler ganz offen:

»Herr Saliger, ich halte es nach dem, was der Nationalsozialismus an den Juden getan hat, im deutschen Interesse für dringend notwendig, die Beziehungen zu den Juden möglichst gut zu gestalten. Und da ja doch eine gewisse Trübung eingetreten war, glaubte ich, es sei ganz gut, wenn ich, der ich damals das Luxemburger Abkommen zustande gebracht habe, einmal hinführe. Die Reise war nach jeder Richtung hin erfolgreich. Auf die Demonstrationen gebe ich nicht viel. Das bin ich erstens gewöhnt [...]. Und zweitens waren [...] an der Demonstration vor der Universität zahlreiche Kommunisten beteiligt.«[364]

Adenauers Bilanz seiner Reise ist aus verschiedenen Gründen aufschlussreich. Zum einen gibt er hier offen zu, dass die Beziehungen zu »den Juden«, als Synonym für Israel, im deutschen Interesse lagen und aus diesem Grund von ihm gepflegt wurden. Den Holocaust bezeichnete er als »gewisse Trübung«. Zum anderen tritt seine deutliche Ablehnung und Geringschätzung von als »Kommunisten« klassifizierten Personen zutage, eine Haltung, die in der politischen Elite der bundesdeutschen Gesellschaft weit verbreitet war. In Zeiten des Kalten Krieges musste ein westlicher Politiker auf Einwände, die von Kommunisten vorgebracht wurden, keine Rücksicht nehmen. Eine Nebenbemerkung von Adenauer, die aus dem Jahr 1954 stammt, bringt jedoch noch eine andere Motivation ans Licht: »Die Macht der Juden auch heute noch, insbesondere in Amerika, soll man nicht unterschätzen. Und daher habe ich sehr überlegt und sehr bewußt – und das war von jeher mei-

363 Adenauer im Interview mit Wilfried Saliger, »Adenauer: Mich hat das ergriffen. Erste Bilanz des Altbundeskanzlers nach der Rückkehr aus Israel – der Ärger ist vergessen«, in: *Die Welt am Sonntag* vom 15.5.1966. Wörtliche Niederschrift in StBKAH, II/37.

364 Ebd.

ne Meinung – meine ganze Kraft darangesetzt, so gut es ging, eine Versöhnung herbeizuführen zwischen dem jüdischen und dem deutschen Volk.«[365]

Offenbar ging es Adenauer bei den guten Beziehungen zu Israel nicht nur, wie vordergründig betont, um idealistische Motive, sondern auch um machtorientierte Interessenpolitik: Die Vereinigten Staaten waren Adenauers stärkster und wichtigster Bündnispartner, auf den hin er seine ganze Politik, sein höchstes Ziel, die Westintegration, ausrichtete.[366] Seine Trauer über den Verlust der deutschen Juden für die eigene, die deutsche Kultur brachte Adenauer zum Ausdruck, als er im *Spiegel*-Interview erklärte: » Aber ist Ihnen bei dem Empfang der Claims-Conference nicht auch aufgefallen, wieviel gut geschnittene Gesichter da waren? Und wie weh es einem doch tut, daß sie nun nicht mehr bei uns sind?«[367]

In einer Bilanz seiner Reise nannte Adenauer offen seine Beweggründe, die Beziehungen zu den Juden wieder gut gestalten zu wollen: »Deutschland konnte nicht wieder zu einem geachteten und gleichberechtigten Mitglied der Völkerfamilie werden, ehe es seinen Willen zur Wiedergutmachung – soweit sie überhaupt möglich ist – bekundet und erwiesen hatte.«[368] Dabei seien »gute menschliche Beziehungen« zwar nicht »durch Zahlungen und Lieferungen [...] zu erkaufen«, aber sie hätten einen »unmeßbaren [Wert], nämlich als Zeichen guten Willens«. Dies sei der einzige Anspruch, den Deutschland geltend mache – dass der gute Wille anerkannt werde, denn »nichts verletzt tiefer als die Verdächtigung und Zurückweisung guten Willens«, verteidigte Adenauer seine heftige Reaktion auf Eshkols Tischrede. Anders als die nächste Generation bundesdeutscher Politiker, die in einer sich rasch ändernden weltpolitischen Lage bestrebt waren, die »Normalisierung« der deutsch-israelischen Beziehungen möglichst rasch voranzubringen, zog Adenauer das Fazit aus seiner Reise und seinem Lebenswerk wie folgt: »Wer für eine künftige Völkerfreundschaft mit Israel wirken will, braucht den Mut nicht zu verlieren, aber er muß sich auf eine lange Entwicklung einrichten –

365 Zitiert nach Gaus, *Zur Person,* S. 403 f.

366 Die israelische Presse erkannte dies klar. Zum Beispiel Inge Deutschkron, in: *Maariv* vom 6.4.1973: »Natürlich hat er [Adenauer] bei allem seinem Tun aus der Freundschaft mit dem jüdischen Volk für den Wiederaufbau nach der Schreckensherrschaft der Nazis großen Nutzen gezogen.«

367 Dieses und die folgenden Zitate: »Und das Heimweh der Leute nach Deutschland«. Adenauer im Interview mit Hermann Schreiber, in: *Der Spiegel* vom 16.5.1966.

368 »Bilanz einer Reise. Deutschlands Verhältnis zu Israel«, in: *Die politische Meinung*, Jg. 11 (1966), H. 115, S. 15–19.

mit Hemmnissen, die sich nur durch Beharrlichkeit und Feingefühl überwinden lassen.« Kritik an seiner Auffassung wehrte er ab:

»Minderheiten sind gern besonders laut und demonstrieren mit Eifer, was ihr gutes Recht in einer Demokratie ist. Aber man darf das nicht überschätzen [...]. Die Worte, die mir Nahum Goldmann bei dieser Gelegenheit [bei der Verleihung der Ehrendoktorwürde] gewidmet hat, bedeuten mehr als der Lärm, den eine Handvoll aufgeregter Studenten verursacht hat, und mehr als ein paar feindselige Zeitungsstimmen.«[369]

Goldmann hatte in seiner Rede anlässlich eines Mittagessens, zu dem die Jewish Claims Conference eingeladen hatte, Adenauer »tiefe Anerkennung« ausgesprochen – »das deutsche Volk [schulde] ihm Dankbarkeit, dass er die Atmosphäre geschaffen hat für die Rehabilitierung des neuen Deutschland«.

Der mitreisende Journalist Rolf Vogel schrieb in seinem Bericht:

»Aber nach Ben Gurions Regierungszeit verschwand diese Linie vollständig und die Linie Eshkols, uns Deutsche immer dann an die moralische Pflicht aus der Vergangenheit zu erinnern, wenn man wirtschaftlich von der Bundesrepublik etwas wollte, brachte jene Atmosphäre, die Nahum Goldmann in ganz krasser Form bekämpft und ablehnt.«[370]

Ben Gurion, stets optimistisch, zog sein eigenes Fazit:

»It was a great day, not only for me, but also for the whole Kibbutz [...], I knew – and I am convinced that you also knew – that not *all* the nation in Israel was pleased by your visit, but I am sure that the great majority of the people – old and young – welcomed you here with gratitude and esteem, not only you as the moulder of the new Germany, as a moral and religious personality, and as an outstanding politician – one of the greatest of our times – but they saw in you the representative of the new Germany, the Germany which aspires to peace [...].«[371]

369 Goldmann hatte in seiner Rede unter anderem bemerkt: »Es gibt keine Couch beim Psychiater, die groß genug wäre, um ein ganzes Volk darauf zu legen« (zitiert nach Rolf Vogel, »Versuch einer Analyse«, S. 4, zitiert nach StBKAH, II/52).

370 Rolf Vogel, »Versuch einer Analyse«, S. 5, zitiert nach StBKAH, II/52.

371 Brief Ben Gurions an Adenauer, 21.6.1966, StBKAH, II/52.

7. Fazit

Das deutsch-israelische Verhältnis hat sich im Zeitraum der Jahre 1957 bis 1966 vor dem Hintergrund der bundesdeutschen Hallstein-Doktrin im Kalten Krieg einerseits und der jeweiligen Holocaust-Erinnerung in beiden Ländern andererseits entwickelt. Es nahm seinen Anfang mit einem militärischen Abkommen und führte im Jahr 1965 schließlich zur Aufnahme offizieller diplomatischer Beziehungen. Sie war verbunden mit Verhandlungen darüber, welche Form und Höhe die deutsche Wirtschaftshilfe für Israel nach dem Auslaufen des Luxemburger Abkommens annehmen sollte.

In diesem knappen Jahrzehnt des grundlegenden Wandels im deutsch-israelischen Verhältnis nutzten deutsche Politiker private und offizielle Besuche in Israel, um ein positives Bild ihres Landes und ihrer nun demokratisch gesinnten Gesellschaft zu vermitteln. Gleichzeitig taten sie ihren Willen zur Buße angesichts der am jüdischen Volk begangenen Verbrechen kund. Die biographischen Hintergründe der reisenden Politiker, mit Ausnahme von Franz Josef Strauß, ähnelten sich: Sie hatten im Nationalsozialismus keine offizielle Position innegehabt, waren in innerem Exil oder im Widerstand gewesen. Zudem stammten sie, mit Ausnahme von Heuss, aus einem zutiefst christlichen Milieu und konnten ihre persönlich-moralische Suche nach einem jüdisch-christlichen Dialog glaubhaft vertreten. Ihre Persönlichkeit sollte dabei der deutschen Gesellschaft als ganzer einen guten Leumund bescheinigen. So demonstrierten sie auf der medialen Bühne dieser Besuche ihre Machtlosigkeit gegenüber dem Pragmatismus der Regierung Konrad Adenauer, die wegen der vom Kalten Krieg ausgehenden Bedrohung schon damals Wert darauf legte, die politischen Beziehungen zu den arabischen Staaten nicht durch eine offizielle Anerkennung Israels zu gefährden.

Die hochrangigen deutschen Politiker gaben sich auf ihren als privat deklarierten Reisen unpolitisch. Theodor Heuss' und Eugen Gerstenmaiers Reden an der Hebräischen Universität befassten sich mit allgemeiner Staatstheorie und dem Versuch, eine innere Wandlung der Deutschen zu belegen, ein Anliegen, das sich nach der Welle antisemitischer Schmierereien zur Jahreswende 1959/1960 und wegen des zunehmenden politischen und militärischen Machtanspruchs der Bundesrepublik nur schwer transportieren ließ. Dabei präsentierten sich die deutschen Politiker in Israel, bewusst auf eine Formulierung Ben Gurions zurückgreifend, als Advokaten des »anderen Deutschlands«. Besonders kommt dies in den herzlichen Begegnungen mit den deutschen Juden in Israel zum Ausdruck: bei den landsmannschaftlichen

Abenden, organisiert von Schwaben für Theodor Heuss und von ehemaligen Kölner Juden für Konrad Adenauer. Sie sangen gemeinsam Volkslieder in Dialekt, trugen Gedichte vor und servierten ihren Gästen heimatliche regionale Gerichte. Die emotionale Bindung an die deutsche Kultur und Sprache schien sich zu festigen, wenn eine deutsche hochrangige Persönlichkeit zu Besuch kam. Mit ihrer Teilnahme an Gruppenabenden wertschätzten Heuss und Adenauer die gemeinsamen historischen Bezüge und Fundamente.

In ihren Reden, ob am Flughafen direkt nach der Landung oder beim feierlichen Abendessen, drückten die Besucher ihre Bewunderung für den gelungenen Staatsaufbau Israels aus. Darin mischte sich auch Erleichterung darüber, dass dieses »vorbildhafte« Projekt trotz des Holocaust gelingen konnte. Das auffallende Lob der israelischen »Aufbauleistung« schien ein Weg zu sein, den Verbrechen des Holocaust noch einen Sinn abzugewinnen. Ohne die Shoah nämlich wäre die jüdische »Heimstatt«, wie es in der Balfour-Deklaration hieß, nicht realisiert worden. Der Historiker Michael Wolffsohn hingegen lehnte die These, der Staat Israel sei wegen der Shoah entstanden, als »Legende« und Wunschdenken der Deutschen ab.[372]

Eine Abweichung vom noch ungeschriebenen Protokoll waren die Proteste, in denen die Demonstranten die nationalsozialistischen Verbrechen mit der Haltung zeitgenössischer deutscher Politiker verknüpften, die Israels bedrohter Stellung im Nahen Osten nicht Rechnung trage. Während israelische Politiker Strauß für seine Bereitschaft zu geheimen Waffenlieferungen lobten, warfen ihm Kritiker aus dem linken wie rechten politischen Spektrum vor, auch in arabische Staaten Rüstungsgüter exportiert zu haben. In den Jahren 1962 und 1963 stand zudem die Forschungstätigkeit deutscher Raketenwissenschaftler in Ägypten im Fokus der Kritik.

Die Israel-Aufenthalte deutscher Politiker waren von wiederkehrenden Ritualen durchzogen: Gespräche mit deutsch-jüdischen Intellektuellen stellten Bezüge zu einer gemeinsamen Vergangenheit her, die Hebräische Universität und das Weizmann-Institut wurden als unpolitische Bühne genutzt, da die politischen Orte wie die Knesset noch nicht bereit waren, deutsche Politiker zu empfangen. Des Weiteren etablierte sich als Programmpunkt ein Besuch in der Gedenkstätte Yad Vashem als *billet d'entrée*, das den deutschen Besuchern vor Augen führte, dass die Gründung des Staates Israel als Befreiung von der im Nationalsozialismus erfahrenen Opferrolle zu interpretieren sei. Ein Besuch in Yad Vashem übte meist die gewünschte emotionale Wir-

372 Vgl. Michael Wolffsohn, *Ewige Schuld*, S. 10 ff.

kung auf die deutschen Gäste aus, die, aus der Sicht der israelischen Gastgeber, eine positive Grundlage für die folgenden Wirtschaftsverhandlungen schuf.

Die Partnerschaft zwischen beiden Ländern in diesem Zeitraum war vor allem eine strategische. Die politische Annäherung konnte nur über persönliche Kontakte und die Rahmung der Besuche mit Hilfe von Ritualen funktionieren, denn die Beteuerungen von Freundschaft und Wiederannäherung halfen dabei, das noch vorhandene Unbehagen und Misstrauen, zumindest so weit wie nötig, zu überwinden.

Theodor Heuss in Jerusalem, 8. Mai 1960, Quelle: ISA 294/13 חץ, Foto: Kurt Meyerowitz

Theodor Heuss bei seiner Rede an der Hebräischen Universität, 9. Mai 1960, Quelle: ISA 294/13 חץ, Foto: Kurt Meyerowitz

Theodor Heuss im Gespräch mit Golda Meir, 9. Mai 1960, Quelle: ISA 294/13 חץ,
Foto: Kurt Meyerowitz

Theodor Heuss im Gespräch mit Martin Buber, 10. Mai 1960, Quelle: ISA 294/13 חץ,
Foto: Kurt Meyerowitz

Eugen Gerstenmaier im Gespräch mit Martin Buber, 19. November 1962,
Quelle: ISA 1045/11 חץ, Foto: Michael Maor

Eugen Gerstenmaier in der Gedenkstätte für die Opfer des Holocaust, Yad Vashem,
20. November 1962, Quelle: ISA 1045/11 חץ, Foto: Michael Maor

Proteste gegen Eugen Gerstenmaier in Jerusalem, 20. November 1962,
Quelle: ISA 1045/11 חץ, Foto: Michael Maor

Eugen Gerstenmaier in Kapernaum am See Genezareth, 25. November 1962,
Quelle: ISA 1045/11 חץ, Foto: Michael Maor

Konrad Adenauer beim Abendessen mit Levi Eshkol, Jerusalem, 3. Mai 1966, Quelle: StBKAH II/52, Foto: Sven Simon

Proteste gegen Konrad Adenauer vor der Hebräischen Universität, 4. Mai 1966, Quelle: StBKAH II/52, Foto: Sven Simon

Konrad Adenauer beim Besuch eines Franziskanerordens im Norden Israels, 6. Mai 1966, Quelle: StBKAH II/52, Foto: Sven Simon

Konrad Adenauer in der Stadt Haifa, 7. Mai 1966, Quelle: StBKAH II/52, Foto: Sven Simon

Konrad Adenauer bei seiner Ankunft in Tel Aviv, 8. Mai 1966, Quelle: StBKAH II/52, Foto: Sven Simon

Konrad Adenauer bei der Ankunft in Sde Boker, mit David und Paula Ben Gurion, 9. Mai 1966, Quelle: StBKAH II/52, Foto: Sven Simon

At the instance of
the scientific council of
the Weizmann Institute of Science
the executive council of
the said institute hereby elects
KONRAD ADENAUER
honorary fellow of
the Weizmann Institute of Science
in recognition
of his courageous devotion to the
furtherance of democratic ideals in Germany
his support of the growth of the Weizmann Institute
and his initiative in establishing fruitful interchange
between scientists of his country and of the institute

בהמלצת המועצה המדעית
של
מכון ויצמן למדע, רחובות
החליט
הועד הפועל של המכון הנ"ל
להכריז על
קונראד אדנאואר
כחבר כבוד
של מכון ויצמן למדע
לאות הוקרה
על אומץ לבו ומסירותו
לרעיון הדמוקרטיה בגרמניה,
תמיכתו בגידול מכון ויצמן
ויזמתו בקשירת קשרים פוריים
בין המדענים בארצו ובמכון

Urkunde der Ehrendoktorwürde für Konrad Adenauer durch das Weizmann-Institut, 3. Mai 1966, Quelle: StBKAH II/52, Foto: Sven Simon

Willy Brandt besucht die Gedenkstätte für die Opfer des Holocaust, Yad Vashem (hier bei der Kranzniederlegung), Jerusalem, 7. Juni 1973, Quelle: Bundesregierung B 145 Bild-00010468, Foto: Lothar Schaack

Willy Brandt besucht mit dem stellvertretenden Ministerpräsidenten Israels, Jigal Allon, den Kibbuz Ginossar, 8. Juni 1973, Quelle: Bundesregierung B 145 Bild-00126510, Foto: Lothar Schaack

Willy Brandt beim Angeln auf dem See Genezareth, 9. Juni 1973, Quelle: Bundesregierung B 145 Bild-00126589, Foto: Lothar Schaack

Willy Brandt wird auf dem Flughafen Lod mit militärischen Ehren verabschiedet, 11. Juni 1973, Quelle: Bundesregierung, B 145 Bild-00113096, Foto: Lothar Schaack

Willy Brandt wird von Israels Ministerpräsidentin Golda Meir am Flughafen Lod verabschiedet, 11. Juni 1973, Quelle: Bundesregierung B 145 Bild-00113097, Foto: Lothar Schaack

Helmut Kohl besucht die Gedenkstätte Yad Vashem, Jerusalem, 24. Januar 1984, Copyright: ap/dpa/picture alliance/Süddeutsche Zeitung Photo

Helmut Kohl (hier bei einer Ansprache) erhält an der Universität Tel Aviv die Ehrendoktorwürde, 26. Januar 1984, Quelle: Bundesregierung, B 145 Bild-00046468, Foto: Ulrich Wienke

Das Ehepaar Kohl (Helmut Kohl 1.v.li., Hannelore Kohl 3.v.li.) posiert vor dem Felsendom in Jerusalem mit den geistlichen Führern der Stätte, 31. Januar 1984, Copyright: Werek/Süddeutsche Zeitung

IV. Konsolidierung der Hegemonie und »keine Neutralität der Herzen« – Die 1970er Jahre

Die Aufnahme diplomatischer Beziehungen läutete eine neue Phase der Besuchskultur ein. Botschafter Rolf Pauls verließ Israel bereits im Juli 1968 wieder. Er sei »mit Steinen empfangen und mit Rosen verabschiedet« worden, wie der ehemalige Botschafter Avi Primor rückblickend schrieb.[1] »Hunderte von Israelis kamen, um ihm die Hand zu drücken«, er erhielt viele sympathiebekundende Briefe.[2] Im gleichen Jahr forcierte die deutsche Politik zunehmend den Jugendaustausch zwischen beiden Ländern, der als Multiplikator für eine bessere Stimmung sorgen sollte. Nach Deutschland eingeladenen israelischen Jugendlichen konnte sich die deutsche Gesellschaft demokratisch und innerlich erneuert präsentieren.[3] Und tatsächlich trug diese Entwicklung gemeinsam mit anderen Ereignissen zu einer Wende bei.[4]

Eine entscheidende Rolle haben dabei die positiven deutschen Reaktionen auf den israelischen Sieg im Sechstagekrieg im Juni 1967 gespielt, in dem Israel in wenigen Tagen große Territorien einschließlich der Jerusalemer Altstadt erobert hatte. Nach diesem Krieg änderte sich die deutsche Stimmung und Politik gegenüber Israel grundlegend.[5] Deutsche Journalisten zeigten sich begeistert von Israels erfolgreichem »Blitzkrieg«.[6] Die ab 1969 regierende SPD erntete zwar Kritik von Seiten ihres linken Flügels und ihrer Jugend-

1 Primor, » *[...] Mit Ausnahme Deutschlands*«, S. 99.

2 *Die Welt* vom 16.7.1968.

3 »Vor jeder Diplomatie hat die Jugend das Eis gebrochen«, in: *Bonner Rundschau* vom 20.2.1968.

4 So berichtete das ZDF positiv über die Militärparade in Jerusalem vom 2.5.1968 zum 20-jährigen Bestehen des Staates und drei Wochen später ein weiteres Mal sehr positiv über die israelische Armee. Siehe unter anderem Sendereihe ISRAEL-WOCHE, 29.4.–6.5.1968, gesehen im Archiv des Bayerischen Rundfunks.

5 Vgl. Tom Segev, *1967. Israels zweite Geburt*, Bonn 2007.

6 Vgl. zum Beispiel »Blitzkrieg im Nahen Osten«, in: *Die Zeit* vom 9.6.1967, http://www.zeit.de/1967/23/blitzkrieg-im-nahen-osten; »Israels Blitzkrieg«, in: *Der Spiegel* vom 12.6.1967, http://www.spiegel.de/spiegel/print/d-46394367.html (letzter Zugriff: 20.4.2016).

organisation, denn die sozialdemokratische Jugend identifizierte sich als Teil der neuen Linken in den späten 1960er Jahren verstärkt mit dem palästinensischen Widerstand.[7] Trotzdem bezeichnete der israelische Historiker Shlomo Shafir die Beziehungen zwischen der SPD und ihrem israelischen Pendant, der Avoda-Partei, als gut; er sprach von einer »ausgestreckte[n] Hand«, die man sich reiche.[8] Shafir zufolge habe die SPD eine bedeutsame Rolle bei der historischen Wiederannäherung zwischen Deutschen und Israelis gespielt, beginnend mit dem Luxemburger Abkommen 1952, obwohl sie damals in der Opposition saß. Als die sozialdemokratische Partei die Regierung übernahm, kannten ihre Vertreter ihre israelischen Kollegen häufig schon seit vielen Jahren von den Zusammenkünften der Sozialistischen Internationale.[9] Shimon Peres, der in der israelischen Regierung jener Jahre verschiedene Ministerämter innehatte, schilderte sein gewachsenes freundschaftliches Verhältnis zu Brandt: »Brandt hatte eine tiefe Beziehung zum jüdischen Volk und zum Staat Israel, eine Beziehung, die ich fast religiös nennen möchte [...]. Unsere persönlichen Beziehungen wurden über die Jahre sehr eng. Brandt konsultierte mich oft in Angelegenheiten der Internationale.«[10]

Ab 1970 änderte sich die Besuchspolitik grundlegend. Die Außenminister und andere Bundesminister reisten nun erstmals in offizieller Funktion. Hans-Dietrich Genscher war während seiner Amtszeit fast jedes zweite Jahr in Israel, ebenso oft kam Jigal Allon, der israelische Außenminister, zwischen 1974 und 1977 zum Gegenbesuch nach Bonn. Beide hatten trotz politischer Meinungsverschiedenheiten eine gute persönliche Beziehung, die »Chemie stimmte«.[11] Nachdem sich im Jahr 1973 die Deutsch-Israelische Parlamentariergruppe gegründet hatte, fiel der Startschuss für diverse Reisen von Parlamentsabgeordneten und Bundestagspräsidenten. Zwischen der Aufnahme diplomatischer Beziehungen im Jahr 1965 und dem ersten offiziellen Staatsbesuch eines Bundeskanzlers sollten allerdings noch acht Jahre vergehen.

7 Vgl. Reinhard Renger (Hrsg.), *Die deutsche »Linke« und der Staat Israel*, Leipzig 1994. Darin: Yoram Kaniuk, »Anti-Israelismus in der deutschen Linken«, S. 115–126, und Amnon Neustadt, »Mit erhobenem Zeigefinger. Beobachtungen beim Jugend-Austausch«, S. 77–88.

8 Shlomo Shafir, *Yad mushetet. Ha Sozialdemokratim hagermanim ve ha jachasim le Jehudim ule'Israel*, Or Yehuda 1986, Zitat aus dem Hebräischen übersetzt von der Verfasserin.

9 Zu den Beziehungen zwischen der SPD und Israel vgl. Kristina Meyer, *Die SPD und die NS-Vergangenheit 1945–1990*, Göttingen 2015.

10 Shimon Peres, *Shalom. Erinnerungen*, Stuttgart 1995, S. 245.

11 Vgl. Gardner Feldman, *Germany's Foreign Policy*, S. 149 ff.

Kurt Georg Kiesinger hatte dieses Amt von 1966 bis 1969 inne, war aber wegen seiner nationalsozialistischen Vergangenheit in Israel unerwünscht.[12]

»Am 30.4. hat Ministerpräsident Eshkol in einem Interview auf die Frage, warum er nicht zu Adenauers Beerdigung gefahren sei, geantwortet: ›Wenn ich gefahren wäre, hätte ich mit dem neuen Bundeskanzler Kiesinger zusammentreffen müssen. Mir scheint, das ist nicht die passende Zeit dazu. Vielleicht wäre es besser, wenn das erste Treffen zwischen dem israelischen Regierungschef und dem deutschen Kanzler nicht auf deutschem Boden stattfinden würde.‹«[13]

Erst 1973, nach dem Wahlsieg der SPD, dem Regierungswechsel 1969 und vor allem seinem symbolischen Kniefall in Warschau im Dezember 1970, machte sich der neue Bundeskanzler und ehemalige Widerstandskämpfer Willy Brandt auf den Weg.[14] Die israelische Presse hob hervor, dies sei der erste Staatsbesuch eines deutschen Regierungschefs seit Kaiser Wilhelms Reise nach Palästina im Jahr 1898.[15] Schon 1966, in seiner Zeit als Außenminister, hatte Willy Brandt seine neue Vorstellung einer »Ostpolitik« zu formulieren begonnen.[16] Als zu Beginn der 1970er Jahre durch die Verteuerung des Rohöls in der sogenannten Ölkrise die Handelskontakte zu den arabi-

12 Kiesinger war bereits 1933 in die NSDAP eingetreten und hatte während des Nationalsozialismus eine politische Karriere in der Rundfunkabteilung des Auswärtigen Amtes gemacht. Vgl. Philipp Gassert, *Kurt Georg Kiesinger 1904–1988. Kanzler zwischen den Zeiten*, München 2006, S. 69 ff. Gassert kommt zu dem Schluss, dass Kiesinger trotz seines Opportunismus kein überzeugter Nationalsozialist gewesen sei, und reiht ihn ein in die bekannte personelle Kontinuität der Elite der Bundesrepublik mit dem »Dritten Reich«, S. 10 ff., S. 745 ff.

13 Eshkol zitiert im Schreiben der Deutschen Botschaft in Tel Aviv an das Auswärtige Amt, 9.5.1967, PA AA, B 130, Bd. 2567A.

14 Es ist in der historischen Forschung umstritten, ob Willy Brandts berühmter Kniefall tatsächlich eine spontane Geste des Respekts und der Rührung gewesen ist oder eine geplante Aktion, die auf Medienwirksamkeit zielte. Die Signalwirkung als Symbol der deutschen Schuldanerkennung und der Versöhnung ist allerdings unumstritten. Vgl. Christoph Schneider, *Der Warschauer Kniefall. Ritual, Ereignis und Erzählung*, Konstanz 2006.

15 Vgl. Jan Stefan Richter, *Die Orientreise Kaiser Wilhelms II. 1898 – Eine Studie zur deutschen Außenpolitik an der Wende zum 20. Jahrhundert*, Hamburg 1997.

16 Zu Brandts Ostpolitik und ihrer Einordnung in innen- und außenpolitische Zusammenhänge vgl. zum Beispiel Carole Fink (Hrsg.), *Ostpolitik 1969–1974. European and Global Responses*, Cambridge 2010; Stefan Creuzberger, *Westintegration und Neue Ostpolitik. Die Außenpolitik der Bonner Republik*, Berlin 2009; Wolfgang Schmidt, »Die Wurzeln der Entspannung. Der konzeptionelle Ursprung der Ost- und Deutschlandpolitik Willy Brandts in den fünfziger Jahren«, in: *Vierteljahrshefte für Zeitgeschichte*, Jg. 51 (2003), H. 4, S. 521–563.

schen Staaten des Vorderen Orients für den Westen noch wichtiger wurden, stand die nächste Prüfung für die deutsch-israelischen Beziehungen bevor. Auch nachdem die Hallstein-Doktrin aufgegeben worden war, waren sie stets in die Gemengelage des Kalten Krieges eingebunden. Die zehn arabischen Staaten, die die Beziehungen zu Westdeutschland 1965 als Protest gegen die offizielle Anerkennung Israels abgebrochen hatten, nahmen sie zwar kurze Zeit später wieder auf, doch das Verhältnis blieb fragil.

Mit der neuen deutschen Machtstellung der Bundesrepublik innerhalb Europas änderte sich das Auftreten der deutschen Repräsentanten in Israel: Hatten die privaten Reisen in den Sechzigerjahren noch bußeähnliche Züge getragen, so wollte man nun vornehmlich die eigene außenpolitische Position »darstellen« und »erklären«, wie es im Jargon der Beamten des Auswärtigen Amtes hieß. Während Brandt einerseits vor dem Hintergrund seiner Politik des »Wandel[s] durch Annäherung« im Osten Europas in Israel noch demütige Töne anschlug, bereitete er andererseits schon den Boden für eine neue »ausgewogene Nahostpolitik« vor.

Die israelische Regierung geriet so zunehmend in die Lage eines Bittstellers; ihr Ziel war es, mit Hilfe Deutschlands eine Assoziierung an die Europäische Wirtschaftsgemeinschaft (EWG) zu erwirken. Mit diesem Schritt strebte sie günstige Zollgebühren auf Exporte nach Europa und diplomatische Beziehungen und damit freien Handel mit allen Staaten der Europäischen Gemeinschaft, insbesondere jenen des Mittelmeerraums, an. Besonders Italien wehrte sich dagegen wegen der befürchteten Konkurrenz auf dem Markt für Zitrusfrüchte. Der Status der privilegierten Mitgliedschaft wurde Israel erst 1994 zuerkannt. Grundsätzlich waren auch nach der Adenauer-Ära die Bundesregierung und das Auswärtige Amt im Konflikt miteinander, wie mit dem »Nahostproblem« umzugehen sei.[17] Das Auswärtige Amt achtete sehr viel stärker darauf, die wirtschaftlichen und politischen Beziehungen zu den arabischen Staaten nicht zu gefährden, und erwies sich, wie den Berichten und anderen Papieren über die deutsch-israelischen Beziehungen zu entnehmen ist, meist als höchst unsensibel in Bezug auf das von historischer Schuld belastete Verhältnis zum jüdischen Staat.

Nur knapp zwei Jahre nach Brandts Staatsbesuch kam Jitzchak Rabin, Ministerpräsident der israelischen Avoda-Partei, im Juli 1975 offiziell in die

17 Vgl. zu den Auseinandersetzungen innerhalb des Auswärtigen Amtes auch Eckhart Conze, Norbert Frei, Peter Hayes, Moshe Zimmermann (Hrsg.), *Das Amt und die Vergangenheit. Deutsche Diplomaten im Dritten Reich und in der Bundesrepublik*, München 2010, S. 579 ff.

Bundesrepublik und besuchte Bergen-Belsen, Berlin und Bonn.[18] Parlamentarische Delegationen und Außenministerreisen begannen ab 1969 beziehungsweise 1970 und nahmen im Laufe des Jahrzehnts an Häufigkeit zu.

1. »Ausgewogene Nahostpolitik« statt »einseitiger Vergangenheit«

1.1. Kampf um den Altstadtbesuch – Ludwig Erhard auf Privatbesuch

Ludwig Erhard hatte im März 1965 im Alleingang Israel diplomatische Beziehungen angeboten, das Land jedoch nie besucht. Ein Jahr nach seinem Rücktritt im November 1966 entschloss er sich, die Einladung der israelischen Regierung anzunehmen.[19] Obwohl er bereits aus dem Amt geschieden war, bereitete das Bundeskanzleramt, in Absprache mit Staatssekretär Klaus Schütz vom Auswärtigen Amt, die Reise vor.[20] Nach außen hin galt der Besuch zwar als privat: »Sollten Sie auf Israel-Aufenthalt Prof. Erhard angesprochen werden, werden Sie gebeten, strikt privaten Charakter der Reise zu unterstreichen«, schrieb der Referent Walter Gehlhoff aus dem Auswärtigen Amt vorsichtshalber an die deutschen Botschaften in der arabischen Welt.[21] Praktisch sollte sie jedoch »nach allen Regeln des offiziellen Protokolls abgewickelt« werden.[22] Konrad Adenauer bemerkte in einem Interview, Erhards Besuch laufe darauf hinaus, »Öl ins Feuer zu schütten«. Er würde ihn »zur Zeit für schlecht halten. Dadurch würde nämlich die ganze Araber-Gesellschaft wieder hochgehen und das ist weder gut für Israel noch ist es gut für uns. [...] Also wenn ich da hingegangen wäre, glaube ich, würden die Araber sagen: Naja, der hat das Ganze gemacht, der will nun mal sehen, wie das da aussieht, das kann man verstehen. Aber Erhard hat das doch nicht gemacht!«[23]

18 »Rabins Reihenfolge: Bergen-Belsen, Berlin, Bonn«, in: *Die Welt* vom 7.7.1975.

19 »Erhard und seine Frau kommen am 30. Oktober«, in: *Jedioth Achronoth* vom 18.9.1967, übersetzt von der Verfasserin.

20 »Erhard spricht mit Eshkol über die EWG«, in: *FAZ* vom 18.9.1967.

21 Schreiben Gehlhoff an die Deutschen Botschaften, PA AA, B 36, Bd. 297.

22 »Erhard reist nach Israel«, in: *FAZ* vom 17.10.1967.

23 Adenauer im Interview mit Alfred Wolfmann, 17. März 1966, in: Morsey, Schwarz (Hrsg.), *Adenauer*, Bd. 2, Dokument Nr. 343, S. 169 f.

Die deutschen und israelischen Vertreter stritten sich hauptsächlich über zwei Punkte: Erstens befürchtete das Auswärtige Amt, Erhards Besuch der Heiligen Stätten im *de facto* israelisch annektierten, ehemals jordanischen Teil der Altstadt Jerusalems könnte die als »traditionell gut« bezeichneten deutsch-arabischen Beziehungen gefährden. Auch die Nahostreferenten Alexander Bocker und Walter Gehlhoff verfassten eilig Papiere, in denen sie den gegenwärtigen Zeitpunkt als »besonders günstig« analysierten,[24] um die seit 1965 fragilen Beziehungen zur arabischen Welt wieder zu verbessern, und deshalb von einem Besuch des Altkanzlers in Israel abrieten. Und die Sozialdemokraten Carlo Schmid und Helmut Schmidt forderten, Erhard müsse dringend einen Affront gegen »die Araber« vermeiden.[25]

In den vielzähligen Telegrammen, die Bonn und Jerusalem in den Wochen vor dem Besuch wechselten, übte Levi Eshkol Druck auf Willy Brandt aus, indem er zehn hochrangige westliche Politiker aufzählte, die die »neue« Altstadt besucht hätten und die Bedenken Bonns offenkundig nicht teilten. Falls Erhard sich weigern sollte, dieses Gebiet zu betreten, würde das zwangsläufig »das Verhältnis trüben«. Der israelische Botschafter Asher Ben Natan bestand auf Erhards Besuch in der Altstadt Jerusalems und den jüngst besetzten Gebieten: »So groß werden Sie Israel nie wieder sehen.«[26] Falls Erhard tatsächlich die Altstadt aussparen wolle, signalisierte die israelische Botschaft, wäre die »israelische Regierung ihm dankbar, wenn er seinen Besuch verschöbe«.[27] Auch der Gesandte Avner Idan der israelischen Botschaft in Bonn »brachte sein Erstaunen zum Ausdruck, daß das Auswärtige Amt dem Altbundeskanzler Erhard vom Besuch der Heiligen Stätten abriet. Dies [müsse] als Demonstration gegen Israel gewertet werden.«[28] Willy Brandt nahm schließlich die Verantwortung auf sich und genehmigte den Altstadtbesuch unter der Voraussetzung, dass Erhard »die heiligen Stätten als Christ wie ein Tourist besuchen« würde, nur begleitet von kirchlichen Vertretern.[29] So ließ Erhard gleich für die ersten Tage Besichtigungen der Geburtskirche Jesu in Bethlehem und der Grabeskirche in der Altstadt Jerusalems auf das Programm setzen.

24 PA AA, B 36, Bd. 297.

25 »Erhard-Reise. Wort zum Sonntag«, in: *Der Spiegel* vom 6.11.1967, http://www.spiegel.de/spiegel/print/d-46209367.html (letzter Zugriff: 20.4.2016).

26 Beide Male zitiert nach ebd.

27 Schreiben Israelische Botschaft an das Auswärtige Amt, 27.10.1967, PA AA, B 130, Bd. 2567A.

28 Avner Idan zitiert im Schreiben aus dem Auswärtigen Amt an Pauls, 25.10.1967, ebd.

29 »Brandt an die Botschaft Tel Aviv«, 3.11.1967, in: *AAPD*, 1967, Dokument Nr. 382.

Der zweite heikle Punkt seiner Reise war das Anliegen der israelischen Seite, mit deutscher Hilfe die Assoziierung an die Europäische Wirtschaftsgemeinschaft auf den Weg zu bringen. Das deutsche Auswärtige Amt wollte den absehbaren Konflikt mit den europäischen Partnern lieber umgehen und wählte eine Verzögerungstaktik, die die israelischen Gesandten durchaus als solche wahrnahmen. Botschafter Ben Natan kritisierte in einem Schreiben an das Auswärtige Amt, dass dieses »eine ganze Nacht mit New York telefoniert [habe], um zu verhindern, daß Bundesminister Schiller das Wort ›Assoziierung‹ in den Mund nimmt«.[30] Die assoziierte Mitgliedschaft Israels wurde dennoch zum wichtigsten Thema bei Erhards Besuch.[31]

Offizieller Anlass für Erhards Reise war, wie im Fall Adenauers, die wissenschaftliche Ehrung durch das Weizmann-Institut.[32] Der Altkanzler reiste nur in Begleitung seiner Frau Luise, seines Privatsekretärs und zweier Sicherheitspolizisten. Bei seiner Ankunft auf dem Flughafen Lod nahm Botschafter Rolf Pauls ihn beiseite und gab ihm zu verstehen, dass sein Besuch in der Altstadt wegen der Verstimmungen im Vorfeld nicht für den Anfang, sondern erst für den vorletzten Tag seiner Reise eingeplant werden konnte. Da die Deutschen eine offizielle israelische Begleitung abgelehnt hatten, hatte die israelische Seite kaum noch Interesse daran, diesen Besuch ins Licht der Öffentlichkeit zu rücken. Sie empfand die Absage als Degradierung. Vor allem lief sie ihrem Wunsch nach Legitimierung des Status der annektierten Altstadt durch den Besuch eines ranghohen Deutschen zuwider.

Bei seiner Ankunft wurde Erhard am Flughafen von Staatspräsident Salman Shasar auf Deutsch begrüßt.[33] Shasar wurde als Schneiur Salman Rubaschow 1889 in Minsk geboren und fühlte sich schon in seiner Jugend zur deutschen Kultur und Sprache hingezogen. Vor dem Ersten Weltkrieg studierte er an drei deutschen Universitäten, in Freiburg, Straßburg und Berlin. Genau wie Ludwig Erhard war er Schüler von Franz Oppenheimer gewesen, darüber tauschten die beiden Erinnerungen aus.[34] Mit ihm wie mit Levi Eshkol sprach Erhard Deutsch. Seine Erwiderungsrede beim Empfang zu Ehren

30 Schreiben Ben Natan an das Auswärtige Amt, 16.10.1967, PA AA, B 130, Bd. 2567A.

31 »Die EWG-Frage im Mittelpunkt der Gespräche Erhards in Jerusalem«, in: *Die Welt* vom 2.11.1967.

32 Vgl. Weingardt, *Israel- und Nahostpolitik*, S. 191.

33 »Nichts mehr von Prügelszenen«, in: *Bonner Rundschau* vom 4.11.1967.

34 »Erhard meidet die Hebräische Universität«, in: *FAZ* vom 2.11.1967.

des Gastes trug Eshkol zwar auf Hebräisch vor, danach setzten sie die Unterhaltung allerdings »zwanglos und selbstverständlich« auf Deutsch fort.[35]

In Jerusalem angekommen, legte Erhard gemeinsam mit Bürgermeister Teddy Kollek den Grundstein für das Martin-Buber-Institut – dabei sprachen Nahum Goldmann, Professor Amiram und Teddy Kollek Deutsch, wohingegen »Prof. [Rolf] Rendtorff (Heidelberg) seinen Vortrag für die deutsche Delegation in fließendem Hebräisch hielt«.[36] Kollek sprach Wienerisch, »mit österreichischem Charme und Schmelz in der Stimme«, wie der deutsche dpa-Korrespondent Küstermeier beeindruckt schrieb. Der Wiener Jude Kollek war 1934 nach Palästina geflohen und seit 1965 Bürgermeister von Jerusalem. Nach 1967 feierte ihn die Stadt als »Bürgermeister der Jerusalemer Einheit«. Erhards Anwesenheit rief, anders als Adenauers Besuch, in Israel kaum Proteste hervor, und so berichtete der Korrespondent, »die Aufnahme, die Professor Erhard in Israel gefunden hat, ist ein neuer Beweis dafür, wie sehr sich die Einstellung der Israelis zu Deutschland neuerdings gewandelt hat. Als vor eineinhalb Jahren Konrad Adenauer in Israel war, gab es noch lautstarke Demonstrationen und Prügeleien, bei Erhards Besuch hat sich bisher nichts dergleichen ereignet. Im Gegenteil, er ist in Jerusalem überall dort, wo er erkannt wurde, beklatscht worden.«[37] Beim feierlichen Abendessen im King David Hotel in Jerusalem am Abend des 31. Oktober war die hierarchische Sitzordnung zwar protokollgemäß, jedoch der »typisch israelische Einschlag […] schon daran zu erkennen, daß auch bei dieser festlichen Gelegenheit die Herren nicht im Smoking und die Damen nicht in großen Abendtoiletten gekommen waren«.[38]

Als Zeichen für die insgesamt lockerere Atmosphäre werteten Teile der deutschen Presse die Geste des Haifaer Bürgermeisters Abba Chushi, der Erhard direkt nach dessen Ankunft in Haifa in seinem Hotel auf dem Karmelberg aufsuchte. Noch zwei Jahre zuvor hatte Chushi es abgelehnt, Adenauer zu begrüßen.[39] Diese positive Rezeption war jedoch nicht ungebrochen, denn in Yad Vashem verteilten Überlebende Flugblätter gegen den

35 »Wiedersehen Erhards und Eshkols nach sieben Jahren«, in: *FAZ* vom 1.11.1967.

36 »Nichts mehr von Prügelszenen«, in: *Bonner Rundschau* vom 4.11.1967. Rolf Rendtorff (1925–2014) war Theologe und ab 1970 Rektor an der Universität Heidelberg. Vgl. Rolf Rendtorff, *Kontinuität im Widerspruch. Autobiographische Reflexionen*, Göttingen 2007.

37 »Nichts mehr von Prügelszenen«, in: *Bonner Rundschau* vom 4.11.1967.

38 »Auch bei den Tischreden wird nichts beschönigt«, in: *FAZ* vom 1.11.1967.

39 *Die Welt* vom 3.11.1967.

deutschen Altkanzler.[40] Und um turbulente und gewalttätige Zusammenstöße wie im Jahr zuvor zu vermeiden, hatte der Rektor der Hebräischen Universität Erhard, aus vorgeblich organisatorischen Gründen, gebeten, von einer Rede auf dem Campus besser abzusehen.[41] Auch gab es im Gegensatz zum Vorjahr »scharfe Sicherheitsmaßnahmen«, das Programm wurde immer nur »für einen Tag bekanntgegeben, um die Vorbereitung von Gegenaktionen zu erschweren. Nachdem die ersten Tage vergangen sind, glaubt jedoch niemand mehr, daß irgendwelche Gefahren bestehen, die Israelis haben begonnen, sich an prominente deutsche Besucher zu gewöhnen.«[42]

Nach Bethlehem in die besetzten Gebiete wagte sich Erhard wegen der Warnungen der Diplomaten aus arabischen Ländern dann doch nicht – diesen von den Israelis gewünschten sogenannten »Sympathiebesuch« unternahm seine Frau Luise allein, im Militärjeep.[43]

Eine Schilderung der Reise aus Erhards Sicht liegt nicht vor. Anders als Theodor Heuss hinterließ der Pragmatiker Erhard keine Memoiren. Seine relative Unbekümmertheit angesichts der Sorgen der Nahostreferenten im Auswärtigen Amt lässt sich damit erklären, dass wirtschaftliche Fragen bei ihm im Fokus der Aufmerksamkeit standen und ihn gegenüber anderen außenpolitischen Erwägungen unsensibler machten.[44] Die insgesamt freundliche Begrüßung verdankte Erhard seinen Verdiensten um die Aufnahme deutsch-israelischer diplomatischer Beziehungen, die er, wie die *Jedioth Achronoth* würdigend schrieb, sogar um den Preis des Abbruchs der Beziehungen zu den arabischen Staaten im Jahr 1965 durchgesetzt hatte.[45] Der Wandel zu einer insgesamt positiven Stimmung in der israelischen Gesellschaft war nicht zuletzt der weitgehend unterstützenden Haltung der deutschen Bevölkerung nach dem Sechstagekrieg zu verdanken.[46] Die skeptische

40 »Der Exkanzler im Zelt, ›Erinnere‹ [jiscor]«, in: *Jedioth Achronoth* vom 1.11.1967, übersetzt von der Verfasserin.

41 »Besuch Erhards in der Universität abgesagt. Angst vor Demonstrationen«, in: *Jedioth Achronoth* vom 3.11.1967, übersetzt von der Verfasserin.

42 »Nichts mehr von Prügelszenen«, in: *Bonner Rundschau* vom 4.11.1967.

43 »Erhard-Reise: Wort zum Sonntag«, in: *Der Spiegel* vom 6.11.1967.

44 Andreas Schirmer im Interview mit der Verfasserin, Ludwig-Erhard-Stiftung, Dezember 2013, Bonn.

45 »Vater des Wirtschaftswunders glaubt nicht an Wunder«, in: *Jedioth Achronoth* vom 30.10.1967, mit einer Karikatur des zigarrerauchenden Erhard, übersetzt von der Verfasserin.

46 So schreibt die *FAZ* ganz unkritisch, das Leben in den Gebieten beginne sich zu normalisieren, die Israelis richteten sich auf einen längeren Aufenthalt in Gaza ein, und die palästinensischen Bewohner kooperierten mit der Militärregierung. Zwei Jahre später

israelische Presse gab allerdings zu bedenken, es sei völlig unklar, wie lange diese Stimmung in Deutschland anhalte.[47]

Der umstrittene Besuch der Jerusalemer Altstadt blieb auch in den folgenden Jahren Kristallisationspunkt einer Debatte, in der beide Seiten ihre politischen Interessen gewahrt wissen wollten: Der israelischen Regierung lag daran, durch offizielle Besuche ausländischer Politiker den Status der annektierten Altstadt zu legitimieren, die Bundesregierung und insbesondere das Auswärtige Amt hingegen achteten streng darauf, sie lediglich in einem privaten Rahmen stattfinden zu lassen, um im Interesse ihrer ausgewogenen Nahostpolitik die arabischen Regierungen nicht zu verärgern.

1.2. Zum ersten Mal in Deutschland – Die Knessetdelegation 1969

»Nach ungeschriebenem israelischen Gesetz ist es nach wie vor höchstpersönliche Gewissensentscheidung jedes einzelnen Israeli, ob er nach Deutschland reise«,[48] schrieb der deutsche Botschafter Karl Hermann Knoke am 25. Juli 1969 an das Auswärtige Amt, mit Einladungen müsse man daher vorsichtig sein. Knoke war Jurist, der erst nach dem Nationalsozialismus Karriere gemacht und 1968 Pauls im Amt abgelöst hatte. Der Deutsche Bundestag sprach trotz dieser zur Vorsicht mahnenden Worte eine offizielle Einladung an die Knesset aus. Kurz vor dem Abflug aus Tel Aviv erklärte der Delegationsleiter David Ha Cohen, der »Nazi-Terror gegen die Juden« sei zwar unvergessen, doch die Zeit gebiete einen solchen »Höflichkeitsbesuch« in Deutschland, schließlich habe das deutsche Volk Israel in seinem »Kampf« 1967 unterstützt. So landete die erste Gruppe israelischer Abgeordneter im November 1969 in Bonn, für einige von ihnen bedeuteten die Besuche in verschiedenen deutschen Städten eine Rückkehr in die alte Heimat. In Wiesbaden angekommen, fuhr der Abgeordnete Moshe Unna allein nach Mannheim und suchte dort in seiner alten Straße vergeblich nach seinem Elternhaus.[49] Baruch Azania, geboren als Baruch Eisenstadt in der Nähe von

betont die Springer-Presse zwar noch die »moralische Last«, die Israel in seiner Rolle als Besatzungsmacht empfinde, berichtet aber, dass die Illusion auf beiden Seiten schwinde und der Terror beginne (*Die Welt* vom 3.4.1969).

47 »Auf dünnem Seil«, in: *Jedioth Achronoth* vom 28.9.1967, übersetzt von der Verfasserin.

48 Karl Hermann Knoke, Tel Aviv, an das Auswärtige Amt, 25.7.1969, PA AA, B 130, Bd. 2567A.

49 Moshe Tavor, »Das Elternhaus stand nicht mehr«, in: *FAZ* vom 30.11.1969.

Minsk und in Königsberg aufgewachsen, kam nach mehr als 30 Jahren wieder an die Spree und konnte den »seelischen Ballast« nicht abschütteln. Als die Gruppe das ehemalige Gebäude der Zionistischen Vereinigung besichtigte, mochte er es nicht betreten. Hingegen lobte der Abgeordnete Josef Tamir, zum ersten Mal in Deutschland, das Land und insbesondere die Weinprobe am Rhein.[50]

Bundespräsident Gustav Heinemann und Bundeskanzler Willy Brandt ehrten die erste Delegation jeweils mit einem Empfang. Ludwig Rosenberg, der Vorsitzende des Deutschen Gewerkschaftsbundes, begrüßte die israelischen Kollegen im Hans-Böckler-Haus des Deutschen Gewerkschaftsbundes mit den Worten, sie seien »im Hause von Freunden, die sich Israel und seiner Gewerkschaftsbewegung durch Erfahrungen und Schicksal eng verbunden fühlen«. In seiner Antwortrede lobte Ha Cohen die deutschen Gewerkschaften als Vorkämpfer für ein demokratisches Deutschland und Völkerverständigung.[51] Inhaltlich bemühten sich die Knessetdelegierten darum, die Assoziierung Israels an die Europäische Wirtschaftsgemeinschaft voranzubringen, und übten Kritik an der zweiten Runde der Verjährungsdebatte im Bundestag, die 1969 geführt wurde.[52] Die deutsche Seite setzte sich für die Intensivierung der Kulturbeziehungen ein. »Mit Vergnügen« nahm die Bundesregierung zur Kenntnis, dass »praktisch keine Hindernisse mehr für den kulturellen Austausch auf allen Gebieten bestehen«.[53] Dieser Optimismus sollte sich zwei Jahre später bei der Planung der »deutschen Kulturwoche« nicht bestätigen.

1.3. Der Intellektuelle in Dachau – Abba Eban in Deutschland

Eine »gespenstische Szene« mit »kaltem Wind« spielte sich Ende Februar 1970 in der Gedenkstätte des ehemaligen Konzentrationslagers Dachau ab: »Dachau war wieder umstellt von schußbereiten Posten, diesmal um den israelischen Außenminister Abba Eban vor Terror zu schützen«,[54] schrieb der begleitende Journalist Rudolf Grosskopf. Auf dem Gelände der Gedenkstät-

50 Ebd.

51 Beide Zitate dpa-Meldung vom 21.11.1969, zitiert nach PA AA, B 130, Bd. 2567A.

52 Zu den Verjährungsdebatten im Bundestag vgl. Reichel, *Vergangenheitsbewältigung*, S. 182 ff.

53 Gesprächsprotokoll, zitiert nach PA AA, B 130, Bd. 2567A.

54 »Schweigend sah Abba Eban auf die Bilder des Schreckens«, in: *Die Welt* vom 22.2.1970.

te sei besonders deutlich zu spüren, dass »die Schatten vergangener und gegenwärtiger Bedrohung des jüdischen Volkes der gemeinsamen Rückschau auf 15 Jahre israelisch-deutscher Beziehungen in Bonn alles Beiläufig-Unverbindliche nehmen [müssen], das Staatsvisiten gelegentlich an sich haben«.[55] Der erste israelische Außenminister, der Deutschland in dieser Funktion besuchte, wurde in Bonner Regierungskreisen der »mit Abstand intellektuellste [...] Kopf im israelischen Kabinett« genannt: Eban, als Aubrey Solomon Eban 1915 in Südafrika geboren, hatte in den 1930er Jahren an der Universität Cambridge die klassischen Sprachen Latein, Griechisch, Arabisch, Persisch, Hebräisch und Assyrisch studiert.[56] Doch bemerkten die Staatssekretäre in ihrem vorbereitenden Papier, obwohl Eban »mehrere orientalische und alle wichtigen Sprachen der westlichen Welt« beherrsche, mache er »von seinen deutschen Sprachkenntnissen [...] Deutschen gegenüber in der Regel keinen Gebrauch«.[57] Als Ehrendoktor zahlreicher Universitäten habe er »die Weltöffentlichkeit durch seine Eloquenz, seinen analytischen Verstand, seine umfassende Bildung und nicht zuletzt durch seine ausgewogene Sachlichkeit immer wieder überzeugt«,[58] lobte auch die Presse. Im Staat Israel begann Ebans Karriere ab 1949 als Knessetabgeordneter der Avoda-Partei, ab 1952 diente er als Botschafter in Washington, und seit 1966 war er Außenminister. Es war die erste Deutschland-Reise Ebans in seinem Amt, nur einmal zuvor, gemeinsam mit Ben Gurion, hatte er deutschen Boden betreten. Im April 1967 waren sie mit zwei weiteren Ministern aus Tel Aviv zu Adenauers Begräbnis angereist und hatten bei hochsommerlichen Temperaturen eine weite Strecke am Rhein entlang zu Fuß vom Hotel zum Friedhof zurückgelegt – es war ein Feiertag des Pessachfestes.

In der Vorbereitung auf den Besuch machte die Protokollabteilung des Auswärtigen Amtes zum üblichen Geschenkaustausch den Vorschlag, Bundeskanzler Brandt solle Eban einen Wandteller aus Meissener Porzellan oder das Service »Brühlsches Allerlei« schenken. Eban werde »antike Gegenstände mitbringen, und zwar ein archäologisches Glas, von Ausgrabungen stammend, oder antike Leuchter«.[59] Den Besuch einer Gedenkstätte hatte sie

55 »Verstärkter Schutz für Abba Eban«, in: *Frankfurter Rundschau* vom 23.2.1970.

56 »Kurze Charakteristik des israelischen Außenministers Abba Eban«, erstellt durch die Staatssekretäre im Auswärtigen Amt, PA AA, Zwischenarchiv, Bd. 152535.

57 Ebd.

58 »Zum ersten Mal offiziell in Bonn. Israels Außenminister Abba Eban«, Georg Gussmann, 20.2.1970, PA AA, B 8, Bd. 1116.

59 Schwarzmann aus der Protokollabteilung an das Bundeskanzleramt, 18.2.1970, ebd.

nicht vorgesehen. Daher ließ Eban selbst durch Botschafter Knoke vermitteln, er wolle gern »namhafte Gedenkstätten (zum Beispiel Bergen Belsen)« besuchen und sei bereit, dafür einen »halben Tag früher« anzureisen.[60] Seine Entscheidung fiel dann auf Dachau. Im Interview sagte Eban, »die Tatsache allein, daß meine Deutschlandreise von einem Besuch im Todeslager eingeleitet wird, genügt, um zu veranschaulichen, wie spezifisch dieses Gewebe von Beziehungen ist«.[61] Er fühle sich aber verpflichtet festzustellen, »daß kein offizieller Vertreter Deutschlands je versucht hat, diesen Hintergrund zu ignorieren, wenngleich auch alle natürlicherweise ihre Blicke in die Zukunft richten möchten«. Der Auftakt der Reise in Dachau war daher ein bewusstes Zeichen, das Abba Eban klug gewählt hatte. Auf die Frage nach praktischen Forderungen im Gepäck gab er zu:

»Wir wollen, daß jeder Staat die Friedens- und Sicherheitstendenzen Israels begreift. Deutschland ist zwar kein Mitgliedstaat der UNO, […] hält [aber] eine starke Position in Europa. […] Über jede zweckmäßige Erwägung hinaus lege ich großen Wert bei der Begegnung mit diesem Volk und insbesondere mit seiner Jugend, da sich eine solche Gelegenheit bietet, über Israel, seine Geschichte und seine Bestrebungen zu erzählen.«[62]

Ein hebräisches, als geheim klassifiziertes Dokument aus dem israelischen Außenministerium nennt drei Motive für den Deutschland-Besuch: Das erste Anliegen sei, die von deutscher Seite vielfach gebrauchte Formel der »Normalisierung« zurückzuweisen. Zweitens solle Eban auf verstärkter Wirtschaftshilfe bestehen und drittens die Einbindung in den europäischen Markt und Handelsbeziehungen zu Frankreich auf den Weg bringen. Darüber hinaus möge er Druck auf die Deutschen ausüben, stärker als bisher im »israelisch-arabischen Konflikt« eine Vermittlerrolle zu übernehmen.[63] Kulturbeziehungen hingegen, ein großes Anliegen der deutschen Regierung, wollte der israelische Botschafter Yohanan Meroz aus den Besprechungen ausklammern: »[E]s kann sein, dass wir es nicht verhindern können, dass die Gegenseite es anspricht. Aber wir sollten ihnen klarmachen, dass es hier so schnell nicht zu einer Änderung und Umsetzung kommt.«[64] Und er stellte

60 Schreiben aus Tel Aviv an das Auswärtige Amt, ebd.

61 Eban zitiert in deutscher Übersetzung aus einem Interview mit *Maariv*, Fernschreiben aus Tel Aviv, 14.2.1970, ebd.

62 Ebd.

63 ISA 5960/4 חץ, übersetzt von der Verfasserin.

64 Brief Meroz an das Israelische Außenministerium, ISA 5960/4 חץ.

klar: »Wir sind sehr viel mehr interessiert an einem Meinungsaustausch über Osteuropa als über den Mittleren Osten.«[65]

Mitte Januar berichtete der *Spiegel*, Eban habe sich selbst eingeladen und die Bundesregierung damit in Verlegenheit gebracht. Die deutsche Botschaft dementierte sofort: »Kreise des [israelischen] Außenministeriums erklärten, die Meldung sei aus der Luft gegriffen.«[66] Vom 22. bis 25. Februar 1970 hielt sich Eban mit fünf Begleitern und zwei Botschaftsangehörigen in Deutschland auf. Am Flughafen München-Riem wurde er von Botschafter Knoke und dem bayerischen Ministerpräsidenten Franz Heubl begrüßt.[67] Nur zwölf Tage zuvor war im Transitbereich des Flughafens ein Blutbad angerichtet worden, als bei der geplanten Entführung einer israelischen Passagiermaschine durch palästinensische Attentäter ein Israeli durch Handgranaten starb und zehn weitere, darunter die berühmte Schauspielerin Hanna Maron, schwer verletzt wurden.[68]

Die protokollgemäß vorgesehene Presseerklärung Ebans wurde aus Angst vor Anschlägen auf dem in der Dunkelheit unübersichtlichen Rollfeld in die Kellerräume des Hotels Königshof verlegt, in das Eban eiligst gebracht wurde. Am nächsten Morgen flog die Delegation aus Sorge um ihre Sicherheit im eigenen Hubschrauber nach Dachau, obwohl die Gedenkstätte vor den Toren Münchens gelegen ist.[69] Das Protokoll hatte angesichts des gleichzeitigen Besuchs des jordanischen Regierungschefs in München angeordnet, Botschafter Knoke möge sich zurückhalten:

»Damit nicht der Eindruck entsteht, daß ein Vertreter der Bundesrepublik Abba Eban während seines gesamten Aufenthaltes in München begleitet und er somit mit größeren Ehren behandelt wird als der Jordanische Ministerpräsident Talhouni, darf ich vorschlagen, daß Sie ihn lediglich nach Dachau begleiten, an dem übrigen Programm des Gastes in München aber nicht teilnehmen.«[70]

In der Münchner Innenstadt waren am Tag von Ebans Ankunft Sprechchöre zu hören: »Zionismus ist Faschismus!«[71] – ein Bulletin der Sammlung

65 Ebd.

66 Fernschreiben der deutschen Botschaft aus Tel Aviv an das Auswärtige Amt, 12.1.1970, PA AA, B 8, Bd. 1116.

67 »Programm für den Besuch Seiner Exzellenz des Außenministers des Staates Israel Herrn Abba Eban im Freistaat Bayern«, 22.2.1970, PA AA, B 8, Bd. 1116.

68 Lagebericht »Innere Sicherheit«, 11.2.1970, ebd.

69 Chef des Protokolls, Bonn, 16.2.1970, ebd.

70 »Notiz für Herrn MD Dr. Frank«, 3.2.1970, gez. Rhaum, ebd.

71 »Verstärkter Schutz für Abba Eban«, in: *Frankfurter Rundschau* vom 23.2.1970.

antizionistischer Juden proklamierte: »[E]r lud sich selber ein!« Sie wetterte in ihrem Flugblatt gegen die deutsche Unterstützung des »Unrechtsstaates Groß-Israel«.[72] Auch 300 Araber und »marxistische deutsche Studenten« demonstrierten gegen den Besuch des israelischen Außenministers. Wie schon beim Deutschland-Aufenthalt des Justizministers Shapiro im August 1971 waren »extrem hohe Sicherheitsvorkehrungen« getroffen worden,[73] weil »palästinensische Widerstandsgruppen die Entführung prominenter israelischer Politiker und Diplomaten oder Anschläge [erwogen]«.[74] Die israelische Tageszeitung *Maariv* ging in ihrer Berichterstattung vor allem auf die umfangreichen Sicherheitsmaßnahmen in München und Dachau ein.[75] Die deutschen Sicherheitsbehörden zeigten sich unzufrieden, dass die israelische Seite offenbar von höherer Stelle so genau über die Planungen auf dem Laufenden gehalten wurde:

»Daß aber Vertreter dieses Landes auch bei allen internen Erörterungen zugegen sind und so bis in Detail darüber unterrichtet werden, welche Maßnahmen im allgemeinen und gegen bestimmte Personengruppen ergriffen werden sollen und wie der gesamte Sicherheitsapparat funktioniert, erscheint bemerkenswert. Insbesondere aber fällt auf, daß wir gegenüber den Vertretern des Landes, aus dem der Staatsgast kommt, erkennen lassen, für wie gefährdet wir den Staatsgast halten. [...] Kontakte sollten doch möglich sein, ohne diesen Einblick zu gewähren – aus Gründen der ›Selbstanerkenntnis‹.«[76]

Obwohl tatsächlich zunächst keine offizielle Einladung durch Willy Brandt vorgelegen hatte, erwies der Kanzler Eban in Bonn die Ehre eines gemeinsamen Mittagessens. Den israelischen Staatssekretären wäre der höhere Status eines Abendessens lieber gewesen, mit der Begründung, sie sähen den Besuch als »historisches Ereignis [und] wollen keine Zeit verlieren, über deutsche Politik [...] zu sprechen«.[77] Auch der SPD-Vorstand, namentlich Hans-

72 Bulletin »Sammlung anti-zionistischer Juden. Orthodoxe und Liberale der 3000-jährigen ETHISCHEN TRADITION verpflichtet und konsequent im Kampf gegen antizionistische Anmaßung und Gewaltpolitik«, 12.1.1970, Schreiben des »Initiators« Hans Popper an das Auswärtige Amt vom 26.1.1970, in: PA AA, B 8, Bd. 1116.

73 Shapiro verschob seinen Besuch wegen Krankheit zweimal und reiste schließlich im August 1971. Vgl. Briefwechsel Ortenburg an das Auswärtige Amt, PA AA, B 8, Bd. 1578.

74 Ebd.

75 *Maariv* vom 23.2.1970.

76 Sicherheitsbesprechung im BM des Innern vom 3.2.1970, Protokoll vom 4.2.1970, PA AA, B 8, Bd. 1116.

77 Briefwechsel Staatssekretäre Auswärtiges Amt und Israelisches Außenministerium, zitiert nach ebd.

Jürgen Wischnewski, lud Eban zum Essen ein. »Ben Wisch«, wie er wegen seiner guten Kontakte zu Arabern genannt wurde, war in Israel nicht beliebt. Als Oberleutnant hatte er an der Ostfront gekämpft, als Wirtschaftsminister im Kabinett Brandt Israel formal als »Entwicklungsland« eingestuft. Diese Kategorisierung bedeutete, dass die Finanzhilfe im Vergleich zur Höhe der Wiedergutmachungszahlungen, die auf dem »besonderen Status« beruhten, drastisch gesenkt wurde. In seinen Memoiren erklärte Wischnewski:

»Als ich das Bundesministerium für wirtschaftliche Zusammenarbeit übernahm, bekam der Staat Israel von uns eine jährliche Kapitalhilfe von 160 Millionen Mark. Israel war schon zu dieser Zeit ein recht entwickeltes Land. Und ich mußte zuerst an die ärmsten Länder der Welt denken. Wenn Israel mit 3 Millionen Einwohnern 160 Millionen Mark erhielt, welchen Betrag müßte man dann eigentlich für Indien aufbringen mit damals 760 Mio. Einwohnern? […] Die deutsche Vergangenheit hatte uns wieder einmal eingeholt. Ich hatte mich immer zur Wiedergutmachung an Israel bekannt und sie sogar gefördert. Aber Wiedergutmachung ist eine Sache, Entwicklungshilfe eine andere.«[78]

Der Besuch des israelischen Außenministers und eine gegen die israelische Botschaft gerichtete Bombendrohung während seines Aufenthalts hielten die Bonner Polizei beschäftigt wie schon lange nicht mehr. Dieser »schwierigste Einsatz seit langem« erforderte 1.184 Polizeibeamte und zusätzliche Hundestaffeln. Die Polizisten sicherten das gesamte Zentrum Bonns, prüften genauestens das Hotelpersonal, inspizierten alle Bewohner der Nachbarschaft und interessierten sich insbesondere »für alle Araber in der Bundeshauptstadt […], die ihnen Veranlassung zum Mißtrauen gegeben hatten«. In München nahmen sie bei Razzien in sechs Gaststätten, in denen »vorwiegend Araber verkehren«, zwölf Jordanier fest, die keine Aufenthaltsgenehmigung besaßen. Aus Erleichterung darüber, dass der in diesem Ausmaß ungewohnte Polizeieinsatz so glimpflich ablief, bekam die Münchner Polizei als Dank von ihren Vorgesetzten eine Kiste Sekt spendiert.[79] Gegen Ende des Besuchs hoffte Botschafter Knoke: »Wenn der sehr nüchterne israelische Außenminister von der Einleitung eines neuen Abschnittes in den israelisch-deutschen Beziehungen als Folge seines Besuchs in der BRD spricht, so er-

78 Hans-Jürgen Wischnewski, *Mit Leidenschaft und Augenmaß. In Mogadischu und anderswo. Politische Memoiren*, München 1989, S. 56.

79 »Eban-Besuch hielt Bonns Polizei auf Trab. Bombendrohung vor israelischer Botschaft«, in: *Bonner Rundschau* vom 25.2.1970, PA AA, B 8, Bd. 1116.

öffnet dies hoffnungsvolle Perspektiven für die Überleitung des deutsch-israelischen Verhältnisses in ein ruhigeres, emotionenfreieres Fahrwasser.«[80]

Ebans Deutschland-Besuch stand im Zeichen einer positiven Stimmung gegenüber Israel: Die deutsche Öffentlichkeit befürwortete mehrheitlich die militärischen Erfolge Israels im Sechstagekrieg. Erst allmählich formierte sich eine vor allem von linken Kreisen vorgetragene Kritik an der israelischen Politik gegenüber den arabischen Nachbarstaaten. Eban traf daher auf großes Wohlwollen seitens der Öffentlichkeit.[81] Seine Wahl, zuerst Dachau zu besuchen, sollte die Auffassung Israels untermauern, dass es hier nicht um Wirtschaftsverhandlungen mit irgendeinem x-beliebigen Staat gehe. Diese Botschaft kam bei den begleitenden Journalisten direkt an, von denen viele möglicherweise selbst zum ersten Mal in Dachau waren.

Bis auf die protokollarische Zurücksetzung durch den deutschen Kanzler, der ihm seinem Rang entsprechend nur eine Einladung zum Mittagessen zukommen ließ, verlief der Aufenthalt für Eban durchaus zufriedenstellend.

Neu war dagegen das Aufgebot an Sicherheitskräften. Die deutschen Sicherheitsbehörden verwahrten sich zudem dagegen, sich von den israelischen Behörden in die Karten schauen zu lassen. Es sei eine Frage der »Selbstanerkenntnis«, das heißt des Selbstrespekts, dies zu verhindern und sich, insbesondere in den Beziehungen mit Israel, nicht zu stark von »der Vergangenheit« leiten zu lassen. In diese Reihe gehört auch der Vorstoß Wischnewskis, Israel nun als Entwicklungsland einzustufen, ohne jedwede Sonderstellung, da das Luxemburger Abkommen die nationalsozialistischen Verbrechen abgegolten habe.

Des Weiteren fällt auf, dass in den israelischen Akten vom »israelisch-arabischen« Konflikt gesprochen wurde, während die Deutschen konsequent die Formulierung »israelisch-palästinensischer« Konflikt verwendeten. Diese Unterscheidung ist wichtig: Israel ging davon aus, dass es sich mit allen umliegenden arabischen Ländern im Krieg befand – einem Krieg, den es nicht zu verantworten hatte. Deutschland folgte dem Narrativ des palästinensischen Volkes, das sich erst durch die Flucht und Vertreibung aus dem ehemaligen britischen Mandatsgebiet und aus Jordanien formiert hatte und die Anerkennung seiner Rechte vom israelischen Staat einforderte.

80 Fernschreiben aus Tel Aviv, Hans-Hermann Knoke, 4.3.1970, ebd.

81 Vgl. »Der Besuch aus Israel«, in: *FAZ* vom 23.2.1970: »[...] Aber die deutsche Sympathie für Israel ist nicht erst durch den Glanz eines Blitzsieges erweckt worden, sie gilt dem Volk, das seine Existenz behaupten will.«

Das von Botschafter Knoke erhoffte »emotionenfreiere Fahrwasser« konnte sich unter diesen Bedingungen auch in der Folgezeit nicht einstellen.

1.4. Auf dem Weg zur »ausgewogenen Nahostpolitik«

Die neue deutsch-israelische »Freundschaft« war seit 1965 zunehmend auf der Kommunal- und Regionalebene, in Städtepartnerschaften, im Jugend- und Sportaustausch zum Ausdruck gekommen.[82] Der Botschafter Asher Ben Natan verwies darauf, dass die Haltung der bundesdeutschen Gesellschaft während des Sechstagekrieges für die menschlichen Beziehungen einen »Stein ins Rollen« gebracht hätte.[83] Die Freundschaft wurde allerdings deutscherseits immer dann zu bloßer Rhetorik, wo sie pragmatische Regierungspolitik verdeckte, rechtfertigte oder unterstützte. In den Jahren zwischen den beiden Kriegen 1967 und 1973 herrschte in der israelischen Gesellschaft eine euphorische Stimmung. Der Siegestaumel von 1967 hatte zwar nachgelassen, aber ein paar Jahre lang hielt ein großer Teil der Öffentlichkeit Israel für unbesiegbar. Eine Änderung dieser Gefühlslage war ab 1971 zu spüren. »Es ist nicht zu übersehen, daß nach langen Monaten einer gewissen Besuchsflaute plötzlich von israelischer Seite Wert auf verstärkte Einzel- und Delegationsreisen im Frühjahr 1971 gelegt wird«,[84] bekundete Staatssekretär Gehlhoff aus dem Auswärtigen Amt im März 1971. Offenbar wollte Israel seiner beginnenden internationalen Isolation bewusst entgegenwirken. Nach Staatssekretärin Hildegard Hamm-Brücher besuchte eine Bundestagsdelegation vom 30. April bis zum 4. Mai 1971 Israel, geleitet von Herbert Wehner. Auch Johannes Rau und Hans-Jürgen Wischnewski nahmen daran teil. Mit Einverständnis des Auswärtigen Amtes ließen sie sich über die im Sechstagekrieg 1967 eroberten Gebiete der Golanhöhen und nach Sharm-el-Sheikh an der Südspitze der besetzten Sinai-Halbinsel fliegen. Auch lud Golda Meir Wehner und Wischnewski zum Empfang ein – eine hohe diplomatische Ehre. Sie nahm sogar die Gegeneinladung zum Abendessen an und feierte ihren Geburtstag mit der deutschen Delegation. Die Zusammenkunft mit Meir, »einer sehr alten Bekannten von mir, aus vielen Begegnungen, Sitzun-

82 Vgl. Robin Streppelhoff, *Gelungener Brückenschlag. Sport in den deutsch-israelischen Beziehungen*, Sankt Augustin 2012, S. 153 ff.

83 Zitiert nach »Deutschlandbesuche wirken wie Multiplikatoren«, in: *Bonner Rundschau* vom 20.2.1968.

84 Nahostreferent Gehlhoff im Auswärtigen Amt, 12.3.1971, PA AA, B 8, Bd. 1116.

gen, aus vielen Jahren«, so Wehner, sei sein »stärkster persönlicher Eindruck« gewesen.[85] Auch mit anderen »alten Bekannten« aus Haifa traf er sich und zeigte sich gerührt, dass sie die Blumen, die er ihnen elf Jahre zuvor in Hamburg-Harburg bei Gewerkschaftsfreunden als Geschenk überreicht hatte, als Andenken unter Glas verwahrten. Optimistisch hob er in seinem Bericht hervor: »Der arabische Oberbürgermeister von Nazareth und seine hervorragend kluge und liebenswürdige Frau haben uns durch ihre Gastfreundlichkeit und die Stunden im Gespräch die Hoffnung geschenkt, daß Araber und Juden [...] im Staate Israel gleichberechtigt und verständnisvoll füreinander zusammen leben und wirken.«[86]

Die Reise habe »zum genau richtigen Zeitpunkt« stattgefunden, »in einer Zeit, in der auf Israel eingeredet wird, es möge doch nur unterschreiben, was andere als ›Friedensgrundlage‹ ausgearbeitet haben«, so Wehner.[87] Ein »Volk, [das] ständig von anderen bedrängt wird«, müsse schließlich mit einbezogen werden, man müsse sich »neben Freunde stell[en], wenn sie in scharfem Wind stehen«. Zwischen der SPD und den israelischen »Sozialisten« sei ein »fast familiäres« Verhältnis entstanden.[88]

Wenige Wochen später, im Mai, reiste Kurt Birrenbach abermals nach Israel. Die arabischen Regierungen verfolgten diese Begegnungen genau. Beschwerden der syrischen Tageszeitung *Al-Baath* telegrafierte die deutsche Botschaft aus Damaskus nach Bonn: »Dem angeblich privaten Charakter dieser als Ferienreise bezeichneten Reise wird kein Glaube geschenkt.« Schließlich verfüge »Herr Birrenbach als mit der westdeutschen Großindustrie (insbesondere August Thyssen) eng verbundener Abgeordneter im Bundestag [...] auch über sehr einflußreiche politische Querverbindungen« aller Art. Das Treffen mit Golda Meir und seine zweistündige Dauer wurden besonders kritisiert.[89] Auch Birrenbach hob die Bedeutung dieses Gesprächs hervor, es sei »außergewöhnlich offen« gewesen, und Meir, die »unumstritten die Politik der Regierung Israels« führe, bezeichnete er als »außerordentlich eindrucksvoll«.[90]

85 Reisebericht Wehner, SPD-Pressemitteilungen und Informationen, 4.5.1971, Pressesammlung ACDP.

86 Ebd.

87 Herbert Wehner im Gespräch mit Erich Hauer, ebd.

88 Ebd.

89 Schreiben der deutschen Botschaft aus Damaskus an das Auswärtige Amt, Bonn, 1.6.1971, PA AA, B 36, Bd. 462.

90 Kurt Birrenbach, »Bericht über meine Reise nach Israel vom 9.–19. Mai 1971«, ACDP, NL Birrenbach, 01-433-133/2.

Der Grundkonflikt im Frühjahr 1971 war die Resolution, die im Diplomatenjargon nach dem französischen Außenminister Maurice Schumann »Schumann-Papier« genannt wurde. Darin forderten die »europäischen Sechs« den Rückzug aus den besetzten Gebieten, ein Rückkehrrecht für die palästinensischen Flüchtlinge und eine internationale Aufsicht über Jerusalem.[91] Deutsche und israelische Offizielle stritten über das Wörtchen »den«: Der Rückzug aus »den besetzten Gebieten« hätte bedeutet, dass es um die Räumung aller im Sechstagekrieg eroberten Gebiete durch die Israelis ging, insbesondere die Rückgabe des Sinai an Ägypten. Im Gegensatz dazu ließ die Formulierung des Rückzugs aus »besetzten Gebieten« den Israelis die Option offen, lediglich einen Teil der Gebiete zu räumen. Birrenbach oblag die Aufgabe, einerseits die Wogen zu glätten und andererseits für Verständnis für die Bundesregierung zu werben, denn wegen »des hohen Grades der Abhängigkeit Europas von Öleinfuhren aus dieser Region« gebe es durchaus ein »vitales europäisches Interesse« an Frieden. Er warnte seine Verhandlungspartner vor »gewisse[n] Isolierungs- und zumindest aber Ermüdungstendenzen« gegenüber Israels Politik in der deutschen Gesellschaft.[92] Noch bevor der neue Botschafter Jesco von Puttkamer im Mai 1971 Golda Meir sein Beglaubigungsschreiben überreichen konnte, zitierte ihn der erboste Außenminister Abba Eban zu sich und kritisierte, die deutsche Regierung habe sich nicht genügend gegen das Schumann-Papier eingesetzt. Herbert Wehners Versuch, die alleinige Verantwortung für das Papier der französischen Regierung zuzuschieben, veranlasste Schumann, den deutschen Botschafter in Paris einzubestellen. Anfang Juni suchte auch Carlo Schmid bei seinem Besuch mit einer SPD-Delegation in Israel die Gemüter zu beschwichtigen:[93] Das Papier sei »nur von Beamten entworfen« und nicht Ausdruck der tatsächlichen politischen Einstellungen der Regierungen.[94] Trotz ihres Engagements

91 Als »die Sechs« werden in den Akten jene sechs europäischen Staaten, die im Jahr 1957 die EWG gegründet hatten, bezeichnet: Belgien, Bundesrepublik Deutschland, Frankreich, Italien, Luxemburg, Niederlande. Das Papier war der erste Versuch eines gemeinschaftlichen außenpolitischen Beschlusses. Zur Diskussion vgl. Daniel Gerlach, *Die doppelte Front. Die Bundesrepublik Deutschland und der Nahostkonflikt 1967–1973*, Berlin 2006, S. 102 ff. Vgl. zu dem Konflikt auch Anita Shapira, *Israel. A History*, London 2012, S. 305.

92 Kurt Birrenbach, »Bericht über meine Reise nach Israel vom 9.–19. Mai 1971«, ACPD, 01-433-133/2.

93 »SPD-Delegation besucht Israel«, in: *FAZ* vom 3.6.1971.

94 »Carlo Schmid beschwichtigt in Israel«, in: *FAZ* vom 9.6.1971. Dazu bemerkt der *Spiegel* spöttisch: »Die deutschen Jerusalem-Pilger suchten vor allem die Bedeutung des EWG-Papiers herunterzuspielen: Es habe sich nur um eine Art gehobene Referentenarbeit der

für das deutsch-israelische Verhältnis, das Kurt Birrenbach, Herbert Wehner und Carlo Schmid an den Tag legten, die alle im Frühjahr 1971 nach Israel reisten, blieb das Schumann-Papier nach wie vor ein Stein des Anstoßes auf israelischer Seite. Außenminister Walter Scheel, der im Juli desselben Jahres in Israel eintraf, sollte dies zu spüren bekommen.[95]

1.5. »Nicht einseitig an der Vergangenheit hängen« – Walter Scheel als erster Außenminister in Israel

»Einer war Scheel schon zuvorgekommen«, titelte die *Frankfurter Allgemeine Zeitung* am 10. Juli 1971, eine Anspielung auf Bernhard Graf von Bülow, der im Jahr 1898 Kaiser Wilhelm II. in das osmanische Palästina begleitet hatte.[96] Scheels Reise war eine »peinlich lange herausgezögerte« und »protokollwidrig« verschleppte Erwiderung von Ebans Besuchs.[97] Der jüdische CDU-Bundestagsabgeordnete Erik Blumenfeld hatte lange auf sie gedrängt: »[W]enn ich feststelle, daß Sie in Ihr Programm dieser Tage noch eine Reise nach Jugoslavien aufgenommen haben, so bin ich sicher, daß die politische Dringlichkeit eines Besuchs in Israel gerade auch in diesen Monaten der schwierigen Auseinandersetzungen in Nahost nicht verkannt wird.«[98] Einen Monat bevor Scheel aufbrach, kritisierten die jüdischen Organisationen Amerikas, dass »im Auswärtigen Amt das ominöse Wort von der ›Normalisierung‹ der Beziehungen zu Israel immer wieder auftauchte«.[99] Scheel selbst sprach von einem reinen Informationsbesuch: »Ich gehe nicht etwa nach Israel, um jetzt besondere Probleme zu regeln, sondern in erster Linie, um mich selbst zu informieren«, entgegnete er Journalisten auf die Frage, ob er besondere Vorschläge in seinem Aktenkoffer habe.[100] In der israelischen

politischen Direktoren in Brüssel gehandelt, die zur Meinungsbildung dienen solle«, http://www.spiegel.de/spiegel/print/d-43176775.html (letzter Zugriff: 25.3.2015).

95 Vgl. »Scheels Reise nach Israel«, in: *FAZ* vom 6.7.1971.

96 Moshe Tavor, »Einer war Scheel schon zuvorgekommen«, in: *FAZ* vom 10.7.1971.

97 »Scheel-Besuch in Israel ist eine interne deutsche Angelegenheit«, in: *Stuttgarter Zeitung* vom 8.7.1971.

98 Schreiben Erik Blumenfeld an Scheel, 14.10.1970, PA AA, Zwischenarchiv, Bd. 152535. Blumenfeld, 1915 in Hamburg geboren, war Auschwitz-Überlebender und von 1977 bis 1991 Präsident der Deutsch-Israelischen Gesellschaft.

99 Hans Steinitz in der amerikanisch-jüdischen Zeitung *Aufbau* vom 24.6.1971.

100 Informationsgespräch Scheel mit 35 Journalisten im Auswärtigen Amt, 2.7.1971, PA AA, Zwischenarchiv, Bd. 152535.

Öffentlichkeit war Scheel ebenso umstritten wie sein außenpolitisches Programm: Von 1939 bis 1945 hatte er Wehrdienst in der Wehrmacht geleistet, er war zum Offizier der Luftwaffe aufgestiegen und als Oberleutnant mit dem Eisernen Kreuz ausgezeichnet worden. Die israelische Presse bezeichnete ihn als »kühl« in seinem Anliegen, die neue »ausgewogene« Nahostpolitik der Bonner Regierung zu vertreten.[101] Die *Frankfurter Allgemeine Zeitung* hingegen attestierte ihm die Absicht, »behutsam vorgehen« zu wollen.[102] Scheels mitreisende Ehefrau Mildred Scheel, Medizinerin und Begründerin der Deutschen Krebshilfe im Jahr 1974, war bei den Gastgebern durch »ihre Klugheit und sympathische Natürlichkeit« hingegen gern gesehen.[103] Ihr gesondertes »Damenprogramm« schloss einen Besuch im Krankenhaus Hadassah in Jerusalem sowie den Besuch von sozialen Einrichtungen und Kinderkrippen ein. Als Geschenk übergab Scheel seinen Gastgebern eine künstliche Niere, die fast zwei Jahre lang einer Verwendung harrte, bis Botschafter Puttkamer sie am 18. Januar 1973 dem Regierungskrankenhaus Poriah in Tiberias übergab.[104] Als persönliches Geschenk für Abba Eban, »der literarische und bibliophile Neigungen« habe, hatte Botschafter Puttkamer den »›Rabbi von Bacharach‹ [von Heinrich Heine] mit signierten Liebermann-Lithographien« empfohlen.[105]

Wegen des am 14. Mai 1971 endgültig beschlossenen Schumann-Papiers galt Scheels Reise als ein »Politikum ersten Ranges«. So seien laut einem Pressebericht die »sachlichen Differenzen mit den Begriffen von Schuld, Sühne und Moral« vermischt und »die Weichen bereits auf Kollisionskurs« gestellt worden.[106] Der FDP-Pressedienst warnte, dieser Besuch sei »etwas Historisches«: Vier Tage lang werde auf dem Außenminister »seelischer Druck lasten, der kaum Vergleiche mit dem normalen diplomatischen Geschäft« zu-

101 »Scheel konnte Bedenken Israels nicht ausräumen«, in: *Die Welt* vom 9.7.1971.

102 »Scheel will in Israel sehr behutsam auftreten«, in: *FAZ* vom 5.7.1971

103 In der zur Vorbereitung im Auswärtigen Amt erstellten Biographie heißt es: »Obwohl Frau Scheel der Übergang von der ›Ärztin zur Haus- und Repräsentationsfrau‹ schwerfiel, hat sie es in kurzer Zeit verstanden, sich den Ruf einer ausgezeichneten Gastgeberin zu verschaffen, die ihre Besucher zudem durch ihre Klugheit und sympathische Natürlichkeit besticht.« (BArch, N 1417, Bd. 571)

104 Vgl. den ausführlichen Briefwechsel zwischen Botschaft Tel Aviv und dem Auswärtigen Amt im Januar 1973, PA AA, Zwischenarchiv, Bd. 152535.

105 Schreiben aus Tel Aviv, 29.6.1971, ebd.

106 »Das Besondere einer Normalisierung. Moral und Politik – Walter Scheels Reise nach Israel«, in: *FAZ* vom 16.7.1971.

lasse. Das Ziel sei ein deutsch-israelisches Verhältnis, das »nicht einseitig und übermäßig aus Vergangenheitsbewältigung besteht«.[107]

So bahnte sich Scheels viertägiger Besuch vom 7. bis zum 11. Juli 1971 als ein »schwerer Gang« und eine »heikle Mission« an, wie die *Frankfurter Allgemeine Zeitung* formulierte.[108] Eban begrüßte den Außenminister auf dem Flughafen mit den Worten, endlich habe sich seine Hoffnung auf einen Gegenbesuch erfüllt. Nur so kämen sie trotz der »Schatten einer entsetzlichen Vergangenheit« ihrem Ziel näher, »zusammen eine bessere Zukunft zu bauen«.[109] Entgegen dem üblichen Protokoll verzichteten die Gastgeber auf die deutsche Nationalhymne, nur die deutsche Flagge wehte im Wind. Scheel gab sich in seiner Eröffnungsrede persönlich, die Reise gehe über »die diplomatische Routine hinaus«, israelischer Boden wecke in ihm andere »Gefühle« als andere Länder, denn »kein Deutscher kann sich aus seiner Geschichte wegstehlen«.[110]

Auf der Fahrt nach Jerusalem erwarteten ihn Demonstranten mit Transparenten. Nach nur wenigen Minuten zur Erfrischung im King David Hotel fuhr die Delegation zum Herzl-Berg in Jerusalem, um auf Theodor Herzls Grab einen Blumenstrauß niederzulegen. Erstmals pflanzte der deutsche Außenminister auch einen Baum. Circa 20 junge Menschen aus der Beitar, der Jugendorganisation der revisionistisch-zionistischen Cherut, hielten Transparente mit hebräischer Aufschrift hoch, auf denen zu lesen war: »Wenn die Deutschen Erfolg gehabt hätten, hätte Herr Scheel niemanden besuchen können«.[111] Die Demonstration weitete sich mit »Mörder«-Rufen und dem Singen eines alten jüdischen Widerstandslieds auf die wenige Meter entfernte Gedenkstätte Yad Vashem aus, wo Scheel in der Halle des Mahnmals einen Kranz mit einer Schleife in den deutschen Farben niederlegte. Gideon Hausner, Präsident von Yad Vashem und ehemaliger Ankläger im Eichmann-Prozess, forderte in seiner Ansprache, Deutschland sei aufgrund des »Fehlens der sechs Millionen« auf ewig dazu verpflichtet, Israel in seiner Staatsräson politisch und moralisch eindeutig zu unterstützen. In ihrem Reisebericht schrieben die deutschen Staatssekretäre, »die Aufgabe, einen Deutschen völlig unerwartet so zu schockieren, daß er sich anschließend

107 FDP-Pressedienst, 7.7.1971, Pressesammlung ACDP.

108 »Scheels Reise nach Israel«, in: *FAZ* vom 6.7.1971.

109 *Bulletin des Presse- und Informationsamtes der Bundesregierung*, Nr. 107 vom 13.7.1971, S. 1173.

110 Ebd.

111 »Scheels schwierige Mission in Israel«, in: *FAZ* vom 8.7.1971.

vielleicht willig vor den Wagen israelischer Wünsche spannen läßt, übernahm diesmal Gideon Hausner«.[112] Noch auf dem Boden der Holocaust-Gedenkstätte entgegnete Scheel selbstbewusst, man könne die heutige Politik nicht allein mit Maßstäben der Vergangenheit messen. Und im Auswärtigen Amt in Bonn wurde Hausners Vorstoß, obwohl er nicht der Regierung angehörte, als »ein deutlicher Versuch [...], die Bundesrepublik mit schwerer moralischer Munition aus dem Konvoi der Sechsergemeinschaft herauszuschießen«, interpretiert.[113] Die strittige Formulierung im Schumann-Papier, »wir fordern den Rückzug aus allen besetzten Gebieten«, trage eine »französische Handschrift«, da Frankreich mehr an Öl als an Frieden interessiert sei.[114] Aber die israelische Regierung warf Scheel vor, er habe sich deren Meinung aufzwingen lassen. Scheel reagierte beleidigt, es seien »selbstverständlich die Meinungen aller Beteiligten eingeflossen«.[115]

Das Pflichtprogramm in Yad Vashem absolvierte Scheel in wenigen Minuten, bevor er Knessetsprecher Reuven Barkatt, der den erkrankten Staatspräsidenten Salman Shasar vertrat, einen »Höflichkeitsbesuch« abstattete. Barkatt, 1906 in Litauen geboren und 1926 nach Israel eingewandert, war seit 1969 Präsident der Knesset und galt bei den Deutschen als »ein kühl rechnender Politiker, der der Bundesrepublik Deutschland nicht ohne Kritik gegenübersteht«.[116] Beim folgenden Abendessen mit Abba Eban herrschte zwischen den beiden Außenministern zunächst unangenehmes Schweigen. Dennoch lobte die Presse, die Trinksprüche seien »keine Formsache wie üblich« gewesen, sondern hätten »Substanz« gehabt, denn Scheel habe sich bemüht, die neue Bonner Politik im Nahen Osten zu erklären.[117] Kein Deutscher könne »diese dunkelste Seite der deutschen Geschichte vergessen«, die Außenpolitik müsse jedoch »den Interessen beider Seiten gerecht« werden, erläuterte er seinen Gastgebern.[118] Eban erwiderte, er verstehe nicht, wie die Sympathiewelle aus dem Jahr 1967 so schnell habe verebben können, worauf-

112 Schreiben aus Tel Aviv, PA AA, Zwischenarchiv, Bd. 152535.

113 Bericht über Scheel-Reise, ebd.

114 »Scheel in Israel«, in: *General-Anzeiger Bonn* vom 7.7.1971.

115 Fragen für Pressekonferenz des Herrn Ministers im Pressehaus Beit Sokolov in Tel Aviv, PA AA, Zwischenarchiv, Bd. 152535.

116 »Lebenslauf von Knessetpräsident Reuven Barkatt«, ebd.

117 »Scheel bei Golda Meir und Eban. Lange Gespräche über Bonns Politik«, in: *FAZ* vom 9.7.1971.

118 Zitiert nach *Bulletin des Presse- und Informationsamtes der Bundesregierung*, Nr. 107 vom 13.7.1971, S. 1175.

hin Scheel sein persönliches Interesse am Staat Israel beteuerte.[119] Um der erwarteten Kritik aus Frankreich zu begegnen, wurden beide Reden möglichst schnell veröffentlicht.[120] Auch in dem zweieinhalbstündigen Gespräch mit Golda Meir am folgenden Morgen, »eine[r] umfassende[n], erschöpfende[n] und in gutem Geist geführte[n] Unterhaltung«,[121] konnte Scheel offenbar einen Erfolg für sich verbuchen – obwohl Meir wie Ben Gurion sei, »vielleicht nicht ganz so selbstherrlich, doch genauso energisch und unangefochten«.[122] Israelische Journalisten fragten Scheel immer wieder, warum Deutschland keine Waffen liefere, wenn es doch Israel angeblich helfen wolle.[123]

Nach den Arbeitsgesprächen wollte Scheel, der zum ersten Mal in Israel war, sich die Klagemauer, den Felsendom und die Grabeskirche ansehen, selbstverständlich privat. Bürgermeister Teddy Kollek empfand es als Affront, dass er ihn nicht offiziell begleiten durfte, und drohte, das geplante feierliche Abendessen ausfallen zu lassen.[124] Die Protokollabteilung einigte sich mit ihm auf einen Kompromiss: Im jüdischen Teil der Altstadt durfte er an der Rundfahrt teilnehmen. An fast jeder Station erwarteten Demonstranten die deutsche Delegation mit Slogans und Transparenten, obwohl ihr Fahrzeug keinen schwarz-rot-goldenen Stander trug, wie es sonst bei diplomatischen Fahrten im Ausland üblich war.[125] Zurück in Westjerusalem, versuchte eine Gruppe Jugendlicher, den nun wieder montierten Stander am

119 »Ich hätte es bedauert, wenn sich mein Besuch in reiner Amtstätigkeit erschöpft hätte. Aus diesem Grunde habe ich ihn um einen Tag verlängert« (ebd., S. 1173).

120 »Bonn veröffentlicht Scheels Reden«, in: *Süddeutsche Zeitung* vom 14.7.1971.

121 dpa-Meldung vom 8.7.1971, Pressesammlung ACDP.

122 Moshe Tavor, »Golda Meir will mit Scheel über die EWG sprechen«, in: *FAZ* vom 7.7.1971. Vgl. auch »Kurze Charakteristik des israelischen Ministerpräsidenten [sic], Frau Golda Meir«, PA AA, Zwischenarchiv, Bd. 152535: »Wo es ihr nützlich erscheint, zeigt sie sich als weise alte Frau. Das darf aber nicht darüber hinwegtäuschen, daß sie über einen außerordentlich scharfen und analytischen Verstand und zupackende Energie verfügt. […] Die deutsche Sprache versteht sie gut genug, um auch schwierigen politischen Ausführungen folgen zu können. Hin und wieder bedient sie sich ihrer auch selbst.«

123 Fragen für Pressekonferenz des Herrn Ministers im Pressehaus Beit Sokolov in Tel Aviv, PA AA, Zwischenarchiv, Bd. 152535.

124 Kollek wurde beschrieben als eine »de[r] dynamischsten und aktivsten politischen Persönlichkeiten des Landes. Frei von jeglicher Konventionalität. Verfügt über ausgesprochenen persönlichen Charme. Deutschen gegenüber ist er aufgeschlossen.« Die Biographien, von Referenten des Auswärtigen Amtes erstellt, lassen es nie an der Charakterisierung mangeln, ob jemand »Aufgeschlossenheit« oder eine »kritische Haltung« gegenüber Deutschland bezeugt. Zitate aus: Schreiben Puttkamer an das Auswärtige Amt aus Tel Aviv, 22.6.1971, ebd.

125 Moshe Tavor, »Einer war Scheel schon zuvorgekommen«, in: *FAZ* vom 10.7.1971.

Wagen Scheels anzuzünden und den Minister mit Eiern zu bewerfen.[126] Der geplante Abstecher nach Sharm-el-Sheikh auf dem Sinai entfiel zwar, um die Besetzung ägyptischer Gebiete nicht zu legitimieren. Jerusalem und Bethlehem als christliche Stätten rechtfertigten jedoch »Abweichungen von den Zwängen politischer Erwägungen«. Schließlich seien »Meditationen an einer der Wiegen unserer Kultur [...] auch Außenministern nicht untersagt«.[127]

Gegen Ende des Jerusalemer Programms erlitt Scheel einen Schwächeanfall aufgrund der Hitze und brach die Rundtour ab, quälte sich laut eines Presseberichts aber am Abend wieder mühsam aus seinem Hotelzimmer hinunter in die Empfangshalle des King David Hotels. Als Gastgeber des Dinners feierte er mit den israelischen Politikern seinen 52. Geburtstag. Er habe, so dankte er in seiner Tischrede, nicht ahnen können, dass sein Geburtstag ihm die Gelegenheit geben würde, »eine solch illustre Gesellschaft einladen zu können«. Jerusalem werde ihm wegen der »Schönheit« und der »Dynamik« der Stadt unvergesslich bleiben.[128] Eban dankte ihm wiederum für seine »Offenherzigkeit« und seinen »Freimut« in den Gesprächen. Der offizielle Teil des Besuchs war damit beendet. Nach einem kurzen Mittagessen im Weizmann-Institut flog Scheel am kommenden Tag nach Tiberias, besichtigte die christlichen Stätten Kapernaum und Tabgha und unternahm eine abendliche Bootsfahrt.[129] Jigal Allon hatte ihn nicht in den Kibbuz Ginossar eingeladen, wo »prominente Besucher sonst [...] jeweils am Freitag, dem jüdischen Shabbat, mit dem zweiten Mann der israelischen Regierung zwanglose Gespräche zu führen [pflegen]«.[130] Er wollte ein Zusammentreffen mit Scheel vermeiden, weil dieser bei der Luftwaffe und als Oberleutnant während des Zweiten Weltkriegs Wehrdienst geleistet hatte.[131] Nach kurzen Stopps in Nazareth und Haifa führte ihn sein Weg als Nächstes in die Negev-Wüste, nach Sde Boker, zu einem einstündigen Gespräch mit dem schon recht betagten Ben Gurion. Der deutsche Botschafter Puttkamer schätzte die Bedeutung dieses Gesprächs gering ein: Man könne »infolge des Alters und

126 dpa-Meldung vom 9.7.1971, PA AA, Zwischenarchiv, Bd. 152535.

127 »Golda Meir will mit Scheel über die EWG sprechen«, in: *FAZ* vom 7.7.1971.

128 *Bulletin des Presse- und Informationsamtes der Bundesregierung*, Nr. 107 vom 13.7.1971, S. 1176.

129 dpa-Meldung vom 10.7.1971, PA AA, Zwischenarchiv, Bd. 152535.

130 *Süddeutsche Zeitung* vom 8.7.1971.

131 »Scheel in Israel ohne Nationalhymne begrüßt«, in: *Kölner Stadt-Anzeiger* vom 8.7.1971.

Gesundheitszustands von Ben Gurion ein politisches oder auch nur informatives Ergebnis von einer Begegnung nicht [...] erwarten«.[132]

In seiner Analyse des ersten Besuchs eines deutschen Außenministers in Israel hielt das Referat Nahost im Auswärtigen Amt fest:

»[D]ie Israelis sagen mehr oder weniger offen, daß es für sie leichter war, mit CDU-Politikern zu tun zu haben, die keine ganz weiße Weste hatten und deshalb unter Druck gesetzt werden konnten. [...] Die Tatsache, daß Israel in der Regierungserklärung 1969 zum ersten Mal nicht genannt wurde, machte die Israelis mißtrauisch. [...] Die früher verwandte Formel – ›Beziehungen zu arabischen Staaten sollen nicht zu Lasten Israels gehen‹ – [solle vorsichtig verwandt werden], da israelische Seite Tendenz zeigt, sich bei jeder negativen Antwort auf ein Anliegen hierauf zu berufen.«[133]

Es wehe »ein neuer und kühlerer Wind aus Bonn«, bilanzierte die *Jerusalem Post*.[134] In der Tat sagte Scheel bei seiner Rede zur Ratifizierung der Ostverträge im Bundestag am 23. Februar 1972: »Alle Krisen [...] haben eine direkte Auswirkung auf unsere Wirtschaft, die die Grundlage unserer Lebensverhältnisse bildet. Es liegt daher nahe, daß sich unser Staat, noch mehr als andere, um den Frieden bemüht und, wenn es sein muß, dafür auch Opfer bringt.«[135] Ein spezifisches Interesse an Israel schien Scheel nicht zu haben. Vielmehr führte ihn die Sorge um die wirtschaftlichen Verhältnisse in Deutschland in das Krisengebiet im Nahen Osten. Scheels Israel-Reise im Jahr 1971 sollte seine einzige bleiben. In seinem Amt als Bundespräsident in den Jahren von 1974 bis 1979 stattete er dem Land keinen Besuch mehr ab.

Zieht man das Fazit aus dieser Reise, so zeigt sich, dass zwar noch Anzeichen einer Rhetorik von Schuld und Sühne vorhanden waren, aber auch, dass die eigenen geopolitischen Interessen im Nahen Osten für die Bundesregierung in den Vordergrund rückten. Symbolträchtig war der Umstand,

---

132 Schreiben Jesco von Puttkamer an das Auswärtige Amt aus Tel Aviv, 21.6.1971, PA AA, Zwischenarchiv, Bd. 152535.

133 Vermerk über den Stand der deutsch-israelischen Beziehungen, 15.6.1971, ebd.

134 *Jerusalem Post* vom 7.7.1971. Immerhin schien Scheel sich mit seinem Besuch in Israel dem Staat so weit zugewandt zu haben, dass er aus der sich als antifaschistisch deklarierenden DDR Hass erntete: Scheel habe »auf qualitativ neue Art die gefährliche Komplizenschaft Bonn-Tel Aviv zur Schau« gestellt, und Bonn »fütter[e] den Aggressor mit Krediten und Kriegsmaterial«, wetterte das *Neue Deutschland* vom 7.7.1971.

135 Walter Scheel, »Normalisierung der Beziehungen zu den östlichen Nachbarn«, in: Hans-Dietrich Genscher (Hrsg.), *Heiterkeit und Härte. Walter Scheel in seinen Reden und im Urteil von Zeitgenossen. Festschrift zum 65. Geburtstag*, Stuttgart 1984, S. 178–203, hier S. 179.

dass die israelische Flagge in der Ankunftszeremonie dreimal so groß war wie die deutsche, zudem, dass der Dolmetscher von Scheels Begrüßungsworten ebenfalls im Eichmann-Prozess übersetzt hatte.[136] Die Demonstrationen, die nach der Aufnahme diplomatischer Beziehungen beibehalten wurden, waren inzwischen zu einem Ritual geworden. Als neue symbolische Handlung kam das Pflanzen eines Baumes auf dem Herzl-Berg hinzu. Der Besuch beim ehemaligen Ministerpräsidenten Ben Gurion würde »mit Sicherheit gute Wirkung im Lande erzielen«, da er eine »Schlüsselfigur« sei, so Puttkamer. Tatsächlich schien die Begegnung im Negev zur allgemeinen Entspannung nach der anfänglichen Nervosität und Verkrampfung beizutragen; ihm wurde aber keine große politische Bedeutung mehr beigemessen.[137]

Das Engagement für Frieden im Nahen Osten hing für Scheel eng mit den Erfordernissen der deutschen Wirtschaft zusammen. Von dem früher beschworenen »besonderen Verhältnis« und einer Verantwortung für die Vergangenheit war bei ihm nicht mehr viel zu spüren. In den Tischreden am Ende des Besuchs glätteten die beiden Außenminister ihre Differenzen – beide Parteien erinnerten sich daran, dass sie einander als politische Partner brauchten.

Kurze Zeit nach Scheels Besuch reisten im Herbst 1971 weitere deutsche Politiker nach Israel. Bundesfinanzminister Alex Möller folgte im Oktober einer »oft ausgesprochene[n] Einladung von […] Finanzminister Pinchas Sapir und von seinem Freund Dr. Nahum Goldmann«. Der FDP-Vorsitzende Wolfgang Mischnick wollte ausdrücklich in die besetzten Gebiete fahren, woraufhin das Auswärtige Amt in Bonn versuchte, ihn im Zaum zu halten: »[D]ie Botschaft wird gebeten, sich bei der Programmplanung einzuschalten und insbesondere darauf zu achten, daß Besuch in besetzten Gebieten unterbleibt.«[138] Auch Delegationen der Deutsch-Israelischen Gesellschaft (DIG) und Teile der SPD-Fraktion machten sich auf den Weg, ebenso wie der Münchner Oberbürgermeister Hans-Jochen Vogel (SPD) im Dezember und der jüdische Justizminister von Nordrhein-Westfalen Josef Neuberger (SPD) im Januar 1972.[139] Den größten Ärger rief CDU-Politiker Gerhard Schröder im September 1971 hervor. Partisanen- und Überlebendenverbän-

136 »Das Besondere einer Normalisierung. Moral und Politik – Walter Scheels Reise nach Israel«, in: *FAZ* vom 16.7.1971.

137 Ebd.

138 Schreiben Leiter des Nahostreferats Redies an Büro des BM, 2.11.1971, PA AA, B 36, Bd. 462.

139 Vgl. Reiseplanungen, PA AA, B 36, Bd. 462.

de klebten Plakate in Tel Aviv: »Schröder – persona non grata«. Schröder war von 1939 bis 1943 Funker bei der Wehrmacht und an der russischen Front gewesen. Zudem hatte er sich im Vorfeld des Sechstagekriegs geweigert, Gasmasken nach Israel zu liefern, als die Israelis fürchteten, Ägypten könne wie im Jemen Giftgas einsetzen.[140] In Israel über seine Vergangenheit befragt, entgegnete Schröder abweisend: »Ich bin nicht nach Israel gekommen, um meine Biographie zu erörtern. Ich habe in meinem Privatleben und in meiner Tätigkeit als Bundesminister nichts gefunden, was mich davon hätte abhalten sollen, der Einladung der Israel-Regierung Folge zu leisten.«[141]

1.6. Kulturwoche

Ein weiteres Ereignis sorgte im Herbst 1971 für Aufsehen: Der Botschafter in Tel Aviv Jesco von Puttkamer wollte die Kulturbeziehungen unilateral ausweiten und plante eine »deutsche Kulturwoche« in Israel. Sie sollte am 9. November beginnen. Es sollten bekannte deutsche Orchester und Schriftsteller eingeladen werden. Kooperationspartner war die 1966 gegründete Deutsch-Israelische Gesellschaft, die durch den Theologieprofessor Rolf Rendtorff stark christlich geprägt war.[142] Schon bei seinem Amtsantritt im Juni 1971 sprach von Puttkamer in seiner Begrüßungsrede optimistisch von einer »Intensivierung der kulturellen Beziehungen zwischen der Bundesrepublik Deutschland und Israel«.[143] Formell war noch ein Knessetbeschluss aus dem Jahre 1961 gültig, der für deutsche kulturelle Veranstaltungen in Israel eine Genehmigungspflicht vorsah. Rolf Pauls hatte bereits versucht, dieses Gesetz zu lockern, und 1967 gewarnt: »Rein taktisch gesehen wäre es für Israel besser, deutsche Leistungen anzuerkennen und nicht nur als die Erfüllung einer bestehenden Verpflichtung zu bezeichnen, weil auf diese Weise einer deutschen Israel-Müdigkeit Vorschub geleistet werde.«[144]

Auch wenn der Beschluss 1971 offiziell noch galt, so hatte es doch in den Jahren zuvor immer mehr Veranstaltungen in deutscher Sprache gegeben.

140 »Israel begegnet Gerhard Schröder mit Skepsis«, in: *Frankfurter Rundschau* vom 7.9.1971.

141 Auswertung der israelischen Presse, Botschaft Tel Aviv, PA AA, B 36, Bd. 462.

142 Die DIG plante eine Vorbereitung für Jugendleiter in Gummersbach, speziell für diese Kuturwoche. Friedrich-Naumann-Stiftung an Rolf Pauls, 2.11.1967, ebd.

143 »Delegation der Bonner Bundeszentrale für Politische Bildung im Lande« in: *Jedioth Chadashot* vom 6.9.1971.

144 Botschaftsrat, Tel Aviv, 15.2.1967, Dossier: Betreff: Grundlage der deutsch-israelischen Beziehungen, PA AA, B 36, Bd. 459.

Mit der Kulturwoche plante die deutsche Botschaft jedoch das erste öffentlichkeitswirksame, durch die Stadtverwaltungen von Jerusalem, Haifa und Tel Aviv unterstützte Großereignis. Als Vorbereitung auf das Event versandte die Botschaft Unterrichtsmaterial an israelische Schulen. Der Schulleiter S. Rosenberg weigerte sich in seinem Antwortbrief ausdrücklich, es im Unterricht einzusetzen:

»Ich bin der Meinung, daß wir der Katastrophe, welche durch die Deutschen, die laut der deutschen Kultur erzogen wurden, verursacht wurde, noch zu nah sind, um in israelischen Schulen über diese Kultur zu lehren. Ich habe nicht die seelische Kraft, die erforderlich ist, um ›die kulturellen Beziehungen zwischen den beiden Völkern zu vertiefen‹. Aus diesem Grund ist es mir nicht möglich, in meiner Schule Unterricht über ›die Deutsche Kultur‹ zu empfehlen.«[145]

Auch »die Jerusalemer Verbände ehemaliger Partisanen, Ghettokämpfer und KZ-Häftlinge [und] der rechtsradikale Knessetabgeordnete Shmuel Tamir (Freies Zentrum)«[146] protestierten. Gemeinsam mit den israelischen Medien warfen sie Puttkamer vor, er wolle »das Vergessen« und eine »galoppierende Normalisierung«, so die Sprecherin der Mapam, begünstigen.[147] Außenminister Abba Eban mahnte zur Geduld: Die auf den Ausbau der Kulturbeziehungen bedachten Deutschen sollten sich vorerst besser noch zurückhalten, sagte er auf einem Empfang der Deutsch-Israelischen Gesellschaft und lenkte das Gespräch wieder auf die für ihn viel bedeutsameren wirtschaftlichen Themen.[148] Nur wenige mäßigende Stimmen wie jene des Historikers Shlomo Shafir, in den 1970er Jahren Korrespondent der *Davar* für deutsche Themen, waren zu hören.[149] Auch die *Jedioth Achronoth* regte an, deutsche Kultur müsse nicht gleichbedeutend mit Vergessen sein, und erinnerte an die Bedrohung durch die arabische Welt: »Der Streit ist nicht zwischen jenen, die

145 Brief des Schulleiters S. Rosenberg vom 31.10.1971, Sha'arei Tora, Religiöse Schule Haifa, an die Deutsche Botschaft, »Betr.: Material über die Deutsche Kulturwoche 1971. In Kopie an Bürgermeister der Stadt Tel Aviv und Haifa, und an Herrn Peled, Generaldirektor des Ministeriums für Erziehung«, ebd.

146 Puttkamer an das Auswärtige Amt, 25.11.1971, ebd.

147 Auswertung der israelischen Presse durch Puttkamer, ebd.

148 »Eban urges ›dynamic patience on German-Israeli society‹«, in: *Jerusalem Post* vom 5.4.1967.

149 »Auch was die Kulturbeziehungen betrifft, ist eine Revision des von der Knesset vor zehn Jahren gefaßten Beschlusses von Nöten«, in: *Davar* vom 5.6.1971.

vergessen wollen, und jenen, die erinnern wollen. Unser heutiger Amalek ist nicht Deutschland!«[150]

Die Eröffnung sollte mit einem feierlichen Empfang durch die Israelische Philharmonie in Tel Aviv stattfinden, begleitet von Festansprachen von Botschafter von Puttkamer und dem Tel Aviver Bürgermeister Jehoshua Rabinowitz.[151] Wegen der Proteste verzichteten jedoch beide darauf.[152] Der Kulturattaché der deutschen Botschaft, Klaus Wolfgang Niemöller, plante eine Käthe-Kollwitz-Ausstellung in Tel Aviv und Jerusalem; das Berliner Schiller Theater war für Aufführungen von *Emilia Galotti* und Becketts *Glückliche Tage* eingeladen, und Professor Ernst Simon von der Hebräischen Universität sollte über »Deutsch-jüdische Wechselwirkung – Ergebnisse und Grenzen« sprechen. Parallel dazu sollte eine Heinrich-Heine-Ausstellung in Tel Aviv stattfinden. Niemöller und von Puttkamer waren allerdings nicht vorbereitet auf die heftigen Proteste und Diskussionen, die auf ihre Ankündigung folgten. Kommunalpolitiker der unterstützenden israelischen Städte hatten betont, die deutsche Kulturwoche sei schließlich ein Beweis für die verbesserten Beziehungen zu Deutschland. Im Gemeinderat von Jerusalem gab es jedoch einen Tumult, und drei Abgeordnete beantragten einen »außerordentlichen Tagesordnungspunkt« in der Knesset. Der Großteil der Kritik stammte aus dem nationalreligiösen Lager: Man könne nicht eine »Kulturwoche in der gleichen Sprache in Israel abhalten, in der Millionen Juden in die Gaskammern geschickt wurden«, so der Tenor. »Ohne ein Prophet zu sein, kann ich schon vorhersagen, dass die ›deutsche Kulturwoche‹ uns noch ernsthafte Kopfschmerzen bereiten wird«, schreibt der Auschwitz-Überlebende Noah Klieger.[153] Selbst die deutschsprachige Zeitung *Jedioth Chadashot* fragte, ob »die Intensivierung der gegenseitigen kulturellen Beziehungen nicht besser ohne offizielle ›Kulturwochen‹ vor sich gehen würde«.[154] Die Bundesregierung reagierte auf die massiven Demonstrationen und entschuldigte sich – lediglich – für die verfehlte Wahl des Zeitpunkts – jedoch nur

150 Kommentar »Kultur und Deutschland« von Israel Gur, in: *Jedioth Achronoth* vom 12.11.1971, übersetzt von der Verfasserin.

151 »Deutsche Woche in Tel Aviv«, in: *FAZ* vom 24.9.1971.

152 Alfred Wolfmann, »Der deutsche Botschafter geht auf dünnem Eis«, in: *Jedioth Achronoth* vom 10.11.1971, übersetzt von der Verfasserin.

153 Noah Klieger, »Wer organisiert die ›deutsche Kulturwoche‹?«, in: *Jedioth Achronoth* vom 4.11.1971, übersetzt von der Verfasserin.

154 *Jedioth Chadashot* vom 4.11.1971, zitiert nach PA AA, B 36, Bd. 239.

»sehr oberflächlich«, wie die *Frankfurter Allgemeine Zeitung* kommentierte.[155] Der Zeitpunkt war unbedacht gewählt: Puttkamer lud für den 9. November, das Datum des Novemberpogroms 1938, zu einem Eröffnungsempfang. Israelische Kollegen mussten ihn erst auf das Ungeschick aufmerksam machen. Er verschob den feierlichen Empfang um fünf Tage, die Kulturwoche freilich wurde am Abend des 9. November wie vorgesehen mit einer Lesung mit Günter Grass in Jerusalem und einer Aufführung von *Emilia Galotti* in Tel Aviv eröffnet. Die Eröffnungsreden in der Konzerthalle Tel Avivs waren nur unter verstärktem Polizeischutz möglich.[156] Die Beitar-Jugend rief laut in Sprechchören »Nazis«, hielt Plakate hoch, die die Aufschrift trugen »Die deutsche Kultur wurde in Auschwitz begraben«, und verteilte Flugblätter mit Bildern aus dem Vernichtungslager. Etwa ein Dutzend war mit gekauften Karten in den Konzertsaal gelangt: »Als der israelische Dirigent Eliahu Inbal den Taktstock erhob, ertönten laute Zwischenrufe, zwei junge Männer stellten sich neben das Dirigentenpult und begannen das jüdische Totengebet zu lesen«,[157] berichtete der deutsche Korrespondent. Am selben Abend ernteten die Schauspieler des Berliner Schiller Theaters während ihrer Aufführung von Lessings *Emilia Galotti* Buhrufe und wurden mit faulen Tomaten beworfen.

Der berühmteste Teilnehmer war der Schriftsteller Günter Grass. Schon seine Einreise bereitete ihm Probleme, weil er kein Visum und nur einen abgelaufenen Reisepass besaß.[158] Es war bereits seine dritte Reise nach Israel, sein erster Besuch im März 1967 galt als Durchbruch für die kulturellen Beziehungen zwischen den beiden Ländern.[159] Im Jahr 1971 weigerte sich der israelische Schriftstellerverband, Grass zu empfangen. Die israelische Regierung dagegen »brach ihre eigenen Gesetze, indem sie Grass' öffentliche Auftritte in deutscher Sprache mitorganisierte«.[160] Der Staatspräsident, der Ministerpräsident und der Erziehungsminister empfingen ihn und erwie-

155 »Mißklänge in Tel Aviv«, in: *FAZ* vom 7.11.1971, und Puttkamer aus Tel Aviv an das Auswärtige Amt, 11.11.1971, PA AA, B 36, Bd. 459.

156 dpa-Meldung vom 10.11.1971, Presseabteilung ACDP.

157 Ebd.

158 »Der zerstreute Schriftsteller Grass«, in: *Jedioth Achronoth* vom 8.11.1971, übersetzt von der Verfasserin.

159 Vgl. Julie Grimmeisen, »Der erste Besuch von Günter Grass in Israel«, in: *Münchner Beiträge zur Jüdischen Geschichte und Kultur*, Jg. 3 (2009), H. 1, S. 90–95.

160 Michael Brenner, »Hebräisch in Deutschland. Eine wechselvolle Geschichte«, in: Verena Lenzen (Hrsg.), *Das Studium des Judentums und die jüdisch-christliche Begegnung*, Göttingen 2013, S. 91–105, hier S. 104.

sen ihm damit eine hohe politische Ehre. Seine Lesungen in Tel Aviv und in Jerusalem betitelte Grass als »Rede von der Gewöhnung«.[161] Darin befasste er sich sehr sensibel mit der Rolle eines deutschen Israel-Reisenden:

»Meine Reise nach Israel [läßt sich] nicht mit irgendeiner Reise anderswohin vergleichen. Wir mögen locker tun und uns, als Touristen verkleidet, hinter einem privaten Status verstecken, am Ende aller Ausflüchte steht die Erkenntnis: Ein Deutscher, der nach Israel reist, macht sich nicht allein auf den Weg; seine Reisegesellschaft ist beklemmend vielgestalt, sein Gepäck hat Übergewicht. Und wenn er, wie ich heute, zu Ihnen in deutscher Sprache spricht, muß er gewiß sein, daß diese Sprache, was immer sie mitzuteilen vorhat, Ihrem Ohr Schmerzen bereitet.«[162]

An den Universitäten Haifa, Tel Aviv und Jerusalem las er einen Abschnitt aus seinem Text *Aus dem Tagebuch einer Schnecke*.[163] Wiederum störten Beitar-Angehörige lautstark, hielten Schilder hoch, auf denen »Deutsche Mörder« und »Chatzi jovel le Auschwitz [Nur 25 Jahre nach Auschwitz]« stand. Immer wieder unterbrachen sie die Lesung, indem sie die israelische Nationalhymne Ha Tikva [Die Hoffnung] sangen. Grass konnte seine Enttäuschung, seine Beleidigung und seinen Kummer nicht verbergen: »Meine Herren, Sie verletzen die falschen Leute«,[164] rief er den jungen Protestierenden zu. »Warum die Verallgemeinerungen? Sind wir alle schlecht? Sind wir alle Mörder, Sünder?« Unter dem Applaus des überwiegend älteren Publikums beendete Grass die Veranstaltung schließlich vorzeitig und verließ zornig den Saal, die Störungen nannte er »Terror«.[165] Er erklärte, die deutsch-israelischen Beziehungen würden sich noch auf Generationen hinaus nicht normalisieren. Die Kulturwoche sei doch aber dazu gedacht, den Dialog zu verstärken. Als Journalisten ihn daraufhin fragten, ob er für ein Vergessen und Verzeihen

161 Günter Grass, »Rede von der Gewöhnung«, in: ders., *Über das Selbstverständliche. Aufsätze, Reden, Kommentare, Offene Briefe*, Darmstadt 1969, S. 162–179.

162 Ebd., S. 162 f. In dieser Rede sprach er auch davon, dass er mit 16 Jahren Soldat wurde. Erst im Jahr 2006 brachte Grass an die Öffentlichkeit, dass er im Alter von 17 Jahren Mitglied der Waffen-SS gewesen war, und löste eine Debatte über seine Rolle als moralische Instanz in der Nachkriegsgesellschaft aus. Sein Gedicht »Was gesagt werden muss« von April 2012 trug ihm den Vorwurf des Antisemitismus ein.

163 Günter Grass, *Aus dem Tagebuch einer Schnecke*, München 1998. Hierin schildert er unter anderem seine Beteiligung am Wahlkampf für Willy Brandt.

164 »Die Welt des Günter Grass«, in: *Jedioth Achronoth* vom 12.11.1971, übersetzt von der Verfasserin. Hierin: »Zweimal ist Günter Grass schon nach Israel gekommen, und zweimal hat er einen Sturm ausgelöst. Beim dritten Mal kam er im Rahmen der elendigen Kulturwoche.«

165 Günter Grass, »Was ich hier sehe, habe ich schon in Deutschland gesehen: Das ist Terror«, in: *Jedioth Achronoth* vom 10.11.1971, übersetzt von der Verfasserin.

plädiere, stellte er klar: »Nein nein nein, diese Rechnung bleibt offen bis an das Ende aller Tage.« Doch sei die jüngere Generation in Deutschland eben nicht schlechter oder besser als die Jugend in anderen Ländern, sie treffe keine Schuld.[166]

In den folgenden Monaten nahmen Presse und Regierungsbeamte immer wieder Bezug auf die Kulturwoche und stellten sie als singuläres Ereignis dar. So zum Beispiel in einem Bericht über den israelischen Botschafter im Jahr 1971, Eliashiv Ben Horin. Die *Jedioth Achronoth* schrieb, er werde geschätzt als ein »Mann stiller politischer Arbeit«, von zurückhaltender Art: »Sein Stil hat anscheinend auf die gesamte Färbung der Beziehungen zwischen den beiden Staaten Einfluss genommen: Wenn man von den Zwischenfällen der Kulturwoche absieht, sind sie [die Beziehungen] ruhiger geworden.«[167] Und Monate später, im Februar 1972, kommentierte die *Süddeutsche Zeitung*, die bevorstehende Reise von Bundeskanzler Brandt nach Israel stelle »eine weitere Stufe auf dem Weg zur Normalisierung dar. Ob eine Endstufe [sic] der Normalisierung in ein oder zwei Generationen überhaupt erreichbar ist, muß offenbleiben. Die Demonstrationen gegen die deutsch-israelische Kulturwoche in Jerusalem bewiesen kürzlich, wie lebendig die Empfindlichkeiten noch sind.«[168] Sie blieben lebendig. Bei der internationalen Buchmesse in Jerusalem im April 1972 rissen Unbekannte die deutsche Fahne herunter.[169]

1.7. München und Zagreb

Am 5. September 1972 stürmten palästinensische Terroristen der Organisation Schwarzer September das olympische Dorf in München. Die deutschen Behörden hatten die Sicherheitsvorkehrungen bewusst auf niedriger Stufe gehalten, um die neue deutsche Weltoffenheit und Gastfreundschaft zu demonstrieren. Eine Gruppe israelischer Sportler wurde als Geiseln genommen, zwölf schließlich ermordet. Der Befreiungsversuch des hinzugezogenen Sondereinsatzkommandos der bayerischen Polizei schlug fehl, bei ihrem Rettungsversuch kamen alle Geiseln ums Leben. In seiner Trauerrede zum Attentat bezog sich Bundespräsident Gustav Heinemann nicht auf die

166 Ebd.

167 Alfred Wolfmann, »Interview mit Eliashiv Ben Horin nach zweijähriger Amtszeit«, in: *Jedioth Achronoth* vom 24.12.1971, übersetzt von der Verfasserin.

168 *Süddeutsche Zeitung* vom 8.2.1973.

169 *Jedioth Chadashot* vom 30.4.1973.

spezifisch deutsch-jüdische Dimension der Tragödie.[170] Auch Willy Brandt wollte die Schuld gern von der Regierung abwälzen und tat sein Bestes, die Tragödie zu »entemotionalisieren«.[171] Die CDU-Opposition und die Springer-Presse nutzten dies innenpolitisch aus und überhäuften die Regierung wegen ihres Umgangs mit der Krise mit Kritik.[172]

Dieses Attentat und vor allem das Versagen der deutschen Sicherheitsbehörden belasteten das deutsch-israelische Verhältnis nachhaltig. Willy Brandt fand zwar entschuldigende Worte, er konnte jedoch keine spezifische Grausamkeit darin erkennen, dass Israelis ausgerechnet auf deutschem Boden und infolge einer bewusst weltoffenen deutschen Politik dem Terrorismus zum Opfer gefallen waren. Im Briefwechsel mit Golda Meir zeigte die Ministerpräsidentin sich zunächst konziliant. Sie bezeichnete den Vorfall als »tragisch« und verzichtete auf direkte Schuldzuweisungen. Nach dem Austausch diplomatischer Briefe wies die israelische Regierung sogar die Presse an, weniger »antideutsch« zu berichten, um kurz vor dem historischen und wichtigen Staatsbesuch Brandts »die Deutschen nicht zu verärgern«.[173] Kurt Birrenbach schrieb an seinen alten Bekannten Felix Shinnar auf Deutsch, er sei »zutiefst erschüttert« und »hoffe, daß hier keine Sicherheitsmaßnahme fahrlässig unterblieben ist, die das Verbrechen hätte verhindern können«. Doch auch er rettete sich mit Gemeinplätzen vor der spezifisch deutschen Verantwortung: »Absoluter Friede ist in der Welt von heute eben eine Illusion.«[174] An den Botschafter Ben Horin schrieb er: »[W]ann wird das Volk Israel endlich in Frieden und Freiheit leben können wie andere Völker?« Er nehme am israelischen Schmerz »aus tiefster innerer Bewegung« Anteil.[175] In weiteren Telegrammen bat er darum, der »tragische« Zwischenfall möge die deutsch-israelischen Beziehungen nicht zu sehr belasten. Jüdische Akteure kritisierten die ungerührte Fortführung der Olympischen Spiele nach dem Attentat scharf: »Deutschland hat jahrelang die arabischen Terroristen geduldet. Nach dem Attentat auf das El Al Flugzeug in München, nach den verschiedenen Morden in Deutschland, nach dem Massaker bei

170 »Die Trauerfeier«, auch Nachrichten zwischen Brandt und Meir, 6.9.1972, ISA 5331/1 חץ.

171 Vgl. Martin Kölbel (Hrsg.), *Willy Brandt und Günter Grass. Der Briefwechsel*, Göttingen 2013, S. 972, »Erklärung zum Abschluss der Olympischen Spiele«: »Wir müssen Selbstmitleid verhindern genauso wie unnötige Anklagen.«

172 ISA 5332/24 חץ.

173 Vgl. AdsD, Willy-Brandt-Archiv (WBA), A 9, 29.

174 Brief Kurt Birrenbach an Felix Shinnar, 9.9.1973, ACDP, NL Birrenbach, 01-433-096/1.

175 Kurt Birrenbach an Eliashiv Ben Horin, 10.9.1973, ebd.

den Olympischen Spielen, scheint in Deutschland das Motto zu sein: ›Business as usual‹ [...].«[176]

Die Absicht der Bundesregierung, während der Olympischen Spiele das »andere, friedliebende« Deutschland zu zeigen, misslang also gründlich.[177] Brandt sorgte sich vor allem um die deutsch-israelischen Beziehungen.[178] Er versuchte Meirs Kritik abzuwehren, verurteilte die verbalen Angriffe auf sein Land und seine Person und wies die Vergleiche mit dem nationalsozialistischen Deutschland scharf zurück. Meir, die zunächst sehr freundlich und dankend auf Brandts Beileidsäußerungen reagiert hatte, änderte nach dem Bericht des Mossad-Chefs Zwi Zamir ihren Tonfall. Zamir war nach Deutschland geflogen, um bei der Aufklärung zu helfen. Seiner Analyse nach habe die bayerische Polizei sich nicht von den Mossad-Agenten helfen lassen wollen und nur halbherzig versucht, das Leben der Geiseln zu retten. In der ganzen Aktion drücke sich für ihn vor allem das deutsche Interesse aus, die Olympischen Spiele rasch fortzusetzen: Das Fernsehen habe kein anderes Programm, zitierte er aus der Begründung der Verantwortlichen, die Spiele nicht abzubrechen.[179]

Im Vorfeld der Spiele hatte ein Sicherheitsbeauftragter der israelischen Botschaft bei der lokalen Polizei um spezielle Bewachung der israelischen Mannschaft gebeten und die Antwort erhalten: »Wie können Sie daran denken? Hier herrscht der olympische Geist und nichts wird passieren.«[180] Dabei hatte es bereits im September 1969 Anschläge auf die israelische Botschaft in Bonn-Bad Godesberg gegeben sowie auf israelische Einrichtungen in Brüssel und Den Haag, so dass die latente Gefährdung durchaus bekannt war und ohnehin eine höhere Sicherheitsstufe für sie galt.[181]

Auch »nach München« blieben israelische Einrichtungen in Deutschland gefährdet: Im Januar 1973 wurde nachts der Drahtzaun zur Botschaft zer-

176 Der Industrielle Xaver Federman an Axel Springer, 17.9.1972, BArch, Nachlass Federman, N 1338.

177 Harro Zimmermann, *Günter Grass unter den Deutschen. Chronik eines Verhältnisses*, Göttingen 2010, S. 580.

178 Puttkamer, Interview mit Meir, Tel Aviv, 8.11.1972, zitiert nach Carole Fink, »›The most difficult journey of all‹: Willy Brandt's trip to Israel in June 1973«, in: *The International History Review*, Jg. 37 (2015), H. 3, S. 503–518, hier S. 506 f.

179 Vgl. www.archives.gov.il/NR/rdonlyres/4B085726-2B28-4B4D-A6FF-DAB54F83118D/0/munich006.pdf (letzter Zugriff: 15.3.2015).

180 Vgl. http://www.archives.gov.il/NR/rdonlyres/73E057C3-D061-4D15-B584-AD1CAEBC93CB/0/munich015.pdf (letzter Zugriff: 15.3.2015).

181 Vgl. BArch, B 106, Bd. 78715.

schnitten, was Ben Horin zu einem erbosten Brief bewog. Er wisse zwar, »daß die deutschen Behörden einen erheblichen quantitativen Aufwand zu ihrem Schutz betrieben [und wolle] deshalb keine Klage führen [...], vielmehr die Frage stellen, ob es nicht andere Möglichkeiten gäbe, als für die Bewachung der israelischen Einrichtungen ›Polizeischüler‹ im Alter von 17–18 Jahren abzustellen«.[182]

Auf Zamirs Bericht folgte die Gegendarstellung einer deutschen Kommission unter Leitung des Innenministers Hans-Dietrich Genscher. Darin hieß es, der Bericht weise Ungereimtheiten auf, wenn er behaupte, auch strenge Sicherheitsvorkehrungen hätten die Terroristen kaum an ihrem Vorhaben hindern können. Zamirs Bericht und die Gegendarstellung belasteten kurz vor Brandts Reise das bilaterale Verhältnis sehr und den Kanzler auch ganz persönlich.[183] Dem deutschen Botschafter Jesco von Puttkamer zufolge wies das Verhältnis direkt »nach München« »starke atmosphärische Störungen« auf, besonders im Kulturbereich sei dies spürbar, da es zum Beispiel kaum noch neue Einschreibungen in Deutschkurse gebe.[184]

Im November 1972 errang Brandt einen für viele Beobachter überraschend klaren Wahlsieg, der ihn im Amt bestätigte. In seiner Regierungserklärung vom 18. Januar 1973 gab er der Hoffnung Ausdruck, dass, nachdem Europa Frieden geschaffen habe, die Region des Nahen Ostens nachziehen möge. Israels »Lebensrecht« sei für ihn selbstverständlich, ebenso aber die deutsche »traditionelle Freundschaft mit den arabischen Völkern«.[185]

Zum tatsächlichen Riss in den Beziehungen kam es erst zwei Monate »nach München«. Die kroatische Hauptstadt Zagreb wurde in den israelischen Akten zum Synonym für eine als Skandal empfundene Entscheidung der Bundesregierung: Im Oktober 1972 kaperten zwei palästinensische Terroristen eine deutsche Lufthansa-Maschine nach ihrem Start in Beirut. An Bord waren 13 Passagiere, keine Kinder, keine Frauen. Die Terroristen forderten die Freilassung der drei Olympia-Attentäter, die in Deutschland auf ihren Prozess warteten. Die Bundesregierung beugte sich dieser Erpressung und ließ die bereits geständigen Attentäter von München im Austausch ge-

182 Eliashiv Ben Horin an das Auswärtige Amt, »Schutz der Israelischen Botschaft«, 19.1.1973, ebd.

183 Vgl. Martin Kölbel (Hrsg.), *Willy Brandt*, S. 966 f., Tagebucheintrag Brandts.

184 Fernschreiben Puttkamer nach München, zitiert nach *AAPD*, 1972, Dokument Nr. 289.

185 Presseinformationsamt der Bundesregierung, Regierungserklärung des zweiten Kabinetts Brandt/Scheel vom 18.1.1973, http://library.fes.de/pdf-files/netzquelle/a88-06578.pdf (letzter Zugriff: 23.5.2016).

gen die 13 Lufthansa-Passagiere frei.[186] Die israelische Öffentlichkeit und die Regierung reagierten entsetzt. Dass die Deutschen die Mörder von München auf freien Fuß setzten, hatte einen »negativen psychologischen Effekt« auf die israelische Gesellschaft, analysierte von Puttkamer. Noch in derselben Nacht gab es eine Demonstration vor der deutschen Botschaft in Tel Aviv. Von Puttkamer äußerte sich zuversichtlich: Die »israelische Regierung [werde] es nicht auf eine ernsthafte bilaterale Krise ankommen lassen. […] Sie wird aber eine Weile vor einer hochbrandenden öffentlichen Meinung in Deckung gehen.«[187] Noch kurz vor Brandts Reise knapp ein Jahr darauf befürchtete er, die Affäre, »deren psychologische Folgen noch nicht ausgestanden sind, [könne] unkontrollierbare Aufwallungen« bei Brandts Besuch hervorbringen.[188]

1.8. Der Besuch Hans Koschnicks

Anfang 1973 besuchten zahlreiche zivilgesellschaftliche und politische Akteure Israel, darunter Vertreter der Deutsch-Israelischen Gesellschaft, der Industrie und auch des Bundestags. Die Staatssekretäre im Auswärtigen Amt waren beruhigt, dass die Ereignisse in München und Zagreb nur die höchste staatliche Ebene zu beeinflussen schienen.[189] Als Mitglied der SPD-Führung reiste Hans Koschnick über den Jahreswechsel 1972/1973 nach Israel. In Gesprächen mit dem Generalsekretär der israelischen Arbeiterpartei Aharon Yadlin, dem Präsidenten der Knesset Yisrael Yeshayahu, Außenminister Abba Eban und sogar Ministerpräsidentin Golda Meir suchte er zu vermitteln und zu erläutern: »Ziel und Zweck [meines] Besuches war es, die vor allem nach Zagreb auch zwischen beiden Parteien entstandenen Verständnisschwierigkeiten auszuräumen, gleichzeitig den israelischen Gesprächspartnern aber auch ein paar Wahrheiten zu sagen.« In den »hart« geführten Gesprächen habe Eban vor allem »alle bekannten Klagen« über die deutschen Rechtfertigungen nach »Zagreb« wiederholt. Koschnick entgegnete, die Israelis soll-

186 The fortieth anniversary of the massacre of the Israeli athletes in Munich, http://www.archives.gov.il/ArchiveGov_Eng/Publications/ElectronicPirsum (letzter Zugriff: 26.3.2015).

187 Fernschreiben von Puttkamer aus Tel Aviv an das Auswärtige Amt, 30.10.1972, zitiert nach *AAPD*, 1972, Dokument Nr. 352.

188 Von Puttkamer, Parlamentsarchiv, 16/86-32.

189 PA AA, Zwischenarchiv, Bd. 104775.

ten begreifen, »mit welchem Deutschland sie es zu tun haben«,[190] und gab zu bedenken, es werde so lange keinen Termin für einen Besuch des Bundeskanzlers geben, wie von israelischer Seite ein positives Signal fehle. Denn das Interesse am Besuch Brandts war groß, so Koschnick, und ebenso die Nervosität darüber, dass es noch keinen Termin gab. Im Januar 1973 schrieb Jesser, Referent für den Nahen Osten im Auswärtigen Amt, Israel sei dringend an der »Bekanntgabe einer Terminierung des vorgesehenen Israel-Besuchs des Herrn Bundeskanzler interessiert [...]. In unserem Interesse liegt es [jedoch], die Bekanntgabe einer Terminierung dieses Besuchs mindestens so lange aufzuschieben, bis die für Anfang März vorgesehene Reise des Herrn Außenminister nach Kairo, Amman und Beirut beendet ist.«[191]

In einem Interview am 1. Juni 1973 antwortete Brandt auf die Frage, was ihn am meisten kurz vor seiner Abreise bewege, dies sei die noch nicht geklärte Krise von Zagreb: »Mit der Freilassung der drei arabischen Mörder von München am 28. Oktober vorigen Jahres [ist] es zu der bisher wohl schwersten Krise zwischen Israel und der Bundesrepublik« gekommen.[192] Auch übten die Jusos Kritik an seiner bevorstehenden Israel-Reise. Sie sahen Israel als Unrechtsstaat an und forderten, die deutsche Unterstützung zu verringern. Botschafter Ben Horin zeigte sich beunruhigt über diese Entwicklung in der sozialdemokratischen Linken: Immerhin, so schrieb er besorgt an das Bonner Auswärtige Amt, stelle die Gruppe ein Viertel der SPD-Fraktion im Bundestag.[193]

In den deutschen Debatten auf Regierungsebene über die Ereignisse in München und Zagreb zeigt sich eines sehr deutlich: Die Belastungen für das deutsch-israelische Verhältnis waren nicht sachlich zu erklären, sondern ergaben sich aus den nach wie vor vorhandenen starken Emotionen der Israelis. Die Kehrseite der bei den Gesprächen eingeforderten Sachlichkeit und des Versuchs Brandts, die Beziehungen zu entemotionalisieren, war ein bemerkenswerter Mangel an Sensibilität für die neuralgischen Themen der israelischen Seite. Wer Kulturveranstaltungen auf den Jahrestag des Novemberpogroms legte, zeigte, dass er diesem Tag in der deutschen wie in der jüdischen Geschichte keine besondere Bedeutung zumaß. Gedenkveranstaltungen in Deutschland aus diesem Anlass fanden damals meist in einem

190 Alle Zitate aus Gesprächsaufzeichnungen, PA AA, B 130, Bd. 9991.

191 Referent Jesser aus Bonn, 4.1.1973, PA AA, Zwischenarchiv, Bd. 103912.

192 Interview mit Alfred Wolfmann am 1.6.1973, für *Jedioth Achronoth*, deutsch im Original, zitiert nach PA AA, B 145, Bd. 8273.

193 Schreiben von Ben Horin an das Auswärtige Amt, 26.3.1973, ISA 6808/4 חץ.

kleinen Kreis der jüdischen Gemeinden statt. Es fehlte die Phantasie, sich in das Gegenüber hineinzudenken. Solche diplomatischen Verfehlungen wurden von den Israelis aufmerksam beobachtet, und es brauchte nicht viel, um die Stimmung zu trüben. Im Hinblick auf die Beurteilung des linken Antizionismus der Jusos waren die Israelis weitsichtiger als die SPD-Spitze, die diese Anschauungen, die in den Ostblockstaaten zum offiziellen Kurs gehörten, nicht in der gleichen Weise rezipierte.

2. Der »erste Kanzlerbesuch seit Kaiser Wilhelm« – Willy Brandt im Heiligen Land

»Willy Brandt is the most acceptable German who could be welcomed in Jerusalem because of his personal struggle against nazism when nazism was synonymous with Germany. […] He is paving the way for successors who may lack such impeccable credentials«.[194] Als Exilant und Widerständler gegen das nationalsozialistische Regime fiel es Brandt als Bundeskanzler in Israel leicht, sich selbstbewusst von »der Vergangenheit« zu distanzieren. Seine Wertschätzung des Zionismus und Bewunderung für den Sieg im Sechstagekrieg 1967 wichen in seiner Regierungszeit einer Haltung, die sich strategisch an seinen europäischen Partnern orientierte. Die zentralen Schritte der Ostpolitik auch für das deutsch-israelische Verhältnis waren die Anerkennung der Oder-Neiße-Grenze und der Kniefall Brandts am Ehrenmal für die Toten des Warschauer Ghettos am 7. Dezember 1970. Die Anerkennung historischer Schuld gegenüber den Polen ließ die Israelis hoffen, dass Brandt eine entsprechende Geste auch gegenüber den Israelis vollziehen werde. Das Gegenteil war jedoch der Fall: Sein Auftreten im Nahen Osten drückte weniger Demut als vielmehr Selbstbewusstsein gegenüber der israelischen Regierung aus.

Das Verhältnis zu den Vereinigten Staaten war durch Brandts Ostpolitik angespannt: Präsident Richard Nixon und sein Sicherheitsberater Henry Kissinger fürchteten, Brandt könne gemeinsam mit Außenminister Scheel,

194 Vorbereitendes Papier zum Brandt-Besuch, Referenten im israelischen Außenministerium, ISA 5253/5 חץ.

von ihnen als »Trottel« tituliert,[195] die Kontrolle in einer sensiblen Phase im Kalten Krieg verlieren. An einer unilateralen »Versöhnung« mit dem Osten hatte die US-Regierung wenig Interesse, solange die Blöcke sich noch feindlich gegenüberstanden.

Die Einladung

Golda Meir wurde 1898 in Kiew geboren. Ihr Vater war Zimmermann, und die sehr arme Familie flüchtete 1906 vor den Pogromen in die USA. Dort studierte Meir Philologie in Milwaukee und lernte in dieser Stadt der deutschen Auswanderer im Mittleren Westen auch Deutsch. Bereits als Jugendliche trat sie der marxistisch-zionistischen Bewegung Poale Zion bei, bevor sie 1921 in das Mandatsgebiet Palästina immigrierte und dort mit ihrem Mann zunächst auf eine Hühnerfarm zog. Sie wurde 1928 Mitglied in der Histadrut und übernahm ab 1946 eine Leitungsfunktion in der politischen Abteilung der Jewish Agency, die die jüdische Bevölkerung des Jishuw gegenüber den Briten vertrat.[196] In dieser Funktion besuchte sie am 10. Mai 1948 den jordanischen König Abdallah in Nahrayim in einer lebensgefährlichen Mission, denn sie hatte unerlaubt und verschleiert die Grenze übertreten. Als der König auf ihre Forderung nach einem jüdischen Staat nur entgegnete, sie sollten sich gedulden, erwiderte Meir: »Wir haben 2000 Jahre gewartet, ist das ungeduldig?«[197]

Sie wurde Ministerpräsidentin, als in der Machtlücke, die Levi Eshkol nach seinem plötzlichen Tod durch Herzinfarkt im Februar 1969 hinterlassen hatte, eine Interimslösung gefunden werden musste. In ihren Memoiren schrieb sie, sie sei unwillig gewesen, in ihrem Alter dieses körperlich und nervlich anstrengende Amt zu übernehmen.[198] Meir, die »Eiserne Großmutter« genannt wurde, prägte in den Jahren 1969 bis 1973 eine Ära, die sich durch striktes Festhalten an der Politik des Status quo im Nahen Osten aus-

195 Zitiert nach Rolf Steininger, *Deutschland und die USA. Vom Zweiten Weltkrieg bis zur Gegenwart*, Reinbek 2014, S. 474.

196 Der Jishuw bezeichnet das organisierte, politische Gemeinwesen der jüdischen Bevölkerung in Palästina vor der Staatsgründung Israels. Vgl. »Jischuw«, in: Dan Diner (Hrsg.), *Enzyklopädie jüdischer Geschichte und Kultur*, Bd. 3, Stuttgart/Weimar 2012, S. 199–203.

197 Zitiert nach »Eine Legende schon zu Lebzeiten. Zum Tode von Golda Meir«, in: *Allgemeine Jüdische Wochenzeitung* vom 15.12.1978, ISA 831/19 פ.

198 Golda Meir, *Mein Leben*, Hamburg 1975, S. 393 ff.

zeichnete. Die Partner USA, Frankreich und Großbritannien hätten Israel schon dreimal mit falschen Versprechungen in den Kriegen von 1948, 1956 und 1967 allein gelassen, daher könne sich ihr von Feinden umgebener Staat nur auf sich selbst und die eigene militärische Stärke verlassen.[199] Als Meir im Jahr 1978 in Jerusalem an Krebs verstarb, gedachte die SPD ihrer stehend auf einem Parteitag, und Bundeskanzler Helmut Schmidt erklärte, die Sozialdemokratie denke »in großer Liebe« an sie zurück:

»Das Bild der Grande Dame, der Kettenraucherin und Liebhaberin starken Kaffees, der Frau mit dem streng gescheitelten Haar und dem Dutt auf dem Hinterkopf, die stets eine große Ledertasche am Arm trug, wird ebenso haften bleiben wie das Bild der Politikerin mit besonderem weiblichen Instinkt, gesundem Sinn für Realität, begabt mit Solidität und freimütiger Aufrichtigkeit [...]. Für uns wird sie die Golda shelanu [unsere Golda] bleiben.«[200]

Golda Meirs offizielle Einladung Willy Brandts hatte lange auf sich warten lassen. Aus der Sicht der Bundesregierung zögerte sie »peinlich« lange nach Willy Brandts Wahlsieg, ihn nach Israel zu bitten. Denn das diplomatische Protokoll sah vor, dass auf jede Einladung eine Gegeneinladung zu folgen habe. Und Meir, wie viele Israelis ihrer Generation entschieden, ihre Füße nicht auf deutschen Boden zu setzen, haderte mit diesem Schritt. Sie entschloss sich erst nach einem »long process of soul-searching and intense inner struggle«, die Einladung auszusprechen.[201] In die Verlegenheit eines Gegenbesuchs kam sie allerdings nicht mehr. Im Jom-Kippur-Krieg vom Oktober 1973 wurden ihr schwere Versäumnisse vorgeworfen, und sie musste zurücktreten. Meir und Brandt kannten sich bereits seit 1960, als Brandt als Regierender Bürgermeister von Berlin Israel besuchte. Golda Meir war zu diesem Zeitpunkt noch Außenministerin. Im Laufe der 1960er Jahre waren sie sich auf den Treffen der Sozialistischen Internationale begegnet, zuletzt in Helsinki im Mai 1971, als es zwischen ihnen zum Dissens über das Schumann-Papier kam und Brandt Meirs Haltung als »militaristisch und angstvoll« bezeichnete. Ein Jahr später in Wien, ebenfalls beim Treffen der

199 »Mr. Chancellor, we are all alone. The whole world was with us, the press, the media, but we were alone. [...] We cannot trust our destiny even in the hands of our best friends«, Golda Meir im Gespräch am 8.6.1973, zitiert nach Fink, »Journey«, S. 510.

200 »Eine Legende schon zu Lebzeiten. Zum Tode von Golda Meir«, in: *Allgemeine Jüdische Wochenzeitung* vom 15.12.1978, zitiert nach ISA 831/19 פ. Es fällt auf, dass Golda Meir in den Akten und in der Presse häufig nur mit ihrem Vornamen »Golda« genannt wird, bei Männern kommt dies nicht vor.

201 *Jerusalem Post* vom 8.2.1972.

Sozialistischen Internationale, gestand er ihr zu, etwas »versöhnlicher« geworden zu sein. Im Gegensatz zu Ben Gurion war Golda Meir von tiefem Misstrauen gegen Deutschland und seinen Repräsentanten erfüllt. Trotz ihrer Meinungsverschiedenheiten über den »Frieden im Nahen Osten« schrieb Willy Brandt in seiner Autobiographie, sie seien sich »emotional sehr nahe« gewesen.[202]

Ein halbes Jahr »vor München«, am 6. Februar 1972, erhielt Brandt endlich die israelische Einladung. Die *Davar* kommentierte erleichtert, dieser Schritt habe »große Bedeutung«, denn er spiegele wider, dass »weder das ›Schumann-Papier‹ noch die Ostpolitik oder die Kulturwoche die Sonderstellung des neuen Deutschlands zu Israel beeinträchtigen konnte«.[203] Die israelische Presse diskutierte aufgeregt, ob Brandt als Ex-Widerständler willkommen sei oder ob er trotz seiner persönlichen Biographie nur als Repräsentant jenes Volkes, das an der Shoah schuld sei, gesehen werden müsse.[204] Auch für die Bundesregierung war ein erster Staatsbesuch nicht selbstverständlich. Im Bestreben, seinen repräsentativen Besuch nach Israel symbolisch auszugleichen, entsandte Brandt Walter Scheel im Frühjahr 1973 nach Kairo, Amman und Beirut. Dies war die erste Reise eines deutschen Außenministers in arabische Länder nach der Aufnahme diplomatischer Beziehungen zwischen der Bundesrepublik Deutschland und Israel im Jahr 1965. Unter anderem um diese Begegnungen nicht zu »belasten«, wollte der Kanzler den Termin seines Israel-Besuchs erst kurzfristig bekanntgeben. Shlomo Shafir prophezeite Demonstrationen der jungen Rechten, in Deutschland erwartete das Auswärtige Amt Proteste der jungen Linken.[205] Deren Vertreter hatten Botschafter Asher Ben Natan und seinen Nachfolger Eliashiv Ben Horin bereits in den späten Sechzigerjahren bei ihren Auftritten an deutschen Universitäten als Vertreter Israels wüst beschimpft und ausgebuht.[206]

---

202 Willy Brandt, *Erinnerungen*, Frankfurt am Main 1990, S. 447. Zum Thema persönliche Beziehungen wird Brandt von Gardner Feldman zitiert: Ihn habe sowohl mit Abba Eban als auch mit Jigal Allon eine Freundschaft verbunden, da beide »great charm and an outstanding intellect« gehabt hätten (Gardner Feldman, *Germany's Foreign Policy*, S. 150).

203 *Davar* vom 9.2.1972.

204 »Brandt persönlich ist aller Ehrerbietung würdig, nicht jedoch Brandt als Bundeskanzler«, in: *Al HaMishmar* vom 22.1.1973, auch »Der Kanzler ist persona grata in Israel«, in: *Davar* vom 29.5.1973, übersetzt von der Verfasserin.

205 »Bundeskanzlerreise Israel 1973«, PA AA, Zwischenarchiv, Bd. 104771.

206 Ben Natan, Hansen (Hrsg.), *Israel*, S. 36 ff. Die studentische 1968er-Bewegung begriff sich in großen Teilen als solidarisch mit dem »Befreiungskampf« der Palästinenser und

Kritik an der Einladung Brandts durch die israelische Regierung hatte es wenige Wochen zuvor von deutschsprachigen Juden in Israel gegeben, die nicht mehr wie in den 1960er Jahren im Fokus der reisenden deutschen Politiker waren:

»Die […] Kritik kommt hauptsächlich aus Kreisen der alten aus Deutschland stammenden Juden, deren Einfluß auf Politik und öffentliche Meinung Israels sehr begrenzt ist, u. a. deswegen weil diese Gruppe von Anfang an Integrationsschwierigkeiten hatte und zum Teil heute noch hat. [Die Kritik] ist auch sicher überzeichnet und einseitig. Trotzdem sollte man sie zur Kenntnis nehmen. […] Inzwischen hat die Botschaft normale Verbindungen zu den für sie wichtigen Ämtern und Organisationen herstellen können, und es ist unvermeidlich, daß die früher so engen und häufigen Kontakte zu den deutschstämmigen Israelis eingeschränkt werden mußten. Daher also die Ressentiments, die man ja in ähnlicher Form weltweit bei Angehörigen der deutschen ›Kolonie‹ findet, die sich von den deutschen Vertretungen nicht genügend beachtet fühlen.«[207]

Ziel der Einladung war es, mit dem Bundeskanzler über die Herabsetzung der Einfuhrtarife für Zitrusfrüchte nach Europa zu verhandeln.[208] Für dieses zentrale wirtschaftliche Anliegen zeigte sich die israelische Regierung bereit, dem deutschen Anliegen nach öffentlichkeitswirksamer »Versöhnung« entgegenzukommen. Die israelischen Regierungsbeamten blieben allerdings kritisch:

»The symbolism of Mr. Brandt's pilgrimage enhances political purposes which are almost opposite. More than a year has elapsed since Mrs. Meir invited him, during which Bonn has given Jerusalem more than one anxiety. Mr. Brandt's honest acknowledgement that ›we cannot undo what has been done‹ accompanies his attempt to drop the ›specialty‹ from the German-Israeli relationship, to limit German compensation to Jewish victims of the past, to end Bonn's perpetual heretofore merely official moral bondage, to pursue ›evenhandedness‹ to free Bonn to court the Arab world diplomatically and commercially.«[209]

der PLO; ihre verbalen Angriffe gegen Israelis waren Ausdruck eines neuartigen linken Antisemitismus, der sich als Antizionismus ausgab.

207 Herr Dr. Püllen aus dem Bundespresseamt an das Auswärtige Amt wegen: »Kritik aus deutsch-israelischen Kreisen an Bundesregierung und Botschaft Tel Aviv, Schreiben von Herrn Werner Katzenstein«, 19.4.1973, PA AA, B 145, Bd. 8272.

208 »Mrs. Meir will ask the German chancellor to push for vital EEC trace concessions on such prime Israeli exports as citrus fruits.« (Brian Arthur, »Brandt invitation points up Bonn's ›delicate understanding‹ with Israel«, in: *Jerusalem Post* vom 14.2.1973)

209 Vorbereitendes Papier zum Brandt-Besuch, Referenten im israelischen Außenministerium, ISA 5253/5 חץ.

Die Vorbereitung des Besuchsprogramms stellte sich als eine delikate Angelegenheit heraus: Auf der einen Seite forderten die Israelis eine offizielle Visite in der Altstadt Jerusalems, auf der anderen Seite bat Brandt, seinen Besuch um einen Tag zu verlängern, »um Land und Leute kennenzulernen«[210] – was Meir jedoch mit der Begründung ablehnte, vor ihren Wählern nicht zu »deutschlandfreundlich« erscheinen zu wollen.[211] Von arabischer Seite erntete Brandt Kritik, weil er plante, genau zum Jahrestag des Sechstagekriegs im Juni zu reisen. Dieser Vorwürfe erwehrten sich die deutschen Bürokraten allerdings mit einer gewissen Schnoddrigkeit: »BK [Bundeskanzler] regt an, kritischen Äußerungen zum Zeitpunkt seines Israelbesuches (Jahrestag des Juni-Krieges) auch mit dem Hinweis entgegenzutreten, daß sich – wenn man danach sucht – im Kalender des ganzen Jahres Ereignisse finden lassen, deren Jahrestag zur Kritik Anlaß bieten könnte.«[212]

Die Botschaft in Tel Aviv sandte Stadt- und Landkarten Israels nach Bonn, da »sämtliche in Israel heute erhältlichen Landkarten den Staat innerhalb der Waffenstillstandslinien von Juni 1967« zeigten, so der Attaché kritisch. Die Grenzen seien aber weder von Deutschland noch der Europäischen Gemeinschaft anerkannt.[213] Brandts Besuch in Israel wurde schließlich minutiös ausgearbeitet und seine begleitende Delegation mit Bedacht ausgewählt.[214] Sozusagen als Gegengewicht zur kritischen Einstellung der Beamten des Auswärtigen Amtes zu seiner Reise, nahm er eine Reihe von Persönlichkeiten mit, die für ihre Sympathie für den jüdischen Staat bekannt waren: neben seinem Redenschreiber Klaus Harpprecht und dessen Frau Renate, einer Auschwitz-Überlebenden, auch Walter Hesselbach, den Direktor der Deutschen Bank, Werner Nachmann, den Vorsitzenden des Zentralrats der Juden in Deutschland, und Günter Grass. Schon im Wahlkampf der SPD im Jahr 1969 hatte es diese Verbindung von Intellektuellen und Politik

210 AdsD, WBA, A 9, 29.

211 *Jedioth Chadashot* vom 3.4.1973. Die Regierung Meir oszillierte zwischen dem genannten vorherrschenden wirtschaftlichen Interesse und Rücksichtnahme auf die Wählerschaft: Nach einer Umfrage des israelischen Instituts PORI (Public Opinion Research of Israel) sind immerhin 17,5 Prozent »for necessary ties only« und 17,6 Prozent »against ties at all«. Auffällig scheint, dass deutlich mehr europäische Juden (67,3 Prozent) für den Besuch Brandts plädieren als orientalische Juden (57,6 Prozent). Nach der PORI-Umfrage sehen insgesamt lediglich 34,6 Prozent Deutschland als »Freund« an.

212 Staatssekretär Schilling, Bonn, 9.4.73, PA AA, B 145, Bd. 8272.

213 PA AA, Zwischenarchiv, Bd. 103912.

214 Vgl. Fink, »Journey«, S. 508.

gegeben.[215] Auffällig abwesend auf Brandts Reise waren Finanzminister Helmut Schmidt, der auch in seiner Kanzlerzeit wegen seiner nahostpolitischen Haltung nie den Weg nach Israel fand, und Nahum Goldmann, der Präsident des Jüdischen Weltkongresses. Dieser hätte eine Einladung durch den deutschen Bundeskanzler sicher »als Entgegenkommen für seine langfristigen Finanzwünsche [nach mehreren Milliarden] betracht[et]«.[216] Es sei allerdings »kein Verhandlungsbesuch«, und Brandt wolle zu Finanzforderungen nicht Stellung beziehen, war die Begründung für die Ablehnung Goldmanns als Begleitung.

In der Frage nach einem passenden Geschenk für Golda Meir bescheinigte Harpprecht ein »totales Versagen des Protokolls«.[217] Die israelische Seite wünschte einen »bescheidenen Rahmen«, was Geschenke betraf, und so wurde für Golda Meir ein Kaffeeservice aus der »berühmten deutschen Manufaktur« vorgeschlagen und für den Staatspräsidenten ein »Gegenstand, der sich auf jüdische Tradition in Deutschland bezieht, etwa eine alte jüdische Bibel, Thora oder sonstige Kultgegenstände«.[218] Für Abba Eban entschieden sich die deutschen Beamten aus der Protokollabteilung schließlich für eine Ausgabe von Heinrich Heine, da sie »begriffen, dass man einem Intellektuellen am besten durch eine Reverenz an seine Bildung schmeichelt«.[219]

Bei dem minutiös orchestrierten Empfang am 6. Juni 1973 um halb drei Uhr nachmittags in Lod erwiesen Golda Meir und Abba Eban dem deutschen Kanzler die Ehre. Der Ablauf folgte strikt dem Protokoll: Ein Fanfarensignal ertönte, als Brandt das Flugzeug verließ und zum Rednerpult schritt. Dann erklangen erstmalig in der Geschichte der deutsch-israelischen Beziehungen beide Nationalhymnen, gespielt von israelischen Soldaten.[220] Für hohe Medienwirksamkeit sorgten die bewegten Bilder, es war der erste ausländische Staatsbesuch in Israel, bei dem das Fernsehen eine größere Rolle spielte.[221] Aus Rücksicht auf die Überlebenden verzichteten israelische Ra-

215 Vgl. dazu auch Urs Bitterli, *Golo Mann: Instanz und Außenseiter. Eine Biographie*, Berlin 2004, S. 325 ff.

216 Klaus Harpprecht, *Im Kanzleramt. Tagebuch der Jahre mit Willy Brandt*, Reinbek 2000, S. 171.

217 Ebd., S. 175.

218 PA AA, Zwischenarchiv, Bd. 103912.

219 Harpprecht, *Kanzleramt*, S. 176.

220 »Se ha pa'am harishona, she nishma hahimnon hagermani [Zum ersten Mal hört man die deutsche Nationalhymne]«, in: *Davar* vom 14.6.1975, übersetzt von der Verfasserin.

221 David Witzthum im Interview mit der Verfasserin, Jerusalem, 18.9.2014.

dio- und TV-Sender allerdings darauf, die deutsche Hymne zu übertragen.[222] Brandt hatte vorher sogar angeboten, gänzlich auf die deutsche Hymne zu verzichten, die Ankunft einer deutschen Militärmaschine in Israel schien ihm aufsehenerregend genug. Zu den Tönen von »Einigkeit und Recht und Freiheit« schritt der Bundeskanzler eine weibliche Ehrenformation ab und betrat dann den roten Teppich, der bereits gesäumt war von der israelischen Delegation.[223] »Mr. Chancellor, you are being welcomed in Israel with the esteem due to one who, in the darkest period for the human race and especially for the Jewish people, joined forces with those who fought the nazis, we greet you [...]«, hieß Golda Meir ihn willkommen.[224] Brandt erwiderte, die Vergangenheit könne zwar nicht geändert werden, doch ihre warmherzigen Worte wiesen einen Weg in die Zukunft. Das Ritual der Demonstrationen am Flugplatz fehlte auch beim biographisch unbescholtenen Brandt nicht, und die Straßen Jerusalems waren von Soldaten mit Maschinenpistolen besetzt. In einer privaten Maschine flog die Delegation direkt nach Jerusalem, wo im King David Hotel »nur Zeit blieb, sich die Hände zu waschen«, dann eilten die Staatsgäste nach Yad Vashem zum ersten Programmpunkt.[225] Die Journalisten mussten wählen, ob sie über die Ankunftszeremonie in Lod oder den Besuch in Yad Vashem berichten wollten – beides war zeitlich nicht zu schaffen.

In der nationalen Holocaust-Gedenkstätte wurden die Deutschen von Gideon Hausner begrüßt, dem ehemaligen Generalstaatsanwalt und Chefankläger im Prozess gegen Adolf Eichmann, der seit einigen Jahren ehrenhalber den Vorsitz im Rat der Gedenkstätte innehatte. Für die Führung nebst einer »schlichten Zeremonie« hatte die israelische Seite im Programm nur 30 Minuten vorgesehen.[226] Die deutsche Botschaft teilte den Wunsch nach Kürze, weil, »wie die Erfahrungen bei dem Besuch des Außenministers gezeigt haben, ein längerer Aufenthalt an der Gedenkstätte unter Umständen von Reden des dortigen Kurators begleitet wird« – das schien man vermeiden zu wollen, um der erwarteten Emotionalität in seiner Rede aus dem Wege zu gehen.[227]

222 Vgl. Fink, »Journey«, S. 516.

223 »Drehbuch«, PA AA, Zwischenarchiv, Bd. 103912.

224 Empfangsrede Golda Meir, 6.6.1973, ISA 5253/5 חץ.

225 Vgl. Harpprecht, *Kanzleramt*, S. 181.

226 Schreiben der deutschen Botschaft Tel Aviv an das Nahostreferat, 4.4.1973, PA AA, B 145, Bd. 8272.

227 Deutsche Botschaft an die Protokollabteilung im Auswärtigen Amt, PA AA, Zwischenarchiv, Bd. 103912.

In der Halle der Erinnerung, einer Steinhalle mit den in den Boden eingravierten Namen der Konzentrationslager und einer riesigen »ewigen Flamme« in der Mitte, schrieb das »Drehbuch« des Protokolls Brandt genau vor, wie er sich zu bewegen hatte.[228] Hier erwarteten die Gäste mit Spannung eine Geste des Kanzlers, die seinem Kniefall am Warschauer Ghetto gleichkäme. Die Möglichkeit einer solchen »Geste« hatte intensiver Beratungen im engen Kreis bedurft, vor der Reise suchten mehrere ranghohe Beamte fieberhaft ein passendes Zitat aus einem Psalm: »In jedem Zimmer seines [des Kanzlers] Amtes sitzt ein hochbezahlter Herr, bibellesend wie ein Verrückter«, beschrieb Harpprecht diese Situation später sarkastisch.[229] Um Brandt daran zu hindern, »durch einen neuen ›Kniefall‹ die Nahostpolitik des Bonner Auswärtigen Amtes zu zerstören«, hatte Außenminister Scheel »seinen Staatssekretär Frank als Aufpasser mit auf den Weg nach Israel geschickt«, wie in der *Jedioth Achronoth* zu lesen war.[230]

Nachdem in der Gedenkhalle ein Geiger die Totenklage gespielt hatte, sang ein Kinderchor Psalmen auf Hebräisch. Und dann folgte die »Geste«: Brandt legte einen Kranz aus weißen und roten Rosen, eingewickelt in ein Band mit den nationalen Farben Deutschlands, nieder und ergriff nach einer kurzen Gedenkpause das Mikrofon.[231] Aus einer kleinen schwarzen Bibel rezitierte er den Psalm 103 in deutscher Sprache:

»Barmherzig und gnädig ist der Herr, geduldig und von großer Güte. Er wird nicht immer hadern noch ewiglich Zorn halten. Er handelt nicht mit uns nach unseren Sünden und vergilt uns nicht nach unserer Missetat. [...] So ferne der Morgen ist vom Abend, läßt er unsere Übertretungen von uns sein. Wie sich ein Vater über Kinder erbarmt, so erbarmet sich der Herr über die, so ihn fürchten. Denn er kennt, was für ein Gebilde wir sind, er gedenkt daran, daß wir Staub sind.«[232]

Während Brandt las, erklangen draußen die Rufe »deutsche Mörder«.[233]

---

228 Drehbuch der Protokollabteilung, ebd.

229 Harpprecht, *Kanzleramt*, S. 178.

230 *Jedioth Achronoth* vom 12.6.1973, zitiert in deutscher Übersetzung nach Presseschau der Botschaft, in PA AA, Zwischenarchiv, Bd. 103912.

231 »Für die Kranzniederlegung in Yad Vashem wird gebeten, der Botschaft vorab eine dort mit dem Aufdruck ›Der Bundeskanzler der Bundesrepublik‹ versehene Kranzschleife zugehen zu lassen. Die Qualität in Israel ausgeführter Aufdrücke ist häufig schlecht.« (Botschaft in Tel Aviv an das Auswärtige Amt Referat 700, 24.5.1973, PA AA, Zwischenarchiv, Bd. 103912)

232 Zitiert nach Harpprecht, *Kanzleramt*, S. 183.

233 »Brandt's Besuch läßt Gefühle in Israel aufbrechen«, in: *De Telegraaf* vom 8.6.1973, in deutscher Übersetzung zitiert nach PA AA, Zwischenarchiv, Bd. 103912.

Nach der Zeremonie lud Golda Meir in ihre Residenz zu einem Vieraugengespräch ein, das die beiden Regierungschefs auf Englisch, jedoch ohne Protokoll, führen konnten. In der anschließenden Besprechung mit der gesamten Delegation hat sich »der Austausch zunächst auf das leidige Stichwort von der ›Normalisierung‹ konzentriert«.[234] Bei dieser Gelegenheit gab Meir ihre Ablehnung gegen einen Gegenbesuch in Deutschland in naher Zukunft endlich auf.[235] Staatssekretär Paul Frank räumte pflichtbewusst die historische Schuld Deutschlands ein, allerdings nur, um sodann die Gefahr einer drohenden Ölkrise und den Stellenwert guter deutsch-arabischer Beziehungen zu betonen. Bestürzend auf die Israelis wirkte sein Vergleich der deutschen Ostpolitik mit dem ungelösten Problem des Friedens zwischen Israel und Ägypten – die israelische Regierung möge sich ein Beispiel am deutschen Vorbild nehmen, so Frank.[236] Ähnlich äußerte sich Brandt in einer öffentlichen Rede im Jerusalemer Convention Center. Auch er wies auf seine erfolgreiche Ostpolitik hin und meinte, vielleicht könne er mit dem »ehrlichen Ausdruck seiner Ansichten« »hilfreich« sein.[237]

Tags darauf wurde der Ton in den fortgeführten Gesprächen hitziger: Meir beanspruchte, ohne fremde Einmischung über notwendige Sicherheitsstandards für Israel zu bestimmen, und brüskierte damit die Deutschen. Der sprachgewandte Eban, der als politisch vorsichtig galt, mühte sich, den Riss zu kitten, der durch Meirs offen ausgesprochenes Misstrauen entstanden war. In seiner Erinnerung bezeichnet Harpprecht Eban als einen »Mann, der zweifellos große Spannungen in sich verbirgt. […] Seine ungewöhnliche Konzentration scheint immer wieder mühsam erkämpft zu sein.«[238] Auch Eban war ein Kritiker der »ausgewogenen Nahostpolitik«: »Kann der Bundeskanzler mit den Arabern tatsächlich in derselben Sprache sprechen wie mit uns? Wurden etwa sechs Millionen Araber umgebracht?«, fragte er.[239] Teilweise war die Stimmung auch gelöst, beispielsweise als Staatssekretär Frank sagte: »May I speak German to be more precise« und Willy Brandt

---

234 Harpprecht, *Kanzleramt*, S. 184.

235 Notizen über das Gespräch Brandt-Meir, 7.6.1973, vgl. Fink, »Journey«, S. 509.

236 Delegationsgespräch, 7.6.1973, ISA 5331/8 חץ.

237 »Perhaps we can serve a helpful role by honestly and candidly expressing our opinions«, *The New York Times*, *Washington Post*, *Los Angeles Times* vom 9.6.1973, zitiert nach Fink, »Journey«, S. 510. Diese Rhetorik gilt bis heute: Je stärker man die zugrundeliegende Freundschaft betont, desto unverblümter und direkter kann auch die Kritik sein.

238 Harpprecht, *Kanzleramt*, S. 187.

239 Zitiert nach »Wenn die Schatten kürzer werden. Die deutsch-israelischen Beziehungen: Nicht mehr ›besonders‹, noch nicht ›normal‹«, in: *Die Zeit* vom 28.11.1975.

ironisch ergänzte: »… than I have been«.[240] Das zweite heiße Eisen neben der umstrittenen »Normalisierung« war die deutsche Anerkennung der Oder-Neiße-Linie. Golda Meir verglich sie als Präzedenzfall mit den israelischen Gebietseroberungen im Sechstagekrieg 1967 – auch die arabischen Staaten sollten ihren Gebietsverlust nun anerkennen.

Am Abend hieß Staatspräsident Ephraim Katzir die Deutschen in einer offiziellen Zeremonie willkommen. Erstmals hielten beide Regierungschefs ihre Reden auf Englisch, obwohl das Protokoll dafür die eigene Landessprache vorsah. Die Botschaft suchte mit dem Ausweichen auf die neutrale Sprache ein Ungleichgewicht zu vermeiden, denn alle anwesenden Israelis hätten Deutsch verstanden, aber keiner der Deutschen Hebräisch. »Ein Beharren auf deutschen Tischreden [könnte] vielleicht wie eine Demonstration wirken, die wir nicht nötig haben und die keineswegs ein Zeichen der Sicherheit wäre«, schrieb der Chef des Protokolls Max Graf von Podewils.[241] Auch misstrauten die deutschen Beamten den israelischen Übersetzern, die Brandts Rede womöglich nicht wörtlich übertragen und damit zu falschen Interpretationen verleiten könnten. Hinzu kam aus ihrer Sicht, »daß Frau Meir dann Hebräisch sprechen müßte, was bedeutet, daß [die] deutschen Gäste […] eine Übersetzung der Rede der Premierministerin abwarten müßten: Frau Meir, so wurde uns gesagt, sei kaum dazu zu bewegen, ihre Reden vorher zu konzipieren, sondern sie ziehe es auch bei diesen formellen Anlässen vor, zu extemporieren. Mir scheint daher vieles dafür zu sprechen, dem Herrn Bundeskanzler ein Abweichen vom gewohnten Verfahren zu empfehlen.«[242]

In ihren Tischreden fanden sowohl Meir als auch Brandt warmherzige und freundschaftliche Worte. Meir lobte den deutlich jüngeren Kollegen: »You chancellor make it easy for us what could have been a difficult task.«[243] In ihrer eindringlichen und emotionalen Rede im King David Hotel plädierte sie außerdem für Verständnis für die traumatischen Nachwirkungen des Holocaust auf die israelische Politik: »[…] this we carry with us and it was proven once that time was not with us. And therefore the anxiety that you find here and there practically when you speak to any Israeli.« Die jüdische Geschichte sah sie als zweitausendjährige Verfolgungsgeschichte, in der der

240 Harpprecht, *Kanzleramt*, S. 187.

241 Max Graf von Podewils aus dem Auswärtigen Amt an das Bundeskanzleramt, PA AA, Zwischenarchiv, Bd. 103912.

242 Jesco von Puttkamer an Referat 310 im Auswärtigen Amt, 18.5.1973, PA AA, B 145, Bd. 8272.

243 Harpprecht, *Kanzleramt*, S. 186.

Holocaust das letzte Kapitel gewesen sei. Sie suchte Empathie zu wecken für sich und ihr Volk, das auf »karges Land gezwungen« wurde.[244]

Der nahende Shabbat bot eine Pause im dicht gedrängten Programm des viertägigen Besuchs, und Jigal Allon lud zum Shabbatbeginn am Freitagabend in seinen Kibbuz am See Genezareth ein. Für die Reise in den Norden hatte das Protokoll empfohlen, neben den »dunklen Anzügen« für Herren und »langen Sommerkleidern« für Damen auch »Freizeitkleidung« mitzunehmen; das Abendessen im Kreise der Kibbuzmitglieder finde »mit Sicherheit ohne Krawatte statt«.[245] Traditionell läutete das Entzünden einer Kerze den Beginn des Essens ein, dann wurden Bibeltexte gelesen, eine junge Frau spielte Querflöte, es »plärr[t]en Kinder«, und insgesamt war »viel Schwangerschaft rundum«, bemerkte Harpprecht. Er wunderte sich jedoch darüber, »wieviel Jugendbewegung hier zu Haus ist« und dass die ganze Atmosphäre »etwas sehr Deutsches« gehabt habe.[246] Die frühere Ablehnung deutscher Gäste schien »überwunden«, wie er das herzliche Willkommen und den freundlichen Abschied der Kibbuzniks deutete.[247] Nachts wurde dem Bundeskanzler noch eine Bootsfahrt auf dem See Genezareth geboten, die allerdings wegen der zahlreichen drängelnden Reporter weniger romantisch ausfiel, als Brandt gehofft hatte. Immerhin konnte er tags darauf, am Samstag, noch in relativer Geruhsamkeit seinem Hobby, dem Angeln, nachgehen, bevor die Delegation nach Jerusalem zurückkehrte.[248] Im King David Hotel richtete Brandt als Gastgeber ein Abendessen aus. Eine Bombendrohung vor Beginn rief kurzfristig Aufregung hervor, erwies sich jedoch als falscher Alarm. Laut der minutiösen Planung wurden alle Gäste um Punkt 20.30 Uhr im Hotelfoyer mit einem Aperitif begrüßt, um 20.45 Uhr schritten Brandt und seine Frau in die Eingangshalle, um fünf Minuten später den »Ehrengast« Golda Meir zur Tür des Speisesaals zu geleiten, wo sie für ein Defilee Aufstellung nahmen.[249] Am späteren Abend plauderte Harpprecht an der Hotelbar mit Shimon Peres und lobte hinterher, Peres sei »von ungewöhnlich scharfer, auch weit gefächerter Intelligenz« und »eleganter als die Landesgesinnung es eigentlich erlaubt«.[250] Auch Meir und Brandt trafen sich

244 Tischrede Golda Meir, in deutscher Übersetzung, ISA 5253/5 חץ.

245 Schreiben der deutschen Botschaft Tel Aviv an das Nahostreferat 310, Entwurf Besuchsprogramm, 4.4.1973, PA AA, B 145, Bd. 8272.

246 Harpprecht, *Kanzleramt*, S. 195.

247 Ebd., S. 197.

248 *Davar* vom 9.6.1973 mit Foto, ISA 5253/5 חץ.

249 »Drehbuch«, PA AA, Zwischenarchiv, Bd. 103912.

250 Harpprecht, *Kanzleramt*, S. 200.

im Laufe des Abends »privat«, und Meir bat Brandt eindringlich, als Mediator im Konflikt mit Ägypten zu vermitteln: »I look forward to the day when we do not have to load all our troubles on foreign visitors, but I am afraid then I will be not here.«[251] Brandt gab jedoch nur eine ausweichende Antwort: Er wolle sich weitgehend heraushalten aus nahöstlicher Politik, Meirs Sorgen gegenüber blieb er kühl. In einer Besprechung am nächsten Morgen mit Finanzminister Pinchas Sapir ging es um deutsche Waffenlieferungen und um finanzielle Hilfe für Sowjetflüchtlinge sowie um die Anbindung an die Europäische Wirtschaftsgemeinschaft. Auch diese Anliegen schmetterte Brandt ab. Am Sonntagnachmittag ließ sich der Kanzler zu einer zweistündigen Tour im Botschaftswagen durch die Altstadt fahren und erregte Aufsehen durch das hohe Aufgebot an Sicherheitskräften. Das »Drehbuch« der Besichtigung jüdischer, christlicher und muslimischer Stätten war auf die Minute genau konzipiert, der gesamte Fußweg darin mit 1.635 Metern berechnet.[252] Bereits am 12. April 1973 hatte von Puttkamer in einem Schreiben an das Auswärtige Amt vor dem üblichen Konflikt gewarnt. Die »israelische Seite [sei] bestrebt, die Anwesenheit von Bürgermeister Kollek bei allen drei (beziehungsweise vier) besuchten religiösen Stätten durchzusetzen und macht hierfür praktische Gründe – Disziplinierung der begleitenden Journalistenschar durch den Bürgermeister – [...] geltend«.[253]

Für von Puttkamer war der »eigentliche Grund« für dieses Ansinnen »natürlich politisches Interesse an [Demonstration der Einheit Jerusalems unter Kollek] und ganz allgemein, Schritte auf dem Wege zur Anerkennung [des] israelischen Standpunkts in der Jerusalem-Frage« geltend zu machen.[254] Noch immer war Jerusalem nicht als Hauptstadt international anerkannt, und die Bundesregierung wollte nicht den ersten Schritt in diese Richtung tun. Das deutsche Protokoll sah dementsprechend vor, dass Kollek erst zum Abschluss der kleinen Tour an der Klagemauer dazustoßen sollte, räumte aber ein, »ob Bürgermeister Kollek an der Klagemauer anwesend sein wird, ist noch nicht sicher, da er sich eventuell wegen seines Ausschlusses bei dem Besuch der anderen Stätten auch hier schmollend zurückzieht«.[255] Während der Tour traf Brandt einen griechischen, einen armenischen und einen latei-

251 Ebd., S. 193.

252 Botschafter Puttkamer an das Nahostreferat im Auswärtigen Amt, 30.5.1973, PA AA, Zwischenarchiv, Bd. 103912.

253 Puttkamer an das Auswärtige Amt, 12.4.1973, ebd.

254 Ebd.

255 Podewils aus dem Auswärtigen Amt an das Kanzleramt, ebd.

nischen christlichen Würdenträger in der Grabeskirche und am Felsendom zwei Imame, die ihn in die Al-Aqsa-Moschee geleiteten.[256] An der Klagemauer wartete tatsächlich der Bürgermeister gemeinsam mit dem Religionsminister Zerach Wahrhaftig. Die Proteste beschränkten sich auf wenige Demonstranten, die eine deutsche Flagge vor dem Jerusalemer Rathaus verbrannten und an der Klagemauer ein Ei in Richtung Kanzler warfen; es traf jedoch statt ihn einen israelischen Beamten.[257] »Wir vergessen nicht und wir vergeben nicht«, war auf Hebräisch auf den Plakaten zu lesen.[258] Das »Vergessen« blieb Thema: Als Brandt wenige Stunden später in Beit Berl, der Parteizentrale der sozialdemokratischen Regierungspartei Avoda, in seiner Rede herausstrich, er wolle sich für »alle Opfer des Nahostkonflikts« einsetzen, klang dies in den Ohren seiner Gastgeber nach einer Aufkündigung des besonderen Verhältnisses zwischen beiden Staaten. Am letzten Abend des Besuchs gab Botschafter Jesco von Puttkamer einen großen Empfang im Hotel von Herzliya, zu dem die israelische Elite geladen war. Der Großteil waren aus Deutschland geflohene Juden, an die sich die Einladung vor allem gerichtet hatte: In den Worten von Puttkamers handelte es sich um einen »Empfang des Herrn Bundeskanzler und Frau Brandt für Vertreter des kulturellen und des Wirtschaftslebens sowie für ausgewählte ehemalige deutsche Juden«.[259] In einem frühen Programmvorschlag hieß es, der Aufenthalt in Tel Aviv sei »unerläßlich«, um »den nur dort möglichen, aber zwingend notwendigen Empfang für deutschstämmige Israelis geben zu können, darunter ›Verein ehemaliger Berliner‹, Israelisch-Deutsche Gesellschaft, ›Begegnung‹, ›Verein ehemaliger Kölner‹ etc.«[260] Auch der 87-jährige Ben Gurion war aus der Wüste angereist, lehnte jedoch des Kanzlers Wunsch ab, mit ihm das Problem der besetzten Gebiete zu diskutieren. Zu einem privaten Treffen

256 »Für Besuch der Heiligen Stätten in der Altstadt am Sonntag 10.6. empfiehlt sich das Tragen von mocassinartigen Schuhen, die beim Besuch des muslimischen Heiligtums leicht abgestreift werden können.« (Deutsche Botschaft an das Nahostreferat, 23.5.1973, PA AA, Zwischenarchiv, Bd. 103912)

257 Inge Deutschkron hatte sich also nur geringfügig geirrt, als sie in der *Maariv* geschrieben hatte: »Auf Kanzler Brandt werden mit Sicherheit keine Tomaten geworfen werden wie einst auf den ehemaligen deutschen Regierungschef Konrad Adenauer, als er nach seinem Rücktritt Israel besuchte.« »Keine faulen Tomaten«, in: *Maariv* vom 16.2.1973, in deutscher Übersetzung in: *Vorwärts* vom 17.2.1973, zitiert nach PA AA, B 36, Bd. 545.

258 Bildmaterial in PA AA, Zwischenarchiv, Bd. 103912, übersetzt von der Verfasserin.

259 Schreiben der deutschen Botschaft Tel Aviv an das Nahostreferat im Auswärtigen Amt, Entwurf Besuchsprogramm, 4.4.1973, PA AA, B 145, Bd. 8272.

260 »Überlegungen für Programmgestaltung eines Kanzlerbesuchs«, undatiert, PA AA, Zwischenarchiv, Bd. 103912.

zwischen Ben Gurion und Brandt kam es nicht, auch wenn die israelische Seite ein wenigstens fünfzehnminütiges Gespräch im King David Hotel gewünscht hatte.

An Brandts letztem Tag in Israel ereignete sich ein Unfall, der fast tragisch endete. Morgens um halb zehn flog er von Jerusalem ans Tote Meer nach Massada. Die römische Festungsanlage war im Jüdischen Krieg von unterschiedlichen Rebellengruppen erorbert worden. Hier hatten sich im Jahr 73 n. u. Z. tausend jüdische Kämpfer verschanzt, um der römischen Belagerung zu trotzen. Als die Lage aussichtslos wurde, zogen sie es vor, Selbstmord zu begehen. Seit Mitte des 19. Jahrhunderts ist die 500 Meter über dem Toten Meer gelegene Festung zu einem wichtigen Erinnerungsort geworden, zum Symbol des jüdischen Freiheitswillens und der zionistischen Idee. Jedes Jahr wird hier eine neue Generation von Soldaten vereidigt. Botschafter von Puttkamer hatte dringend zum Besuch Massadas geraten: Es sei »eine Art Nationalheiligtum«, man könne »den Besuch schlecht ausfallen lassen«, obwohl das Programm so dicht gedrängt sei und der »Blitzbesuch« in der Jerusalemer Altstadt daher kurzfristig ausfallen müsse.[261] Beim Versuch, auf der steinigen Oberfläche zu landen, wurde der Helikopter mit der Delegation von einer Böe erfasst, der Pilot verlor die Kontrolle, und der Helikopter trudelte in der Luft auf den Abgrund zu. Die deutschen Beamten sprangen heraus und verstauchten sich die Knöchel, der israelische Botschafter Eliashiv Ben Horin erbleichte vor Schreck, auch er blutete. Brandt jedoch war am Versuch, den Hubschrauber zu verlassen, von den israelischen und deutschen Sicherheitsbeamten gehindert worden. Vergeblich versuchte das Sicherheitspersonal am Boden, sich gegen die Maschine zu stemmen.[262] Einen halben Meter vor dem Abgrund kam der rückwärtstrudelnde Hubschrauber schließlich durch einen kleinen antiken Steinwall zum Stehen, Brandt wurde eilig herausgezogen und fiel dabei zu Boden. Die Journalisten, die zuvor in der brütenden Sonne vier Stunden auf die Ankunft der Deutschen gewartet hatten, waren paralysiert. Brandt hingegen fasste sich am schnellsten, wischte sich den Wüstenstaub ab und beruhigte die Journalisten: »Unfall? Was für ein Unfall? Nun, in diesem Land kann man eben Wunder erwarten!«[263] Der Schock über die gerade noch abgewendete Katastrophe, die das mächtige Deutschland um ein Haar von heute auf morgen führerlos hätte daste-

261 Puttkamer an Referat 310, 24.5.1973, PA AA, B 145, Bd. 8272.

262 Staatssekretär Rüdiger von Wechmar im Bericht an dpa, Schreiben der deutschen Botschaft Tel Aviv, 11.6.1973, PA AA, B 145, Bd. 8273.

263 Ebd.

hen lassen, machte Schlagzeilen in der ganzen Welt. Die symbolische Aufladung war enorm: Ausgerechnet beim ersten Staatsbesuch eines deutschen Bundeskanzlers in Israel nach dem Krieg wäre dieser beinahe ums Leben gekommen.

Bevor Brandt das Land verlassen konnte, nahm er im Weizmann-Institut die Ehrendoktorwürde entgegen.[264] Gern hätte er wegen der »Überfüllung« des Programms verzichtet, aber die Israelis hatten »gedrängt«.[265] Der Direktor des Instituts Meyer W. Weisgal begrüßte ihn auf Englisch mit einem starken deutschen Akzent. Abba Eban hielt laut Harpprecht eine »sehr elegante, tiefe, gleichzeitig leichte Rede«: Jetzt, da Brandt zuerst die Qumranrollen und nun die moderne Naturwissenschaft besichtigt habe, habe er 3.000 Jahre jüdische Geschichte umrissen, äußerte sich Eban befriedigt.[266]

Im letzten Akt am Flugplatz Lod wehten erneut beide Flaggen, und das Militärorchester spielte beide Nationalhymnen. Das Flughafenrestaurant war als VIP-Raum hergerichtet, die Botschafter, Protokollchefs und die israelischen Gastgeber bildeten eine Ehrenformation, die Brandt abschritt.[267] Da er es abgelehnt hatte, ein gemeinsames Kommuniqué mit Meir zu verfassen, wiederholten beide lediglich ihre Statements. Meir rief die Katastrophe des Holocaust in Erinnerung, Brandt wies in die Zukunft, die das deutsche und israelische Volk wieder näher zusammenbringen möge. Dennoch gestaltete sich der Abschied freundlich und verbindlich. Mit einem herzlichen »auf Wiedersehen in Deutschland« drückte Brandt die Hand der israelischen Ministerpräsidentin.

Eine Woche später bilanzierte der Kanzler vor dem Haushaltsausschuss:

»Ich zögere nicht, hier zu wiederholen, daß ich diese Reise zu den entscheidenden Erfahrungen meines politischen Lebens zähle. […] Erstens, die Tatsache, daß Israel den amtierenden Bundeskanzler empfangen hat, daß es ihn überdies in so freundlicher Weise aufnahm, drückt ein Vertrauen in die demokratische Staatlichkeit eines erneuerten Deutschland aus, das ich mit Ihnen über alle Parteigrenzen hinweg als eine ernste Pflicht betrachten möchte. Viele Mitglieder dieses Hauses empfinden

264 »Das Weizmann Institute bittet im Hinblick auf die dort beabsichtigte Verleihung der Ehrendoktorwürde an den Herrn Bundeskanzler um Übermittlung der erforderlichen Körpermaße für die Anfertigung der Robe (Hüftumfang, Schulterhöhe und -breite, Kopfumfang). Gez. Puttkamer«, ebd.

265 Schreiben Deutsche Botschaft an das Auswärtige Amt, Besuchsvorbereitung, PA AA, B 145, Bd. 8272.

266 Ebd.

267 »Drehbuch zum Abflug«, PA AA, Zwischenarchiv, Bd. 103912.

mit mir, daß sich hier ein Ereignis von geistiger und moralischer Dramatik vollzogen hat.«[268]

In seiner Begrüßungsrede am Flughafen hatte Willy Brandt gesagt, es könne keine »Neutralität der Herzen« geben und damit erstmals ein persönliches Bekenntnis in die staatlichen Beziehungen eingebracht. Die Wendung kam gut an, obwohl seine israelischen Gesprächspartner skeptisch blieben und glaubten, dass er damit die neue Nahostpolitik des Auswärtigen Amtes »erkaufe«. Der Besuch der Holocaust-Gedenkstätte Yad Vashem war trotz des dichten Programms eine Anerkennung der Bedeutung der Shoah für die nationale Identität Israels. Die wichtigste Botschaft des deutschen Bundeskanzlers an diesem Ort bestand jedoch in dem, was er nicht tat. Indem er keine Demutsgeste vollzog, sondern mit einer Kranzniederlegung lediglich die Opfer der Shoah würdigte, vermied er es, die Vernichtung der europäischen Juden als deutsches Projekt zu thematisieren. Stattdessen rief er eine vergebende Gottheit an und markierte so den Rahmen für den Besuch, der für ihn im Zeichen von Vergebung und Neuanfang stand.[269] Dass die Tischreden auf Englisch gehalten wurden, symbolisierte zweierlei: Zum einen repräsentierte Brandt eine neue deutsche Generation, die des Englischen mächtig war. Zum anderen erkannte er damit an, dass die Israelis eine eigene Kultur entwickelt hatten und das Deutsche keine Brücke mehr darstellte. Bei anderen Gelegenheiten machten die deutschen Offiziellen über die Sprachwahl jedoch klar, dass sie die Situation dominierten.

Einen neuen Tonfall in den deutsch-israelischen Beziehungen brachten die Ausführungen von Staatssekretär Paul Frank ins Spiel. Indem er die israelisch-arabischen Beziehungen mit den deutsch-polnischen verglich, setzte er die Eroberungen Israels in den Kriegen seit der Staatsgründung mit den deutschen Eroberungen im Zweiten Weltkrieg gleich. Im gleichen Atemzug bot er den Israelis deutsche Hilfe an, hatte man doch die gegenüber der polnischen Bevölkerung zugegebene Schuld am Zweiten Weltkrieg durch die neue Ostpolitik zum Guten gewendet. Dass diese Interpretation, der

268 Deutscher Bundestag, 44. Sitzung, Bonn, 18. Juni 1973, S. 2497, online verfügbar unter: http://dipbt.bundestag.de/doc/btp/07/07044.pdf

269 »Anybody within the Federal Government who has to deal with these problems starts from the assumption that these are relations of a specific and unique character, and this was demonstrated to us very vividly only a few moments ago when we were over there at the Memorial«, versuchte Staatssekretär Frank seinen israelischen Amtskollegen Gazit im Gespräch zu beruhigen (Aufzeichnung des Gesprächs Frank mit Gazit, ISA 5253/5 חץ).

sich Brandt später anschloss, bei den Israelis schlecht aufgenommen wurde, verwundert nicht. Sein Rat, aus der deutschen Ostpolitik im Hinblick auf Ägypten zu lernen, und seine Zurückhaltung, bei einer Annäherung zwischen Israel und Ägypten als Vermittler aufzutreten, mussten als Ausdruck neuer deutscher Maßlosigkeit verstanden werden. Die Deutschen, so war hier herauszuhören, sahen sich selbst in der Bewältigung historischer Schuld als wegweisend an. Die ausgebliebene Demutsgeste Brandts bei seinem Besuch in Yad Vashem musste bei den Israelis Enttäuschung hervorrufen, die erwartet hatten, dass der deutsche Kanzler, so wie gegenüber den Polen die Schuld am Krieg, nun ihnen gegenüber die Schuld am Holocaust eingestehen werde.

In einem ansonsten überaus straffen Besuchsprogramm war schließlich fast ein ganzer Tag »Freizeit« im Kibbuz vorgesehen – ein Hinweis darauf, wie stark Israel in jenen Jahren seine Identität noch auf den Kibbuzim aufbaute.

Die Treffen mit verschiedenen geistlichen Würdenträgern dienten der angestrebten ausgeglichenen Haltung gegenüber den drei Religionen. Teddy Kollek, der trotz seiner abgelehnten Begleitung an der Klagemauer erschien, konnte es sich offenkundig nicht leisten, die Deutschen zu verärgern. Die wichtigen Verhandlungen fanden außerhalb des offiziellen Programms statt: Generalsekretär Mordechai Gazit bat abends in der Hotelbar eindringlich darum, Brandt solle trotz eventueller politischer Differenzen weiterhin den persönlichen Kontakt zu Golda Meir pflegen.[270] Schließlich habe auch Ben Gurion in den schwierigsten Zeiten der Spannungen mit Frankreich immer die Beziehung zu General de Gaulle durch einen persönlichen Briefwechsel aufrechterhalten.

Die internationale Presse attestierte Brandt einvernehmlich den größeren Erfolg. So nannte die *International Herald Tribune* am 13. Juni 1973 diese fünf Tage »das Ende, zumindest die Neudefinition der besonderen Beziehungen«. Westdeutsche Journalisten lobten des Kanzlers Standhaftigkeit beim Durchsetzen der Bonner Interessen.[271] Die Israelis konnten ihre Enttäuschung nur schwer hinunterschlucken. Der deutsche Erfolg spiegelte sich auch in der Zufriedenheit der arabischen Regierungen und arabischen Presse

270 Brandt selbst hatte sein Verhältnis zu Golda Meir stets als herzlich bezeichnet. Trotz der Differenzen respektierte er ihre Entschlusskraft und ihr »commitment« zur Sicherheit ihres Volkes. Brandt gibt an, sie seien sich »emotional sehr nahe« gewesen (Brandt, *Erinnerungen*, S. 447).

271 Presseschau, ISA 370/5 א.

wider, die ausnahmsweise nichts am Programm und den Worten der Deutschen in Israel auszusetzen fanden. Brandt hatte Golda Meirs Anliegen der Anbindung an die Europäische Wirtschaftsgemeinschaft und der Vermittlung mit Ägypten zwar nicht direkt zurückgewiesen, eine offenkundig frustrierte Meir monierte allerdings drei Monate später die völlige Untätigkeit der Bundesregierung. Die Nachlese des Besuchs in der israelischen Presse, selbst in der linksliberalen *Haaretz*, fiel ernüchtert aus. *Haaretz* analysierte: »Gerade in der Brandt-Ära machen sich die Deutschen von ihrem Schuldkomplex frei. Es genügt, daß der Kanzler von Sonderbeziehungen zu Israel spricht oder in Warschau niederkniet, und schon empfindet Bonn, daß es seiner Pflicht Genüge getan hat.«[272] Es sei nicht gelungen, mit Brandt Verhandlungen über verstärkte Wirtschaftshilfe aufzunehmen, man habe sich lediglich seine Agenda aufdrücken lassen, die demonstrieren sollte, was er unter »Normalisierung« versteht. Um seiner Perspektive der »Normalisierung« die Vergangenheit entgegenzuhalten, hätten die vorbereitenden Stellen viel mehr Orte der Erinnerung an den Holocaust in das Programm einbauen sollen. Eine Sicht, die überrascht, kommt doch Kritik dieser Art sonst von konservativer und nationalreligiöser Seite. »Der Erfolg, den der Bundeskanzler in Israel erntete, sollte nicht als Absolution von einer schweren Schuld ausgelegt werden. Ein Erfolg in Israel verpflichtet ihn, seine plumpe Formel – normale Beziehungen, die Sondercharakter tragen – rückhaltlos und ungeteilt zu verwirklichen.«[273] Auch die *Maariv* kam zu dem Schluss, mit seinem Besuch habe Brandt die Bonner »Handlungsfreiheit« zurückerlangt und sei »nun Israel nicht mehr schuldig [...], als es unter befreundeten Ländern üblich« sei.[274] Die Stimmung in Israel war nach wie vor sehr kritisch, gleichzeitig gewannen Fürsprecher des Ben Gurion'schen Pragmatismus an Boden. So werde sich der Sinn guter Beziehungen zu Deutschland darin zeigen, ob »Brandt bereit sein wird, sich der arabischen Erpressung entgegenzustellen und dem antiisraelischen Kurs Frankreichs und Großbritanniens entgegenzusteuern. Wir müssen zugeben, daß in Europa die BRD unser Bollwerk ist«, warnte die Gewerkschaftszeitung *Davar* vor allzu großer Kritik.[275]

Insgesamt wertete die israelische Presse den Staatsbesuch als Versuch der Bundesregierung, einen Schlussstrich unter die Vergangenheit zu zie-

272 *Haaretz* vom 1.6.1973, zitiert nach Presseschau der Deutschen Botschaft, PA AA, B 145, Bd. 8272.

273 *Haaretz* vom 13.6.1973, zitiert nach ebd.

274 *Maariv* vom 13.6.1973, zitiert nach ebd.

275 *Davar* vom 13.6.1973, zitiert nach ebd.

hen.[276] Die Kommentatoren des israelischen Außenministeriums waren sich einig in der hohen Bedeutung, die sie dem Besuch beimaßen.[277] Die von Brandt geprägte Formel der »normalen Beziehungen mit besonderem Charakter« wird zwar bis heute in der deutschen Literatur als positiver Durchbruch gewertet. Aus zeitgenössischer israelischer Perspektive entlarvte sie jedoch die in Deutschland verbreitete Ansicht, nach 20 Jahren Zahlungen an Israel sei genug Buße getan. Botschafter von Puttkamer schrieb infolge dieser Reaktionen nach Bonn: »Wir sollten [...] auf eine längere Periode emotionaler Anpassungsschwierigkeiten gefaßt sein, wie sie in der Haaretz vom 13. Juni zum Ausdruck kommen.«[278] Der überhebliche Ausdruck »Anpassungsschwierigkeiten« veranschaulicht das tatsächliche Kräfteverhältnis in den 1970er Jahren, trotz aller demonstrativ freundschaftlichen Worte und Gesten Brandts.[279]

Auch die europäische Presse hatte aufmerksam den ersten Staatsbesuch eines deutschen Kanzlers in Israel beobachtet. In einer vom Auswärtigen Amt zusammengestellten Presseschau kommentiert die belgische Zeitung *Le Soir*, Brandt habe mit seiner Distanzierung von der israelischen Politik »ein günstiges Klima für den bevorstehenden Eintritt Westdeutschlands in die Vereinten Nationen geschaffen«, Israel hingegen fühle »sich ein wenig genarrt« angesichts der unverhohlenen bundesdeutschen Interessenvertretung in ihrem Land. Jerusalem erinnere sich wehmütig an den »konservativen und reaktionären Konrad Adenauer«, der im Gegensatz zum Sozialisten und Anti-Nazi Brandt weitaus israelfreundlicher agiert habe.[280] Auch *Le Monde* sah den »Zeitpunkt [...] gekommen, wo die Bonner Regierung glaubt – und dies nicht nur gegenüber Israel –, daß sie ›die Rechnung ihrer Vergangenheit‹

276 Zum Beispiel auch: David Landau, »Brandt sees new era in ties with Israel. No more ›special relations‹«, in: *Jerusalem Post* vom 12.6.1973.

277 Zusammenfassung der Referenten im israelischen Außenministerium: »Ha bikur haja ba'al mashma'ut chariga [Im Ergebnis hatte der Besuch eine außerordentliche Bedeutung]«, ISA 5253/5 חץ, übersetzt von der Verfasserin.

278 Bericht Puttkamer an das Nahostreferat im Auswärtigen Amt, 13.6.1973, PA AA, B 145, Bd. 8272.

279 Auch zwei Jahre später, beim Besuch Rabins, ist die »Anpassung« Israels an die eigenen Vorstellungen die Linie: »Umso wichtiger für uns, Überzeugungsarbeit auf allen Ebenen fortzusetzen und Israel behutsam zu helfen, in von Neun entwickelter Politik Chance und eigene Zukunftsperspektive zu sehen.« (PA AA, Zwischenarchiv, Bd. 178645) Die »Neun« bezieht sich auf die europäische Staatengemeinschaft.

280 *Le Soir* vom 8.6.1973, zitiert in deutscher Übersetzung des Auswärtigen Amts nach PA AA, B 145, Bd. 8272.

beglichen hat«.[281] Und *La Nation* urteilte, es handle sich »für den Bundeskanzler darum, einen weiteren moralischen Streitpunkt, der noch aus dem letzten Kriege stammt, zu bereinigen«.[282]

Nach Brandts Reise stand es also um das Verhältnis zwischen der israelischen und der Bundesregierung nicht zum Besten: »Wir müssen uns darüber klar sein, daß Israelis wegen ihrer eher statischen Betrachtungsweise der deutsch-israelischen Beziehungen dazu neigen, uns jedes scheinbare oder vermutete Abweichen von früheren Äußerungen vorzuhalten«, warnte Botschafter von Puttkamer.[283] Er sah die kritischen Pressekommentare als »Bestandteil des Gesamtvorganges«, der *Inszenierung* auf der israelischen Seite, die das Bild des »großen persönlichen Erfolgs« Brandts jedoch nicht stören könne.

Die deutsch-israelische Zusammenarbeit auf allen Gebieten, militärisch, zivilgesellschaftlich und wissenschaftlich, wurde nach Brandts Besuch fortgesetzt. Für die Diplomatie jedoch waren die vier Tage seines Besuchs Abbild, Ausdruck und Neuformation der deutsch-israelischen Beziehungen im Zeichen von Brandts Ostpolitik.

3. Gegenseitige Ernüchterung

Im Jahr 1975 war im Mai erneut eine Knessetdelegation in Deutschland zu Gast. Aus Anlass dieses Besuchs erklärte Staatssekretär von Wechmar: »Wir […] halten es für notwendig, daß Israel die territoriale Besatzung beendet, die es seit dem Konflikt von 1967 aufrechterhalten hat.« Dies habe in Israel »Mißverständnisse« hervorgerufen über die Nahostpolitik der Bundesregierung, so der ehemalige deutsche Botschafter in Ägypten und Saudi Arabien und derzeitige Referent für den Nahen Osten im Auswärtigen Amt, Gerd Westphal.[284]

281 *Le Monde* vom 8.6.1973, ebd.

282 *La Nation* vom 8.6.1973, ebd.

283 Puttkamer verschlüsselt an das Nahostreferat im Auswärtigen Amt, 25.5.1973, PA AA, B 145, Bd. 8273.

284 Brief Gerd Westphal an Außenminister Genscher, 28.11.1974, Parlamentsarchiv, 16/86,32.

3.1. Jitzchak Rabin – ein »Falke« in Bergen-Belsen, Berlin und Bonn

Jitzchak Rabin löste Golda Meir nach ihrem Rücktritt ab und übernahm im Juni 1974 das Amt des Premierministers.[285] Brandt hatte die Gegeneinladung noch in Israel ausgesprochen, zwei Jahre später kam Rabin unter höchsten Sicherheitsvorkehrungen nach Bonn. Der »Falke« der Arbeiterpartei wurde 1922 in Jerusalem geboren, trat früh in die Hagana, den Vorläufer der israelischen Armee, ein und kämpfte 1948 im Unabhängigkeitskrieg. Nachdem er als Generalstabschef der israelischen Verteidigungsarmee und darauf als Botschafter in Washington gedient hatte, saß er seit 1973 als Abgeordneter für die Avoda in der Knesset. Im Persönlichkeitsbild der Nahostreferenten des Auswärtigen Amtes hieß es:

»Bei sympathischer Erscheinung wirkt Rabin im Gegensatz zu anderen israelischen Politikern gelegentlich etwas farblos, geniale Züge gehen ihm ab, er brilliert nicht. Er ist eher Schweiger als Volksredner, kann zuhören und zieht es vor, als Letzter zu sprechen. Er ist als Pragmatiker einzustufen und läßt sich kein Schema aufzwingen, das der Wirklichkeit nicht gerecht wird.«[286]

Rabins Frau Leah war 1938 von Königsberg nach Palästina ausgewandert und hatte im Holocaust die meisten ihrer Familienangehörigen verloren. Sie stimmte erst nach längerem Zögern zu, ihren Mann auf seiner repräsentativen Reise nach Deutschland zu begleiten. Ihre deutschen Sprachkenntnisse hätten sich zwar »ohne weiteres wieder eingestellt, doch habe sie konstatieren müssen, daß ihre Sprache voller heute nicht mehr benutzter Wendungen sei«, schrieben die Staatssekretäre.[287] Botschafter Yohanan Meroz bereitete den Besuch in Bonn vor. Er war ebenfalls gebürtiger Deutscher, der 1920 als Hans Renatus Marcuse in Berlin zur Welt kam und von 1960 bis 1963 persönlicher Referent der damaligen Außenministerin Golda Meir war. In Bonn erwartete man, »daß sich unter Meroz, einem behutsamen Diplomaten alter Schule, die Beziehungen der israelischen Botschaft zum Auswärtigen Amt

285 In Israel werden das linke und das rechte Lager in »Tauben« und »Falken« unterschieden, je nachdem wie sie zur Landrückgabe gegen Frieden stehen, vgl. http://www.bpb.de/internationales/asien/israel/45029/parteien (letzter Zugriff: 26.3.2015). In seiner ersten Periode als Regierungschef schloss Rabin eine Verhandlung mit dem ägyptischen Staatspräsidenten Sadat noch kategorisch aus. Dass er, als Antwort auf die Erste Intifada, die treibende Kraft bei den Bemühungen um Friedensgespräche in den frühen 1990er Jahren (»Oslo«) wurde, war eine Kehrtwendung seiner politischen Ideologie als »Hardliner« in den Siebzigerjahren.

286 Persönlichkeitsbild Rabins im Nahostreferat, PA AA, Zwischenarchiv, Bd. 178645.

287 PA AA, Zwischenarchiv, Bd. 104784.

harmonischer entwickeln werden als unter Ben Horin, der wegen seiner unbändigen Willenskraft hoch geachtet, aber auch gefürchtet war«.[288] Meroz selbst sagte, er habe sich »vom Augenblick [seiner] Einwanderung an […] seelisch vollkommen von Deutschland ab[geschnitten]«.[289]

Die Beamten des Auswärtigen Amtes ordneten an, eine Debatte über die Begriffe »normales«, »besonderes« oder »normales Verhältnis mit besonderem Charakter« zu vermeiden. Der neue Botschafter in Israel Per Fischer stellte in seiner Antrittsrede 1975 fest:

»Die Bundesregierung hat der umfassenden israelischen Forderung nach ›besonderen Beziehungen‹ nie zustimmen können. Gleichwohl war sie Israel gegenüber immer zu weitem Entgegenkommen bereit. […] Dennoch sind immer wieder israelische Versuche erkennbar, mit der Formel von den ›besonderen Beziehungen‹ eine generelle Anspruchsgrundlage zugunsten Israels für alle Zukunft zu schaffen. […] Mit der offiziellen Übernahme der erwähnten Formel würden wir überdies unsererseits Erwartungen erwecken, die wir nicht erfüllen könnten und somit das deutsch-israelische Verhältnis mit einem ständigen Irritationsfaktor belasten.«[290]

Er empfahl »nachdrücklich, die Diskussion um Charakter der Beziehungen von unserer Seite während Rabin-Besuch nicht neu zu beleben. […] Der sich heute vollziehende Prozeß, der Normalisierung sehr nahe kommt, kann durch weitere Verwendung Reizworts [sic] nur gestört werden.«[291] Bei der Vorbereitung von Rabins Besuch schlug Per Fischer als Geschenke ein »teldec Bildplattengerät«, einen »jüdischen Kultgegenstand deutschen Ursprungs (zum Beispiel Chanukka Leuchter), bzw. für Frau Rabin, in gewohnter Weise, Geschirr« vor.[292] Die beiden Regierungschefs tauschten bei ihrem Treffen also einen Farbfernseher mit Videorecorder und einen antiken Stoff mit mythologischen Darstellungen; für Loki Schmidt hatte Rabin ein Modell der Arche Noah mitgebracht.[293]

Gut drei Tage, vom 9. bis 12. Juli, hielt sich Rabin in Deutschland auf, um den amerikanischen Außenminister Henry Kissinger noch auf Schloss

288 *FAZ* vom 22.4.1976. Vgl. auch Yohanan Meroz, *In schwieriger Mission. Als Botschafter Israels in Bonn*, Berlin 1986. Meroz berichtet in seinen Erinnerungen über seine Zeit als Botschafter in Deutschland eher bitter und desillusioniert.

289 Zitiert nach »Ein Berliner vertritt Israel in Bonn«, in: *Die Welt* vom 14.9.1974.

290 Antrittsrede Per Fischer, 20.12.1974, PA AA, Zwischenarchiv, Bd. 178645.

291 Ebd.

292 Schreiben Fischer, 27.6.1975, PA AA, Zwischenarchiv, Bd. 103227.

293 Vgl. http://www.dw.de/als-erster-israelischer-regierungschef-besucht-ministerpr%C3%A4sident-yitzhak-rabin-vom-08-12-71975-die-bundesrepublik-deutschland-und-west-berlin/a-4825904-1 (letzter Zugriff: 23.5.2016).

Gymnich treffen zu können. Israel sei sich der amerikanischen Unterstützung nicht mehr sicher, daher sei das Treffen mit Kissinger das Wichtigste, hieß es in der deutschen Presse.[294] Auch in Israel konzentrierte sich die Berichterstattung weitgehend auf das Treffen mit Kissinger, so dass der Staatsbesuch daneben etwas verblasste. Auf eigenen Wunsch begann Rabin sein Besuchsprogramm im ehemaligen Konzentrationslager Bergen-Belsen, wohin er sich mit einer deutschen Militärmaschine fliegen ließ. Während der Zeremonie der Kranzniederlegung plauderte sein Begleiter, ein niedersächsischer Regierungsbeamter, angeregt über die »Effizienz« des Lagers bis zum Januar 1945. Rabin unterbrach den Beamten mitten im Satz und protestierte gegen diese Äußerung.[295] Eine Stunde später war er zurück in Hannover und flog weiter nach Berlin. Als erster ausländischer Regierungschef stattete er der geteilten ehemaligen Reichshauptstadt einen Besuch ab. Berlins Regierender Bürgermeister Klaus Schütz richtete ein Essen für ihn aus, und Rabin besichtigte die Gedenkstätte Plötzensee und die Mauer, bevor er mit Vertretern des Zentralrates der Juden in Deutschland und der Jüdischen Gemeinde zusammentraf. Die Wahl eines Mercedes als Dienstwagen verstimmte die israelischen Gäste, sie verbanden mit dem Fabrikat vor allem die nationalsozialistische Vergangenheit der Firma.[296] Der israelische Ministerpräsident betrachtete Berlin als etwas »unnatürlich Geteiltes« und erklärte, das bestärke ihn in seiner Ansicht, dass »eine lebende Stadt nicht geteilt werden soll«. Diese Äußerung sollte der israelischen Forderung nach einem »vereinigten« Jerusalem Legitimität verschaffen.[297] Als Journalisten ihn explizit fragten, ob der Berlin-Besuch seine Entschlossenheit gestärkt habe, Jerusalems Einheit zu wahren, entgegnete Rabin: »Dessen bedurfte es nicht. Aber es frischte die Erinnerung an die frühere absurde Teilung unserer Hauptstadt auf.«[298]

Um die Zuständigkeit für die Art des Empfangs auf den verschiedenen Flughäfen in Deutschland rangen die Ministerien untereinander. Die Persönlichkeiten zu Rabins Empfang durften nicht zu niedrigrangig sein, um

294 »Was will Rabin in Bonn?«, in: *Bonner Rundschau* vom 6.5.1975.

295 »Rabin's trip to Germany evoked the past«, in: *The New York Times* vom 14.7.1975.

296 Der Konzern Daimler-Benz hatte sich im Nationalsozialismus mit Militärfahrzeugen und Flugmotoren an der Rüstungsproduktion beteiligt. Vgl. auch Gabriella Hauch (Hrsg.), *Industrie und Zwangsarbeit im Nationalsozialismus. Mercedes Benz – VW – Reichswerke*, Innsbruck 2003.

297 Zitiert nach dpa-Meldung vom 3.7.1975, Pressesammlung ACDP.

298 Interview mit Rabin: »Vom Golan können wir nicht herunter«, in: *Der Spiegel* vom 14.7.1975.

den Gast nicht zu beleidigen, allerdings auch nicht zu hochrangig, damit die Bundesregierung nicht unterwürfig wirkte.[299] Da der Gast als »besonders gefährdet« galt, fiel der Empfang auf dem Bonner Flughafen schließlich ganz aus. Einzelheiten der Ankunft blieben aus Angst vor Anschlägen streng geheim, und eine Eliteeinheit der Bundeswehr kontrollierte den Flughafen verstärkt durch »eine bewaffnete Streife, [...] Überwachung aller Flugschneisen und Überflugstrecken«.[300] Das militärische Ehrenspalier formierte sich stattdessen am Palais Schaumburg, das Zeremoniell umfasste »Ehrenbataillon und Musikkorps, Ehrenkompanie, Salutbatterie, Ehrenspalier, [...] militärische Ehrenbegleiter« sowie die Nationalhymnen.[301] Die israelische Botschaft hatte zur Vorbereitung an das Musikkorps »eine Schallplatte, Noten und Text der israelischen Nationalhymne Hatikva« geschickt.[302] Das offizielle Abendessen, dessen Speisen koscher zubereitet sein sollten, bedeutete eine Herausforderung für das Protokoll.[303] In seiner Tischrede versicherte Bundeskanzler Helmut Schmidt Rabin, er wisse »daß jeder Israeli gemischte Gefühle hat, wenn er an Deutschland denkt«,[304] daher wolle er »danken für Ihre Besuche in Bergen-Belsen und in Berlin« und auf die »wachsende Verständigung und Freundschaft zwischen unseren beiden Völkern [...] trinken«.[305] Jedoch versäumte er nicht, eine kollektive Verantwortung der zeitgenössischen bundesdeutschen Gesellschaft zurückzuweisen: »[N]ur noch ein kleiner Teil des heutigen deutschen Volkes [war] im Jahre 1933 alt genug, um das Verbrecherische des Nationalsozialismus selbst erkennen zu können.«[306] Rabin bedankte sich für die Einladung und bestätigte: »I believe that this visit, at least on my part and on the part of Israel has got a symbolic meaning. [...] After a few days in your country I feel much better. I feel that there is un-

299 Zum Beispiel gibt Strauß in seinen *Erinnerungen* an, als der Kanzlerkandidat der Union Rainer Barzel im Juli 1971 aus Moskau zurückkam, hätten Richard Stücklen und er, Strauß, ihn nicht auf dem Flughafen empfangen wollen, »weil das so ausgesehen hätte, als wären wir seine Untergebenen« (Strauß, *Erinnerungen*, S. 490).

300 PA AA, Zwischenarchiv, Bd. 103227.

301 Auswärtiges Amt an den Verteidigungsminister, 2.7.1975, PA AA, Zwischenarchiv, Bd. 104784.

302 Protokoll der Botschaftsrätin Hava Bitan an das Auswärtige Amt, 2.7.1975, ebd.

303 Nahostreferat im Auswärtigen Amt, 4.7.1975: »Betr. Koscheres Essen für Frau Rabin«, ebd.

304 Entwurf der Tischrede Schmidts, PA AA, Zwischenarchiv, Bd. 103912.

305 Ebd.

306 Tischrede Schmidt am 9.7.1975, zitiert nach: *Bulletin des Presse- und Informationsamtes der Bundesregierung*, Nr. 91 vom 15.7.1975, »Besuch des Premierministers des Staates Israel«, S. 861.

derstanding and friendship […] Lechaim!«[307] Frieden sei fest in der jüdischen Tradition verankert, und hinge die Situation im Nahen Osten von den Juden ab, wäre schon lange Frieden geschlossen. Proarabische Tendenzen der Europäischen Gemeinschaft verurteilte Rabin: Jeder Kontakt mit »any country or any organisation whose banner advocates the strangulation of the Jewish state« sei unerträglich. Ähnlich wie Golda Meir zog er daraus den Schluss, dass Israel sich allein auf seine eigene militärische Stärke verlassen könne: »Weakness is a prescription for the aggression of others, not for negotiation of a settlement with others.« Schließlich wachse Frieden vor allem durch wirtschaftliche Beziehungen: »For peace ultimately is rooted in the relations between peoples, not diplomats, and these are never better served than through economic development, trade and mutual exchange.«[308] Und an die Deutschen appellierte er: »Öl ist nicht so wichtig wie Blut«, sie sollten sich nicht von arabischen Staaten erpressen lassen und Israel zur Aufgabe des Sinais zwingen.[309]

Inhaltlich war der sehr kurze Besuch von der anschließenden Finanzdebatte geprägt. Die Symbolhandlungen und Zeremonien schienen Rabin deutlich weniger zu bedeuten als das Gespräch mit Finanzminister Egon Bahr. Auf das Anliegen Rabins nach Erhöhung der Finanzhilfe entgegnete ihm dieser allerdings kurz und knapp: »Alle Staaten bitten um mehr Geld. Aber wir haben keins.« Woraufhin Rabin spitzfindig erwiderte: »Ich bin bereit, mit Ihnen den ökonomischen Haushalt zu tauschen.« Bahr: »Sie sind ja schon daran [an den knappen Haushalt, Anm. d. Verf.] gewöhnt, wir müssen uns erst noch gewöhnen.« Dann drohte Rabin: »Entweder wir kommen zu einer Einigung. Oder wir kommen nicht zu einer Einigung und werden vor einer unbekannten Situation stehen.« Bahr lenkte daraufhin offenbar ein: »Wir beabsichtigen nicht, Israel anders als andere Entwicklungsländer zu behandeln. Sie haben keinen Grund zur Sorge.« Rabin gab jedoch zu bedenken: »Was Sie als Summe für Entwicklungsländer vorsehen, wird uns große Probleme bereiten.« Höhere Finanzhilfe lehnte Bahr jedoch ab mit dem Hinweis: »Alle Kunden von uns wollen mehr Geld […].«[310]

307 Antwortrede Rabin im englischen Original, zitiert nach PA AA, Bd. 103912.

308 Ebd.

309 Im Gespräch mit Schmidt, zitiert nach SPD-Pressemitteilungen und Informationen vom 14.7.1975: Heinz Westphal, »Rabins ›guter Besuch‹ in der Bundesrepublik. Kritisches Fazit des deutsch-israelischen Gesprächs«, Pressesammlung ACDP.

310 Israelisches Gesprächsprotokoll Rabin-Bahr, 9.7.1975, ISA 7063/8 א, übersetzt von der Verfasserin.

Sein Ziel, den jährlichen Etat für Israel zu erhöhen, konnte Rabin in Bonn nicht durchsetzen. Und das Gespräch mit Helmut Schmidt auf Schloss Gymnich war dann »fast ausschließlich der Nahost-Frage gewidmet«, »ein Vergleich nicht ganz kongruenter Auffassungen«.[311] Denn es sei »nicht zu leugnen, daß seit der Vervierfachung der Ölpreise Motive eine Rolle zu spielen begonnen hätten, die auf eigenen Interessen beruhten«, so der Bericht über das Treffen, bei dem Schmidt auf eine baldige Friedenslösung drängte und Rabin die Verantwortung für eine Beilegung des Konflikts, die für Israels Sicherheit erträglich sei, an die arabische und palästinensische Seite abgab.[312]

Obligatorischer Programmpunkt eines jeden Staatsbesuchs war das Damenprogramm. Hier zog das Protokoll Loki Schmidt zu Rate, die sich »einsatzbereit und sehr kooperativ« zeigte. Sie schlug etwas mit »möglichst zwanglosem informellem Charakter« vor, zum Beispiel »irgendwo, wo es schön ist, sich hinsetzen und eine Tasse Kaffee trinken, […] Kreuzbergstiege, Spaziergang in Muffendorf mit seinen alten Bauernhäusern und der alten Kapelle«.[313]

In der internationalen Presse erhielt der Besuch vor allem wegen Rabins Treffen mit Kissinger Aufmerksamkeit. Haim Isaac, Korrespondent der *Davar*, der Rabin begleitet hatte, bemerkte, die Reise habe »vielleicht nicht die Ergebnisse gebracht, die man sich […] versprochen hat, […] war jedoch eine hervorragende Public-Relationsarbeit des israelischen Regierungschefs«.[314] Die *Jerusalem Post* urteilte, der Besuch Rabins sei »eine ziemlich lauwarme Angelegenheit« gewesen.[315] Und laut der *New York Times* hätten »die Ereignisse der Vergangenheit die Gegenwart des Besuchs – der als Symbol neuer enger Beziehungen gedacht gewesen« sei, gelegentlich eingeholt.[316] Diese Presseanalyse zeigt, dass der erste Staatsbesuch eines israelischen Regierungschefs in der Bundesrepublik, was die israelischen Anliegen nach EWG-Anbindung und mehr Wirtschaftshilfe betraf, zwar als ergebnislos, aber dennoch als wichtiger Schritt in der Entwicklung der Beziehungen eingeschätzt wurde. Rabin verhalf er zu einer positiven Presse.

---

311 »Meinungsunterschiede zwischen Rabin und der Bundesregierung«, in: *FAZ* vom 11.7.1975.

312 Bericht Nahostreferat des Auswärtigen Amts über Rabins Besuch, ohne Namen, PA AA, Zwischenarchiv, Bd. 178645.

313 »Damenprogramm«, PA AA, Zwischenarchiv, Bd. 103227.

314 *Davar* vom 13.7.1975, zitiert nach PA AA, Zwischenarchiv, Bd. 104784.

315 *Jerusalem Post* vom 24.7.1975, zitiert nach PA AA, Zwischenarchiv, Bd. 103227.

316 Bericht aus Washington von Terence Smith, in: *The New York Times* vom 14.7.1975.

Helmut Schmidt würdigte den Besuch in seiner Abschlussrede als Beweis eines »Verhältnisses gegenseitigen guten Willens und Vertrauens«.[317] »Es war ein guter Besuch«, antwortete Jitzchak Rabin hingegen nüchtern, ohne Überschwang. Bereits seit einiger Zeit verwendete niemand mehr besondere Adjektive, und fast scheine es, so analysierte der SPD-Abgeordnete Heinz Westphal, als sei durch die häufigen Besuche der Außenminister bereits Routine eingekehrt im Verhältnis der beiden Staaten.[318]

Der erste Staatsbesuch eines israelischen Regierungschefs war vor allem durch den Abstecher nach Berlin bemerkenswert. Die Bonner Regierung versuchte in den 1970er Jahren, Westberlin politisch wieder möglichst eng an Westdeutschland zu binden. Durch seine Anwesenheit legitimierte Rabin den Status Westberlins. Noch wenige Jahre zuvor waren die deutschen Politiker darauf bedacht, die Parallele zur Jerusalemer Altstadt zu vermeiden. Dass die Geste wirkte, belegen die scharfen Proteste aus der »sowjetischen Zone« (gemeint ist die DDR), wie das Nahostreferat des Auswärtigen Amtes schrieb.[319]

Die Tischreden Rabins und Schmidts unterschieden sich in ihrer Rhetorik des wechselseitigen Danks und der Betonung der Freundschaft fundamental von jenen, die bei Konrad Adenauers Israel-Besuch im Mai 1966 gehalten worden waren. Dies belegt freilich weniger einen inhaltlichen Wandel der Beziehungen als vielmehr einen Wandel in der *Rhetorik*, da beide Parteien nach der Aufnahme diplomatischer Beziehungen lernen mussten, die Spielregeln der Diplomatie einzuhalten. Indem er darauf hinwies, dass Frieden auf Handel und Austausch basiere, brachte Rabin geschickt die eigene politische Zielsetzung in die Empfangsfeierlichkeiten ein und knüpfte an die Philosophie des Ex-Kanzlers Ludwig Erhard an, Frieden durch freien Handel zu gewährleisten.

Beim Vergleich der Gesprächsprotokolle der deutschen und der israelischen Seite fallen die unterschiedlichen Wahrnehmungen der Bedeutung dieses Besuchs auf. Rabin hob hervor, welche Zwecke er verfolgte, die Deutschen schienen mehr Wert auf die Symbolik zu legen. Die wechselseitigen

317 Abschlußrede Schmidt am 11.7.1975, zitiert nach *Bulletin des Presse- und Informationsamtes der Bundesregierung*, Nr. 91 vom 15.7.1975, »Besuch des Premierministers des Staates Israel«, S. 864.

318 Vgl. SPD-Pressedienst vom 14.7.1975: Heinz Westphal, »Rabins ›guter Besuch‹ in der Bundesrepublik. Kritisches Fazit des deutsch-israelischen Gesprächs«, Pressesammlung ACDP.

319 PA AA, Zwischenarchiv, Bd. 103227.

Freundschaftsbeteuerungen schufen einen Rahmen für das bilaterale Verhältnis, konnten es jedoch nicht mit Inhalt füllen. Die Formulierung Egon Bahrs, mit der er die Israelis als Entwicklungsland einstufte und sie wie andere Entwicklungsländer als »Kunden« der Bundesregierung bezeichnete, und die Reaktion der Israelis zeigen zweierlei: Zum einen machte Bahr deutlich, dass es sich um ein Geber-und-Nehmer-Verhältnis handelte, in dem die Israelis die Bittsteller waren. Zum anderen wird deutlich, dass diese Einstufung auf israelischer Seite nicht mehr für Empörung sorgte, wie es zehn Jahre zuvor noch der Fall gewesen war. Auch in der israelischen Regierung setzte sich allmählich eine sehr nüchterne Haltung gegenüber den Deutschen durch, mit denen man aus wirtschaftlichen Gründen sprechen musste. Der Kampf um die Definition des Verhältnisses als »normal« oder »besonders« wirkt wie ein hohles Ritual um Begriffe, die allerdings konkrete monetäre Auswirkung haben.

3.2. Zu Chanukka bei »Freund Allon« – Hans-Dietrich Genschers Antrittsbesuch in Israel

Während Helmut Schmidts Kanzlerschaft reisten die beiden Außenminister Hans-Dietrich Genscher und Jigal Allon häufig in das jeweils andere Land. Sie trafen sich seit Beginn ihrer Amtszeit (beide traten ihr Amt 1974 an) mehrfach im Jahr und pflegten Botschafter Meroz zufolge eine bemerkenswert freundschaftliche Beziehung:

> »Ich habe bis heute keine volle Erklärung für die beiderseits echte Zuneigung zwischen zwei so verschiedenen Menschen und Neulingen auf dem außenpolitischen Parkett. Ihre herzliche Beziehung spielte zweieinhalb Jahre lang eine wichtige Rolle in der Qualität des israelisch-deutschen Verhältnisses und bewies einmal mehr den Wert persönlicher Nähe auf der weltpolitischen Bühne (die zw. Allons Nachfolger Moshe Dayan und Genscher völlig fehlte).«[320]

Ende November des Jahres 1975 reiste Genscher erstmals in offizieller Funktion nach Israel, das Programm erstellte die Botschaft Tel Aviv gemeinsam mit dem Ministerialdirigenten im Auswärtigen Amt Klaus Kinkel.[321] Es war der Gegenbesuch zu Allons Besuch im Februar desselben Jahres, der der

320 Yohanan Meroz, »Vergebens war es nicht – doch Fragezeichen bleiben«, in: Ben Natan, Hansen (Hrsg.), *Israel*, S. 95–107, hier S. 99.

321 Programmvorschlag der Botschaft Tel Aviv an Klaus Kinkel, 4.9.1975, ISA 7242/39 חץ.

Frankfurter Allgemeinen Zeitung zufolge unerwartet harmonisch verlaufen war.[322] Zwei historisch wichtige Ereignisse rahmten Genschers Besuch: Nur zwei Wochen vor seinem Abflug am 27. November 1975 hatte sich die israelische Armee aus den Ölfeldern des Sinai zurückgezogen und die Kontrolle darüber der UNO übergeben. Und in Deutschland begann am 26. November mit dem Majdanek-Prozess der letzte große NS-Prozess im Düsseldorfer Landgericht. Obwohl die Ereignisse des Holocaust dergestalt in die Gegenwart des Jahres 1975 ragten, lag Genschers Fokus klar auf der Nahostpolitik: »Wir sind überzeugt, daß dem internationalen Grundsatz Rechnung getragen werden muß, der jede Gebietserwerbung durch Gewalt als unzulässig bezeichnet«,[323] leitete er bei seiner Tischrede am ersten Abend die deutsche Agenda ein. Allon erwiderte scharf, in Trinksprüchen sollten »wohlmeinende Staaten« auf »Stellungnahmen verzichten, die extremistische Strömungen in den arabischen Nationen ermutigen könnten«.[324] Zur Vorbereitung hatte Kinkel in Tel Aviv nachgefragt, »wie lange [die] Fahrtstrecke Yad Vashem/Grab Theodor Herzl [sei]. Läßt sich gegebenenfalls gesamter hier angesprochener Komplex in einer Stunde wahrnehmen?«[325] Auch erkundigte er sich, ob »das Hotel Hilton, in das AM [Außenminister] Allon am 27.11. zum Abendessen einlädt, auch nicht im früher arabischen Teil Jerusalems« liegt, wobei das Wort »arabischen« durchgestrichen und handschriftlich durch »besetzten Teil« ersetzt wurde.[326] Das von israelischer Seite angeregte Gespräch mit Handelsminister Bar-Lev könne »schwierig« werden, so die Befürchtung Kinkels, und solle möglichst *nicht* stattfinden:

»Wenn die israelische Seite auf dem Gespräch bestehen sollte, werden wir uns dem nicht entziehen können. Wir sind *nicht* daran interessiert, daß es zu einem solchen Gespräch kommt. Es ist damit zu rechnen, daß der Herr Minister mit einer Reihe von israelischen Forderungen konfrontiert wird, die bereits auf der Arbeitsebene in Abstimmung mit den Ressorts zurückgewiesen werden mußten. [...] Wir

322 Vgl. »Allon fühlt sich ›unter Freunden‹«, in: *Stuttgarter Zeitung* vom 27.2.1975, sowie »Allon würdigt die deutsche Nahost-Politik«, in: *FAZ* vom 28.2.1975, und »Allon-Besuch erwärmt das Klima zwischen Bonn und Tel Aviv«, in: *Die Welt* vom 28.2.1975.

323 »Deutliche Worte Genschers in Jerusalem«, in: *Frankfurter Rundschau* vom 29.11.1975.

324 »Genschers Besuch in Israel. Der Freund findet Gehör, aber keine Zustimmung«, in: *Süddeutsche Zeitung* vom 29.11.1975.

325 Klaus Kinkel aus dem Auswärtigen Amt an deutsche Botschaft in Tel Aviv, 14.11.1975, PA AA, Zwischenarchiv, Bd. 178666.

326 Ebd.

wollen uns durch Besuch nicht unter Druck Erfolgszwanges setzen lassen (keine Konzessionen) […].«[327]

Dennoch: »Sie sollten nicht zu kurz in Israel bleiben«, riet Kinkel.[328] Denn auch Genscher traf sich mit den Israelis deutscher Herkunft: erst bei einem privaten Essen in der »deutschen Kolonie« in Jerusalem, dann bei einer abendlichen Unterhaltung mit Professor David Flusser und Professor Shalom Ben-Chorin[329] und schließlich am Tag darauf mit »Landsmannschaften« in Tel Aviv. Obwohl Genscher um ein »intimes« Abendessen gebeten hatte, denn diese Tradition sei bei Ebans Besuch begründet worden, und durch seinen Referenten mitteilen ließ, es werde »davon ausgegangen, daß kein Geschenkeaustausch stattfindet«,[330] wurden dennoch Geschenke überreicht. Genscher bekam etwas ganz Besonderes: Akten des seit 1939 geschlossenen Konsulats in Jerusalem, die auf dem Fischmarkt in Machaneh Yehuda in Jerusalem gefunden worden waren, darunter auch Briefe des ersten Reichskanzlers Bismarck.[331]

Höhe- und Endpunkt seines Besuchs bildete erneut der Empfang für die deutschen Juden in Haifa, der Stadt am Mittelmeer.[332] Auch die anderen Stationen waren jenen von Brandts Reise ähnlich:

»Die Israelis […] servierten Genscher im Wesentlichen das gleiche Programm wie 1973, führten ihn aber nun per Seilbahn auf die Massada, nachdem Brandt dort bei dem Hubschrauber-Zwischenfall fast ums Leben gekommen wäre. Genscher machte sich lustig über die deutschen Journalisten, als diese schnauften, während er eifrig die Burg erklomm: ›Da sieht man die deutsche Presse bei körperlicher Arbeit. Ein ungewohnter Anblick, ein ganz ungewohnter Anblick.‹«[333]

Jigal Allon lud Hans-Dietrich Genscher zum Chanukka-Fest in den Kibbuz Ginossar ein, dessen Gastfreundschaft bereits Willy Brandt hatte genießen dürfen. Neu war allerdings ein Mittagessen im arabischen Abu Gosch: für diesen Anlass ersann die Protokollabteilung Tischsprüche, die »Genug-

327 Ebd.

328 Klaus Kinkel an BM Genscher, 31.7.1975, ebd.

329 Shalom Ben-Chorin, geb. 1913 in München als Fritz Rosenthal, war Germanist und Religionswissenschaftler. David Flusser, geb. 1917 in Wien, war Religionswissenschaftler, der sich mit rabbinischen Traditionen befasste.

330 PA AA, Zwischenarchiv, Bd. 178720.

331 »Palästinenser-Frage im Mittelpunkt«, in: *FAZ* vom 28.11.1975

332 »Genschers Besuch verbreiterte Vertrauensbasis«, in: *General-Anzeiger Bonn* vom 1.12.1975.

333 »Genscher in Israel: Zähigkeit und Sanftmut«, in: *Frankfurter Rundschau* vom 1.12.1975.

tuung« über die Kontakte zu arabischen Vertretern, über die engen Verbindungen zur »christlich arabische[n] Bevölkerung des Heiligen Landes« und die »kulturelle[n] Bande zwischen Deutschland und den Arabern, [die] eng und fruchtbar gewesen« seien, ausdrückten.[334]

Die deutsche Presse berichtete, die »Atmosphäre« habe sich von früheren Besuchen deutlich unterschieden: Es gab kaum Demonstrationen, und das »Echo der israelischen Medien sei wohlwollend« gewesen. Der »Erfolg« sei »aber nicht zuletzt auch eine Folge der seit dem Besuch des Bundeskanzlers Brandt 1973 veränderten politischen Position Israels: für Israel soll die BR nach Amerika – wenn auch mit Abstand – der wichtigste Partner werden, auch wegen unserer Stellung im Kreise der Neun«.[335]

Israel war durch den Jom-Kippur-Krieg politisch so geschwächt, dass die Regierung nicht umhinkonnte, den Deutschen größere Konzessionen zu machen: »Israel kann auf keinen einzigen Freund verzichten«, titelte die *Süddeutsche Zeitung*.[336] Bei der »Höflichkeitsvisite« bei Staatspräsident Ephraim Katzir habe eine »freie Atmosphäre« geherrscht. Zusammen mit Botschafter Per Fischer unterhielten sie sich »so angeregt und heiter wie drei Skatbrüder, die sich gegenseitig Witze erzählten«.[337] »Der Genscher-Mix aus Zähigkeit und angelernter Sanftmut wird [...] zu einem außenpolitischen Markenzeichen der Bundesrepublik«, stellte die *Frankfurter Rundschau* befriedigt fest.[338] Sowohl zu Israel als auch zu »Israels arabischen Nachbarn« unterhalte Deutschland »heute absolut spannungsfreie Beziehungen«, meinte Genscher nach seiner Rückkehr.[339]

Das publizistische Interesse der jüdischen Welt an diesem Besuch war groß. Sie beunruhigte der Wandel, der im deutsch-israelischen Verhältnis unter dem stärkeren Einfluss der Europäischen Gemeinschaft auf die außenpolitischen Prioritäten Deutschlands eingetreten war. So hatten die *Allgemeine Jüdische Wochenzeitung* und der *Aufbau* Genscher im Vorfeld im Interview

334 Protokollabteilung Auswärtiges Amt, PA AA, Zwischenarchiv, Bd. 178666.

335 Presseschau vom 27.11.1975, ebd.

336 »Israel kann auf keinen einzigen Freund verzichten«, in: *Süddeutsche Zeitung* vom 27.11.1975.

337 »Genschers Besuch in Israel. Der Freund findet Gehör, aber keine Zustimmung«, in: *Süddeutsche Zeitung* vom 29.11.1975.

338 »Genscher in Israel: Zähigkeit und Sanftmut«, in: *Frankfurter Rundschau* vom 1.12.1975.

339 »Für eine gerechte Friedensordnung im Nahen Osten. Interview des BM des Auswärtigen«, Abdruck des Interviews mit Genscher im Deutschlandfunk vom 9.7.1975, in: *Bulletin des Presse- und Informationsamtes der Bundesregierung*, Nr. 91 vom 15.7.1975, S. 865.

gefragt, ob er die Beziehungen für »normal« halte und wie sehr sich die Bundesregierung für ein Kulturabkommen mit Israel interessiere.

Genschers Israel-Aufenthalt demonstrierte eine Politik, die sich immer weiter von der früheren Rückbindung an die Vergangenheit entfernte. So gehörte der Besuch in Yad Vashem zwar noch zum Programm, doch um den unangenehmen Pflichtteil bald abzuschließen, fiel er kurz aus. Um die neue deutsche Nahostpolitik zumindest symbolisch zu entschärfen, traf sich Genscher auch mit deutsch-jüdischen Professoren, ein Rückgriff auf die Gepflogenheiten in den 1960er Jahren. Einen Besuch im Weizmann-Institut lehnte er allerdings ab. Die Trinksprüche in einem arabischen Dorf auf israelischem Boden stellten eine neuartige Zuwendung zum arabisch-palästinensischen Sektor der Bevölkerung dar, die bisher bei offiziellen Besuchen nicht vorgesehen gewesen war.

3.3. Eine »gute und tatkräftige Freundin« – Annemarie Renger und die deutsch-israelischen Parlamentarier

Bundestagspräsidentin Annemarie Renger war von 1976 bis 1990 Vorsitzende der Deutsch-Israelischen Parlamentariergruppe, die sie im Jahr 1973 mitbegründet hatte. Ihr Delegationsbesuch 1976 setzte sich aus Abgeordneten aller Fraktionen zusammen, die dem Regierungskurs kritisch gegenüberstanden und sich für eine »israelfreundlichere« Politik einzusetzen suchten. Die Deutsch-Israelische Parlamentariergruppe war immerhin die zweitstärkste Gruppe dieser Art mit circa 25 Mitgliedern, größer war nur die Deutsch-Amerikanische Parlamentariergruppe. Renger führte ihr Engagement auf ihren »Mentor« Kurt Schumacher zurück, der sich als erster Politiker um Wiedergutmachung bemüht hatte. Schon im vorigen Jahrzehnt war Renger häufig nach Israel gereist, unter anderem als Mitglied der Frauenorganisation der Sozialistischen Internationale. Deren Konferenz in Israel im Jahr 1968 habe sie hautnah miterlebt und das erste Zusammentreffen mit Israelis dort als »außerordentliche Bedrückung« empfunden. So habe Israel sie auch weiterhin stets »politisch und emotional« beschäftigt.[340] Um einen »Ausgleich« im Sinne einer »ausgewogenen Nahostpolitik« des Auswärtigen Amtes herzustellen, war sie kurz zuvor in Ägypten und Kuwait gewesen.

340 Annemarie Renger, *Ein politisches Leben. Erinnerungen*, Stuttgart 1993, S. 312.

Am 29. Juli berichtete der deutsche Botschafter Per Fischer aus Tel Aviv, der Besuch erweise sich bereits als »außerordentlich nützlich [...] zur Darstellung unserer Nahost- und Anti-Terrorismus-Politik«.[341] Die Planung war zunächst schwierig, da der von israelischer Seite vorgesehene Termin vom 21. bis zum 25. Juni 1976 »für offiziellen Besuch ungünstig« sei. In derselben Woche befinde sich Außenminister Jigal Allon in Bonn, so könne die »Wirkung« des Besuchs der Bundestagspräsidentin in der Berichterstattung »unter Duplizität leiden«, schrieb Fischer.[342] Die darauffolgende Woche sei zwar die letzte Sitzungswoche der Knesset, »was auf hiesiger Seite offensichtlich weniger behagt«, jedoch aus deutscher Sicht »günstiger« sei.[343] Schließlich wurde die letzte Juliwoche vereinbart. Nach eigener Aussage sprach Renger mit zivilgesellschaftlichen Gruppen, mit Schriftstellern, Studenten und Gewerkschaftern in »großer Offenheit, unkonventionell und ohne diplomatisches Brimborium«.[344] Die Begegnung mit dem israelischen Verteidigungsminister Moshe Dayan erinnerte sie als besonders eindrucksvoll, war er doch in ihren Augen ein »legendärer Mann«, ein »imponierender männlicher Typ«, es sei gut vorstellbar, dass er »mit dem ihm verbliebenen stahlblauen Auge insbesondere die Frauen becircen konnte«.[345] Am stärksten beeindruckt war sie jedoch von Golda Meir, die eine »geradezu archaische und erotische Liebe zu diesem Land Israel« ausstrahle, aber auch »äußerste Härte und Ungeduld« an den Tag gelegt habe.[346] Außerdem besuchte die Bundestagspräsidentin Rachel Shasar, die Frau des Staatspräsidenten Salman Shasar.

Sie traf mit Knessetsprecher Yisrael Yeshayahu und auf einem offiziellen Empfang mit Staatspräsident Ephraim Katzir zusammen.[347] Yeshayahu forderte im Gespräch, Deutschland müsse die linksextremen wie die nazistischen Kräfte im Lande bekämpfen.[348] Renger erwiderte, Ben Gurion ihre Reverenz erweisend, sie sei »als Bundestagspräsidentin gekommen, um das andere Deutschland zu vertreten«,[349] und dankte dem jüdischen Volk dafür, dass es die Hand zur Versöhnung gereicht habe.

341 Per Fischer an Hans Schwüppe im Auswärtigen Amt, Tel Aviv, 29.7.1976, Parlamentsarchiv, 62/93,52.

342 Ebd.

343 Ebd.

344 Renger, *Leben*, S. 313.

345 Ebd., S. 315.

346 Ebd.

347 Parlamentsarchiv, 62/93,52.

348 *Jerusalem Post* vom 27.7.1976, zitiert nach PA AA, Zwischenarchiv, Bd. 105955.

349 *Maariv* vom 27.7.1976, zitiert nach ebd.

Nachdem sie einen Kranz in Yad Vashem niedergelegt und ein Bäumchen am Herzl-Berg gepflanzt hatte, nahm Renger an einer Sitzung der Knesset teil, durfte jedoch keine Rede halten.[350] Mit Allon sprach sie über die Beziehungen zu Amerika. Der Außenminister zeigte sich optimistisch, dass sein Land »keinen stärkeren Druck« aus Amerika zu erwarten habe. Israel dürfe »von niemandem an die Wand gedrängt werden, denn sonst [müsse] […] mit irrationalen Reaktionen gerechnet werden«.[351] Die deutsche Perspektive auf den Nahostkonflikt, von Renger erneut, wenn auch distanziert und vorsichtig vorgetragen, tat Allon schlicht als »Mißverständnis« ab, wann immer sie von der israelischen abwich. »Gedämpft befriedigt« habe Allon sich auf die Frage nach seiner Einschätzung der Beziehungen Israels zur Europäischen Gemeinschaft geäußert, wie im Abschlussbericht der Delegation zu lesen ist. Jitzchak Rabin bezeichnete in seinem halbstündigen Gespräch mit Renger die PLO als »ein[en] Krebsschaden im Körper jedes Mitteloststaates«, auf dessen »Ausschaltung« sogar »libanesische Christen drängten«.[352] »Raum für einen dritten Staat zwischen Israel und Jordanien besteht nicht«, bekannte er offen und bekräftigte damit die Glaubensformel seiner Regierung.[353]

Beim Tee mit deutschsprachigen Professoren, Dozenten und Studenten suchte die deutsche Delegation den Kontakt zur machttragenden Elite des Landes, deren Einfluss jedoch bald schon etwas zurückgedrängt wurde. Denn in der israelischen Politik und Gesellschaft kündigte sich ein Generationswechsel an, der die Machtstellung der aschkenasisch-sozialistischen Elite verringern sollte.

An der Hebräischen Universität plauderten sie über »Probleme und Entwicklungstendenzen in Israel unter besonderer Berücksichtigung der Frage der Integration der nichteuropäischen Einwanderer«.[354] Bei ihrem Abschied von Israel am 2. August 1976 bekräftigte Renger erneut, Deutschland stehe fest zu Israel, manchmal sei es aber notwendig, »mit befreundeten Staaten zu einer gemeinsamen Haltung zu kommen«.[355]

350 Protokoll/ZA 3, 19.7.1976, ebd.

351 Gespräch Renger mit Allon, Parlamentsarchiv, 62/93,52.

352 Gespräch Renger mit Rabin, 29.7.1976, ebd.

353 Ebd.

354 Notizen des Gesprächs an der Hebräischen Universität Jerusalem vom 1.8.1976, Parlamentsarchiv, 62/93,52.

355 Renger in einer Pressekonferenz mit israelischen Journalisten, 2.8.1976, ebd.

Die deutsche Botschaft in Tel Aviv analysierte den Besuch als »politisch und psychologisch erfolgreich und zugleich öffentlichkeitswirksam«, der Delegation sei ein »warmer Empfang« bereitet worden.[356] Sie habe »lebendige Eindrücke« von den »hervorragenden Leistungen gewinnen können, die ungeachtet ihrer schweren Probleme, die Menschen in diesem Land [...] tagtäglich vollbringen, von ihrer Kraft, ihrer inneren Stärke und ihrem Lebensmut«, schrieb Renger.[357] Der Chef des Protokolls Hans Schwüppe richtete seinen Dank an Frau Hava Bitan, Gesandte an der israelischen Botschaft in Bad Godesberg, für zwei Erinnerungsalben, die sie Renger hatte zukommen lassen. Die Bundestagspräsidentin habe den »besten und schönsten« Eindruck gehabt, der Besuch habe »alle Erwartungen übertroffen«.[358] Schon im Jahr darauf sollte die nächste Reise stattfinden: »I have informally discussed the possibility of a delegation from the Bundestag (including, hopefully, yourself), visiting Israel in 1977, and am glad to inform you that it will be most welcome.«[359] Bei Renger überwog die Begeisterung über den Aufbau des Staates Israel und seine kulturellen und militärischen Leistungen, erbracht von einem Volk, das durch deutsche Schuld so »schwere Probleme« zu tragen hatte. Der Israel-Besuch der Bundestagspräsidentin war auch dadurch besonders, dass zum ersten Mal eine Frau reiste und kommentierte. Ihre Reflexionen und Anmerkungen erwiesen sich als viel persönlicher und empathischer als die der männlichen Kollegen im vorangegangenen Jahrzehnt.

Außerdem fällt auf, dass die israelischen Gesprächspartner nicht mehr auf einem Schuldeingeständnis Deutschlands beharrten, das die Beziehungen bestimmen sollte, sondern reale Probleme im Bereich des Linksterrorismus und der NPD erörterten und eine konsequente Haltung zur Bekämpfung des Antisemitismus in Deutschland forderten. Freilich verbaten sie sich nach wie vor jegliche Einmischung in die israelische Außenpolitik.

356 Abschlussbericht von Per Fischer an das Auswärtige Amt, 3.8.1976, Parlamentsarchiv, 62/93,52.

357 Persönliches Dankschreiben Renger an Yeshayahu, 20.8.1976, ebd.

358 Schreiben Schwüppe an Hava Bitan, 21.9.1975, ebd.

359 Brief von Netanel Lorch, Secretary of the Knesset, to Deutscher Bundestag Direktor Dr. Helmut Schellknecht, Jerusalem, 4.11.1976, ebd.

4. Fazit

Seit den späten 1960er Jahren entwickelte sich infolge des Generationswechsels in Deutschland und des Botschafteraustauschs eine rege Besuchskultur bei deutschen und israelischen Politikern. Erstmalig galt es, zeremonielle militärische Regeln zu beachten. Unter hoher medialer Aufmerksamkeit in beiden Ländern und weltweit spielten sich die Staatsbesuche von Willy Brandt und Jitzchak Rabin ab. Das deutsch-israelische Verhältnis war weiterhin ein Nebenschauplatz des Kalten Krieges, der mit der Formulierung der »ausgewogenen Nahostpolitik« eine neue Wendung in Europa nahm. Seit der Reise von Außenminister Walter Scheel bestimmte die »Erläuterung« der deutschen und europäischen Interessen am Friedensprozess im Nahen Osten die Begegnungen. Bei seinem Aufenthalt im Juni 1973 wollte Brandt einerseits die durch die Kulturwoche und das Münchner Attentat auf die israelischen Olympiasportler belasteten Beziehungen verbessern. Andererseits ging es ihm darum, die »ausgewogene« Nahostpolitik der Bundesregierung selbstbewusst zu vertreten: Er prägte die Formel der »normalen Beziehungen mit besonderem Charakter« und läutete so eine Jahrzehnte währende Debatte darüber ein, was »Normalisierung« zwischen Deutschland und Israel bedeute und unter welchen Bedingungen sie möglich sei. In der israelischen Kritik daran ging es sowohl um die Gefahr, die Deutschen könnten den Holocaust »vergessen«, als auch konkret um den befürchteten Verlust dringend benötigter Finanzhilfen.

Unter der Regierung der SPD nahm die Bedeutung der christlichen Pilgerstätten im Norden Israels als Programmpunkt im Laufe des Jahrzehnts deutlich ab. Die Besichtigung der annektierten Altstadt Jerusalems und Bethlehems trat an ihre Stelle und verstimmte die israelischen diplomatischen Kreise. Auch wurde die Dauer der offiziellen Besuche, verglichen mit den privaten in den 1960er Jahren, massiv verkürzt. Außenminister Hans-Dietrich Genscher und Jigal Allon sind ein Beispiel dafür, wie gute persönliche Beziehungen trotz politischer Differenzen das diplomatische Tagesgeschäft beleben konnten. Und Annemarie Rengers parlamentarisches Engagement für die deutsch-israelischen Beziehungen zeichnete sich durch eine Einfühlsamkeit aus, die bisher auf dem diplomatischen Parkett nicht zu finden war und die ein Gegengewicht zur hochpragmatischen Regierungspolitik darstellte.

V. »Leopard« und »Gnade der späten Geburt« – Die frühen 1980er Jahre

Die Regierungswahlen im Mai 1977 führten zu einer innenpolitischen Revolution in Israel. Der Likud, ein Zusammenschluss der Cherut-Partei und anderer kleinerer Parteien, konnte erstmalig seit der Staatsgründung 1948 die Mehrheit der Stimmen auf sich vereinen und die Avoda-Partei der aschkenasischen Elite, die seit 1948 unangefochten an der Macht gewesen war, ablösen.[1] Neuer Regierungschef wurde Menachem Begin, der die gewalttätigen Demonstrationen im Januar 1952 gegen Wiedergutmachungsverhandlungen mit Deutschland initiiert hatte und jahrzehntelang als Oppositionsführer Kontakten mit der deutschen Regierung und deutschen Bevölkerung extrem kritisch gegenüberstand. Doch wurde auch nach dem Machtwechsel die Besuchskultur auf Minister- und Parlamentsebene, die sich in den Jahren davor herausgebildet hatte, beibehalten. Die Proteste gegen die Anwesenheit deutscher Politiker im Lande traten selbst bei Menachem Begin hinter der Erkenntnis zurück, dass die politische und wirtschaftliche Partnerschaft mit der Bundesrepublik unumgänglich war. Begin verhielt sich also im Sinne der Interessen seines Landes den Deutschen gegenüber pragmatisch. Die Kontakte waren keinesfalls »eingefroren«, wie für Begins Regierungszeit häufig angenommen wird.[2] Auch Begin selbst erklärte, dass er als Regierungschef selbstverständlich Deutschland anders gegenübertrete als noch in der Opposition. Durch seinen Außenminister Moshe Dayan ließ er mehrfach Jitzchak Rabins Einladung an Bundeskanzler Helmut Schmidt zu einem Staatsbesuch erneuern.

---

1 Das hebräische Wort für Umbruch – *mahapach* – ähnelt sehr stark dem Wort für Revolution – *mahapacha* – und bezeichnet bis heute speziell diesen politischen Umbruch, der einschneidend für die israelische Gesellschaft war: Im Wahlsieg der Likud-Partei drückten sich ein neues Selbstbewusstsein und eine Machtverschiebung zugunsten der nichteuropäischen Juden aus, die die fast 30 Jahre währende Vorherrschaft der Aschkenasim ablösten.

2 David Witzthum im Interview mit der Verfasserin am 18.9.2014.

Auf deutscher Seite hielt man im Wesentlichen an der Nahostpolitik der Brandt/Scheel-Ära fest. Während Brandt bei seinem Staatsbesuch zwar selbstbewusst aufgetreten war, doch auch zurückhaltende, vorsichtige Töne gefunden hatte, setzte Helmut Schmidt ab 1974 die von seinem Vorgänger initiierte »ausgewogene« Nahostpolitik noch selbstbewusster um. Der Einladung Begins leistete er nie Folge, seine Begründung war, er wolle bei einem offiziellen Besuch keine missliche Stimmung erzeugen, indem er, notwendigerweise, seine Ansichten zum Nahostkonflikt ausbreite, die sich von Begins Auffassung stark unterschieden. Denn während die israelische Regierung nach wie vor einen Rückzug aus den besetzten Gebieten, insbesondere aus den Golanhöhen, und Verhandlungen mit der PLO kategorisch ausschloss, forderte die Bundesregierung gemeinsam mit der Europäischen Gemeinschaft das »Selbstbestimmungsrecht« der Palästinenser und einen Rückzug des israelischen Militärs. So fand erst nach Schmidts Kanzlerschaft mit Helmut Kohl im Jahr 1984 der zweite Staatsbesuch eines Deutschen in Israel statt – elf Jahre nach Willy Brandt.

Direkt im Anschluss an die Regierungsbildung in Israel reiste Außenminister Moshe Dayan im November 1977 nach Deutschland. Dieser Besuch ist deshalb so interessant in der Kategorie bilateraler Ministerbesuche, weil Dayan wenige Monate nach dem Regierungswechsel in Vertretung Begins nach Bonn kam. Aus Bonner Sicht ging es dabei darum, die neue Konstellation der Beziehungen nach dem Machtwechsel in Israel auszuloten. Dayan verband damit den Auftrag Begins, die Einladung des deutschen Bundeskanzlers nach Israel zu erneuern. Zudem reiste er zufällig nur wenige Tage nach dem historischen Besuch des ägyptischen Präsidenten Sadat in Jerusalem. Sadat begab sich als erster arabischer Regierungschef in einer hochgradig symbolträchtigen Aktion nach Israel, um sein Interesse an beiderseitigem Frieden zu bekunden und mit Menachem Begin Gespräche zu führen. Die Bedeutsamkeit dieses Schritts kann nicht hoch genug eingeschätzt werden; den Zeitgenossen erschien er als unglaubhaft, weil Sadat damit gegen die Richtlinien seiner arabischen Verbündeten verstieß.[3] Ägypten wurde daraufhin isoliert. Mit Begin zu verhandeln, ohne dass Israel die Vorbedingung, nämlich seinen Rückzug aus den besetzten Gebieten, erfüllt hatte, stellte einen Bruch mit den innerhalb der Arabischen Liga getroffenen Vereinbarungen dar.

3 Vgl. http://www.archives.gov.il/ArchiveGov_Eng/Publications/ElectronicPirsum/SadatVisit/ (letzter Zugriff: 30.3.2015).

Während seines Aufenthalts in Deutschland wurde Moshe Dayan von deutschen Journalisten fast ausschließlich auf die Begegnung zwischen Sadat und Begin angesprochen und beschwerte sich darüber, dass Sadat ihm »die Show gestohlen« habe.[4]

Nur wenige Tage nach Dayan sollte der israelische Finanzminister Simcha Ehrlich mit dem Anliegen nach Bonn kommen, die Finanzhilfe von 140 auf 250 Millionen DM zu erhöhen. Das ist der Grund, weshalb Dayan angab, dass in seinen Gesprächen wirtschaftliche Fragen eine untergeordnete Rolle spielen sollten. Das Auswärtige Amt warnte das Bundeskanzleramt davor, Dayans Gesuch um ein persönliches Gespräch mit Helmut Schmidt anzunehmen. Die Begründung lautete, zwei israelische Kabinettsmitglieder innerhalb weniger Tage ranghoch zu empfangen, »wäre zuviel des Guten« und könnte von den Botschaftern der arabischen Länder als zu großes Entgegenkommen Israel gegenüber gewertet werden.[5]

Der neue israelische Außenminister war nach Bonn gereist, um sich gegen die deutsche Einmischung in den Nahostkonflikt zu verwahren. Die von Israel allgemein mit seiner »Sicherheitslage« begründete andauernde Inanspruchnahme der 1967 besetzten Gebiete behagte den Deutschen nicht, und das Bundeskanzleramt drängte gemeinsam mit den europäischen Partnern auf eine rasche Friedenslösung. Trotz einander widerstreitender Positionen betonte Dayan, wie wichtig die Freund- und Partnerschaft der Bundesrepublik für sein Land sei. Wenige Tage vor seinem Besuch, am 24. November, hatte Begin dem Botschafter in Tel Aviv Klaus Schütz ausrichten lassen, »es überrasche und verletze ihn zutiefst, daß man Israel auffordere, Bedingungen selbst zu schaffen, die es tödlicher Gefahr aussetzen müssen«. Damit kritisierte er vor allem die Haltung der Neun zum Nahostkonflikt.[6]

In dem Charakterbild, das vom Nahostreferat üblicherweise zur Vorbereitung des Besuchs eines ausländischen Staatsgastes erstellt wurde, hieß es, Dayan, der seine militärischen Meriten vor allem im »Abwehrkampf jüdischer Siedler in den 30er Jahren« und im Sinaikrieg 1956 erworben hatte, führe »konzentriert, rücksichtslos, clever [...] seine Missionen durch. [...] Selbstgestellter Auftrag, Genügsamkeit [...,] Furchtlosigkeit – diese Tugen-

4 Dayan im Interview mit dem Deutschen Rundfunk, 28.11.1977, Transkript in BArch, B 136, Bd. 17221.

5 BArch, B 136, Bd. 17221.

6 Begin an Schütz 24.11.1977, ebd.

den Wingates sind auch die Ideale Dayans«.[7] Des Weiteren wurde er als »Einzelkämpfer« mit »spröde[m] Charme« und »unberechenbaren Stimmungen« beschrieben.[8] In der ungewöhnlich langen und lebhaften Charakterisierung schwang die Bewunderung der deutschen Beamten für einen Mann mit, der als typischer Vertreter der aschkenasischen Führungselite der ersten Jahrzehnte nach der Staatsgründung gelten konnte: Noch im Osmanischen Reich im Jischuw im Kibbuz geboren – also ein echter »Sabre« –, war er nach seiner militärischen Karriere als Generalstabschef der israelischen Armee in die Politik eingetreten. Sein bekanntestes Merkmal war eine schwarze Augenklappe; er hatte sein linkes Auge 1941 bei Kampfhandlungen des Palmach, der Untergrundorganisation des Vorläufers der israelischen Armee Haganah, verloren.

In den Gesprächszielen, die das Referat 512 für politische Angelegenheiten des Bundeskanzleramts vorab formuliert hatte, wurde ausdrücklich darauf hingewiesen, das Thema der weiteren Entschädigung der Hinterbliebenen der Münchner Geiseln »von unserer Seite *nicht* anzusprechen«, aber wenn es aufkäme, müsse die israelische Seite »davon überzeugt werden, daß keine Aussicht besteht, aus deutschen öffentlichen Mitteln weitere Zahlungen [...] zu erlangen. [...] Die Bundesregierung war nicht Veranstalter der Olympischen Spiele in München 1972. Die bayerischen Behörden haben eine Schadensersatzpflicht wegen fehlenden Verschuldens deutscher Stellen zu Recht verneint. [...] Die Ansprüche sind rechtlich unbegründet.«[9] In diesem stark geschäftsmäßigen Tonfall zeigen sich die Bemühungen der deutschen Seite, das Verhältnis zu Israel so weit wie möglich von »moralischen Gesichtspunkten«[10] zu befreien.

Am 26. November landete Dayan auf dem Flughafen in Frankfurt am Main und wurde dort zunächst nur von Botschafter Yohanan Meroz und dem stellvertretenden Chef des Protokolls begrüßt. Von Frankfurt flog er direkt mit einer Militärmaschine nach Bergen-Belsen und von dort nach Köln, wo Außenminister Hans-Dietrich Genscher ihn standesgemäß in Empfang nahm.[11] Der Besuch in Bergen-Belsen kam auf Dayans ausdrücklichen

7 Charakterbild Dayans aus dem Nahostreferat, 14.11.1977, ebd. Charles Wingate war ein britischer Major im Mandatsgebiet Palästina.

8 Ebd.

9 Schreiben des Nahostreferats an das Bundeskanzleramt, 11.11.1977, BArch, B 136, Bd. 17222.

10 Ebd.

11 Programmvorschlag Nahostreferat, 18.11.1977, BArch, B 136, Bd. 17221.

Wunsch zustande. Er wolle sich die Stätte der »deutschen Verbrechen« ansehen, begründete er den Programmpunkt. Wie Rabin zwei Jahre zuvor steckte er so den Rahmen seines ersten offiziellen Deutschlandbesuchs ab. Gespräche führte er mit Außenminister Genscher, mit dem CDU-Vorsitzenden Helmut Kohl, mit Willy Brandt und Franz Josef Strauß. In Bonn im Presseinterview gefragt, warum er gegen »die Gründung eines Palästinenserstaates« sei, entgegnete Dayan kurz und bündig: »Einfach weil es für einen zusätzlichen Staat keinen Platz gibt.«[12] Und auf die Frage, ob es ihm Sorge bereite, dass es um Israels Anbindung an die Europäische Wirtschaftsgemeinschaft schlecht stehe, stellte er klar: »Wir glauben, daß es um die Sache sehr gut steht, daß wir aber keine guten Anwälte haben. Um die Sache steht es gut, aber irgendwie wird sie falsch dargestellt. Das, worüber ich sprechen wollte, was nun geschah, war, daß Präsident Sadat die Show gestohlen hat. Statt daß wir über Israel sprachen, mußten wir über Sadat sprechen.«[13]

Obwohl sich Dayan höflich und herzlich bei seinen Gastgebern für die Einladung und die Möglichkeit zu sprechen bedankte, wurden Passagen seiner Tischrede beim Abendessen mit Otto Graf Lambsdorff von seinen Gastgebern als direkter Angriff empfunden. »Die Tischreden sind meist der langweiligste Teil der Veranstaltungen. Dayan setzte sich über die protokollarischen Gepflogenheiten hinweg und wusch seinen Gastgebern den Kopf«, bemerkte die *Frankfurter Allgemeine Zeitung*.[14] Einleitend sprach Dayan von der »Vernichtungsgefahr, die 4.000 Jahre lang über dem Volke Israels schwebte«. Israel sei daher »nicht gewillt, eine Lage hinzunehmen, in der wir erneut der Gefahr einer Vernichtung ausgesetzt wären«. Durch Sadats Reise könne nun endlich das geschehen, was sie »seit 30 Jahren ersehnt« hätten: »Frieden durch unmittelbaren Kontakt«.[15] Zwei Vorwürfe Dayans verstimmten aber seine Gastgeber: Er drückte seine Sorge über antisemitische Vorfälle unter Jugendlichen und eine feststellbare »Nostalgie für die Hitler-Ära« in Deutschland aus und betonte, er habe seinen Aufenthalt daher bewusst »mit dem Besuch des Massengrabes von Angehörigen meines Volkes« in Bergen-Belsen begonnen. Im Jahr 1977 kam es nicht nur zu einer Häufung von Schändungen jüdischer Friedhöfe und neonazistischen Umtrieben,

12 Dayan im »Mittagsmagazin« des WDR, 29.10.1977, Transkript in ebd.

13 Dayan im Interview mit dem Deutschen Rundfunk, 28.11.1977, Transkript in BArch, B 136, Bd. 17221.

14 »Der ›einsame Wolf‹ beherrscht die Godesberger Redoute«, in: *FAZ* vom 30.11.1977.

15 Tischrede Dayan anlässlich des Abendessens von Otto Graf von Lambsdorff, vom 28.11.1977, BArch, B 136, Bd. 17221.

sondern auch zu einem aufsehenerregenden Vorfall bei der Bundeswehr: Am 17. Februar 1977 wurden auf einem Kameradschaftsabend der Offiziere an der Bundeswehrhochschule »Sieg Heil«-Rufe laut, außerdem wurde das nationalsozialistische Kampflied »Hoch die Fahnen« gesungen. Die Offiziere begingen eine symbolische »Judenverbrennung«, indem sie Papierfetzen mit Sätzen wie »leg noch einen Juden nach« ins Feuer warfen.[16] Erst Ende September 1977, kurz vor Dayans Besuch, wurde der Fall durch Nachfragen der *Frankfurter Rundschau* publik. Dass Dayan in seiner Tischrede keine gute Miene zum bösen Spiel machte und die Traditionen des Nationalsozialismus in der Bundeswehr offen ansprach, schluckten seine Gastgeber noch. Der größere Anstoß lag in ihren Augen in der Formulierung: »Ihre Erklärungen […] bringen öftermals den Frieden nicht näher, sondern entfernen ihn noch, da sie lediglich die arabischen Extremisten in ihrem Glauben bestärken, Sie als Hebel für die Ausübung politischen Drucks auf Israel benutzen zu können.«[17] Außerdem warnte Dayan davor, dass sich die Deutschen um der europäischen Einigkeit willen in »irrige Politik« verstricken lassen, die maßgeblich von den Franzosen gesteuert werde. Die Vorstellung, ein »Hebel« zu sein und sich »verstricken« zu lassen, widersprach dem deutschen Selbstbild einer bewussten und eigenverantwortlichen Außenpolitik und der zunehmenden Machtstellung Deutschlands in Europa.

An Genschers statt, der erkrankt war und dem Dayan im Krankenhaus einen kurzen Besuch abstattete, erwiderte Wirtschaftsminister Otto Graf Lambsdorff die Rede. Er begrüßte den Gast mit verbindlichen Worten:

> »Die Bundesregierung und die deutsche Öffentlichkeit nehmen am Schicksal und an der Zukunft des israelischen Staates großen Anteil. […] Die Bundesregierung wünscht die Kontinuität des vertrauensvollen Verhältnisses zwischen unseren beiden Ländern, um das Werk der Versöhnung, das wir vor 25 Jahren begonnen haben, fortzuführen und den Brückenschlag in die Zukunft zu vollenden.«[18]

Nach dieser Einleitung zog er auf eine für Israel unerträgliche Art und Weise Lehren aus der Geschichte.

16 Wolfgang Benz (Hrsg.), *Handbuch des Antisemitismus. Judenfeindschaft in Geschichte und Gegenwart*, Bd. 4: *Ereignisse, Dekrete, Kontroversen*, Berlin 2011, S. 72.

17 Tischrede Dayan anlässlich des Abendessens von Otto Graf von Lambsdorff, vom 28.11.1977, BArch, B 136, Bd. 17221.

18 Tischrede Graf von Lambsdorff, 28.11.1977, ebd.

»Außenminister Genscher hat vor kurzem [...] erklärt, daß wir nur dann glaubwürdig das Selbstbestimmungsrecht für alle Deutschen fordern können, wenn wir für die Verwirklichung dieses Rechts überall auf der Welt eintreten. Dieses Bekenntnis zum Selbstbestimmungsrecht veranlaßt uns, mit allem Nachdruck für das Recht Israels auf Existenz in anerkannten und sicheren Grenzen einzutreten. Es veranlaßt uns aber auch, die Verwirklichung der legitimen Rechte des palästinensischen Volkes – und dazu gehört auch sein Selbstbestimmungsrecht – zu fordern.«[19]

Für die *Westdeutsche Zeitung* war dieser Passus am nächsten Tag Anlass für eine Karikatur, in der ein dicker Koch mit den Gesichtszügen Genschers vor einem hageren Mann mit Augenklappe, ganz offensichtlich Moshe Dayan, eine große Schüssel hochhält. Auf der Schüssel steht »Selbstbestimmungsrecht für Palästinenser«. Der Gast wirft Serviette und Glas hin und verlässt den Tisch. Untertitelt war das Bild: »Da wendet sich der Gast mit Grausen.«[20]

Im Gespräch mit Helmut Schmidt tags darauf bekräftigte Dayan die »ständige Einladung nach Israel. MP [Ministerpräsident] Begin würde sich sehr freuen, wenn der Bundeskanzler der Einladung folge«. Schmidt erwiderte, er sei gern bereit, wolle jedoch sichergehen, »daß es sich nicht um eine höfliche Geste handelt, sondern daß der Besuch von der israelischen Regierung ernsthaft gewünscht« sei, woraufhin Dayan den »aufrichtigen Wert« dieser Einladung beteuerte und Begin paraphrasierte, der gesagt habe, »als Regierungschef sehe er eine Reihe von Dingen anders als früher«.[21]

Wirtschaftliches kam, entgegen Dayans Ankündigung, doch zur Sprache. Botschafter Yohanan Meroz drängte auf die bereits vereinbarte »Abschlußgeste« im Rahmen der Wiedergutmachungszahlungen und darauf, dass die Bundesregierung sich für ein vereinbartes Abkommen mit den USA einsetzen möge, dem zufolge Israel von den USA eine Milliarde Dollar als Anleihe, auf dem Umweg über die Deutsche Bundesbank, erhalten solle. Schmidt hielt diese Absprachen jedoch für bereits überholt, da die Amerikaner kein Interesse mehr hätten. Zudem wurde die Möglichkeit eines separaten Friedens zwischen Israel und Ägypten erörtert. Ausgeklammert blieb jedoch das »Palästinenserproblem«. Dayan ersuchte um die Unterstützung der Bundesregierung für einen solchen Separatfrieden, Schmidt jedoch legte

19 Ebd.
20 *Westdeutsche Zeitung* vom 29.11.1977, Zeichnung von Gerd Hüsch, BArch, B 136, Bd. 17222.
21 Vermerk über das Gespräch des Bundeskanzlers mit dem israelischen Außenminister Moshe Dayan am 28. November 1977, Jürgen Ruhfus, 29.11.1977, BArch, B 136, Bd. 17221.

ihm daraufhin die »allgemeine Lage der Bundesrepublik« dar und »bat darum, daß man auch in Israel die Probleme vielfacher Natur, vor denen wir in der Bundesrepublik im Inneren und nach außen heute stehen, nicht unterschätzen möge«.[22] Im Klartext bedeutete dies, dass die deutsche Regierung nicht gewillt war, in der Konfliktlage im Nahen Osten für die Israelis Partei zu ergreifen.

Im Interview mit dem öffentlich-rechtlichen Fernsehen wurde Dayan aufgefordert, seine »unerbittliche Haltung« gegenüber den Palästinensern zu erklären. Dayan antwortete unverblümt: »Ja, gern. Die PLO, das sind doch praktisch Mörder.« Und er fuhr fort, er habe »Sadat die Position erklärt, Israel könne nicht zurückgehen auf die alten Grenzlinien [von 1967]«. Sadat sei »nach der Darlegung keinesfalls vom Stuhl gefallen. Er habe vielmehr gesagt: Laßt uns uns zusammensetzen und diskutieren.«[23] So sei es zu dem bilateralen Treffen zwischen Ägypten und Israel gekommen. Dayan stimmte zu, dass ein Abkommen mit Ägypten die Verhandlungen der Genfer Konferenz von 1973 obsolet machen würde, er sei jedoch jederzeit bereit für ein Friedensabkommen mit Ägpyten noch vor einer neuen Genfer Konferenz. »The Geneva peace conference is not an end for itself, it is just a frame-work. […] What is so holy about Geneva, it is a beautiful place. But we don't have to make peace with the Swiss, but we have to make peace with the Arab neighbours.«[24]

Dayans Reden und Interviews bei diesem Besuch waren von einer schlichten, selbstbewussten Aufrichtigkeit geprägt, die zwar diplomatisch aneckte, ihm aber auch Bewunderung für seine klare Linie und Standhaftigkeit eintrug. Er zeigte sich humorvoll, wie in der Pressekonferenz am 30. November zum Abschluss seines Besuchs: »If you have any questions, please speak up a little bit, because I can't hear very well, you know, like all very old generals. You may ask the questions in English, otherwise it would have to be translated. And if you ask in English, please use basic English. English is not my mother tongue.«[25] Seinem Amtskollegen Genscher wünschte er rasche Genesung: »I invited him to come to Israel, to Eilath, where there is plenty of

22 Aufzeichnung über Gespräch Bundeskanzler mit Außenminister Dayan am 28. November 1977, Klaus Schütz, 29.11.1977, ebd.

23 Dayan im Interview mit dem Deutschen Rundfunk, 28.11.1977, Transkript in BArch, B 136, Bd. 17221.

24 Bericht des Presseinformationsamts der Bundesregierung über Pressekonferenz mit Dayan, 30.11.1977, BArch, B 136, Bd. 17221.

25 Ebd.

sunshine. I am sure this would be better than any other medicine.« Nochmals lobte er Sadat für den »famous bold visit«, der kein selbstverständlicher Schritt gewesen sei, das gelte erst recht für seine Gegeneinladung der israelischen Vertreter nach Kairo. Journalisten von ABC News fragten ihn nach der bevorstehenden Konferenz in Kairo, vor deren Hintergrund sein Besuch in Deutschland stattgefunden habe.[26] Sie wollten wissen, ob Israel einen Alleingang wagen würde, falls es zu keiner Einigung käme. Im Stile Golda Meirs, die 1973 gegenüber Brandt erklärt hatte, dass ihr Volk sich niemals auf befreundete Staaten verlasse, gab Dayan zurück: »Will Israel go alone? We are always alone. We shall represent Israel fully, I can assure you.« Danach befragt, ob er Kontakte zu arabischen Offiziellen während seines Aufenthalts in Deutschland gehabt habe, nutzte Dayan die Gelegenheit für eine Spitze gegen den deutschen Bundeskanzler: »While I was here? – [no]. Unless you call Kanzler Schmidt a representative of the Arabs.«[27]

Während Dayan die Gespräche führte, war für die Ehefrau des Außenministers ein »Damenprogramm« vorbereitet: Sie sollte mit Frau Genscher Tee trinken, einen »kurzen Gang durch die Fußgängerzone Bonn« unternehmen und daraufhin in Köln den Dom besichtigen und ebenfalls durch die Fußgängerzone spazieren. Für den folgenden Tag bot ihr das Programm den Besuch einer Modenschau in Düsseldorf, einen Gang durch die Königsallee und die Besichtigung der Kunstsammlung des Landes Nordrhein-Westfalen.[28]

Mediale Aufmerksamkeit war dem ersten Besucher der neuen Likud-Regierung gewiss. Die *Frankfurter Allgemeine Zeitung* bezeichnete ihn als »Held des Sechstagekrieges« und »Symbolfigur seines Landes«, der die Erwartungen, er würde sich »in Bonn wie ein Haudegen benehmen«, allerdings nicht erfüllt habe.[29] Anders urteilte der *Münchner Merkur*, für dessen Berichterstatter »Bonn [...] schon charmantere Gäste gesehen« habe: »Daß er [Dayan] glaubt, seine Gastgeber vor einer ›Hitler-Nostalgie‹ warnen zu müssen, hat mit Diplomatie wenig und mit den Fakten überhaupt nichts zu tun.«[30] Im israelischen Presseecho wurde Dayans Auftreten anders bewertet: Die deut-

26 Die Kairoer Konferenz, an der ägyptische, israelische und palästinensische Vertreter teilnahmen, dauerte vom 14. bis zum 22. Dezember 1977 und wurde dann abgebrochen. Ziel war es, eine umfassende Nahostlösung herbeizuführen. Stattdessen kam im Jahr 1979 der Separatfrieden zwischen Israel und Ägypten zustande.

27 Bericht des Presseinformationsamts der Bundesregierung über Pressekonferenz mit Dayan, 30.11.1977, BArch, B 136, Bd. 17221.

28 Sonderprogramm für I.E. [Ihre Exzellenz] Frau Dayan, ebd.

29 »Der ›einsame Wolf‹ beherrscht die Godesberger Redoute«, in: *FAZ* vom 30.11.1977.

30 »Dayans harte Worte«, in: *Münchner Merkur* vom 30.11.1977.

sche Öffentlichkeit sei durch »entschiedenes, aber auch humorvolles Auftreten und durch leichte Aggressivität Dayans beeindruckt worden«, so die *Maariv*, die auch urteilte, dass sich die »EG unter Frankreichs Führung [...] eher zu Störfaktor für Friedensbemühungen entwickelt« habe.[31] Auch die *Jerusalem Post* lobte Dayans Auftreten, der geschickt und erfolgreich »latente anti-französische Gefühle« seiner Gastgeber ausgespielt habe, indem er ihnen zu verstehen gab, dass Deutschland eine wichtige Macht sei, die sich nicht ins französische Schlepptau nehmen lassen solle.[32] Selbst der Korrespondent der *Haaretz*, Danny Dagan, wertete Dayans Besuch als Erfolg: Er habe »mit seinen offenen und scharfen Worten Abfangblöcke am Abhang [aufgestellt], damit Bonn nicht in proarabisches Fahrwasser EG« abgleite.[33] Auch die regierungskritische Gewerkschaftszeitung *Davar* lobte Dayan dafür, dass er den »deutschen Nationalstolz gekonnt ins Spiel gebracht« habe.[34]

1979 war Dayan zum zweiten Mal zu Gast in Deutschland. Als Gastgeschenk überreichte ihm Schmidt ein Mokka-Service, von dem es hieß, dass es seinen Geschmack treffe, »als kleines Zeichen meiner Verbundenheit«.[35] Die Presse schätzte den Besuch von 1979 als vollen Misserfolg ein. »So mißtönend ist noch kein Besuch in Bonn ausgegangen wie der des israelischen Außenministers Dayan. Es ist einmalig, daß gerade ein Staatsgast wie Dayan beim Abschied von der Verschlechterung der beiderseitigen Beziehungen gesprochen hat.«[36] Genschers »Wahrheiten«, seine Überzeugung, dass ein palästinensischer Staat geschaffen werden müsse, hätten ihn verstört. »Doch wie man die Wahrheit den Israelis zu servieren hat, ist nicht dem üblichen Knigge zu entnehmen.«[37] Genscher hatte in seiner Tischrede zu Ehren des Gastes unter anderem die deutschen Interessen an einer baldigen Lösung des Nahostkonflikts betont: »Das Mittelmeer trennt uns nicht, es verbindet uns. Ihr Frieden ist unser Frieden und umgekehrt. [...] Die Außenpolitik der Bundesrepublik Deutschland ist seit ihrem Bestehen Friedenspolitik.«[38]

31 *Maariv* vom 30.11.1977, in deutscher Übersetzung zitiert nach der Presseschau der Deutschen Botschaft, gez. Steffler, BArch, B 136, Bd. 17221.
32 *Jerusalem Post* vom 1.12.1977, ebd.
33 *Haaretz* vom 30.11.1977, ebd.
34 *Davar* vom 30.11.1977, ebd.
35 Franke an Bundeskanzler Schmidt mit einem Briefentwurf an Dayan, 5.7.1979, BArch, B 136, Bd. 17223.
36 »Schmerzliche Tage«, in: *Frankfurter Neue Presse* vom 12.9.1979.
37 Ebd.
38 Genscher anlässlich des Abendessens zu Ehren des Außenministers Moshe Dayan am 10.9.1979, BArch, B 136, Bd. 17223.

Der Tenor in der deutschen Presse bestätigte den Kurs der Regierung, »die Vergangenheit« so weit wie möglich hinter sich zu lassen: »Vier Jahrzehnte nach Beginn des Zweiten Weltkriegs wird niemand von Bonn verlangen können, daß es sich immer und überall als Gefangener seiner Vergangenheit betrachte und nach allen Himmelsrichtungen eine Diplomatie der Bußfertigkeit und Reue betreibe.«[39] Mitglieder der Bundesregierung, insbesondere im Auswärtigen Amt, gaben mehrfach ihrer Hoffnung Ausdruck, verstärkt in die Zukunft zu schauen. Die Vorstellung einer »zukunftsgerichteten« Politik bedeutete gleichzeitig, die Beziehungen zu Israel zu »normalisieren«, um sich einer sachlichen Interessenpolitik zuwenden zu können, anstatt sich mit den von israelischer Seite vorgebrachten moralischen Argumenten auseinanderzusetzen. Dayans unverblümte Ausdrucksweise und die Repliken seiner Gastgeber, die die israelische Kritik abzuwehren versuchten, können durchaus als Zeichen einer Entwicklung zur Normalität gewertet werden, in dem Sinne, dass die unterschiedlichen Positionen beider Seiten unumwunden auf den Tisch gelegt wurden. Versöhnungsrhetorik auf der einen und emotionale Entrüstung auf der anderen Seite spielten eine weitaus geringere Rolle, als es noch wenige Jahre zuvor der Fall gewesen war. Bis zum Ende der Regierungszeit Begins war dies Dayans vorerst letzte Reise. Genscher und Dayan »konnten nichts miteinander anfangen, und die beiden offiziellen Besuche, die Dayan in Bonn abstattete, verschärften die Gegensätze auch auf persönlicher Ebene«, hielt Botschafter Meroz in seinen Erinnerungen fest.[40]

Mit Moshe Arens, dem Vorsitzenden des Auswärtigen Ausschusses der Knesset, war im Juni 1978 der erste Vertreter der Parlamentsfraktion des Likud in Deutschland zu Gast. Im Persönlichkeitsbild beschrieb ihn die deutsche Protokollabteilung als »ingenieursmäßig, kühl, logisch, ohne Pathos«.[41] Nur wenige Tage später empfing Bundestagspräsident Karl Carstens den Vorsitzenden der Knesset, Moshe Meron, der Carstens' Reise mit einer Bundestagsdelegation im Mai 1978 nach Israel erwiderte. Die deutsche Presse titulierte sie als »Eisbrecher« zwischen Likud-Regierung und Bonn. Der Reise war mit Spannung entgegengesehen worden, denn Carstens sollte als erster deutscher Politiker von Begin offiziell empfangen werden.[42] Das offiziel-

39 *Münchner Merkur* vom 12.9.1979.

40 Meroz, *Mission*, S. 79. Meroz war von 1974 bis 1982 Botschafter in Bonn.

41 Parlamentsarchiv, 62/93,51.

42 »Der israelische Botschafter suchte mich auf und erklärte, der neue Präsident der Knesset lasse mir mitteilen, daß die früher von seinem Vorgänger ausgesprochenen Einladungen an mich persönlich und an eine Bundestagsdelegation zu einem Besuch in Israel in

le Einladungsschreiben des Botschafters Meroz an Carstens vom Dezember 1977 klang im Vergleich mit den Briefwechseln der 1960er Jahre, vor allem den zahlreichen Schreiben des Gesandten Shinnar vor der Aufnahme diplomatischer Beziehungen, kühl und bemüht.

Vom 23. bis 28. Mai 1978 reiste Carstens, gemeinsam mit einer Bundestagsdelegation und seiner Frau nach Israel. Als Geschenk brachte er dem Knessetmitglied Moshe Meron eine »wunderschöne Schale mit [...] Blumen« mit.[43] Am Flugplatz wurde er protokollgemäß zwar nicht von Mitgliedern der Regierung, sondern vom Knessetpräsidenten Jitzchak Shamir empfangen, doch im Laufe seines Aufenthalts führte er politische Gespräche mit Begin persönlich, mit dem Staatspräsidenten Ephraim Katzir, dem Stellvertretenden Ministerpräsidenten Jigael Jadin, dem Oppositionsführer Shimon Peres und verschiedenen Ministern. Auf Begins Empfang und bei den Gesprächen auf Ministerebene ging es im deutschen Interesse um den Nahostkonflikt und im israelischen Interesse um die Stärkung der Wirtschaftsbeziehungen zu den europäischen Ländern.[44] Obwohl die deutsche Delegation Englisch verstand, bat Hans Schwüppe von der Protokollabteilung »um der Klarheit der Aussagen willen um Beteiligung [von] Dolmetscher[n]«.[45] Frau Carstens, praktizierende Fachärztin für Innere Medizin, habe um die Aufnahme verschiedener Punkte in das »Damenprogramm« gebeten, unter anderem um Besuche im Leo Baeck Institut Jerusalem, bei der Holocaust-Überlebenden und Psychotherapeutin Erika Landau und den Eheleuten Taub in Tel Aviv. Für das offizielle Programm für Carstens schlug Botschafter Meroz das Weizmann-Institut, Massada und die heiligen Stätten im Norden vor. Außergewöhnlich waren der Aufenthalt in Eilat und die anschließende Fahrt in den Sinai zum Katharinenkloster. Genscher hatte als Mitglied der Bundesregierung bei seinem Besuch den Flug über Sharm-el-Sheikh abgelehnt, um der Signalwirkung vorzubeugen, die der Flug über »besetztes Gebiet« hätte haben können. Erst im Rahmen des Friedensabkommens mit Ägypten zog Israel seine Truppen schrittweise bis zum Jahr 1982 aus dem Sinai ab.

Die Anreise des Bundestagspräsidenten erfolgte mit einer Bundeswehrmaschine. Die Delegation war eingeladen, an einer Sitzung der Knesset teil-

vollem Umfang und uneingeschränkt aufrechterhalten bleiben. Man würde es auf israelischer Seite begrüßen, wenn ich die Bundestagsdelegation selbst anführen würde.« (Vermerk des Bundestagspräsidenten, 25.8.1977, Parlamentsarchiv, 62/93,51)

43 Dankschreiben Moshe Meron an Carstens, 29.5.1978, Parlamentsarchiv, 62/93,51.

44 dpa-Meldung vom 21.5.1978 aus Jerusalem, Presseabteilung ACDP.

45 Schwüppe an das Auswärtige Amt am 12.5.1978, Parlamentsarchiv, 62/93,51.

zunehmen. Das offizielle Empfangsdinner fand auf Einladung Shamirs statt. Auch Carstens war nicht unumstritten, er war Mitglied der NSDAP gewesen und hatte als Leutnant der Luftwaffe das Eiserne Kreuz erhalten. Für seine israelischen Kritiker jedoch wog schwerer, dass er im Sechstagekrieg 1967 in seiner Funktion als Staatssekretär im Verteidigungsministerium die Lieferung von Gasmasken an Israel verweigert hatte.

Auf der abschließenden Pressekonferenz erklärte Carstens, sein Besuch sei »sehr nützlich« und »lehrreich« gewesen und die Gespräche hätten in »hervorragender Atmosphäre« stattgefunden.[46] Die *Jedioth Achronoth* bewertete den Besuch als »guten Anfang« und hielt fest, es sei »sinnlos, weiter eine feindselige Haltung zu demonstrieren, deren politische Grundlagen nicht mehr existieren«.[47] Diese Grundlagen bezogen sich offenbar auf den Wandel Deutschlands von der nationalsozialistischen zur demokratischen Gesinnung.

Den nur wenige Monate später, im Oktober, reisenden SPD-Fraktionschef Herbert Wehner empfing Begin hingegen nicht – wohl deshalb, weil er Ex-Kommunist und »Sozi« war, wie das Nachrichtenmagazin *Der Spiegel* unter Berufung auf »Begin-Kenner« mutmaßte.[48]

Als zweites offizielles Mitglied der israelischen Regierung besuchte Außenminister Shamir am 16. November 1980 Deutschland. Shamir war 1915 in Weißrussland geboren. Schon früh hatte er sich der Jugendbewegung Beitar angeschlossen und war 1935 nach Palästina ausgewandert. Seine ganze Familie kam in der Shoah ums Leben. Während seines Aufenthalts in Deutschland 1980 entschied er sich, als ersten Programmpunkt die Gedenkstätte Dachau aufzusuchen:

> »Not for the sake of the Germans, nor to teach anyone anything; only for myself and my colleagues because we were Jews in Germany on official business for the Jewish state and could not enter that land without first paying tribute to the memory of the Jews slaughtered by the Nazis. [...] In Dachau, reciting the Kaddish, the ancient Jewish prayer for the dead, I cried, pierced by sorrow for the perished multitudes – and my family [...]. But the brief ceremony over, [...] we went to Bonn.«[49]

46 Pressekonferenz Carstens, 28.5.1978, Parlamentsarchiv, 62/93,51.

47 »Gäste aus Bonn«, *Jedioth Achronoth* vom 5.6.1978, zitiert in deutscher Übersetzung nach Presseschau der Deutschen Botschaft, Klaus Schütz, an das Auswärtige Amt.

48 »Keine Zeit für Wehner«, in: *Der Spiegel* vom 23.10.1978.

49 Jitzchak Shamir, *Summing up. An Autobiography*, London 1994, S. 113.

Unter dem Eindruck der Gespräche über Wirtschaftsbeziehungen in Bonn und der feierlichen Trinksprüche habe er sich bemüht, die Erinnerungen abzuschütteln, so Shamir. »Both the Germans and we became adept at balancing acts, they much better than us, measuring how far they could go in their dealings with the Arabs.«[50] Was Shamir »balancing« nannte, kam tatsächlich dem Konzept der »Ausgewogenheit« nahe: ein nüchternes Abwägen eigener bundesdeutscher – und europäischer – Interessen. In der deutschen Botschaft in Tel Aviv wie auch in Bonn hatte man kaum Verständnis dafür, dass die »Sachthemen« für die israelischen Politiker und Unterhändler einen anderen Hintergrund hatten als für die deutschen. So berichtete Klaus Schütz:

»Mein Gespräch mit AM [Außenminister] Shamir, das freundlich und ungezwungen verlief, ergab kaum Aufschluß über israelische Gesprächsinteressen über Bezugsbericht hinaus. AM Shamir zeigte sich wenig geneigt, bilaterale und internationale Themen näher zu erörtern. Ich habe den Eindruck, daß es ihm auch bei seinem Besuch in Bonn weniger um die Erörterung von Sachthemen als um die Schaffung einer freundlichen und gelösten Atmosphäre gehen wird.«[51]

Die Bundesregierung hingegen wollte den Besuch zum Anlass nehmen, »dem Gast anschaulich zu machen, daß unsere Nahost-Politik nicht einseitig, nicht israelfeindlich, nicht primär ölbedingt, sondern notwendig ausgewogen ist – im Interesse einer für alle Beteiligten allein sinnvollen umfassenden, gerechten und damit dauerhaften Lösung«.[52] Die Bonner Beamten schienen verwundert darüber zu sein, dass »die Israelis« nicht einsahen, wie sehr die deutschen Interventionen im Nahen Osten im vermeintlichen Interesse Israels lagen. Diese Verwunderung blieb dem israelischen Botschafter Yohanan Meroz nicht verborgen: »Mit Israel ins Reine zu kommen, geschieht unter leidigem Druck, die innere Überzeugung fehlt. Das Verhältnis ist durch grenzenlose Verständnislosigkeit gekennzeichnet.«[53]

Shamir war auch mit der Absicht gereist, den deutschen Bundeskanzler endlich zu einer Reise nach Israel zu bewegen – wiederum ohne Erfolg.[54] Im Gesprächsvorschlag für Kanzler Schmidt mit Shamir heißt es, falls dieser ihn erneut einlade, solle er »ähnlich wie schon gegenüber Dayan am 10. Septem-

50 Ebd.

51 Bericht Klaus Schütz über sein Gespräch mit Shamir am 6.11.1980, BArch, B 136, Bd. 17225.

52 Gesprächsvorschlag des Protokolls an den Bundeskanzler, 13.11.1980, ebd.

53 Meroz, *Mission*, S. 245.

54 »Mit BK Helmut Schmidt, der seit Jahren von Israel zu einem Besuch gedrängt wird, konnte Shamir für 1981 keinen Termin festmachen.« (In: *Bonner Rundschau* vom 19.11.1980)

ber 1979« sagen, dass es »derzeit kaum vermeidbar sein würde, in den obligaten Tischreden und Pressekonferenzen öffentlich Dinge zu sagen, denen die Israelis dann öffentlich widersprechen müßten. Ihr Besuch solle, wenn er stattfinde, aber ein Erfolg sein.«[55]

In seiner Tischrede anlässlich des feierlichen Abendessens für Shamir am 17. November 1980 erinnerte Genscher an die deutsche Kulturwoche in Israel als vermeintlich erfolgreiches Fundament des jetzigen kuturellen und persönlichen Austauschs und erwähnte in einem Absatz quasi in einem Atemzug die deutsche Vergangenheit und die Hoffnung auf einen palästinensischen Staat:

»Heute standen Sie, Herr Kollege, an der Gedenkstätte des KZ Dachau, dem Symbol eines furchtbaren Kapitels unserer Geschichte. [...] Wir kennen unsere Verantwortung, die uns aufgibt, überall in der Welt für Menschenwürde, Toleranz und Frieden einzutreten. [...] Die Normalisierung der Beziehungen Ihres Landes mit Ägypten weist die Richtung für Israels Frieden mit allen Völkern der Region. Dazu gehört auch das palästinensische Volk.«[56]

1. Ein Besuch, der nicht stattfand – Die Schmidt-Begin-Kontroverse

Ein Höhepunkt in dieser Phase der sich zementierenden politischen Differenzen war eine medial ausgetragene offene Konfrontation zwischen Helmut Schmidt und Menachem Begin im Mai 1981. Jahrelang hatte Schmidt immer wieder seinen Besuch in Israel verschoben, obwohl er ihn 1977 bei Dayans Besuch prinzipiell zugesagt hatte, jedoch ohne ein Datum zu nennen. Er verfolgte eine ähnliche Hinhaltetaktik wie Konrad Adenauer zu seinen Regierungszeiten, um eine potentiell unangenehme Begegnung in Israel zu vermeiden. Insbesondere das Auswärtige Amt riet von einem Besuch ab. Legationsrat Bernd Oldenkott dachte sich über Jahre hinweg immer wieder Gründe aus, warum Helmut Schmidt besser nicht reisen solle:

»Der Besuchsaustausch mit Israel auf allen Ebenen ist sowieso weitaus intensiver als der Besucherverkehr mit den arabischen [...] Ländern. [...] Botschafter Per Fischer

55 Gesprächsvorschlag des Protokolls an den Bundeskanzler, 13.11.1980, BArch, B 136, Bd. 17225.

56 Tischrede Genscher in Jerusalem, 17.11.1980, BArch, B 136, Bd. 17225.

(soeben aus Israel zurückgekehrt) ist sogar der Auffassung, daß Ihr Besuch in Israel nicht vor 1979 in Betracht gezogen werden kann, da die psychologische Situation bei Ministerpräsident Begin und den extremen Exponenten des LIKUD-Blocks noch lange nicht reif sei für den erneuten Besuch eines deutschen Regierungschefs.«[57]

Auch »angesichts der Unvorhersehbarkeit der Erfolgsaussichten der Sadat-Initiative gerade in den kommenden Monaten« sollte man sich »zum Termin Ihres Besuches« so wenig wie möglich festlegen«.[58] Botschafter Meroz, der immer wieder beim Bundeskanzleramt anfragte, solle auf »Verpflichtungen wegen europäischer Präsidentschaft, […] unerwartete Besucher aus Afrika […]« verwiesen werden. Außerdem seien die Besuchstermine durch den »Zeitplan des Bundestags« eingeschränkt.[59] Legationsrat Franke warnte im August 1979, ein Besuch Schmidts könne »unter dem Eindruck der israelischen Kampagne [zum] Canossa-Gang werden«, indem Begin »versucht sein könnte, BK zu ›schneiden‹ oder öffentlich über seine angeblichen Pflichten als deutscher Regierungschef zu belehren«.[60] Mit der »Kampagne« waren die kritischen Äußerungen Begins über die Deutschen gemeint, an denen es in der Tat nicht mangelte. Das Auswärtige Amt und das Bundeskanzleramt waren sich offenkundig einig und fürchteten einen Gesichtsverlust bei einer offiziellen Besuchsreise Schmidts, die Begin als Gelegenheit nutzen könnte, ihn bloßzustellen. Der Besuch jetzt würde »angesichts internationaler Kritik an Israel […] angesehen als […] Wiederherstellung ›besonderer Beziehungen‹ in dem von uns abgelehnten Sinne«, so Franke.[61] Der Kosmopolit Nahum Goldmann war ein beliebter Interviewpartner in dieser Phase der deutsch-israelischen Beziehungen, weil er sich kritisch über Israel äußerte und gern als Stellvertreter der Gesamtheit der Juden zu Problemen im Nahen Osten befragt wurde. So sagte er im ZDF Heute Journal im August 1979: »Warum ist Israel so sakrosankt, daß kein Mensch Israel kritisieren darf? […] Ich glaube, die Semiten sind eine sehr hartnäckige Rasse, eine Rasse, die nicht vergißt und nicht vergibt – sowohl Araber wie Juden. Und da fürchte ich, wenn man die Araber und Israelis alleine läßt, wird nichts herauskommen. So ist ja 30 Jahre noch nichts herausgekommen.«[62] Dies war Wasser auf die Mühlen der Bonner Ministerien.

57 Oldenkott an den Bundeskanzler, 5.8.1977, BArch, B 136, Bd. 30091/31.
58 Oldenkott an den Bundeskanzler, 20.2.1978, BArch, B 136, Bd. 30091/70.
59 Oldenkott an den Bundeskanzler, 25.9.1978, BArch, B 136, Bd. 30091/114.
60 Franke an das Bundeskanzleramt, 9.8.1979, BArch, B 136, Bd. 30091/257.
61 Ebd.
62 ZDF Heute Journal, Interview mit Nahum Goldmann, 6.8.1979, Transkript, ebd.

Insbesondere die Springer-Presse engagierte sich in der Frage einer zweiten Kanzlerreise nach Israel. Sie sei »längst überfällig« und »Schmidts Zögern langsam peinlich«.[63] Doch auch die *Süddeutsche Zeitung* plädierte dafür: »Für Konzessionen braucht Jerusalem Vertrauen und Sicherheit. [...] Der Liebesentzug als Strafe für die Siedlungspolitik ist eine schulmeisterliche Idee, die zwar zu Helmut Schmidt paßt, die aber der Bundesrepublik nicht gut ansteht.«[64] Und Werner Marx, Vorsitzender des außenpolitischen Arbeitskreises der CDU/CSU-Bundestagsfraktion, kritisierte das Zögern des Kanzlers:

»Es hat sich auch eine bestimmte Symbolik, die solchen Besuchen beigemessen wird und dazu ein gewisses Besuchsritual entwickelt, die von der oft oberflächlich urteilenden Öffentlichkeit schon als Wert an sich begriffen und beurteilt werden. [...] Die Kommentare aus Jerusalem werden [...] giftiger [...]. Die CDU/CSU wünscht, daß der deutsche Regierungschef sich weder hinter dem Rücken der Europäischen Gemeinschaft versteckt, noch daß er den Eindruck erweckt, er folge in seiner abweisenden Haltung irgendwelchen Forderungen von anderer Seite.«[65]

Die kühle Atmosphäre zwischen Schmidt und Begin verschärfte sich weiter in einer Kontroverse im Mai 1981. Ausgangspunkt war das bereits Ende 1980 geäußerte Anliegen Saudi-Arabiens, Panzer des Typs Leopard II aus der Bundesrepublik beziehen zu wollen.[66] Der Bundestag hatte zwar offiziell die Lieferung abgelehnt, dennoch reiste Helmut Schmidt im April nach Saudi-Arabien, um die Handelsbeziehungen mit dem wichtigsten Öllieferanten der Bundesrepublik zu sondieren.[67] Just auf dieser Reise bekannte er sich erneut zum Recht der Palästinenser auf einen eigenen Staat und sagte, man könne nicht nur einer Seite die »ganze Moral zuerkennen und der anderen Seite die Achsel zucken. [...] Das geht insbesondere nicht, wenn man Deutscher ist, in einer geteilten Nation lebt und den moralischen Anspruch auf Selbstbestimmungsrecht des deutschen Volkes erhebt. Dann muß man

63 »Blumenfeld fordert vom Kanzler Reise nach Israel«, in: *Die Welt* vom 14.5.1979 und »Warum der Kanzler eine Reise nach Israel hinauszögert«, in: *Die Welt* vom 10.5.1979.

64 »Warum Schmidt nach Israel fahren sollte«, in: *Süddeutsche Zeitung* vom 31.7.1979.

65 Pressedienst der CDU/CSU-Fraktion im Bundestag, 27.7.1979, BArch, B 136, Bd. 30091/251 ff.

66 Vgl. zu dieser Kontroverse ausführlich auch: Hubert Leber, »Chancellor Helmut Schmidt, his policy toward Israel and the German responsibility for the German people«, American Institute for Contemporary German Studies 2016, online verfügbar unter: http://www.aicgs.org/publication/chancellor-helmut-schmidt-his-policy-toward-israel-and-the-german-responsibility-for-the-jewish-people/ (letzter Zugriff: 2.5.2016).

67 Vgl. Weingardt, *Israel- und Nahostpolitik*, S. 293.

auch den moralischen Anspruch auf Selbstbestimmungsrecht des palästinensischen Volkes anerkennen.«[68] In Israel erregte Schmidt mit diesen Aussagen besonderen Anstoß, weil er sie ausgerechnet am Yom Ha Shoah, dem israelischen Holocaust-Gedenktag, äußerte. Der öffentlich ausgetragene Streit begann mit einem Interview Begins im israelischen Rundfunk im Mai, in dem er auf Schmidts Reise und seine Aussagen reagierte, die er unter anderem als »nackte Arroganz und Frechheit« bezeichnete, weil sie sich anmaßten, seiner, Begins, »Generation der Vernichtung und der jüdischen Wiedergeburt zu sagen, daß Deutschland eine Schuld gegenüber den Arabern hat«.[69]

»Er [Schmidt] geht nach Saudi-Arabien, um Geschäfte zu machen. In Ordnung, also geht er ohne den ›Leopard‹. Aber er hat andere Waffen. Ich verkaufe dir Waffen und du verkaufst mir Öl. Also, wer ist hier habgierig? […] Ich kenne ihn nicht persönlich. Aber aus nationalem Blickwinkel ist dies Habgierigkeit der schlimmsten Sorte […]. Ich habe dem deutschen Volk als Ganzem nie vergeben. Ich werde ihm nie vergeben […]. Ich will nicht die Hand eines Deutschen schütteln, der an dem Krieg teilgenommen hat […]. Schmidt, der Hitler bis zum letzten Moment im Zweiten Weltkrieg treu blieb […]«[70]

Begin befand sich zwar im Wahlkampf, doch war sein Entsetzen über das unbefangene Agieren Schmidts sicherlich authentisch, hatte er doch seine Eltern im Holocaust verloren. In einem Interview schilderte er seine persönlichen Motive für seine ablehnende Haltung gegenüber deutschen Politikern:

»My father was the secretary of the Community in Brest. He sang ›hatikva‹ with them, they sang ›I believe‹. The Germans pushed them into the river, opened fire with machine guns from both sides, and the river became red with blood. The water turned to blood. That's how my father died. My mother was an old woman, sick in the hospital. They summoned her and all the sick women in the hospital and slaughtered them. […] I live with this, and I will live with it until the day I die. I will never forgive [the German people], because they bear collective responsibility. […] I do not want to shake the hand of a German who participated in the war. I am now Prime Minister, I fulfil my official role. When Mr. Genscher came to me, I received him and talked with him, of course not in German. […] I would not have spoken

68 Helmut Schmidt zum Stand der deutsch-arabischen Beziehungen, Deutsches Fernsehen (BPA-Nachrichtenabteilung), Interview 30.4.1981, Schmidt-Archiv, Hamburg, zitiert nach BArch, Bd. 136, Bd. 30091/358. Vgl. auch Shlomo Shafir, »Helmut Schmidt. Seine Beziehungen zu Israel und den Juden«, in: *Jahrbuch für Antisemitismusforschung*, Jg. 17 (2008), S. 297–321.

69 Zitiert nach: Stellungnahme zur Kritik PM Begins am Bundeskanzler-Interview mit der ARD am 30.4.1981, Nahostreferat im Auswärtigen Amt, BArch, B 136, Bd. 30091/358.

70 Begin, zitiert nach Renger, *Leben*, S. 317.

German with him. And if Mr. Schmidt had come to Israel, I would have met him. Why? That is part of my official duties. But personally?«[71]

Auf die Worte Begins, ihm wegen seiner Beteiligung am Krieg als Soldat nicht persönlich die Hand reichen zu wollen, polterte Schmidt entrüstet zurück, Begin sei eine Gefahr für den Frieden. Ein Übriges bewirkten die Medien beider Seiten, die die Kontroverse nicht nur verfolgten, sondern noch hochpuschten. Der *Spiegel* unkte, das deutsch-israelische Verhältnis drohe in die Brüche zu gehen.[72] Die deutsche Presse lasse kein gutes Haar an Begin, empörte sich der israelische Kommentator der *Jedioth Achronoth*, Noah Klieger: Die »Fernsehkommentare in Israel stationierter ARD- und ZDF-Korrespondenten beschreiben Begin in einer Weise, die an Hitler und Goebbels erinnert«.[73]

Zwischen den beiden Seiten und über die Abgründe hinweg versuchte die Parlamentarierin Annemarie Renger zu vermitteln. Sie reiste im Juni 1981 nach Israel und wurde von Begin empfangen. Kritisch bemerkte sie in ihrer Biographie, Helmut Schmidt habe sich in Saudi-Arabien »in einer wenig diplomatischen Form gegen die Politik und die Person des Premierministers Menachem Begin aus[gesprochen]«.[74] In Anbetracht von Schmidts Weigerung, die Äußerungen Begins, »solche Beleidigungen, mit einem Besuch bei ihm zu honorieren«,[75] führte sie, sozusagen als Vertreterin des guten deutschen Willens, in Israel Gespräche mit Politikern aller Parteien, mit Peres, Rabin, Weizmann und Burg. Im Gespräch mit Begin, das sie »eindrucksvoll« nannte, versuchte Renger zu vermitteln. Begin, der die Unterhaltung auf Englisch führte, gestattete, dass Renger sich des Deutschen bediente, das meiste habe er ohne Übersetzung verstanden, so Renger später. Er habe sich sogar mit einem Handkuss verabschiedet.[76] Als sie daraufhin Schmidt berichtete, dass sie Begin für einen »beachtenswerten Mann« halte, widersprach er ihr, denn Begin mache »durch seinen Chauvinismus die Befriedung in der Region unmöglich«.[77] Im Interview mit dem Deutschlandfunk

71 Begin im Rundfunkinterview am 7.5.1981, BArch, B 136, Bd. 30092/75.

72 »Deutsche und Juden: Kniefall wiederholen?«, in: *Der Spiegel* vom 11.5.1981, http://www.spiegel.de/spiegel/print/d-14329657.html (letzter Zugriff: 2.5.2016).

73 *Jedioth Achronoth* vom 24.5.1977, zitiert nach Presseschau von Per Fischer aus Tel Aviv, PA AA, B 145, Bd. 16761.

74 Renger, *Leben*, S. 317.

75 Ebd., S. 318.

76 Ebd., S. 319.

77 Ebd.

zeigte die Parlamentarierin als eine von wenigen Empathie für die Situation Israels: Man könne »die Härte des PM [Premierministers] [...] sicher [...] nicht damit abtun, daß man sagt, das ist ein gerissener Fuchs, wie manch einer tut, der seine Vorteile sucht. Es ist ein Mann, dessen ganze Familie von den Nazis vernichtet worden ist [...] und der in der Tat mit allen Mitteln eine Bedrohung seines neuen Vaterlandes [...] fernhalten will.«[78] Das Bundeskanzleramt erhielt Zuschriften aus der Bevölkerung, deren Verfasser sich durch die »Angriffe Begins« auf Schmidt »indirekt« und auch »unmittelbar beleidigt« fühlten. Franke deutete dies als »breite Solidarisierung der deutschen Öffentlichkeit mit dem deutschen Kanzler«.[79]

Als der Knessetpräsident Menachem Savidor sich im November 1982 auf den Weg nach Deutschland machte, schrieb der deutsche Botschafter Niels Hansen aus Tel Aviv, er »befürworte« die Bitte um ein Gespräch mit dem deutschen Bundeskanzler »mit besonderem Nachdruck. Der Knessetpräsident (geb. 1918 in Rußland) [...] ist der Bundesrepublik gegenüber in einer Weise positiv eingestellt, wie sie hierzulande bei prominenten Politikern nicht häufig ist. [...] Savidor spricht Deutsch.«[80] Sein Besuch sei außerdem wichtig, weil er »mit Begin abgestimmt wurde und er so eine bedeutende Etappe auf dem Weg der Entkrampfung des Verhältnisses des Ministerpräsidenten (und damit des Cherut) zu uns darstellen kann«.[81] Anderthalb Jahre später schwelte der Konflikt unvermindert, zumal sein Anlass, deutsche Waffenlieferungen nach Saudi-Arabien, weiterbestand. Als Gesprächsschwerpunkte führte Hansen die »Würdigung des freundschaftlichen Charakters der Beziehungen« an, außerdem die »Abwehr etwaiger israelischer Versuche, die von uns anerkannte besondere Qualität unserer Beziehungen gegen eine an unseren Interessen ausgerichtete Nahost-Politik ins Feld zu führen«.[82] In der Vorbereitungsphase des Besuchs schrieb Staatssekretär Alois Mertes am 25. Oktober 1982 programmatisch: »Unser Verhältnis zu Israel [steht] auf der Basis der Freiwilligkeit. Israel kann nicht vorschreiben, welche konkreten politischen Folgerungen wir aus ›Auschwitz‹ zu ziehen haben. Keine Umwandlung des großen Problems der moralischen Wiedergutmachung

78 Annemarie Renger im Deutschlandfunk, 28.10.1981, zitiert nach BArch, Bd. 136, Bd. 30092/373.

79 Bericht Franke, 19.11.1982, BArch, B 136, Bd. 30092/399.

80 Hansen an das Auswärtige Amt, 20.10.1982, BArch, B 136, Bd. 17226. Niels Hansen war von 1981 bis 1985 Botschafter in Tel Aviv. Savidor wurde allerdings 1917 in der Ukraine geboren, hier unterlief Hansen ein Fehler.

81 Ebd.

82 Ebd.

in kleine politische Tagesmünze.«[83] Savidors Reise fand kaum zwei Monate nach dem Wechsel in Deutschland zu einer CDU-geführten Regierung mit Helmut Kohl an der Spitze statt. Der Zeitpunkt war vermutlich bewusst gewählt, um mit dem neuen Regierungschef die deutsch-israelischen Beziehungen wieder zu entspannen. Dieser Versuch schlug jedoch fehl. Der Konflikt um die nationalsozialistische Vergangenheit und die Waffenlieferungen an Saudi-Arabien brach bei Kohls Besuch in Israel mit unerwarteter Stärke wieder auf.

2. Die »Gnade der späten Geburt« – Ein unbefangener Helmut Kohl auf Staatsbesuch

Helmut Kohl hatte Israel ursprünglich im Spätsommer 1983 einen Besuch abstatten wollen. Es war, nach einer langen Pause von 13 Jahren, der zweite offizielle Staatsbesuch eines deutschen Bundeskanzlers in Israel. Die Planungen für das Datum 31. August bis 4. September waren schon sehr weit gediehen, als Menachem Begin nur drei Tage vor Kohls Eintreffen überraschend als Ministerpräsident zurücktrat. Er gab »persönliche Gründe« an. Offiziell hätte er aufgrund seines Amtes den deutschen Bundeskanzler empfangen müssen, es plagte ihn jedoch die Vorstellung, dass er auf dem Flughafen das Deutschlandlied in respektvoller Haltung würde anhören müssen.[84] Obwohl sein Gesundheitszustand schon seit längerem schlecht war, gab der Zeitpunkt Anlass zu Spekulationen, dass Begin es nicht habe ertragen können, einem deutschen Regierungschef offiziell die Hand zu schütteln. So wurden die in Jerusalem bereits aufgehängten schwarz-rot-goldenen Flaggen wieder eingeholt. Bei einer Straßenumfrage des Bayerischen Rundfunks äußerte sich die Hälfte der Passanten erleichtert, dass die Konfrontation mit den deutschen Flaggen und dem deutschen Regierungschef vorerst ausfiel.[85] Vor seiner geplanten Reise hatte Kohl am 28. August in einem Fernsehinterview gesagt: »Ich bin der erste Kanzler der Nachkriegsgeneration, der nach Israel kommt. Das heißt also aus einer Generation, der man keine Vorwürfe ma-

83 Staatssekretär Alois Mertes an das Bundeskanzleramt, 25.10.1982, BArch, B 136, 17226.

84 »Ein Abschied mit gebrochenem Herzen«, in: *Die Zeit* vom 2.9.1983, http://www.zeit.de/1983/36/ein-abschied-mit-gebrochenem-herzen (letzter Zugriff: 2.5.2016).

85 Gesendet im Zeitspiegel am 31.8.1983, Archiv des Bayerischen Rundfunks.

chen kann, daß sie in Schuld geraten konnte, weil wir die ›Gnade der späten Geburt‹ besitzen.«[86] Kohl stellte sich damit als »Inkarnation einer deutschen Normalität« dar, die neben Hitler existiert habe und höchstens »verführt« worden sei.[87] In Israel wurde dieser Ausspruch scharf kritisiert als Versuch, »über eine Hintertür« den »Ausgang aus der historischen Verantwortung in die tagespolitische Normalität« zu finden.[88] Da die Reise in letzter Minute abgesagt wurde und der politische und mediale Fokus auf Begins Rücktritt lag, waren die Worte schon fast wieder vergessen – bis Kohl sie auf seiner Reise im darauffolgenden Jahr in seiner Begrüßungsansprache vor der Knesset sinngemäß wiederholte. Zur Vorbereitung der Reise hatte der Botschafter in Tel Aviv Niels Hansen geschrieben:

»Gespräche in Jerusalem sind das Wichtigste. Reise, die [sic] nicht zuletzt atmosphärische Bedeutung zukommt, sollte aber auch möglichst viele weitere Landesteile umfassen. […] Rege im übrigen nachdrücklich Folklore-Abend mit Kulturgesellschaft der aus dem Jemen stammenden Juden an – als ›pars pro toto‹ des orientalischen Bevölkerungsteils, der politisch eine wachsende Rolle spielen wird.«[89]

Außerdem bat er darum, die Besuchsvorbereitung ausschließlich über die Botschaft Tel Aviv laufen zu lassen. Die »Einschaltung israelischer Botschaft Bonn ha[be] bei prominenten Besuchen in der Vergangenheit mehrfach zu Misslichkeiten geführt«.[90] Hansen diskutierte auch mit der Protokollabteilung in Bonn die Geschenkefrage, die Staatssekretär Heinrich Franke eine »dornige Frage« nannte. Hansen schlug vor, ein Forschungszentrum unter dem Namen »Konrad-Adenauer-Zentrum« an der Ben-Gurion-Universität in Beersheba zu finanzieren, dessen Kosten sich auf 4 bis 5 Millionen DM belaufen würden. Das Auswärtige Amt hegte jedoch auch Zweifel an dieser Idee: Einerseits sei es »natürlich [ein] schöner Bezug für den Bundeskanzler, der sich gern auf Fortsetzung der von Adenauer/Ben Gurion begonnenen Politik« berufe, »andererseits jedoch [ein] Präzedenzfall für andere Reisen und Wirkung auf arabische Welt«.[91] Finanzminister Gerhard Stoltenberg lehn-

86 Kohl in der ARD-Sendung Bonner Perspektiven vom 28.8.1983, Transkript im Archiv des Bayerischen Rundfunks.

87 Christian Wicke, »Between German and eternal spirit. Kohl's politics of historical memory in biographical perspective«, in: *Moving the Social – Journal of Social History and the History of Social Movements*, 2014, Nr. 52, S. 139–170, hier S. 161, S. 169.

88 Wolffsohn, *Ewige Schuld*, S. 44.

89 Fernschreiben Hansen an das Auswärtige Amt, 6.6.1983, BArch, B 136, Bd. 30092/4.

90 Ebd.

91 »Besonderes Mitbringsel des ›Bundeskanzlers‹ bei seiner Israel-Reise«, Franke an Hansen, 16.6.1983, BArch, B 136, Bd. 30092/11.

te es ab, diesen Betrag aus seinem Etat zur Verfügung zu stellen. Die zweite Idee war die Finanzierung eines Lehrstuhls für deutsch-jüdische Geschichte an einer israelischen Universität, was mit Kosten von circa 800.000 DM verbunden gewesen wäre. Staatssekretär Franke teilte Hansen die Bedenken des Auswärtigen Amtes mit, es sei »sicher mit späteren israelischen Forderungen nach laufender Finanzierung zu rechnen! [Diese] steh[e] nicht ohne weiteres im Etat, [lasse] sich aber wohl unter Überwindung von Widerständen schließlich zusammenbekommen«.[92] So lief es auf die »Buchspende für eine Universität in Jerusalem im Wert von 400.000 DM hinaus – das unverfänglichste Projekt dieser drei Vorschläge, da es nicht mit »Folgeforderungen verbunden werden« konnte.[93] Da dieser Betrag den Israelis »zwar locker in Aussicht gestellt aber nicht fest versprochen war, hätte [er] also noch Good Will Effekt«, so Franke.[94] Auf alle Fälle sei die beste Wahl ein »gut ausgewähltes Sondergeschenk mit historischem oder kulturellem Bezug, das nicht teuer sein muß«, und wenige Tage später fügte Franke hinzu: »(Israelis, durch opulente Spenden verwöhnt, ohnehin nicht leicht zu beeindrucken).«[95] Kurz vor dem tatsächlichen Besuch im Januar 1984 schrieb Franke, die Besonderheiten des Besuchs lägen vor allem im »moralisch-historische[n] Bezug der deutsch-israelischen Beziehungen [...], [in] Israels Schlüsselrolle in der für uns vitalen Nahost-Region« und der Tatsache, dass Israel »ein Faktor auch in unseren Beziehungen zu den USA« sei. Für Israel wiederum »besteh[e] die Hauptbedeutung des Besuchs darin, dass er stattfindet. [...] Unser Besuch mildert die außenpolitische Isolierung Israels.« Den Kanzler warnend, fügte er hinzu: »Ihr Besuch gibt Israel Gelegenheit, in der Waffenexportfrage während mehrerer Tage unmittelbar und persönlich auf Sie einzuwirken (mit welcher Intensität, bleibt abzuwarten).«[96] Kohls Wort von der »Gnade der späten Geburt« bestätigte er: Aus dem »anfänglichen Sonderverhältnis« sei

92 Ebd.

93 Ebd.

94 Franke an Hansen, 23.6.1983, BArch, B 136, Bd. 30092/22.

95 »Vorläufiger Programmrahmen für Ihren Israel-Besuch«, Franke an den Bundeskanzler, 27.6.1983, BArch, B 136, Bd. 30092/30. Die Protokollabteilung kam auch auf die Idee, Begin eine Originalausfertigung des Luxemburger Abkommens zu schenken. Die *Zeit* kommentierte dies ironisch als »schöne Idee. Peinlich nur, daß der damalige israelische Oppositionsführer Begin leidenschaftlich gegen die seiner Meinung nach würdelose Annahme deutscher Zahlungen Sturm lief [...]. Kohls Reiseorganisatoren suchen jetzt nach einem passenderen Gastgeschenk.« (»Peinliche Geschenkidee«, in: *Die Zeit* vom 22.7.1983)

96 Franke an den Bundeskanzler, 18.1.1984, BArch, B 136, Bd. 30094/151.

»vor allem durch den Generationswechsel zunehmend ein normales Verhältnis geworden«.[97] Er legte auch nahe, dass Kohl als »erster Bundeskanzler der Nachkriegsgeneration die Chance und den Willen ausdrücken solle, die Orientierung auf die Zukunft »noch besonders zu vertiefen und auszubauen«.[98] Anders als Brandt hatte der christdemokratische Kanzler »das Eintreten für das Lebens-, Freiheits- und Sicherheitsrecht Israels« in seine Regierungserklärung vom 4. Mai 1983 aufgenommen. Darin fand sich allerdings auch die Formel des sogenannten Sowohl-als-auch: »Wir werden die freundschaftlichen Beziehungen zu Israel vertiefen und wir werden die traditionelle Freundschaft zur arabischen Welt ausbauen.«[99]

Für die Gespräche schlug die Protokollabteilung vor, es sollten die »zwei Pfeiler der Nahostpolitik«, die Freundschaft mit Israel und gleichzeitig mit den Arabern, betont werden. Der »*Kernpunkt der Divergenz* ist, daß Israel die *Palästinenserfrage* leugnet, wir sie hingegen für den Kern des Nahost-Problems halten«, schrieb Franke. Die »schwierigen Stellen« sollten damit überbrückt werden, »den Israelis den Eindruck zu vermitteln, daß wir – bei allen Meinungsverschiedenheiten in einzelnen Sachfragen – ihre *verläßlichen Freunde* sind und sie unser *besonderes Wohlwollen* haben. Das zeigen wir dadurch, daß wir uns *ihre Argumente* mit *besonderer Geduld* und größtem *Verständnis* anhören.«[100]

Die bundesdeutsche Diplomatie erfolgte dabei eher von oben herab, israelische Polemik wurde vorweggenommen, zum Beispiel riet die Protokollabteilung dem Bundeskanzler: »*Nur auf Einwand,* ob Samaria und Judäa etwa ›judenrein‹ sein sollten: Natürlich nicht. […] *Bei allem Verständnis für israelische Sicherheitsinteressen und seine emotionale Bindung* an die Gebiete der Herkunft des jüdischen Volkes unser Appell, im Interesse einer friedlichen Verständigung mit den Arabern von der Politik der Schaffung vollendeter Tatsachen abzusehen.« Über die Ziele der anderen Seite hieß es, es werde Israel »in erster Linie darum gehen, bei Ihnen ein *positives Israel-Bild* zu schaffen. […] *Israel [hat] ein Interesse* an einem *unkontroversen, besonders harmonischen Besuchsverlauf* – wenn auch mit starkem Gewissensappell. […] In der Waffenfrage [ist] mit *lautstarker Begleitmusik* aus der israelischen *Öffentlichkeit,* einschließlich Demonstrationen zu rechnen und damit, daß

97 Ebd.
98 Ebd.
99 Ebd.
100 Franke an den Bundeskanzler, 18.1.1984, BArch, B 136, Bd. 30094/160, Hervorhebungen im Original.

Sie während des ganzen Besuchs laufend und stark emotional auf diesen Komplex immer wieder angesprochen werden.«[101]

Vor allem schien die Protokollabteilung besorgt, dass Kohl sich nicht gegen die israelische Hartnäckigkeit werde wehren können. In den Gesprächsvorschlägen wurde er gewarnt:

»Es ist zu erwarten, daß der *in allen Details bewanderte MP Shamir* die ausführliche Gesprächszeit – drei Gespräche! – nutzt, um Ihnen in allen Einzelheiten und insistent die israelische Position zu den Hauptstreitfragen [...] vor Augen zu führen. Falls Shamir auf ›*Sonderverhältnis*‹ beharrt: Jedes Sonderverhältnis bietet zusätzliche Angriffsflächen und wird von der jungen Generation kaum noch verstanden. Demonstratives Festhalten an Sonderbeziehungen letzten Endes für Israel nicht von Vorteil.«[102]

Für das Besuchsprogramm regte Franke an, Massada zu meiden – auch dies wegen der befürchteten Wirkung auf die arabische Welt. Massada sei ein »Kristallisationspunkt nationaler Sammlung; Vereidigungsort israelischer Kadetten etc.«. Und schließlich sei Brandt dort fast ums Leben gekommen. Und »gerade das zu erwartende israelische Argument, daß Massada schon immer (auch bei BK Brandt Besuch 1973) einbezogen wurde, gibt uns die Freiheit, es dieses Mal auszulassen«.[103] Generell müsse vor einem Hubschrauber als Transportmittel gewarnt werden, da Kohl sich dann eventuell nicht dagegen wehre könne, über die Golanhöhen geflogen zu werden: »Das ist Genscher passiert. Außerdem ist Auto schöner.« Bundesminister Genscher »fand sich bei seinem Besuch plötzlich über Golanhöhen wieder; mit anschließendem israelischen Pressephoto, [untertitelt] ›Genscher sieht mit eigenen Augen sicherheitspolitische Bedeutung der Golanhöhen für Israel‹«.[104] Diese Instrumentalisierung eines deutschen Politikers für die israelische Position im Konflikt mit seinen Nachbarn müsse dieses Mal unbedingt vermieden werden.

Insgesamt solle sich das Programm auf den Norden konzentrieren, »angesichts landschaftlicher Schönheit Galiläas (See Genezareth)« und weil es in dieser Gegend »nicht so heiß« sei. Der Besuch im Kibbuz Sde Boker im »wüstenhaften südlichen Israel wo Ben Gurion begraben liegt, würde [...] nicht unter 6–7 Stunden kosten und sich aus politischen Gründen nicht

101 Ebd., Blatt 162.

102 Ebd., Blatt 166 und 198.

103 Franke an den Bundeskanzler, 7.7.1983, BArch, B 136, Bd. 30092/54.

104 Alle Zitate aus: »Vorläufiger Programmrahmen für Ihren Israel-Besuch«, Franke an den Bundeskanzler, 27.6.1983, BArch, B 136, Bd. 30092/30.

lohnen«. Daher riet Franke dringend dazu, diesen Besuch zu unterlassen.[105] Während der Besuch des Herzl-Bergs und die Baumpflanzung dort als obligatorisch galten, müsse der »Besuch des Kibbuz der Ghettokämpfer am 3.9. […] abgelehnt werden aus zeitlichen Gründen und um den Vergangenheitsbezug des Programms nicht übermäßig zu betonen«, schrieb Staden aus dem Nahostreferat.[106] Erhard Holtermann aus dem Auswärtigen Amt stimmte Franke zu: »Der Besuch einer *dritten* ›Holocaust‹-Gedenkstätte neben Yad Vashem und dem Diaspora-Museum wäre zuviel des Guten«, da dann »nicht deutlich [werde], daß wir uns wohl unserer Vergangenheit stellen, aber – insbesondere bei der Lösung gegenwärtiger Probleme – nicht nur an ihr gemessen werden wollen«.[107] Die »Kaffeestunde für deutsche Juden in Tel Aviv mit Ansprache« solle hingegen unbedingt ins Programm aufgenommen werden. Erik Blumenfeld halte es auch für eine »Notwendigkeit [für Kohl], ein Gespräch mit einer ausgesuchten Gruppe von orientalischen Juden zu führen, die nicht nur bevölkerungspolitisch die Mehrheit in Israel darstellen, sondern auch bereit sind, eine positive Einstellung den Deutschen gegenüber zu praktizieren«.[108] Daher traf Kohl sich in Jerusalem gemeinsam mit Teddy Kollek mit einer Gruppe jemenitischer Juden.

Es sei unbedingt erforderlich, schrieb Franke aus dem Bundeskanzleramt misstrauisch, einen eigenen Dolmetscher mitzunehmen, um eine korrekte Übersetzung sicherzustellen, denn die in Israel ansässigen Konferenzdolmetscher würden »mit Sicherheit mit den Intentionen des Herrn Bundeskanzler nicht so vertraut sein, daß eine voll befriedigende Übertragung gewährleistet ist«.[109] Das Damenprogramm sah vor, dass Frau Kohl »grundsätzlich an allen Veranstaltungen teilnehmen [wird]. Falls nicht, […] möchte sie das Israel-Museum und das von deutschen Juden gegründete Krankenhaus Shaarej Zion besuchen«.[110]

Bei Kohls Ankunft am 24. Januar 1984 in Israel spielte das Militärorchester protokollgemäß die deutsche Nationalhymne, begleitet von 19 Böllerschüssen. Noch auf dem Flughafen bemühte Kohl ein Bild aus den 1950er

105 Ebd.

106 Staatssekretär Bernd von Staden aus dem Auswärtigen Amt an das Bundeskanzleramt, BArch, B 136, Bd. 30092/138.

107 Holtermann an Hansen, 1.8.1983, BArch, B 136, Bd. 30092/141, Hervorhebung im Original.

108 Brief Erik Blumenfeld an den Bundeskanzler, 23.6.1983, BArch, B 136, Bd. 30092/26.

109 Staatssekretär Bernd von Staden an den Chef des Bundeskanzleramts Schreckenberger, 4.8.1983, BArch, B 136, Bd. 30092/174.

110 Hansen an den Chef des Protokolls im Auswärtigen Amt, 12.7.1983, ebd., Blatt 64.

Jahren: »Ihre Einladung zu diesem Besuch [...] empfinde ich als Brückenschlag zwischen unseren beiden Ländern und Völkern über den Abgrund der Vergangenheit hinweg.«[111] Er war im Militärflugzeug der deutschen Luftwaffe angereist, wie die *Haaretz* hervorhob.[112] Shamir wich vom Protokoll ab, indem er dem Gast entgegenging, als dieser ihn am ersten Abend in seinem Amtssitz aufsuchte.[113] Gleich in den ersten Stunden wurde die »politische Choreographie«[114] des Besuches sichtbar, als Shamir in seiner Begrüßungsansprache auf die vielen Themen hinwies, die es zu besprechen gelte, damit man »die [jeweilige] Position der anderen noch besser versteh[e]«. Die Vergangenheit erwähnte er nicht. Bei seiner Tischrede im Hotel Hilton beim Festdinner in Jerusalem überraschte Kohl die geladenen Gäste mit der hebräischen Wendung »B'ruchim ha nimza'im« [Begrüßt seien die Anwesenden].[115] Er wiederholte Adenauers problematische Formulierung aus den frühen Fünfzigerjahren, die Verbrechen der Shoah seien »in deutschem Namen« begangen worden, wofür er viel Widerspruch von israelischer Seite erntete: Fast vierzig Jahre nach Kriegsende versuchte der deutsche Bundeskanzler offenbar immer noch, die Verantwortung der deutschen Gesellschaft für den Holocaust herunterzuspielen und auf einige wenige Täter zu reduzieren.[116] Zum historischen Hintergrund fand er in seiner Rede anerkennende Worte, der »Staat Israel streckte der Bundesrepublik Deutschland die Hand zum Frieden entgegen – eine Geste, die Ihrerseits eine große Überwindung bedeutete«.[117] Die Begegnung in Israel berühre ihn »persönlich in [s]einer Existenz als gläubiger Christ«. Da er vom Rhein komme, wolle er auf die jahrhundertealte Tradition der SCHUM-Städte Speyer, Worms und Mainz hinweisen.[118] Die geis-

111 Empfangsrede Kohl, zitiert nach *Bulletin des Presse- und Informationsamtes der Bundesregierung*, Nr. 13 vom 2.2.1984, »Der Besuch des Bundeskanzlers im Staate Israel,« S. 109.

112 »Kohl: Der Besuch symbolisiert eine Brücke über den Abgrund der Vergangenheit«, in: *Haaretz* vom 25.1.1984, übersetzt von der Verfasserin.

113 Israelischer Fernsehbericht, 24.1.1984, übersetzt aus dem Hebräischen durch die Deutsche Botschaft, Transkript in BArch, B 136, Bd. 30096/292.

114 »Erinnerung auf Schritt und Tritt. ›So viel Leid macht stumm.‹ Der Bundeskanzler in Israel«, in: *FAZ* vom 25.1.1984. In seinen *Erinnerungen* schrieb Kohl: »Vor so viel Leid konnte man nur verstummen.« (Helmut Kohl, *Erinnerungen 1982–1990*, München 2005, S. 220)

115 *Bulletin des Presse- und Informationsamtes der Bundesregierung*, Nr. 13 vom 2.2.1984, »Der Besuch des Bundeskanzlers im Staate Israel«, S. 110.

116 Ebd.

117 Ebd.

118 Die drei Städte Speyer, Worms und Mainz ergeben in hebräischer Schrift die Initialen SCHUM. Sie waren Hochburgen mittelalterlicher jüdischer Gemeinden, bevor die Juden im 14. Jahrhundert durch mehrere Pogrome von dort vertrieben wurden.

tige Heimat der Rheinstädte sei ohne Juden nicht denkbar, und manchmal gehe er »sonntags mit seinen Söhnen auf den altehrwürdigen Judenfriedhof in Worms«. Nach diesen Worten schlug er allerdings den Bogen zu dem, was auch gesagt werden müsse: »Dabei mag es mir, der ich bei Kriegsende 15 Jahre alt war, erlaubt sein zu sagen, daß die Mehrheit der heute lebenden Deutschen diese Verbrechen nicht erlebt hat«, und im nächsten Atemzug brachte er das »Selbstbestimmungsrecht der Palästinenser« zur Sprache. Diese Formulierung war seit Moshe Dayans erstem Besuch in Bonn ein Stein des Anstoßes. Sie verwandelte Kohls festliche Tischrede in eine politische Stellungnahme. Das Gastgeschenk stand wiederum in bester zionistischer Tradition: Kohl überreichte seinem Gastgeber Shamir drei Briefe Theodor Herzls, die er »persönlich ausgewählt« habe und deren symbolischer Wert nicht hoch genug eingeschätzt werden könne. Denn »ohne die Vision Herzls vom unabhängigen freien jüdischen Staat wäre das heutige Israel nicht denkbar«.[119] In der gleichen Rede betonte er, dass die deutsche Nationalhymne, die mit den Worten »Einigkeit und Recht und Freiheit« beginne, sich deutlich von der nationalsozialistischen Hymne unterscheide.[120] Damit suchte er der Kritik von Holocaust-Überlebenden zu begegnen. Programmatisch für seinen Besuch war folgende Erklärung, in der die Hoffnung auf eine bessere Zukunft zugleich Abkehr von der Vergangenheit bedeutete: »Hoffnung, daß wir – Deutsche und Israelis – nach vorn gerichtet zusammenarbeiten können und werden, für eine gemeinsame und glückliche Zukunft der jungen Generation in unseren beiden Ländern.«[121]

Nach dem ersten Tag mit Begrüßungen durch Shamir und die Knesset und einer Übernachtung im Jerusalemer King David Hotel sah das Besuchsprogramm für den frühen Morgen des zweiten Tages die Kranzniederlegung in Yad Vashem vor.[122] »Wenn ihr wollt, ist es kein Märchen«, schrieb Kohl ins Gästebuch der Herzl-Gedenkstätte, Herzls Vision eines jüdischen Staates zitierend.[123] Anders als Brandt, der protokollwidrig eine als Entschuldigung und Bitte um Versöhnung in Szene gesetzte Geste, den Vortrag eines Psalms, vorbereitet hatte, blieb Kohl stumm, als er den Kranz in Yad Vashem niederlegte. Im Museum wurde er ungeduldig und unterbrach teilweise die Erklä-

119 Zitiert nach *Bulletin des Presse- und Informationsamtes der Bundesregierung*, Nr. 13 vom 2.2.1984, S.111.

120 Ebd.

121 Ebd.

122 Besuchsprogramm, BArch, B 136, Bd. 30095/224 ff.

123 dpa-Meldung vom 26.1.1984, Presseabteilung ACDP.

rungen mit dem Hinweis, er wisse über die deutsche Geschichte Bescheid.[124] Mit verschlossener Miene folgte er den aufgeregten Worten des Direktors von Yad Vashem, Jitzchak Arad, als Überlebender des Holocaust könne er nicht begreifen, warum die Bundesregierung die HIAG rehabilitieren wollte. Die HIAG, in vollem Namen Hilfsgemeinschaft auf Gegenseitigkeit der ehemaligen Angehörigen der Waffen-SS, sollte ab 1983 vom Verfassungsschutz nicht mehr als rechtsextrem eingestuft werden. Israelische Medien hatten dieses Thema bereits im Vorfeld aufgegriffen, weil die linkssozialistische Jugendorganisation der Mapam Kohls Besuch in Yad Vashem verhindern wollte – mit dem Argument, er habe die Mitglieder der HIAG nicht als Extremisten, sondern als »deutsche Patrioten« bezeichnet.[125]

Der Knesset sagte Kohl: »Was immer Sie lesen über die Bundesrepublik – in dieser Bundesrepublik gibt es die Gefahr eines neuen Rechtsradikalismus nicht. Es gibt wie in allen Ländern dieser Welt bei uns Elemente dieser Art.«[126] Die Rehabilitierung der HIAG war auch Thema des Gesprächs zwischen Staatssekretär Alois Mertes und Shamirs Deutschlandberater, Reuben Hecht, in Jerusalem. Es handele sich keineswegs um eine »Rehabilitierung der Waffen-SS«, so Mertes, sondern darum, dass die HIAG die verfassungsschutzrechtlichen Bedingungen, die eine Überwachung rechtfertigen würden, nicht erfülle. Hecht erwiderte scharf, falls die deutschen Gesetze nicht ausreichten, müssten diese eben geändert werden.[127] Dies war nicht die einzige besorgniserregende Entwicklung in der Bundesrepublik: Knapp 50 »Schändung[en] jüdischer Friedhöfe und Kultstätten« jährlich verzeichnete das Bundeskriminalamt in den frühen Achtzigerjahren.[128]

In seinem Gespräch mit dem Generaldirektor des israelischen Außenministeriums Hanan Bar-On am 25. Januar 1984 bemerkte Mertes, dass er »das Argument ›Holocaust‹ nicht verkleinern wolle«. Und in seinen Aufzeichnungen schrieb er, man müsse »aber weg von seiner irrationalen, kurzsichtigen

124 *Al HaMishmar* vom 25.1.1984, in deutscher Übersetzung durch Botschaft Tel Aviv, BArch, B 136, Bd. 30095.

125 Presseschau israelische Medien zu Besuch BK, Deutsche Botschaft, 26.1.1984, BArch, B 136, Bd. 30096/54.

126 *Bulletin des Presse- und Informationsamtes der Bundesregierung*, Nr. 13 vom 2.2.1984, S. 112.

127 Vermerk über Bundeskanzler-Besuch, Nahostreferat Auswärtiges Amt, 30.1.1984, BArch, B 136, Bd. 30095/76.

128 BArch, B 136, Bd. 30096/45.

Nutzung. Der Blick [müsse] geweitet werden auf den größeren Zusammenhang und die gemeinsamen *Interessen*«.[129]

In der Knesset verließen drei Abgeordnete demonstrativ den Saal, als Kohl zum Besuch eintrat, ein vierter hielt ein Plakat hoch, auf dem der Davidstern, Stacheldraht und die Worte »Nicht vergessen« zu sehen waren.[130] Der Empfang war auch sonst recht kühl: Niemand erhob sich, als der Kanzler und die deutsche Delegation auf der Ehrentribüne Platz nahmen, und auf die Begrüßung durch Knessetpräsident Menachem Savidor folgte nur Schweigen.[131] In seiner Rede wiederholte Kohl seine Äußerung vom November 1983 – er sei zu jung, um schuldig zu sein – und stieß damit die Debatte über seinen Ausspruch von der »Gnade der späten Geburt«, der bis heute mit seinem Besuch in Israel verbunden ist, überhaupt erst richtig an.[132] Die Sitzung in der Knesset bezeichnete Kohl als die »schwierigsten zwei Stunden in diesem ganzen Besuch«, denn schon nach fünf Minuten habe das Thema »unser[es] Verhältnis[ses] zur Waffen-SS« auf dem Tisch gelegen.[133]

Gegen Kohl protestierten circa 200 junge Menschen, etliche von ihnen demonstrativ in Häftlingskleidung. Auf ihren Schildern stand geschrieben: »Bikorecha be dorenu mukdam midaj [Dein Besuch ist in unserer Generation noch zu früh]«, bekräftigt wurden diese Worte durch ein Bild aus dem Holocaust.[134] Kohl reflektierte: »Wenn da draußen junge Leute stehen, deren Großväter in Auschwitz umgekommen sind […], dann ist das ein so schreckliches Erleben in einer Familie, im persönlichen Lebensweg ein so schlimmes Trauma – das Wort umfasst es eigentlich kaum –, daß man da nicht rational argumentieren kann.«[135] Trotz des deutschen Wunsches nach »rationaler« Verständigung äußerte Kohl Empathie für die Demonstranten. Er stellte aber gleich darauf eine Verbindung zu pauschalen Vorverurteilungen her, die er in den Vorbehalten vieler Israelis gegenüber Deutschen zu er-

129 Aufzeichnungen Mertes über Gespräch mit Bar-On, BArch, B 136, Bd. 30095/86. Hervorhebung im Original.

130 Vgl. https://web.archive.org/web/20090819082755/http://www.dradio.de/dlr/sendungen/kalender/227514/ (letzter Zugriff: 2.5.2016).

131 »Knesset empfängt Kohl mit Schweigen«, in: *Frankfurter Rundschau* vom 5.1.1984.

132 Noch 2005 verteidigte Kohl sich in seinen *Erinnerungen*: »Bis heute wird die Metapher von der ›Gnade der späten Geburt‹ bewusst missverstanden und falsch interpretiert.« (Kohl, *Erinnerungen*, S. 228 ff.)

133 Fraktionssitzungen der CDU/CSU, 7.2.1984, ACDP, 08-001 551/1.

134 Jabotinsky Archive, כ 7 ז 11, übersetzt von der Verfasserin.

135 Protokolle der CDU/CSU-Fraktionssitzungen, hier: Protokoll vom 7.2.1984, Bericht Helmut Kohls über seine Israelreise, ACDP, 08-001-1071/2.

kennen glaubte, und wehrte sich gegen eine Zuschreibung, mit der er dank seiner Generationszugehörigkeit nichts mehr zu tun habe: »Das Elend begann mit Kollektiv-Verurteilungen. Es hieß ›die Juden‹ bei Goebbels, [...] und wenn wir in Deutschland wieder zulassen, daß so kollektiv ganze Gruppen abgestempelt werden, ist das immer der Anfang vom Ende des freiheitlichen Rechtsstaats.«[136]

Beeindruckt hat ihn seine Begegnung mit Teddy Kollek in Jerusalem, der nicht versäumte, ihn darauf hinzuweisen, dass »eine geteilte Stadt wie ein Organismus [ist], von dem man die Glieder Stück für Stück abschlägt. Und das ist immer schlimm, in Jerusalem wie in Berlin.«[137] Dieses anschauliche Bild der tragischen Situation Jerusalems fand bei Kohl, dem späteren »Kanzler der Einheit«, ein offenes Ohr. Die Altstadt besuchte er privat, ohne offiziellen Status, denn es sei »zu bedenken, daß die Gastgeber der Heiligen Stätten arabisch-palästinensische Christen sind, welche kein Verständnis dafür hätten, wenn wir israelischc Besitzansprüche im besetzten Gebiet im Rahmen eines Besuchsprogramms durchgesetzt hätten«.[138] So fuhr Kohl durch das Jaffa-Tor noch mit israelischem Stander an seiner Limousine. Dann ließ er ihn abnehmen. Auch der deutsche Botschafter Niels Hansen und der israelische Generalsekretär des Protokolls begleiteten ihn. »Auf den Dächern wachten schwer bewaffnete israelische Soldaten, die Altstadt wurde mit großem Aufwand gesichert.«[139] Kohl schüttelte Hände mit arabischen Ladenbesitzern, mit jüdischen Passanten oder mit ausländischen Touristen. Staatssekretär Alois Mertes fragte beim Rundgang: »›Was haben Gerolstein und Jerusalem gemeinsam?‹, und gab lächelnd die Antwort: in beiden Städten ist die evangelische Kirche von Kaiser Wilhelm II. eingeweiht worden.«[140]

Überraschend wurde Kohl hier vom griechisch-orthodoxen Patriarchat mit dem Großkreuz des Heiligen Grabes geehrt. »Das kam für uns völlig unerwartet«, kommentierte Regierungssprecher Peter Boenisch die Auszeichnung.[141] Boenisch erregte in Israel mediale Aufmerksamkeit, weil er einen langen schwarzen Ledermantel trug, der stark an die SS- und Gestapo-Mäntel erinnert habe. Gegen die Kritik, er habe damit historische Empfindlichkeiten verletzt und die Gefühle der Überlebenden in Israel mit Füßen ge-

136 Ebd.
137 Kohl, *Erinnerungen*, S. 230.
138 Vermerk Franke über den Besuch, BArch, B 136, Bd. 30095/224.
139 »Kohl als katholischer Pilger im Heiligen Land«, in: *Die Welt* vom 30.1.1984.
140 Ebd.
141 Zitiert nach dpa-Meldung vom 27.1.1984, Presseabteilung ACDP.

treten, wehrte er sich mit den Worten, die Israelis sollten damit aufhören, »Auschwitz für die praktische Politik zu instrumentalisieren«.[142] Vor allem dieser Ausspruch sorgte, nebst der Affäre um Kohls Sondergast Kurt Ziesel, für einen schlechten Nachgeschmack des Besuchs. Kurt Ziesel war ein umstrittener Journalist, der schon 1931 in die NSDAP eingetreten war und sich auch nach 1945 als rechtsextremer Publizist hervorgetan hatte.[143] Die Reise in den Norden fand in strömendem Regen statt, »morgens um 4.55 h bei Donner, Sturm und Wolkenbruch verließ die Wagenkolonne Jerusalem, um in den Norden zu fahren«.[144]

Ein gemütliches Pilgern, wie es Gerstenmaier und Adenauer in den 1960er Jahren vergönnt war, war Kohl schon wegen der Menge an Kameras und Fotografen kaum noch möglich. Um sich überhaupt einen Eindruck von den christlichen heiligen Stätten verschaffen zu können, wies er sie lautstark zurecht.[145] Helmut Kohl stolperte »Kameraleute[n] über die Füße«, wo er ging und stand, »in der Verkündigungskirche verkündet[e] Kohl denn auch ein Machtwort, das gerade einmal 15 Minuten Wirkung hat[te]«.[146] »Jetzt noch ein Bild, dann ist Schluß! Ich will mir hier Kirchen ansehen und keinen Film machen«, rief er ihnen zornig zu.[147] In Nazareth fragte ein christlicher Araber: »Haben Sie für den Frieden gebetet?«, worauf Kohl erwiderte, das sei ja der »Grund [s]eines Besuchs«.[148]

Bei seinem anschließenden Aufenthalt im Weizmann-Institut war, so Kohl, »der hohe Rang jüdischer Wissenschaftler, einer wissenschaftlichen Neugier, einer Unruhe, die produktiv ist und über viele Jahrzehnte, ja Jahrhunderte die Kultur meines Heimatlandes [...] von Göttingen bis Königsberg befruchtet und mit entschieden hat, [körperlich spürbar]«.[149] Besonderen Eindruck hat der Empfang der deutschen Botschaft in Tel Aviv auf ihn gemacht, den er explizit für die »Juden deutscher Kultur« ausrichtete. Bis

142 Zitiert nach Weingardt, *Israel- und Nahostpolitik*, S. 307.

143 »Unrühmlicher Kanzlerbegleiter«, in: *Süddeutsche Zeitung* vom 10.2.1984. Zu der Affäre um Kurt Ziesel vgl. auch Axel Schildt, »Im Visier. Die NS-Vergangenheit westdeutscher Intellektueller. Die Enthüllungskampagne von Kurt Ziesel in der Ära Adenauer«, in: *Vierteljahrshefte für Zeitgeschichte*, Jg. 64 (2016), H. 1, S. 37–68.

144 »Kohl als katholischer Pilger im Heiligen Land«, in: *Die Welt* vom 30.1.1984.

145 Ebd.

146 »Zur Andacht blieb dem Kanzler wenig Zeit. Im Geschwindschritt durch das Heilige Land«, in: *Stuttgarter Zeitung* vom 27.1.1984.

147 Ebd.

148 Ebd.

149 Protokolle der CDU/CSU-Fraktionssitzungen, hier: Protokoll vom 7.2.1984, Bericht Helmut Kohls über seine Israelreise, ACDP, 08-001-1071/2.

zum Schluss war völlig unklar, wie viele Gäste der Einladung folgen würden. Schließlich nahmen 3.000 Personen daran teil. Der Oberbürgermeister von Tel Aviv Shlomo Lahat sprach »im Hinblick auf seine Wiederwahl an dem Abend nur Deutsch« und würdigte die Leistungen der deutschen Juden im Staat Israel.[150] In seinem Reisebericht kurz nach seiner Rückkehr nach Deutschland gab Kohl zu verstehen, dass der Tel Aviver Bürgermeister offenbar eine demonstrative Deutschfreundlichkeit für seine Wiederwahl als nützlich empfand. Im Bericht vor dem Bundestag schilderte er seinen Besuch im Weizmann-Institut vor allem im Hinblick auf den Verlust an Wissenschaftlern, den Deutschland durch den Nationalsozialismus erlitten hat:

»Wenn Sie beim Weizmann-Institut draußen stehen, einem der vier, fünf Kernstücke moderner Naturwissenschaften in der Welt, [...] und Sie machen einmal in einem ganz europäischen Ambiente, wo jeder deutsch spricht und Sie beinahe sich wie in Deutschland fühlen, die Augen zu und überlegen, liebe Freunde: Wenn es '33 nicht gegeben hätte und dieser Exodus hätte nicht stattgefunden, was wir alles an intellektueller Kapazität in Deutschland behalten hätten.«[151]

In dieser Formulierung bedauerte Kohl nicht den Völkermord, von dem er sich bereits im Laufe seines Israel-Besuchs mehrfach distanziert hatte, sondern die euphemistisch als »Exodus« bezeichnete erzwungene Emigration der deutsch-jüdischen Wissenschaftler, die zu einem herben Verlust für die deutsche Wissenschaftskultur geführt habe.

Auch wenn Kohl als »gläubige[r] Katholik«, so wie die CDU-Politiker in den 1960er Jahren, in seinen Abschlussbetrachtungen die Bedeutung des Religiösen für seinen Besuch hervorhob, war das eigentlich Interessante für ihn der von Deutschen gegründete Kibbuz nahe des Sees Genezareth gewesen: »Von den 300 Familien sind 200 Deutschstämmige, also Österreicher und Deutsche, wobei sich die Österreicher alle als Deutsche verstehen, sie sind da sehr viel weiter als manche heute in der politischen Führung in Wien.«[152] Kohl war im Kibbuz Ginossar zu Gast, den Jigal Allon gemeinsam mit anderen aus Deutschland und Österreich stammenden Juden gegründet hatte. Dort besuchte er das Grab des wenige Jahre zuvor verstorbenen Allon auf dem nahegelegenen Friedhof, neben dem sich auch eine Gedenkstätte für die Ermordeten des Holocaust befand. Dieses Gedenken an die »Angehörigen, die in irgendeinem KZ geblieben sind, das muß man

150 Ebd.
151 Ebd.
152 Ebd.

beinahe körperlich in sich aufnehmen, wenn man Israel und seine Bürger, vor allem die ›Ur-Bürger‹ [begreifen will]«. So habe jene »Festungsmentalität ihren Grund [darin], daß sich diese Menschen förmlich ›in den Boden festgekrallt‹ haben, in den Boden, der ihnen verheißen wurde, wie sie es sehen aus dem Alten Testament, und den sie nicht bereit sind, aufzugeben, und wo es sehr schwer ist, mit logischen Argumenten ein Stück weiterzukommen«.[153] Ebenfalls nach seiner Rückkehr bekannte Kohl, nach einem Besuch in der Gedenkstätte Yad Vashem »bleibe eigentlich nur Schweigen«.[154] In den Alltagsbeziehungen hingegen, besonders unter Jugendlichen auf beiden Seiten, gebe es ein Bedürfnis nach Normalität – »und das ist dann falsch, wenn man mir sagt, ich sei zu selbstbewußt dort aufgetreten«, verteidigte er sich.[155] In Deutschland hatte Kohls Ausspruch von der Unbefangenheit seiner Generation eine Debatte angestoßen. Seine Kritiker bemängelten, er habe sich in Israel taktlos verhalten. Diese Debatte war auch geprägt von innenpolitischen Auseinandersetzungen.[156]

Während seiner Erklärung vor dem Bundestag am 7. Februar 1984, in der Kohl über seine Israel-Reise sprach, wurden mehrfach Zwischenrufe von Abgeordneten aus der SPD-Fraktion laut. Sie waren empört darüber, dass Kohl Kurt Ziesel auf seine Reise mitgenommen hatte. Kohl entgegnete, ihre Kritik beziehe sich nicht auf ähnliche Biographien in der eigenen Partei und sei daher nur Heuchelei: »Wenn jemand bei einer Organisation der NSDAP war und dann den Weg zu Ihnen fand, dann ist er gereinigt, wenn nicht, dann ist er ein Nazi. Diese Heuchelei ist unerträglich!«[157] Auch die linksliberalen Zeitungen wetterten gegen »Peinlichkeiten« und das »schamlose« Verhalten des christdemokratischen Kanzlers. Jedoch nahmen sie den Streit um die Waffenlieferungen an Saudi-Arabien als »Verkrampfung« seitens der israelischen Regierung wahr. So vertrat die *Zeit* ganz unverkrampft die Meinung, Israel habe kein Recht, Bonn »dafür zu rügen, dass im Nahen und Mittleren Osten Waffen zur gängigen Münze politischer Einflußnahme geworden sind. Denn das ist nicht zuletzt die Folge einer israelischen Politik,

153 Protokolle der CDU/CSU-Fraktionssitzungen, hier: Protokoll vom 7.2.1984, Bericht Helmut Kohls über seine Israelreise, ACDP, 08-001-1071/2.

154 Ebd.

155 Ebd.

156 Vgl. »Helmut Kohls Israel-Reise: Ein politischer Scherbenhaufen bleibt zurück«, in: *Informationen der Sozialdemokratischen Bundestagsfraktion* vom 23.2.1984, BArch, B 136, Bd. 30095.

157 Abschrift der Bundestagsdebatte vom 7.2.1984, BArch, B 136, Bd. 30095.

die militärische Macht an die Stelle der Diplomatie gesetzt hat.«[158] Auch die Mitnahme Ziesels zeugte nicht gerade von Helmut Kohls Sensibilität für die historische Situation. Sein Ausspruch von der »Gnade der späten Geburt« steht in der öffentlichen Debatte bis heute exemplarisch für eine Periode der bundesrepublikanischen Nachkriegsgeschichte, in der »Geschichte« weitgehend »entsorgt« werden[159] und in die Zukunft geblickt werden sollte. Diese Entwicklung kulminierte im Historikerstreit im Jahr 1986.[160] Einen anderen Ton fand Richard von Weizsäcker, der bereits im Mai 1985 in einer Rede von der deutschen Verantwortung für die nationalsozialistischen Verbrechen sprach, die international überaus positiv aufgenommen wurde.

Bemerkenswerterweise wurden die verbalen Entgleisungen des Kanzlers in Israel jedoch längst nicht so ernst und wichtig genommen wie das von der Bundesregierung angestrebte Waffengeschäft mit Saudi-Arabien. Die Leopard-Panzer hatten in Israel Vorrang vor der Frage nach der deutschen Schuldanerkennung. Selbst die *Haaretz* schrieb, der »lange und höfliche Besuch« habe Kohl lediglich ein Alibi verschaffen sollen, um Entscheidungen treffen zu können, die für Israel sehr unangenehm seien.[161] Gleichwohl ließen die israelischen Politiker keine Gelegenheit aus, um auf die deutsche Schuld hinzuweisen und ihren Standpunkt moralisch zu unterfüttern.[162] So stolperte Kohl, wie sein Vorgänger Schmidt, im deutsch-israelischen Verhältnis vor allem über die Beziehungen zu arabischen Staaten, die mit Israel verfeindet waren. Die *Maariv* titelte »Kohl-Besuch hat die Beziehungen verschlechtert« und berichtete, dass er auf Regierungsmitglieder »gleichgültig, ungeduldig, farblos, wie eine Mauer« gewirkt habe. Der Frage des Ministerpräsidenten Jitzchak Shamir,[163] wie sich Kohl fühlen werde, »wenn es eines Tages soweit

158 »Reisegepäck«, in: *Die Zeit* vom 26.1.1984.

159 Jürgen Habermas, »Entsorgung der Vergangenheit«, in: *Die Zeit* vom 7.5.1985.

160 Der Historikerstreit wurde losgetreten durch Ernst Noltes Artikel »Vergangenheit, die niemals vergeht«, in: *FAZ* vom 6.6.1986. Vgl. Rudolf Augstein (Hrsg.), *Historikerstreit. Die Dokumentation der Kontroverse um die Einzigartigkeit der nationalsozialistischen Judenvernichtung*, München 1987.

161 »Kohl rannte nach Hause«, in: *Haaretz* vom 30.1.1984, übersetzt von der Verfasserin.

162 »Das Wort ›deutsch‹ ruft noch Verbitterung hervor. Kohls Schwierigkeiten in Israel aber hatten mit arabischen Waffenwünschen zu tun«, in: *FAZ* vom 30.1.1984.

163 Shamir hatte Begin im Amt abgelöst und war kurze Zeit Ministerpräsident, bevor es 1984 zu Neuwahlen kam und er sich in den folgenden Jahren das Amt mit Shimon Peres im jährlichen Turnus teilte.

ist, daß jüdische Soldaten mit deutschen Waffen beschossen werden«, sei er ausgewichen.[164] In seiner Autobiographie erinnert sich Shamir:

»We spoke more than once, Chancellor Kohl and I, about the grim connection between our countries; even when he talked to an elderly Jew from Poland like myself it was impersonally, his eyes and voice expressionless. […] I doubt that his stay in Israel brought him nearer to that acceptance of the truth without which the chasm can never be closed, or truly bridged.«[165]

Die »Brücke über den Abgrund« habe nur dann Aussicht auf Erfolg, so Shamir, wenn die im Holocaust begangenen Verbrechen als deutsche anerkannt werden und wenn die Bundesrepublik die Verantwortung dafür übernimmt. Kohl wiederum schrieb in seinem Abschiedstelegramm an Shamir, der Besuch habe ihn »tief bewegt«.[166]

Kohls Rhetorik bei diesem Besuch folgte einer bestimmten Logik: zum einen dem Wunsch, die Vergangenheit abzuschütteln, und zum anderen der damit proklamierten »freedom of speech«, die gerade gute Freundschaften kennzeichnen müsse: »Wir sind keine wirklich guten Freunde für unsere Freunde, wenn wir denen ›nach dem Mund‹ reden.«[167] Auch beim strittigen Punkt der Waffenlieferungen nach Saudi-Arabien nahm sich die Bundesregierung so das Recht, ihren israelischen Freunden nicht »nach dem Mund« zu reden. Staatssekretär Manfred Steinkühler aus dem Auswärtigen Amt fasste den Besuch zusammen. Für ihn lag »das Grundproblem […] darin, daß die israelische Seite aus der Vergangenheit eine Art Sonderverhältnis unserer beiden Staaten ableitet (mit ganz konkreten Forderungen für die Gegenwart: Keine Waffen an Saudi-Arabien […]), während wir auch unter Hinweis auf den Generationenwechsel bei der Gestaltung der staatlichen Beziehungen für ein normales Verhältnis eintreten, das auch im wohlverstandenen Interesse Israels liegt. Dieser Widerspruch in den Positionen konnte nicht aufgelöst werden. […] Der äußere Verlauf des Besuchs war protokollarisch korrekt.«[168] Der Empfang von »3.000 vorwiegend ehemaligen Deutschen« zeige, wie eng deren »Verbundenheit zur alten Heimat« sei.[169] Die »teilweise

164 »Kohl-Besuch hat die Beziehungen verschlechtert«, in: *Maariv* vom 29.1.1984, übersetzt von der Verfasserin.

165 Shamir, *Summing up*, S. 114 f.

166 Abschiedstelegramm Kohl an Shamir, undatiert, BArch, B 136, Bd. 30095/49.

167 Kohl in Erklärung nach seiner Rückkehr, BArch, B 136, Bd. 30095.

168 Steinkühler aus dem Nahostreferat an das Bundeskanzleramt, BArch, B 136, Bd. 30095/91.

169 Ebd., Blatt 92.

stark negativ übermittelten Eindrücke« der Medien entsprächen nicht dem »tatsächlichen Verlauf der Gespräche«, Kohl habe immerhin vier Unterredungen mit Shamir gehabt. Die Frage der Waffenlieferungen habe sich nicht klären lassen, weil Deutschland in der arabischen Welt seine »Glaubwürdigkeit verlieren« würde, sollte die Regierung ihr Wort brechen. Befriedigt hielt Steinkühler fest, der Bundeskanzler habe »klargestellt, daß Frage der Waffenlieferung in Bonn und nicht in Israel entschieden wird«.[170] Die israelischen Medien fokussierten auf die Äußerung des Bundeskanzlers, er sei überzeugt, dass die an Saudi-Arabien gelieferten Waffen niemals gegen Israel zum Einsatz kommen – ein aus israelischer Sicht naiver Glaube.

Der ehemalige Botschafter in Deutschland Asher Ben Natan kritisierte Kohl nach der Reise in verschiedenen Zeitungsartikeln scharf. So sagte er in einem mit der *Welt* geführten Interview mit dem Titel »Bitterer Nachgeschmack«:

> »Man konnte fast den Eindruck gewinnen, als ob Kohls politische Stellungnahmen weniger an die israelische Öffentlichkeit als an gewisse arabische Hauptstädte gerichtet waren. Es könnten deutsche Waffen und deutsche Experten und deutsche Soldaten in einem Land stehen, das mit Israel im Krieg steht. [...] Es ist unglaublich, daß das in Deutschland nicht erkannt wird.«[171]

Und im *Spiegel* forderte er, die Bundesrepublik solle sich »aus [dem] Waffenrennen im Nahen Osten heraushalten. Geht man da mal rein, bleibt man drin.« In Israel habe man »von [Kohl] eine andere Haltung erwartet, zweifellos. Nicht ein doppelzüngiges Gespräch, bei dem er einerseits natürlich über die Vergangenheit redete und dabei Worte des Mitgefühls fand, als ob er hierhergekommen sei, um mit uns gemeinsam zu bedauern, was geschehen ist.«[172] Den schwarzen Ledermantel von Boenisch nennt Ben Natan hingegen eine Nebensache – wichtiger als die Symbolik schienen die Fakten zu sein.[173] Auf Ben Natans Vorwürfe reagierte Helmut Kohl mit einem persönlichen dreiseitigen Brief, »der langjährigen Freundschaft wegen«, wie er schrieb. In ihm wollte er alle vom ehemaligen Botschafter genannten Punkte richtigstellen und darlegen, was er wirklich gesagt habe. Ben Natan antwortete ihm wiederum, der erste Teil der Tischrede Kohls sei mitfühlend und persönlich gewesen, »der zweite Teil war die trockene Sprache einer Regie-

170 Ebd., Blatt 102.
171 *Die Welt* vom 6.2.1984.
172 »Kohl hat in Israel an Glaubwürdigkeit verloren«, in: *Der Spiegel* vom 13.2.1984.
173 Vgl. auch »Das Wort ›deutsch‹ ruft noch Verbitterung hervor. Kohls Schwierigkeiten in Israel aber hatten mit arabischen Waffenwünschen zu tun«, in: *FAZ* vom 30.1.1984.

rungserklärung, wie sie im allgemeinen von Auswärtigen Ämtern formuliert wird«. Vor allem sei er »traurig und bedrückt [...] über die letzte Entwicklung in unseren beiden Staaten, nachdem in den vergangenen Jahren Brücken gebaut wurden.«[174]

Tatsächlich habe der Besuch auf einem »falschen Konzept« beruht, so die *Frankfurter Rundschau* am 30. Januar 1984:

»Wäre der Besuch Kohls wie geplant letzten Herbst zustande gekommen, bevor Bonn militärische Verpflichtungen gegenüber Saudi-Arabien übernahm, so hätte er [...] möglicherweise zur Vertiefung der freundschaftlichen Beziehungen beigetragen. Was jedoch jetzt geschah, hat alte Wunden aufgerissen und Gegensätze verschärft, die man ohne die Staatsvisite möglicherweise still und diplomatisch hätte ausgleichen können. [...] In einer emotionell überhitzten Erklärung hieß es in Jerusalem, daß Deutschland zwar nicht mehr selbst Juden vernichtet, aber Waffen liefert an diejenigen, die Juden vernichten wollen. [...] So absolvierte denn der Bundeskanzler sein Programm, auch wenn gelegentlich nervös und kurzangebunden. Ohne Zweifel hatte er gehofft, daß Israel seine Einstellung begrüßen würde, ihn als Vertreter des ›Neuen Deutschlands‹ zu sehen. Das mißlang, und so erwies sich das Konzept, das diesem Besuch zugrundelag, als Fehlkalkulation.«[175]

Die *Süddeutsche Zeitung* reagierte auf Kohls Staatsbesuch mit einer Karikatur mit dem Titel: »Auf der Straße nach Riad«. Aus einem Lastwagen beugt sich der »Truckfahrer Kohl« (als solcher bezeichnet) heraus und fragt: »Können Sie nicht die Sperre wegräumen?« Vor ihm liegt ein Steinhaufen als Barrikade auf der Straße, bewacht von einem grimmig aussehenden Mann auf einem Motorrad mit Davidstern.[176]

3. Fazit

Im Zeitraum von 1977 bis 1984 ging es im deutsch-israelischen Verhältnis um zwei Komplexe: Im Interesse einer möglichst raschen Friedenslösung im Nahen Osten forderte die Bundesregierung von Israel, Anstrengungen im Friedensprozess zu unternehmen. Anders ausgedrückt, lief dies auf einen Rückzug aus den besetzten Gebieten hinaus. In unmittelbarem Zusammenhang damit steht die Befürchtung der israelischen Seite, dass die

174 Briefwechsel Kohl-Ben Natan, BArch, B 136, Bd. 30095/404 ff.
175 »Falsches Konzept«, in: *Frankfurter Rundschau* vom 30.1.1984.
176 »Auf der Straße nach Riad«, in: *Süddeutsche Zeitung* vom 30.1.1984.

Deutschen sich ihrer Geschichte entledigen würden. Die Regierung unter Helmut Schmidt räumte dem Aufbau und der Aufrechterhaltung von Beziehungen zu den arabischen Staaten Priorität ein. In dieselbe Richtung wies Kohls Erklärung, die Nachkriegsgeneration müsse sich nicht mehr mit der Schuld an den nationalsozialistischen Verbrechen befassen. Beide Haltungen erschwerten die direkten Kontakte zwischen den deutschen und den israelischen Regierungschefs. Im Zeitraum zwischen der »Mahapach« in Israel und dem Regierungswechsel 1982 in Deutschland verlagerte sich die Besuchskultur, bedingt durch die persönlichen Schwierigkeiten auf höchster Ebene zwischen Schmidt und Begin, zunehmend auf die ministerielle und die parlamentarische Ebene. Der Ton, der sich in den Akten widerspiegelt, war deutlich kühler, distanzierter und geschäftsmäßiger als in den Fünfzigerjahren. Die Briefe zwischen Felix Shinnar und Theodor Heuss oder den Beamten des Auswärtigen Amtes unter der Adenauer-Regierung waren fast freundschaftlich, meist herzlich, voller Dank und blumigen Worten. In den achtziger Jahren setzte sich die nüchterne Diplomatie gänzlich durch.

Seit der Aufnahme diplomatischer Beziehungen durchlief die Besuchskultur einen starken qualitativen Wandel. Die Reisen dienten nun nicht mehr der vorsichtigen, persönlichen Annäherung und brauchten deshalb auch nicht mehr mit Bedacht und Vorsicht choreographiert zu werden wie noch die private Reise Adenauers und auch der Staatsbesuch Willy Brandts. Nach 1965 spielten sich das Protokoll und die Dynamik in den Gesprächsthemen, besuchten Orten und auch Konflikten schnell ein. Der Regierungswechsel 1977 in Israel und der Machtantritt Menachem Begins markierten einen Einschnitt: Begins provozierendes Verhalten gegenüber westdeutschen Politikern und Diplomaten wurde häufig seiner Biographie und seiner Ablehnung alles Deutschen, einschließlich der deutschen Sprache, zugeschrieben. Es beeinträchtigte das Verhältnis, das immer noch stark auf persönliche Kontakte angewiesen war, nachhaltig. Schmidt und Begin, aber auch Dayan und Genscher fanden auf persönlicher Ebene nicht zueinander. Aufgrund der gegenseitigen Antipathie der beiden Regierungschefs Schmidt und Begin waren die Kontakte auf höchster Ebene in den Jahren zwischen 1977 und 1982 in der Tat eingeschränkt. Der zweite Staatsbesuch eines deutschen Bundeskanzlers kam jedoch vor allem wegen Schmidts Weigerung, Israel zu besuchen, nicht zustande. Begin selbst betrieb Interessenpolitik: Sein ausgesprochen pragmatisches Vorgehen stellte die wirtschaftlichen und politischen Beziehungen zu Deutschland als wichtigstem Eingangstor in die Europäische Wirtschaftsgemeinschaft über seine persönlichen Gefühle. Die bilateralen Beziehungen spielten sich daher vor allem auf der Ebene der Außenminister und der Parlamentarier ab. Deren Besuche dienten nicht der Annäherung wie noch die halbprivaten Reisen in den 1960er Jahren, sondern folgten den jeweiligen konkreten Verhandlungsinteressen. Die Einbindung in die europäische Politik wurde für beide Seiten nun immer wichtiger: Auf der einen Seite stand eine Bundesregierung, die es sich mit den europäischen Partnern, insbesondere Frankreich, nicht verderben wollte. Auf der anderen Seite sah Israel die historische Schuld der Deutschen immer noch als Mittel, um sich mit der Bundesrepublik einen »Anwalt« (Dayan) und verlässlichen Partner in Europa zu sichern. Deutschland sollte für Israel die Funktion des Türöffners für diplomatische Beziehungen zu den anderen Staaten der Europäischen Gemeinschaft übernehmen, insbesondere zu den für die israelische Wirtschaft so wichtigen Staaten im Mittelmeerraum.

Der wiederkehrende Topos in allen Gesprächen war, dass man unter Freunden offen miteinander sprechen müsse: Gerade weil den Deutschen so viel an der Existenz Israels als jüdischer Staat liege, sollten sich deutsche Politiker offene Kritik an Israels Politik erlauben dürfen. Dies musste in den Ohren der israelischen Staatsmänner jedoch wie eine Beschwörungsformel klingen angesichts der Besuchspolitik, die Bundeskanzler Helmut Schmidt eingeführt hatte, der sich ostentativ weigerte, Israel einen Staatsbesuch abzustatten, und stattdessen nach Saudi-Arabien reiste, um dort die Waffenlieferungen unter Dach und Fach zu bringen. Israel konnte dies nur als Priorisierung der deutsch-arabischen Verhältnisse auf Kosten der deutsch-israelischen verstehen. Hinzu kam die lehrmeisterliche Haltung Schmidts und seiner Staatssekretäre, die sie gegenüber der israelischen Politik an den Tag legten, wenn es um deren Behandlung der Araber ging. Schmidt erkannte den Deutschen vorbehaltlos einen moralischen Anspruch auf das Selbstbestimmungsrecht zu, also das Recht auf die deutsche Wiedervereinigung, folgerte daraus aber ohne erkennbaren Zusammenhang für die Palästinenser denselben moralischen Anspruch auf das Selbstbestimmungsrecht und damit auf einen unabhängigen Staat. Gleichzeitig lieferte er Waffen an das Land, das mit Israel im Krieg lag. So viel selbstgerechte Geschichtsinterpretation kam bei den Israelis schlecht an. Die Differenzen kulminierten 1981 in der aggressiven Auseinandersetzung zwischen Helmut Schmidt und Menachem Begin.

Bei Helmut Kohls Staatsbesuch und den Kontroversen, die ihm vorausgingen, zeigte sich, wie sensibel in Israel immer noch reagiert wurde, wenn es vermutete oder deutliche Anzeichen dafür gab, dass einzelne deutsche Politiker und die deutsche Gesellschaft sich der Geschichte entledigen und den deutsch-israelischen Beziehungen keinen »besonderen« Status mehr einräumen wollten. Kohls mehrfache Wiederholung der Adenauer'schen Formulierung, die Verbrechen des Zweiten Weltkriegs seien »in deutschem Namen« begangen worden, warf die 1968 begonnene sogenannte Vergangenheitsbewältigung auf das Niveau der frühen 1950er Jahre zurück. Die mangelnde Empathie für die Sensibilität der älteren israelischen Generation gegenüber der deutschen Sprache, der deutschen Nationalhymne, deutschen Uniformen und einem generell überlegenen und Macht demonstrierenden Auftreten deutscher Offizieller war allumfassend. Sie traf auf die SPD-Regierung von 1969 bis 1982 genauso zu wie auf die Regierung unter Helmut Kohl. Nach Brandts Regierungszeit verschärften sich durch den Jom-Kippur-Krieg die Fronten im Nahostkonflikt, und eine Lösung zwischen Israelis und Palästinensern schien sowohl notwendiger als auch ferner denn je. Gleichzeitig ordnete sich die deutsche Außenpolitik seit der ersten Formulierung einer gemeinsamen europäischen außenpolitischen Erklärung zum Nahostkonflikt im Jahr 1970 den Positionen der Länder der Europäischen Gemeinschaft unter.

Die Papiere und Berichte der Beamten im Auswärtigen Amt lassen darauf schließen, dass sie ihre Arbeit als rational und ergebnisorientiert verstanden und deshalb keinerlei Besonderheiten in der Kommunikation und im Auftreten gegenüber Israel zuließen. Die Botschafter unterschieden sich in ihrer Persönlichkeit und ihren Prioritäten. Niels Hansen beispielsweise versuchte in seinen Unterredungen mit dem Auswärtigen Amt möglichst viel herauszuhandeln, zum Beispiel wenn es darum ging, welches Geschenk in welcher finanziellen Höhe beim Besuch Kohls angemessen wäre. Er vertrat damit einen Typ Diplomat, der tatsächlich bemüht war, Brücken zu schlagen. Im Gegensatz dazu erfüllten die Gesandten der 1970er Jahre Jesco von Puttkamer, Per Fischer und Klaus Schütz ihre Aufgabe zwar ohne direkte Antipathie gegenüber ihrem Gastland, aber auch ohne Fingerspitzengefühl für die Sensibilitäten großer Teile der israelischen Bevölkerung.

Insgesamt konnte die Analyse der Politikerreisen in diesem Zeitraum eine Entwicklung in den deutsch-israelischen Beziehungen nachweisen, die von gegenseitiger Ernüchterung geprägt war. Ohne dass die deutsche Regierung sich je vorbehaltlos für die Verbrechen des Holocaust verantwortlich gezeigt oder gar entschuldigt hätte, ging sie seit der Aufnahme diplomatischer Beziehungen, besonders jedoch in den achtziger Jahren während der Regierungszeit Helmut Kohls, dazu über, sich offen aus der historischen Verantwortung zurückzuziehen. Diese Entwicklung vollzog sich unabhängig von der parteipolitischen Zugehörigkeit. Willy Brandt stieß sie an, und Helmut Schmidt führte sie weiter. Ihren Höhepunkt erreichte sie jedoch mit Kohls Staatsbesuch in Israel, bevor sie im Umgang mit den Ereignissen von Bitburg, die auch von israelischer Seite aufmerksam beobachtet wurden, eine weitere Fortsetzung fand. Eine Wende trat erst wieder mit der Rede Richard von Weizsäckers zum 8. Mai 1985 ein.

VI. Zusammenfassung

Die deutsch-israelischen Beziehungen befanden sich fast von Beginn an, spätestens aber seit dem Inkrafttreten der Hallstein-Doktrin im Jahr 1956, im Spannungsfeld des Kalten Krieges und der deutsch-arabischen Beziehungen. Die Hinhaltetaktik Konrad Adenauers gegenüber Ben Gurion, der die Aufnahme diplomatischer Beziehungen vorantreiben wollte, und auch die Winkelzüge des Auswärtigen Amtes, bei jedem Besuch Handlungen zu vermeiden, die die arabischen Regierungen möglicherweise verstimmen könnten, sind ohne diesen Hintergrund nicht zu verstehen. Die westdeutsche Regierung verfolgte mit dem »Wiedergutmachungsabkommen« und der Aufnahme diplomatischer Beziehungen mit Israel geostrategische Interessen, vor allem die Westintegration. In den 1960er Jahren präsentierten sich deutsche Politiker in Israel daher als Vertreter eines anderen, moralisch erneuerten Deutschlands. Bei ihren Besuchen beschworen sie die gemeinsame deutsch-jüdische Vergangenheit und griffen auf christliche Rituale der Reue und Buße zurück, mit denen sie ihrer Haltung zu den Verbrechen während des Nationalsozialismus einen quasi liturgischen Rahmen gaben. Ihr Ziel war es, in der israelischen und internationalen Öffentlichkeit das »beschädigte Ansehen Deutschlands« (Eugen Gerstenmaier) wiederherzustellen und eine »bessere Atmosphäre« zu schaffen (Konrad Adenauer). Die israelische Regierung dagegen verfolgte ebenfalls realpolitische Ziele: Sie wollte deutsche Waffenlieferungen und Wirtschaftshilfe. Das galt für das Waffenabkommen von 1957, die Verhandlungen über die Aufnahme diplomatischer Beziehungen im Frühjahr 1965 und für den konsequenten Hinweis auf das »besondere Verhältnis« an die Adresse der Regierungen Brandt und Kohl, das deutsche Waffenlieferungen an arabische Staaten verhindern sollte. In den Verhandlungen über Wirtschaftshilfe und Waffen zu Verteidigungszwecken kehrte der Hinweis auf die historische Schuld der Deutschen immer wieder, verbunden mit der Forderung an die Bundesrepublik, ihrer moralischen Verantwortung gerecht zu werden.

Die Voraussetzung dafür, dass die deutsch-israelische Versöhnung rituell betont werden konnte, lag in den Biographien der deutschen Politiker. Als Vertreter einer moralisch erneuerten Bundesrepublik kamen dabei allein solche Politiker in Frage, die dank ihrer Lebensgeschichte für das »andere Deutschland« standen, das gegen die Versuchung des Nationalsozialismus immun geblieben war. Mit ihrer moralischen Autorität und persönlichen Integrität konnten sie die tiefen Gräben überbrücken und dem Misstrauen auf israelischer Seite glaubwürdig begegnen. Die erste Generation der Reisenden, überwiegend CDU-Politiker, hatte vielfach einen religiösen Hintergrund. Sie stammten zum überwiegenden Teil aus einem tief christlichen Milieu und waren so auch aus persönlichen Motiven und religiösen Überzeugungen auf der Suche nach einem jüdisch-christlichen Dialog, wie zum Beispiel Ex-Bundespräsident Theodor Heuss und Bundestagspräsident Eugen Gerstenmaier, die in den frühen 1960er Jahren nach Israel kamen. Ihr positives Verhältnis zum Staat Israel wie zu den jüdischen Israelis schuf Vertrauen in der israelischen Bevölkerung zur deutschen Gesellschaft als Ganzes. Zudem konnten sie dank der Unangreifbarkeit ihrer Person für die historische Schuld der deutschen Gesellschaft stellvertretend Buße leisten und ihr zu einem guten Leumund verhelfen.

Die privaten und halboffiziellen Besuche in den frühen 1960er Jahren waren durch Unsicherheit im Umgang miteinander und beiderseitiges Unbehagen gekennzeichnet. Die deutschen Offiziellen begegneten dem Unbehagen mit einer Rhetorik der Moral und Versöhnung. Sie war geeignet, die beklemmende Atmosphäre zu kaschieren und den interessegeleiteten Charakter der Verhandlungen zu verbrämen. Obwohl die rituelle Betonung der bilateralen Freundschaft in erster Linie symbolisch war, schuf sie erst den Rahmen für die Verhandlungen, in denen die Interessen Israels und Deutschlands die Hauptrolle spielten, und für die offiziellen Besuche im darauffolgenden Jahrzehnt. Das »Streben nach Versöhnung«, das auch in der deutschen Forschungsliteratur häufig zitiert wird, war jedoch ein ausschließlich deutsches Projekt.

Die hochrangigen deutschen Politiker gaben sich auf ihren als privat deklarierten Reisen bewusst unpolitisch. Auf eine Formulierung Ben Gurions zurückgreifend, präsentierten sie sich als Vertreter des »anderen Deutschlands«. Besonders zeigte sich dies bei den Begegnungen mit den deutschen Juden in Israel: bei den landsmannschaftlichen Abenden, organisiert von Schwaben für Theodor Heuss und von ehemaligen Kölner Juden für Konrad Adenauer. Sie sangen gemeinsam Volkslieder in Dialekt, trugen Gedichte vor und servierten ihren Gästen heimatliche regionale Gerichte. Die emotionale Bindung an die deutsche Kultur und Sprache schien sich zu festigen, wenn eine deutsche hochrangige Persönlichkeit zu Besuch kam.

So waren die Israel-Aufenthalte deutscher Politiker in den Sechzigerjahren von wiederkehrenden Ritualen durchzogen: Gespräche mit deutsch-jüdischen Intellektuellen stellten Bezüge zu einer gemeinsamen Vergangenheit her, die Hebräische Universität und das Weizmann-Institut wurden als unpolitische Bühne genutzt, da die politischen Orte wie die Knesset noch nicht bereit waren, deutsche Politiker zu empfangen. Christliche Pilgerstätten im Norden Israels standen an exponierter Stelle im Besuchsprogramm; dies demonstrierte sowohl den Rückgriff auf christliche Traditionen, einschließlich der Vorstellung, für die Verbrechen Buße leisten zu können, als auch den Versuch, an eine imaginierte ehemalige deutsch-jüdische Symbiose anzuknüpfen. Die Reden an der Hebräischen Universität von Eugen Gerstenmaier und Theodor Heuss beschäftigten sich mit allgemeiner Staatstheorie und der inneren Wandlung der Deutschen. Sie sollten die Zweifel der Israelis an Letzterer zerstreuen, die angesichts der antisemitischen Welle von 1959/1960 und der zähen Verjährungsdebatte 1964 aufkamen. Des Weiteren etablierte sich als Programmpunkt ein Besuch in der Gedenkstätte Yad Vashem als *billet d'entrée*, das den deutschen Besuchern vor Augen führte, dass die Gründung des Staates Israel als Befreiung von der im Nationalsozialismus erfahrenen Opferrolle zu interpretieren sei. Ein Besuch in Yad Vashem übte meist die gewünschte emotionale Wirkung auf die deutschen Gäste aus, die, aus der Sicht der israelischen Gastgeber, eine positive Grundlage für die folgenden Wirtschaftsverhandlungen schuf. Die regelmäßigen Proteste gegen die Besucher, organisiert von Cherut und Mapam sowie Überlebendenverbänden, bildeten ein Ritual, das zwar offiziell nicht gutgeheißen wurde, aber geeignet war, die deutschen Gäste daran zu erinnern, wie viel Überzeugungsarbeit sie in Israel noch zu leisten hatten. Diese Demonstrationen verknüpften die nationalsozialistischen Verbrechen mit der zeitgenössischen bundesdeutschen Politik, insbesondere wenn es um Waffenlieferungen an arabische Staaten ging. Und schließlich war auch die Rhetorik der »Brücke über den Abgrund«, die durch diese Besuche gebaut werden könne, für beide Seiten ein notwendiges Ritual, um das allgemeine Unbehagen zu bekämpfen, das in der ersten Generation noch sehr real vorhanden war. Nicht nur die deutsche, auch die israelische Seite bezog sich auf ihr jeweiliges Verständnis von »Moral«, um die eigenen strategischen Interessen, seien es wirtschaftliche oder politische, zu befördern.

Der Besuch Ludwig Erhards, wie der Adenauers ein Jahr zuvor als »private Pilgerreise« deklariert, markiert den Übergang zu einer neuen, nach 1970 einsetzenden Phase der bilateralen Beziehungen. Die deutsche Rhetorik wandelte sich zunehmend dahingehend, offen die eigene Machtstellung zu demonstrieren. Die Interessen der deutschen Außenpolitik nahmen weniger auf das sensible deutsch-israelische Verhältnis Rücksicht, sondern orientierten sich an einer Kooperation mit den europäischen Partnern, was in Israel auf Kritik und Sorge um den »besonderen Status« stieß. Nach Aufnahme diplomatischer Beziehungen galt es nun erstmalig, bei gegenseitigen Besuchen zeremonielle militärische Regeln zu beachten. Seit der Reise von Außenminister Walter Scheel 1971 bestimmte die »Erläuterung« der deutschen und europäischen Interessen am Friedensprozess im Nahen Osten die Begegnungen. Unter hoher medialer Aufmerksamkeit in beiden Ländern und weltweit spielten sich die Staatsbesuche von Willy Brandt und Jitzchak Rabin ab. Bei seinem Besuch im Juni 1973 wollte Brandt einerseits die durch die Kulturwoche und das Münchner Attentat auf die israelischen Olympiasportler belasteten Beziehungen verbessern. Andererseits prägte er die Formel von den »normalen Beziehungen mit besonderem Charakter«, um die in Israel hoch umstrittene bundesdeutsche »ausgewogene Nahostpolitik« in versöhnliche Worte zu verpacken.

So nahm Brandt zwar bei seinem Besuch noch eine Haltung der Demut ein, unter anderem in seiner Formulierung, es könne »keine Neutralität des Herzens geben«; gleichzeitig dokumentierte er aber bereits ein neues Selbstbewusstsein der Bundesrepublik gegenüber Israel und verwies auf geänderte Prioritäten in der Außenpolitik. Dazu gehörten die Anbindung Deutschlands an die arabischen Staaten, die Aufforderung an die Israelis zum Rückzug aus den besetzten Gebieten und die Prägung der Formel von den »normalen Beziehungen mit besonderem Charakter«, die die Wendung des »besonderen Verhältnisses« aus den 1960er Jahren ablöste.

Gerade Willy Brandts Integrität war in Israel unbestritten, und die Hoffnungen auf eine eindeutige Geste, vergleichbar seinem Kniefall vor dem Ehrenmal für die Widerstandskämpfer des Warschauer Ghettos, waren groß. Die Regierung Brandt strebte jedoch nach gradueller Normalisierung, die eine Einschränkung der Finanzhilfe an Israel und verstärkte Bemühungen um Beziehungen zu den arabischen Staaten bedeutete. Dies brachte einen neuen Tonfall in die Beziehungen ein und gipfelte in der diplomatischen Verrenkung, in Yad Vashem nicht zu demütig aufzutreten und keinesfalls einen Kniefall zu wiederholen. Um die neuen Prioritäten zu demonstrieren, nahm zudem der Stellenwert der Besuche von Kibbuzim und christlichen Pilgerstätten im Norden ab, nachdem diese zuvor im Vordergrund gestanden hatten, und die Besichtigung der im Sechstagekieg eroberten Jerusalemer Altstadt und Bethlehems, wohlgemerkt dies weiterhin privat und ohne offizielle israelische Begleitung, trat an ihre Stelle. Das Drängen auf Friedensverhandlungen mit den Palästinensern und den arabischen Staaten war nun im Vordergrund des deutschen Interesses. Dem gegenüber stand das israelische Interesse nach Assoziierung an die Europäische Wirtschaftgemeinschaft und weiter gehender wirtschaftlicher und politischer Anbindung an Europa. So waren die Reisen israelischer Politiker nach Deutschland weniger durch Repräsentation und das Ziel, für eine »gute Atmosphäre« zu sorgen, als vielmehr durch ein Eintreten für ihre finanziellen Interessen gekennzeichnet. Neben dem Besuch zentraler Gedenkstätten wie Dachau und Bergen-Belsen sind in der »Gegenrichtung« die wirtschaftlichen Verhandlungen der bedeutsamste Programmpunkt, wie in den Fallbeispielen der Reisen von Außenminister Abba Eban und Ministerpräsident Jitzchak Rabin gezeigt wurde.

Im späteren Zeitraum, ab Mitte der 1970er Jahre, ist ein deutlicher Wandel im Tonfall in den Akten zu verzeichnen. Während in den 1950er und 1960er Jahren teilweise regelrechte Brieffreundschaften gepflegt wurden, zum Beispiel zwischen Theodor Heuss und Felix Shinnar, und die Kommunikation durchaus herzlich war, setzte sich nun nüchterne Diplomatie durch. Schon die Regierung Helmut Schmidts räumte den wirtschaftlichen Beziehungen zu den arabischen Staaten Priorität ein. In dieselbe Richtung wies Kohls Erklärung, die Nachkriegsgeneration müsse sich nicht mehr mit der Schuld an den nationalsozialistischen Verbrechen befassen. Auch aufgrund dieser Haltungen waren die Kontakte auf Regierungsebene zwischen 1977 und 1984 eingeschränkt, obwohl Ministerpräsident Begin trotz seiner Antipathie gegenüber den Deutschen eine Interessenpolitik betrieb, die Deutschland einen wichtigen Stellenwert als Partner zuwies. Die Kontroversen um Kohls Staatsbesuch zeigen, wie sensibel in Israel noch darauf reagiert wurde, wenn es Anzeichen gab, dass deutsche Politiker sich ihrer Geschichte entledigen und den deutsch-israelischen Beziehungen keinen »besonderen« Status mehr einräumen wollten. Insgesamt ließen die Berichte der Beamten im Auswärtigen Amt darauf schließen, dass sie ihre Arbeit als rational und ergebnisorientiert verstanden.

Die Gesprächsthemen bei den Begegnungen zeigen reale politische Verschiebungen an: Die Bundesrepublik fand mehr und mehr ihren Weg zurück in die Mitte Europas und in eine Hegemoniestellung im bilateralen Verhältnis hinein. Die Beteuerung der »Kollektivscham« (durch Theodor Heuss) machte nun endgültig einem verbal demonstrierten und realen Machtgefälle Platz. Diese Entwicklung in der Rhetorik der Besuche verstärkte sich noch in der Weigerung Helmut Schmidts, überhaupt einen Staatsbesuch in Israel durchzuführen, weil er dann »deutliche Worte« sprechen müsste und dies die Beziehungen noch mehr belasten würde. Sie gipfelt in Helmut Kohls Staatsbesuch, der die schmerzhafte Vergangenheit durch die »Gnade der späten Geburt« abzuschütteln versuchte und gern hinter sich lassen wollte. Mitte der 1980er Jahre kam es allerdings durch Richard von Weizsäckers Rede zum 8. Mai vor dem Deutschen Bundestag und seine damit verbundene Anerkennung der »schweren Erbschaft« und des Völkermords an den Juden, die er als »beispiellos« bezeichnete, wieder zu einer Annäherung, die auch auf die Gedenkpolitik und Erinnerungskultur in der Bundesrepublik zurückstrahlte. Diese neue Tonart ermöglichte es von Weizsäcker wiederum, wenige Monate später nach Israel zu reisen, zum ersten Staatsbesuch eines Bundespräsidenten.

Abkürzungsverzeichnis

AA	Auswärtiges Amt
AAPD	Akten zur Auswärtigen Politik der Bundesrepublik Deutschland
ABC	American Broadcasting Company
ACDP	Archiv der Christlich-Demokratischen Politik
ACSP	Archiv für Christlich-Soziale Politik
a. d.	außer Dienst
AdsD	Archiv der sozialen Demokratie
AM	Außenminister
BArch	Bundesarchiv
BK	Bundeskanzler
BM	Bundesminister, Bundesministerium
BPA	Bundespresseamt
BR	Archiv des Bayerischen Rundfunks; Bundesrepublik
CDU	Christlich-Demokratische Union Deutschlands
DDP	Deutsche Demokratische Partei
DDR	Deutsche Demokratische Republik
DGB	Deutscher Gewerkschaftsbund
DIG	Deutsch-Israelische Gesellschaft
DM	Deutsche Mark
DP	Displaced Person
dpa	Deutsche Presse-Agentur
EEC	European Economic Community
EG	Europäische Gemeinschaft
EKD	Evangelische Kirche Deutschlands
EURATOM	Europäische Atomgemeinschaft
EWG	Europäische Wirtschaftsgemeinschaft
EZAB	Evangelisches Zentralarchiv, Berlin
FAZ	Frankfurter Allgemeine Zeitung
FDP	Freie Demokratische Partei
HIAG	Hilfsgemeinschaft auf Gegenseitigkeit der ehemaligen Angehörigen der Waffen-SS
ISA	Israeli State Archives

KZ	Konzentrationslager
MP	Ministerpräsident
NATO	North Atlantic Treaty Organization
NBC	National Broadcasting Company
NL	Nachlass
NPD	Nationaldemokratische Partei Deutschlands
NS	Nationalsozialismus
NSDAP	Nationalsozialistische Deutsche Arbeiterpartei
PA AA	Politisches Archiv des Auswärtigen Amtes
PLO	Palästinensische Befreiungsorganisation
PORI	Public Opinion Research of Israel
PR	Public Relations
SBZ	Sowjetische Besatzungszone
SPD	Sozialdemokratische Partei Deutschlands
StBKAH	Stiftung Bundeskanzler-Adenauer-Haus
UN	United Nations
UNO	United Nations Organization
US	United States
VIP	very important person
WBA	Willy-Brandt-Archiv
ZDF	Zweites Deutsches Fernsehen

Archive und Literatur

Archive

Archiv der Christlich-Demokratischen Politik, Konrad-Adenauer-Stiftung, Sankt Augustin (ACDP)
Archiv der Ludwig-Erhard-Stiftung, Bonn
Archiv der sozialen Demokratie, Friedrich-Ebert-Stiftung, Bonn (AdsD)
Archiv des Bayerischen Rundfunks, München (BR)
Archiv für Christlich-Soziale Politik, Hanns-Seidel-Stiftung, München (ACSP)
Beit Berl, Kfar Saba
Ben Gurion Archives, Sde Boker
Bundesarchiv in Koblenz (BArch)
Israeli State Archives, Jerusalem (ISA)
Jabotinsky Archive, Tel Aviv
Parlamentsarchiv, Berlin
Politisches Archiv des Auswärtigen Amtes, Berlin (PA AA)
Stiftung Bundeskanzler-Adenauer-Haus, Rhöndorf (StBKAH)

Literatur

Adenauer, Konrad, *Erinnerungen 1945–1953*, Stuttgart 1965.

Ders., *Erinnerungen 1953–1955*, Stuttgart 1994 [1966].

Ders., *Erinnerungen 1959–1963. Fragmente*, Stuttgart 1983 [1968].

Agnew, Jean-Christophe, *Worlds Apart. The Market and the Theater in Anglo-American Thought 1550–1750*, Cambridge 1986.

Akten zur Auswärtigen Politik der Bundesrepublik Deutschland 1965–1977, hrsg. im Auftrag des Auswärtigen Amtes vom Institut für Zeitgeschichte, München 1994.

Albrecht, Willy, »Ein Wegbereiter: Jakob Altmaier und das Luxemburger Abkommen«, in: Ludolf Herbst, Constantin Goschler (Hrsg.), *Wiedergutmachung in der Bundesrepublik Deutschland*, München 1989, S. 205–214.

Ali, Luay, *Die deutsch-arabischen Beziehungen von 1949–1965*, Münster 1998.

Arndt, Adolf, »Warum und wozu Wiedergutmachung?«, in: *Juristenzeitung*, Jg. 11 (1956), Nr. 7, S. 211 ff.

Aronson, Shlomo, *Levi Eshkol: From Pioneering Operator to Tragic Hero – A Doer*, Edgware 2010.

Ders., *David Ben-Gurion and the Jewish Renaissance*, Cambridge 2011.

Augstein, Rudolf (Hrsg.), *Historikerstreit. Die Dokumentation der Kontroverse um die Einzigartigkeit der nationalsozialistischen Judenvernichtung*, München 1987.

Backhaus, Fritz, Dmitrij Belkin, Raphael Gross (Hrsg.), *Bild dir dein Volk! Axel Springer und die Juden*, Begleitband zur gleichnamigen Ausstellung des Fritz Bauer Instituts und des Jüdischen Museums Frankfurt am Main vom 15. März bis zum 29. Juli 2012, Göttingen 2012.

Baring, Arnulf, *Im Anfang war Adenauer. Die Entstehung der Kanzlerdemokratie*, München 1984.

Bar-Zohar, Michal, *Ben Gurion, Ha Ish me'achorej ha'agada* [Der Mann hinter der Legende], Tel Aviv 2013.

Bauer, Leonhard, *Volksleben im Lande der Bibel*, Leipzig 1903.

Bauer-Hack, Susanne, *Die Jüdische Wochenzeitung AUFBAU und die Wiedergutmachung*, Düsseldorf 1994.

Ben Natan, Asher, *Die Chuzpe zu leben. Stationen meines Lebens*, Düsseldorf 2003.

Ders., Niels Hansen (Hrsg.), *Israel und Deutschland. Dorniger Weg zur Partnerschaft. Die Botschafter berichten über vier Jahrzehnte diplomatischer Beziehungen (1965–2005)*, Köln 2005.

Benz, Wolfgang (Hrsg.), *Handbuch des Antisemitismus*, Bd. 4: *Ereignisse, Dekrete, Kontroversen*, Berlin 2011.

Birrenbach, Kurt, *Meine Sondermissionen. Rückblick auf zwei Jahrzehnte bundesdeutscher Außenpolitik*, Düsseldorf 1984.

Bitterli, Urs, *Golo Mann: Instanz und Außenseiter. Eine Biographie*, Berlin 2004.

Blackbourn, David, »Politics as Theatre, Metaphors of the Stage in German History, 1848-1933«, in: *Transactions of the Royal Historical Society*, 1987, Bd. 37, S. 149–167.

Boll, Monika, Raphael Gross, *»Ich staune, dass Sie in dieser Luft atmen können«. Jüdische Intellektuelle in Deutschland nach 1945*, Frankfurt am Main 2013.

Bonnell, Victoria E., Lynn Hunt (Hrsg.), *Beyond the Cultural Turn. New Directions in the Study of Society and Culture*, Berkeley 1999.

Booz, Rüdiger Marco, *»Hallsteinzeit«. Deutsche Außenpolitik 1955–1972*, Bonn 1995.

Bourdieu, Pierre, »Ökonomisches Kapital, kulturelles Kapital, soziales Kapital«, in: Reinhard Kreckel (Hrsg.), *Soziale Ungleichheiten* (*Soziale Welt*, Sonderband 2), Göttingen 1983, S. 183–198.

Brandt, Willy, *Erinnerungen*, Frankfurt am Main 1990.

Braunwardt, Esther, *Interkulturelle Kooperation am Beispiel der Gesellschaften für christlich-jüdische Zusammenarbeit*, München 2011.

Brenner, Michael, *Nach dem Holocaust. Juden in Deutschland 1945–1950*, München 1995.

Ders., »Hebräisch in Deutschland. Eine wechselvolle Geschichte«, in: Verena Lenzen (Hrsg.), *Das Studium des Judentums und die jüdisch-christliche Begegnung*, Göttingen 2013, S. 91–105.

Ders., *Israel. Traum und Wirklichkeit des jüdischen Staates. Von Theodor Herzl bis heute*, München 2016.

Buchstab, Günter, *Eugen Gerstenmaier (1906–1986). Kirche – Widerstand – Politik*, Sankt Augustin 2006.

Bührer, Werner (Hrsg.), *Die Adenauer-Ära. Die Bundesrepublik Deutschland 1949–1963*, München 1993.

Buschke, Heiko, *Deutsche Presse, Rechtsextremismus und nationalsozialistische Vergangenheit in der Ära Adenauer*, Frankfurt am Main 2003.

Chubin, Shahram (Hrsg.), *Germany and the Middle East. Patterns and Prospects*, London 1992.

Conze, Eckart, Norbert Frei, Peter Hayes, Moshe Zimmermann (Hrsg.) *Das Amt und die Vergangenheit. Deutsche Diplomaten im Dritten Reich und in der Bundesrepublik*, München 2010.

Creuzberger, Stefan, *Westintegration und neue Ostpolitik. Die Außenpolitik der Bonner Republik*, Berlin 2009.

Daum, Andreas, *Kennedy in Berlin. Politik, Kultur und Emotionen im Kalten Krieg*, Paderborn 2003.

Deichmann, Ute, »The beginnings of Israeli-German collaboration in the sciences – motives, scientific benefits and hidden agendas«, in: *The Israeli Academy of Sciences and Humanities*, Bd. 9, Jerusalem 2016.

Derix, Simone, *Bebilderte Politik. Staatsbesuche in der Bundesrepublik Deutschland 1949–1990. Kritische Studien zur Geschichtswissenschaft*, Göttingen 2009.

Deutschkron, Inge, *Israel und die Deutschen. Zwischen Ressentiment und Ratio*, Köln 1970.

Dies., *Unbequem. Mein Leben nach dem Überleben*, Köln 1992.

Diner, Dan (Hrsg.), *Zivilisationsbruch. Denken nach Auschwitz*, Frankfurt am Main 1988.

Ders. (Hrsg.), *Enzyklopädie jüdischer Geschichte und Kultur*, Bd. 3, Stuttgart/Weimar 2012.

Ders., *Rituelle Distanz. Israels deutsche Frage*, München 2015.

Doerry, Martin (Hrsg.), *Die Spiegel-Affäre. Ein Skandal und seine Folgen*, München 2013.

Eckardt, Felix von, *Ein unordentliches Leben. Lebenserinnerungen*, Düsseldorf 1967.

Edelman, Murray, *Politik als Ritual. Die symbolische Funktion staatlicher Institutionen und politischen Handelns*, Frankfurt am Main 1976.

Engelhard, Gal, »Israelis zu Besuch in Rexingen. Eine intergenerationelle Begegnung«, in: Linde Apel, Klaus David, Stefanie Schüler-Springorum (Hrsg.), *Aus Hamburg in die Welt. Lebensgeschichten jüdischer Verfolgter aus der »Werkstatt der Erinnerung«*, Hamburg 2011, S. 233–253.

Europäisches Komitee des Weizmann Institute of Science Rehovoth (Hrsg.), *Konrad Adenauer. Ehrenmitglied des Weizmann-Instituts. Ein denkwürdiger Tag in Rehovoth*, Zürich 1966.

Fink, Carole, »Ostpolitik and West German-Israeli relations«, in: dies., Bernd Schaefer (Hrsg.), *Ostpolitik 1969–1974. European and Global Responses*, Cambridge 2009, S. 182–205.

Dies. (Hrsg.), *Ostpolitik 1969–1974. European and Global Responses*, Cambridge 2010.

Dies., »›The most difficult journey of all‹. Willy Brandt's trip to Israel in June 1973«, in: *The International History Review*, Jg. 37 (2015), H. 3, S. 503–518.

Fischer, Torben, Matthias Lorenz, *Lexikon der »Vergangenheitsbewältigung« in Deutschland: Debatten- und Diskursgeschichte des Nationalsozialismus nach 1945*, 2., unveränd. Aufl., Bielefeld 2009.

Frei, Norbert, José Brunner, Constantin, Goschler (Hrsg.), *Die Praxis der Wiedergutmachung: Geschichte, Erfahrung und Wirkung in Deutschland und Israel*, Lizenzausgabe, Schriftenreihe der Bundeszentrale für Politische Bildung, Bonn 2010.

Freiberger, Thomas, *Allianzpolitik in der Suezkrise 1956*, Göttingen 2013.

Frevert, Ute (Hrsg.), »Was haben Gefühle in der Geschichte zu suchen?«, in: *Geschichte und Gesellschaft. Zeitschrift Für Historische Sozialwissenschaft*, Jg. 35 (2009), H. 2, S. 183–208.

Fulda, Daniel, Dagmar Herzog, Stefan-Ludwig Hoffmann, Till van Rahden (Hrsg.), *Demokratie im Schatten der Gewalt. Geschichten des Privaten im deutschen Nachkrieg*, Göttingen 2010.

Gardner Feldman, Lily, *The Special Relationship between West Germany and Israel*, London 1984.

Dies., »The principle and practice of ›reconciliation‹ in German foreign policy: Relations with France, Israel, Poland and the Czech Republic«, in: *International Affairs*, Jg. 75 (1999), H. 2, S. 333–356.

Dies., *Germany's Foreign Policy of Reconciliation. From Enmity to Amity*, Lanham 2012.

Gassert, Philipp, *Kurt Georg Kiesinger 1904–1988. Kanzler zwischen den Zeiten*, München 2006.

Gaus, Günter, *Zur Person: Von Adenauer bis Wehner. Porträts in Frage und Antwort*, München 1990.

Ders., *Was bleibt, sind Fragen. Die klassischen Interviews*, hrsg. von Hans-Dietrich Schütt, Berlin 2005.

Geertz, Clifford, *Dichte Beschreibung. Beiträge zum Verstehen kultureller Systeme*, Frankfurt am Main 1983.

Gerlach, Daniel, *Die doppelte Front. Die Bundesrepublik Deutschland und der Nahostkonflikt 1967–1973*, Berlin 2006.

Gerstenmaier, Eugen, *Streit und Friede hat seine Zeit. Ein Lebensbericht*, Frankfurt am Main 1981.

Gidal, Nachum T., *Die Juden in Deutschland von der Römerzeit bis zur Weimarer Republik*, Köln 1997.

Gniss, Daniela, *Der Politiker Eugen Gerstenmaier 1906–1986. Eine Biographie*, Düsseldorf 2005.
Goffman, Erving, *Wir alle spielen Theater. Die Selbstdarstellung im Alltag*, München 1969.
Goldmann, Nahum (Hrsg.), *Deutsche und Juden. Hauptreferate auf dem Jüdischen Weltkongreß 1966. Beiträge von Gershom Scholem, Golo Mann, Salo W. Baron, Eugen Gerstenmaier und Karl Jaspers*, Frankfurt am Main 1967.
Ders., *Staatsmann ohne Staat*, Köln 1970.
Ders., *Mein Leben als deutscher Jude*, München 1980.
Goltermann, Svenja, *Die Gesellschaft der Überlebenden. Deutsche Kriegsheimkehrer und ihre Gewalterfahrungen im Zweiten Weltkrieg*, München 2009.
Goschler, Constantin, *Schuld und Schulden. Die Politik der Wiedergutmachung für NS-Verfolgte seit 1945*, Göttingen 2005.
Ders., Ludolf Herbst, *Wiedergutmachung. Westdeutschland und die Verfolgten des Nationalsozialismus 1945–1954*, München 2009.
Gräfe, Frank-Thomas, *Die deutsche Vergangenheit in der britischen Öffentlichkeit. Staatsbesuche und der Wandel des Deutschlandbildes in Großbritannien 1958 bis 1972*, Augsburg 2009.
Grass, Günter, »Rede von der Gewöhnung«, in: ders., *Über das Selbstverständliche. Aufsätze, Reden, Kommentare, Offene Briefe*, Darmstadt 1969, S. 162–179.
Ders., *Aus dem Tagebuch einer Schnecke*, München 1998.
Grimmeisen, Julie, »Der erste Besuch von Günter Grass in Israel«, in: *Münchner Beiträge zur Jüdischen Geschichte und Kultur*, Jg. 3 (2009), H. 1, S. 90–95.
Grossmann, Atina, *Jews, Germans, and Allies. Close Encounters in Occupied Germany*, Princeton 2007.
Günther, Frieder, *Heuss auf Reisen. Die auswärtige Repräsentation der Bundesrepublik durch den ersten Bundespräsidenten*, Stuttgart 2006.
Ders., *Theodor Heuss. Privatier und Elder Statesman. Briefe 1959–1963*, Berlin 2014.
Haftendorn, Helga, *Deutsche Außenpolitik zwischen Selbstbeschränkung und Selbstbehauptung 1945–2000*, München 2001.
Hansen, Niels, »Geheimvorhaben ›Frank/Kol‹. Zur deutsch-israelischen Rüstungszusammenarbeit 1957–1965, in: *Historisch-Politische Mitteilungen*, Jg. 6 (1999), S. 229–264.
Ders., *Aus dem Schatten der Katastrophe. Die deutsch-israelischen Beziehungen in der Ära Konrad Adenauer und David Ben Gurion*, Düsseldorf 2002.
Harel, Isser: *Das Haus in der Garibaldistraße*, Berlin 1975.
Harpprecht, Klaus, *Im Kanzleramt. Tagebuch der Jahre mit Willy Brandt*, Reinbek 2000.
Hartmann, Jürgen, *Das Staatszeremoniell*, Köln 2007.
Hauch, Gabriella (Hrsg.), *Industrie und Zwangsarbeit im Nationalsozialismus. Mercedes Benz – VW – Reichswerke*, Innsbruck 2003.
Hausner, Gideon, *Gerechtigkeit in Jerusalem*, München 1967.

Heil, Simone, *Young Ambassadors. Youth Exchange and the Special Relationship between Germany and the State of Israel*, Baden-Baden 2011.

Herbst, Ludolf, Constantin Goschler (Hrsg.), *Wiedergutmachung in der Bundesrepublik Deutschland*, München 1989.

Herf, Jeffrey, *Zweierlei Erinnerung. Die NS-Vergangenheit im geteilten Deutschland*, Berlin 1998.

Herzog, Chaim, *The Arab-Israeli Wars. War and Peace in the Middle East from the War of Independence through Lebanon*, New York 1984.

Hestermann, Jenny, »Atonement or self-experience? On the motivations of the first generation of volunteers of action reconciliation for peace«, Konrad-Adenauer-Stiftung, Working Paper 129/2014, Jerusalem 2014.

Heuss, Theodor, *Schwaben und der deutsche Geist*, Konstanz 1915.

Ders., *Staat und Volk im Werden. Reden in und über Israel*, München 1960.

Ders., »Mut zur Liebe«. Rede, gehalten am 7. Dezember 1949 anläßlich einer Feierstunde der Gesellschaft für christlich-jüdische Zusammenarbeit in Wiesbaden, in: ders., *An und über Juden*, hrsg. von Hans Lamm, Wien 1964.

Ders., *An und über Juden*, hrsg. von Hans Lamm, Wien 1964.

Ders., »Über Deutschlands Zukunft«. Öffentlicher Vortrag im Haus des Rundfunks in Berlin, in: Eberhard Pikart (Hrsg.), *Theodor Heuss. Aufzeichnungen 1945–1947*, Stuttgart 1966, S. 184–208.

Ders., »Fragment von Erinnerungen aus der NS-Zeit«, in: *Vierteljahrshefte für Zeitgeschichte*, Jg. 15 (1967), H. 1, S. 1–17.

Ders., *Der Bundespräsident. Briefe 1954–1959*, Berlin 2013.

Hindenburg, Hannfried von, *Demonstrating Reconciliation. State and Society in West German Foreign Policy toward Israel, 1952–1965*, New York 2007.

Hockerts, Hans Günter, »Wiedergutmachung. Ein umstrittener Begriff und ein weites Feld«, in: ders., Christiane Kuller, *Nach der Verfolgung, Wiedergutmachung nationalsozialistischen Unrechts in Deutschland?*, Göttingen 2003, S. 7–33.

Honecker, Martin, »Gerstenmaier und die evangelische Kirche«, in: Günter Buchstab (Hrsg.), *Eugen Gerstenmaier 1906–1986. Kirche, Widerstand, Politik*, Sankt Augustin 2006, S. 27–43.

Hunt, Lynn (Hrsg.), *The New Cultural History*, Berkeley 1989.

Jaspers, Karl, *Die Schuldfrage*, Heidelberg 1946.

Ders., *Wohin treibt die Bundesrepublik? Tatsachen, Gefahren, Chancen*, München 1967.

Jelinek, Yeshayahu, »Israel und die Anfänge der Shilumim«, in: Ludolf Herbst, Constantin Goschler (Hrsg.), *Wiedergutmachung in der Bundesrepublik Deutschland*, München 1989, S. 119–138.

Ders., *Zwischen Moral und Realpolitik. Deutsch-Israelische Beziehungen 1945–1965. Eine Dokumentensammlung*, Gerlingen 1997.

Ders., Rainer Blasius, »Ben Gurion und Adenauer im Waldorf Astoria. Gesprächsaufzeichnungen vom israelisch-deutschen Gipfeltreffen in New York am 14. März 1960«, in: *Vierteljahrshefte für Zeitgeschichte*, Jg. 45 (1997), H. 2, S. 309–344.

Ders., *Deutschland und Israel 1945–1965. Ein neurotisches Verhältnis*, München 2004.

Kaniuk, Yoram, »Anti-Israelismus in der deutschen Linken«, in: Reinhard Renger (Hrsg.), Die deutsche »Linke« und der Staat Israel, Leipzig 1994, S. 115–126.

Katz, Guy, *Intercultural Negotiation. The Unique Case of Germany and Israel*, Norderstedt 2011.

Kauders, Anthony, *Unmögliche Heimat. Eine deutsch-jüdische Geschichte der Bundesrepublik*, München 2007.

Ders., »Juden als Gabe, oder eine andere Geschichte der westdeutschen Demokratie«, in: Daniel Fulda, Dagmar Herzog, Stefan-Ludwig Hoffmann, Till van Rahden (Hrsg.), *Demokratie im Schatten der Gewalt. Geschichte des Privaten im deutschen Nachkrieg*, Göttingen 2010, S. 152–173.

Kertzer, David, *Ritual, Politics and Power*, Yale 1989.

Köhler, Henning, *Adenauer. Eine politische Biographie*, Frankfurt am Main 1994.

Köhler, Lotte, Hans Saner (Hrsg.) *Hannah Arendt/Karl Jaspers. Briefwechsel 1926–1969*, München 1985.

Kölbel, Martin (Hrsg.), *Willy Brandt und Günter Grass. Der Briefwechsel*, Göttingen 2013.

Kreis, Reinhild (Hrsg.), *Diplomatie mit Gefühl. Vertrauen, Misstrauen und die Außenpolitik der Bundesrepublik Deutschland*, Berlin 2015.

Kreppel, Lena, *Deutsch. Jüdisch. Israelisch. Identitätskonstruktionen in autobiographischen und essayistischen Texten von Erich Bloch, Jenny Cramer und Fritz Wolf*, Würzburg 2012.

Kuschel, Karl-Josef, *Theodor Heuss, die Schoah, das Judentum, Israel. Ein Versuch. Mit drei Schlüsselreden von Theodor Heuss*, Tübingen 2013.

Küster, Otto, »Grundlinien der deutschen Wiedergutmachung«, in: *Die Bundesrepublik Deutschland und die Opfer des Nationalsozialismus*, Tagung in der Evangelischen Akademie Bad Boll, 1984, S. 86–89.

Lavy, George, *Germany and Israel. Moral Debt and National Interest*, London 1996.

Lenzen, Verena, *Das Studium des Judentums und die jüdisch-christliche Begegnung*, Göttingen 2013.

Lillteicher, Jürgen, *Raub, Recht und Restitution. Die Rückerstattung jüdischen Eigentums in der frühen Bundesrepublik*, Göttingen 2007.

Maaß, Kurt-Jürgen (Hrsg.), *Deutschland von außen. Der andere Blick 50 Jahre danach*, Rheinbach 1995.

Maiwald, Salean A., *Aber die Sprache bleibt. Begegnungen mit deutschstämmigen Juden in Israel*, Berlin 2008.

Mauss, Marcel, *Die Gabe. Form und Funktion des Austauschs in archaischen Gesellschaften*, Frankfurt am Main 1984.

Meir, Golda, *Mein Leben*, Hamburg 1975.

Mensing, Hans Peter, *Adenauer im Dritten Reich*, Rhöndorfer Ausgabe, Berlin 1991.

Ders., »Emma, Gussie und Konrad Adenauer. Mit den Töchtern Ria Reiners, Lotte Multhaupt und Libet Werhahn«, in: Dieter Zimmer (Hrsg.), *Deutschlands First*

Ladies. Die Frauen der Bundespräsidenten und Bundeskanzler von 1949 bis heute, Stuttgart 1998, S. 33–62.

Ders., Rudolf Morsey, *Adenauer. Die letzten Lebensjahre. September 1965–April 1967*, Paderborn 2009.

Mergel, Thomas, *Parlamentarische Kultur in der Weimarer Republik. Politische Kommunikation, symbolische Politik und Öffentlichkeit im Reichstag*, Düsseldorf 2002.

Ders., »Überlegungen zu einer Kulturgeschichte der Politik«, in: *Geschichte und Gesellschaft*, Jg. 28 (2002), S. 574–606.

Meroz, Yohanan, *In schwieriger Mission. Als Botschafter Israels in Bonn*, Berlin 1986.

Ders., »Vergebens war es nicht – doch Fragezeichen bleiben«, in: Asher Ben Natan, Niels Hansen (Hrsg.), *Israel und Deutschland. Dorniger Weg zur Partnerschaft. Die Botschafter berichten über vier Jahrzehnte diplomatischer Beziehungen (1965–2005)*, Köln 2005, S. 95–107.

Merseburger, Peter, *Theodor Heuss. Der Bürger als Präsident. Biographie*, München 2012.

Meyer, Kristina, *Die SPD und die NS-Vergangenheit 1945–1990*, Göttingen 2015.

Mohr, Marcus, *Waffen für Israel. Westdeutsche Rüstungshilfe vor dem Sechstagekrieg*, Berlin 2003.

Morsey, Rudolf, »Gerstenmaier und Adenauer«, in: Günter Buchstab (Hrsg.), *Eugen Gerstenmaier 1906–1986. Kirche, Widerstand, Politik*, Sankt Augustin 2006, S. 73–91.

Ders., Hans-Peter Schwarz (Hrsg.), *Adenauer. Teegespräche (1950–1963)*, Berlin 1992.

Ders., Hans-Peter Schwarz (Hrsg.), *Adenauer. Die letzten Lebensjahre 1963–1967. Briefe und Aufzeichnungen, Gespräche, Interviews und Reden*, Bd. 2: *September 1965–April 1967*, Paderborn 2009.

Navon, Benjamin, »Im vereinten Deutschland«, in: Asher Ben Natan, Niels Hansen (Hrsg.), *Israel und Deutschland. Dorniger Weg zur Partnerschaft. Die Botschafter berichten über vier Jahrzehnte diplomatischer Beziehungen (1965–2005)*, Köln 2005, S. 187–194.

Nickel, Dietmar K., *Es begann in Rehovot. Die Anfänge der wissenschaftlichen Zusammenarbeit zwischen Israel und der Bundesrepublik Deutschland*, Zürich 1989.

Pallade, Yves, *Germany and Israel in the 1990s and beyond. Still a »Special Relationship«?*, Frankfurt am Main 2005.

Paulmann, Johannes, *Pomp und Politik. Monarchenbegegnungen in Europa zwischen Ancien Régime und Erstem Weltkrieg*, Paderborn 2000.

Ders. (Hrsg.), *Auswärtige Repräsentationen. Deutsche Kulturdiplomatie nach 1945*, Köln 2005.

Pearlman, Moshe (Hrsg.), *Gespräche mit Ben Gurion. Erfahrungen, Erinnerungen, Erkenntnisse*, München 1966.

Peres, Shimon, *David's Sling*, New York 1970.

Ders., *Shalom. Erinnerungen*, Stuttgart 1995.

Petz, Christian (Hrsg.), *Shavej Zion. Blüte in Israel aus schwäbischer Wurzel. Ein Bericht in Wort und Bild. Von Günter und Leslie Petzold*, Gerlingen 1993.

Pfetsch, Frank R., *Die Außenpolitik der Bundesrepublik Deutschland. Von Adenauer zu Merkel*, Schwalbach 2012.
Pflüger, Friedbert, *Richard von Weizsäcker. Mit der Macht der Moral*, München 2010.
Pierson, Paul, *Politics in Time. History, Institutions, and Social Analysis*, Princeton 2004.
Pikart, Eberhard (Hrsg.), *Theodor Heuss. Aufzeichnungen 1945–1947*, Stuttgart 1966.
Ders. (Hrsg.), *Theodor Heuss. Tagebuchbriefe 1955–1963. Eine Auswahl aus Briefen an Toni Stolper*, Tübingen 1970.
Ders., *Theodor Heuss und Konrad Adenauer. Die Rolle des Bundespräsidenten in der Kanzlerdemokratie*, Stuttgart 1976.
Poppinga, Anneliese, *Adenauers letzte Tage. Die Erinnerungen seiner engsten Mitarbeiterin*, Stuttgart 2009.
Primor, Avi, *»… Mit Ausnahme Deutschlands«. Als Botschafter Israels in Bonn*, Berlin 1997.
Ders., *Nichts ist jemals vollendet. Die Autobiografie*, Berlin 2015.
Radkau, Joachim, *Theodor Heuss*, München 2013.
Rahden, Till van, »History in the house of the hangman. How postwar Germany became a key site for the study of Jewish history«, in: Steven E. Aschheim, Vivian Liska (Hrsg.), *The German-Jewish Experience Revisited. Perspectives on Jewish Texts and Contexts*, Bd. 3, Berlin 2015, S. 171–192.
Ders., »Unbeholfene Demokraten, Moralische Leidenschaften in der Bundesrepublik«, in: Wolfram Pyta, Carsten Kretschmann (Hrsg.), *Bürgerlichkeit. Spurensuche in Vergangenheit und Gegenwart*, Stuttgart 2016, S. 151–178.
Raider, Mark A. (Hrsg.), *Nahum Goldmann. Statesman without a State*, Albany 2009.
Reichel, Peter, *Vergangenheitsbewältigung in Deutschland. Die Auseinandersetzung mit der NS-Diktatur von 1945 bis heute*, München 2001.
Rendtorff, Rolf, *Kontinuität im Widerspruch. Autobiographische Reflexionen*, Göttingen 2007.
Renger, Annemarie, *Ein politisches Leben. Erinnerungen*, Stuttgart 1993.
Renger, Reinhard (Hrsg.), *Die Deutsche »Linke« und der Staat Israel*, Leipzig 1994.
Richter, Jan Stefan, *Die Orientreise Kaiser Wilhelms II. 1898 – Eine Studie zur deutschen Außenpolitik an der Wende zum 20. Jahrhundert* (= Studien zur Geschichte der Neuzeit, Bd. 9), Hamburg 1997.
Rosenberg, Emily S., *Financial Missionaries to the World. The Politics and Culture of Dollar Diplomacy*, Cambridge 1999.
Ruge, Gerd, *Unterwegs. Politische Erinnerungen*, Berlin 2013.
Schattenberg, Susanne, »The diplomat as ›an actor on a great stage before all the people‹? A cultural history of diplomacy and the Portsmouth peace negotiations of 1905«, in: Markus Mössling, Torsten Riotte (Hrsg.), *The Diplomats' World. A Cultural History of Diplomacy, 1915–1914*, Oxford 2008, S. 167–194.
Scheel, Walter, »Normalisierung der Beziehungen zu den östlichen Nachbarn«, in: Hans-Dietrich Genscher (Hrsg.), *Heiterkeit und Härte. Walter Scheel in seinen*

Reden und im Urteil von Zeitgenossen. Festschrift zum 65. Geburtstag, Stuttgart 1984, S. 178–203.

Schildt, Axel, »Im Visier. Die NS-Vergangenheit westdeutscher Intellektueller. Die Enthüllungskampagne von Kurt Ziesel in der Ära Adenauer«, in: *Vierteljahrshefte für Zeitgeschichte*, Jg. 64 (2016), H. 1, S. 37–68.

Schmid, Carlo, *Erinnerungen*, Bern 1979.

Schmidt, Helmut, *Weggefährten. Erinnerungen und Reflexionen*, Berlin 1996.

Schmidt, Wolfgang, »Die Wurzeln der Entspannung. Der konzeptionelle Ursprung der Ost- und Deutschlandpolitik in den fünfziger Jahren«, in: *Vierteljahrshefte für Zeitgeschichte*, Jg. 51 (2003), H. 4, S. 521–563.

Schneider, Christoph, *Der Warschauer Kniefall. Ritual, Ereignis und Erzählung*, Konstanz 2006.

Scholem, Gershom, »Wider den Mythos vom deutsch-jüdischen Gespräch«, in: *Bulletin des Leo Baeck Instituts*, Frankfurt am Main 1964, S. 278–281.

Scholtyseck, Joachim, »Im Schatten der Hallstein-Doktrin. Die globale Konkurrenz zwischen Bundesrepublik und DDR«, in: Eckart Conze (Hrsg.), *Die Herausforderung des Globalen in der Ära Adenauer*, Berlin 2010, S. 79–97.

Schröter, Melani, »Vollmundige Rhetorik oder redundantes Ritual? Die Textsorte Tischreden bei Staatsbesuchen als Äußerungsform symbolischer Außenpolitik«, in: *Muttersprache. Vierteljahresschrift für deutsche Sprache*, Jg. 118 (2008), H. 4, S. 295–306.

Schüler-Springorum, Stefanie, »The ›German question‹: The Leo Baeck Institute in Germany«, in: Christhard Hoffmann (Hrsg.), *Preserving the Legacy of German Jewry. A History of the Leo Baeck Institute 1955–2005*, Tübingen 2005, S. 201–236.

Schulte, Christoph (Hrsg.), *Deutschtum und Judentum. Ein Disput unter Juden aus Deutschland*, Stuttgart 1993.

Schwartz, Vanessa, *Spectacular Realities. Early Mass Culture in Fin-de-Siècle Paris*, Berkeley Press 1999.

Schwarz, Hans-Peter, *Adenauer. Der Staatsmann 1952–1967*, Stuttgart 1991.

Segev, Tom, *Die siebte Million. Der Holocaust und Israels Politik der Erinnerung*, Reinbek 1995.

Ders., *1967. Israels zweite Geburt*, Bonn 2007.

Shafir, Shlomo, *Yad mushetet. Ha Sozialdemokratim hagermanim ve ha jachasim le Jehudim ule'Israel*, Or Yehuda 1986.

Ders., »Die SPD und die Wiedergutmachung gegenüber Israel«, in: Ludolf Herbst, Constantin Goschler (Hrsg.), *Wiedergutmachung in der Bundesrepublik Deutschland*, München 1989, S. 191–203.

Ders., »Helmut Schmidt. Seine Beziehungen zu Israel und den Juden«, in: *Jahrbuch für Antisemitismusforschung*, Jg. 17 (2008), S. 297–321.

Shalom, Zaki, *Israels Nuclear Option. Behind the Scenes Diplomacy between Dimona and Washington*, Sussex 2005.

Shamir, Jitzchak, *Summing up. An Autobiography*, London 1994.

Shapira, Anita, *Israel. A History*, London 2012.

Shefer, Gabriel, *Moshe Sharett. Biography of a Political Moderate*, Oxford 1996.
Shinnar, Felix E., *Bericht eines Beauftragten. Die deutsch-israelischen Beziehungen 1951–1966*, Tübingen 1967.
Shpiro, Shlomo, »Communicating interests across history. German-Israeli security cooperation«, in: Haim Goren (Hrsg.), *Germany and the Middle East. Past, Present and Future*, Jerusalem 2003, S. 305–330.
Ders., »Friends in the dark. The first decade of German-Israeli intelligence cooperation«, in: Milena Uhlmann (Hrsg.), *Die deutsch-israelischen Sicherheitsbeziehungen. Vergangenheit, Gegenwart, Zukunft*, Berlin 2008, S. 76–89.
Sinn, Andrea, *Jüdische Politik und Presse in der frühen Bundesrepublik*, Göttingen 2014.
Soell, Hartmut, »Konrad Adenauer und Kurt Schumacher«, in: Martin Löhnig (Hrsg.), *Zwischenzeit. Rechtsgeschichte der Besatzungsjahre*, Regenstauf 2011, S. 61–82.
Stauber, Roni, »Israel's quest for diplomatic relations – The German-Israeli controversy 1955–1956«, in: José Brunner (Hrsg.), *Deutsche(s) in Palästina und Israel. Alltag, Kultur, Politik* (Tel Aviver Jahrbuch für deutsche Geschichte 41), Göttingen 2013, S. 215–228.
Ders., »The impact of the Sinai campaign on relations between Israel and West Germany, in: *Modern Judaism*, Jg. 33 (2013), Nr. 3, S. 235–259.
Steininger, Rolf, »Deutschland und die Sozialistische Internationale nach dem Zweiten Weltkrieg«, in: *Archiv für Sozialgeschichte*, Beiheft 7, Bonn 1979.
Ders., *Deutschland und die USA. Vom Zweiten Weltkrieg bis zur Gegenwart*, Reinbek 2014.
Steller, Verena, *Diplomatie von Angesicht zu Angesicht. Diplomatische Handlungsformen in den deutsch-französischen Beziehungen 1870-1919*, Paderborn 2011.
Sternberg, Wilhelm von, *Adenauer – Eine deutsche Legende*, Berlin 2001.
Stollberg-Rilinger, Barbara (Hrsg.), *Was heißt Kulturgeschichte des Politischen?*, Berlin 2005.
Strathmann, Donate, *Auswandern oder Hierbleiben? Jüdisches Leben in Düsseldorf und Nordrhein 1945–1960*, Essen 2003.
Strauß, Franz Josef, *Die Erinnerungen*, München 1998.
Streppelhoff, Robin, *Gelungener Brückenschlag. Sport in den deutsch-israelischen Beziehungen*, Sankt Augustin 2012.
Tamam, Keren, »Is it truly business as usual? The coverage of the weapon deals between Germany and Israel in the Israeli media from a socio-political perspective«, in: Milena Uhlmann (Hrsg.), *Die deutsch-israelischen Sicherheitsbeziehungen. Vergangenheit, Gegenwart, Zukunft*, Berlin 2008, S. 42–53.
Timm, Angelika, *Hammer, Zirkel, Davidstern. Das gestörte Verhältnis der DDR zu Zionismus und Staat Israel*, Bonn 1997.
Dies., »Ideology and *Realpolitik*: East German attitudes towards Zionism and Israel«, in: *The Journal of Israeli History*, Jg. 25 (2006), H. 1, S. 203–222.

Timor, Doron, »The students' protest and the public sphere: Israel-Germany relationships as a turning point for the Israeli student«, Vortrag auf der Konferenz der Association for Israel Studies, Jerusalem 2016.

Trimbur, Dominique, *De la Shoah à la réconciliation? La question des rélations RFA–Israël 1949–1956*, Paris 2000.

Turner, Victor, *From Ritual to Theatre. The Human Seriousness of Play*, New York 1982.

Ders., *Das Ritual. Struktur und Anti-Struktur*, Frankfurt am Main 2008.

Tyler, Patrick, *A World of Trouble. The White House and the Middle East – from Cold War to War on Terror*, New York 2008.

Uhlmann, Milena (Hrsg.), *Die deutsch-israelischen Sicherheitsbeziehungen. Vergangenheit, Gegenwart, Zukunft*, Berlin 2008.

Vierhaus, Rudolf, »Die Rekonstruktion historischer Lebenswelten. Probleme moderner Kulturgeschichtsschreibung«, in: Hartmut Lehmann (Hrsg.), *Wege zu einer neuen Kulturgeschichte*, Göttingen 1995, S. 7–28.

Vita, Lorena de, »German-Israeli ties in 2015 and 1965. The difficult special relationship«, in: *International Affairs*, Jg. 91 (2015), H. 4, S. 835–849.

Dies., »Annäherung im Schatten der Hallstein-Doktrin. Das deutsch-deutsch-israelische 1965«, in: *Aus Politik und Zeitgeschichte*, Jg. 65 (2015), H. 6, S. 29–35.

Vogel, Rolf (Hrsg.), *Deutschlands Weg nach Israel. Eine Dokumentation*, Stuttgart 1967.

Weingardt, Markus, *Deutsche Israel- und Nahostpolitik. Die Geschichte einer Gratwanderung*, Frankfurt am Main 2002.

Weiss, Yfaat, »Rückkehr in den Elfenbeinturm. Deutsch an der Hebräischen Universität«, in: *Naharaim*, Jg. 8 (2014), H. 2, S. 227–245.

Weitz, Yechiam, »Ben-Gurions Weg zum ›anderen Deutschland‹ 1952–1963«, in: *Vierteljahrshefte für Zeitgeschichte*, Jg. 48 (2000), H. 2, S. 255–279.

Werner, Wolfram (Hrsg.), *Theodor Heuss. Hochverehrter Herr Bundespräsident! Der Briefwechsel mit der Bevölkerung 1949–1959*, Berlin 2010.

Wicke, Christian, »Between Germany and eternal spirit: Kohl's politics of historical memory in biographical perspective«, in: *Moving the Social. Journal of Social History and the History of Social Movements*, Nr. 52 (2004), S. 139–170.

Wiegeshoff, Andrea, *»Wir müssen alle etwas umlernen«. Zur Internationalisierung des Auswärtigen Dienstes der Bundesrepublik Deutschland 1945/1951–1969*, Göttingen 2013.

Wintzer, Joachim, Josef Boyer (Hrsg.), *Der Auswärtige Ausschuß des Deutschen Bundestages. Sitzungsprotokolle 1957–1961, Zweiter Halbband: September 1959–August 1961*, Düsseldorf 2003.

Wischnewski, Hans-Jürgen, *Mit Leidenschaft und Augenmaß. In Mogadischu und anderswo. Politische Memoiren*, München 1989.

Witzthum, David, »Unique dilemmas of German-Israeli relations. A political avoidance of tragedy«, in: Shahram Chubin (Hrsg.), *Germany and the Middle East. Patterns and Prospects*, London 1992, S. 55–92.

Wolf, Fritz, »Fragen Sie mich nicht nach meiner Vergangenheit, das tut mir weh«, in: Salean A. Maiwald, *Aber die Sprache bleibt. Begegnungen mit deutschstämmigen Juden in Israel*, Berlin 2008, S. 37–45.

Wolffsohn, Michael, *Ewige Schuld? 40 Jahre deutsch-jüdisch-israelische Beziehungen*, München 1988.

Ders., *Israel: Geschichte, Politik, Gesellschaft, Wirtschaft*, Wiesbaden 2007.

Yablonka, Hanna, *Survivors of the Holocaust. Israel after the War*, New York 1999.

Dies., *The State of Israel vs. Adolf Eichmann*, New York 2004.

Yair, Gad, »Israeli diplomacy. The effects of cultural trauma«, in: *The Hague Journal of Diplomacy*, Jg. 9 (2014), H. 1, S. 1–23.

Zarusky, Jürgen (Hrsg.), *Das Münchner Abkommen 1938 in europäischer Perspektive*, München 2013.

Zimmer, Dieter (Hrsg.), *Deutschlands First Ladies. Die Frauen der Bundespräsidenten und Bundeskanzler von 1949 bis heute*, Stuttgart 1998.

Zimmermann, Harro, *Günter Grass unter den Deutschen. Chronik eines Verhältnisses*, Göttingen 2010.

Zimmermann, Moshe, »Zur Entstehung einer israelischen Schizophrenie. Amalek und Deutschland zwischen Vergangenheit und Gegenwart«, in: Kurt-Jürgen Maaß (Hrsg.), *Deutschland von außen. Der andere Blick 50 Jahre danach*, Rheinbach 1995, S. 168–188.

Ders., *Deutsche gegen Deutsche. Das Schicksal der Juden 1938–1945*, Berlin 2008.

Zitelmann, Rainer, *Adenauers Gegner. Streiter für die Einheit*, Erlangen 1991.

Danksagung

Dieses Buch hätte ich nicht ohne die zahlreiche und großzügige Unterstützung, die mir zuteil wurde, schreiben können. An erster Stelle möchte ich mich bei Stefanie Schüler-Springorum bedanken, die im Jahr 2009, damals noch am Institut für die Geschichte der deutschen Juden in Hamburg, zustimmte, die Betreuung einer Arbeit über die deutsch-israelischen Beziehungen zu übernehmen. Im Lauf der Jahre hat sie mich immer wieder ermutigt und durch ihre eigene Begeisterung am Thema motiviert, insbesondere dazu, auch deutsche Archive aufzusuchen. Ebenso großer Dank gilt Yfaat Weiss für ihre Betreuung und Beratung in Israel. Dass ich am Kolloquium des Franz Rosenzweig Minerva Research Center teilnehmen und mich mit anderen DoktorandInnen austauschen konnte, hat mir während meiner Jahre in Israel von 2010 bis 2013 eine wissenschaftliche Heimat geboten. Im Rahmen ihres Kolloquiums hatte ich die Möglichkeit, meine Arbeit vorzustellen. Dan Diner danke ich für seine grundlegenden Hinweise zu Ritualen und dazu, die deutsch-israelischen Beziehungen als Inszenierungen zu betrachten, und Micha Brumlik sei für seine Bereitschaft, das zweite Gutachten zu übernehmen, gedankt.

Das Außenministerium des Staates Israel ermöglichte mir einen ersten Rechercheaufenthalt als Visiting Research Fellow an der Hebräischen Universität Jerusalem, der DAAD förderte zwei intensive Hebräischsprachkurse und einen zweimonatigen Archivaufenthalt. Schließlich erhielt ich durch das Leo Baeck Fellowship und die Förderung der Studienstiftung des deutschen Volkes die Möglichkeit, das Projekt zu beginnen und auch zu beenden. Kleinere Stipendien gewährten mir das Europäische Forum der Hebräischen Universität in Zusammenarbeit mit der Konrad-Adenauer-Stiftung, die TU Berlin und das Zentrum für Antisemitismusforschung Berlin. Ihnen allen sei herzlich gedankt. Bedanken möchte ich mich auch bei allen ArchivarInnen der von mir besuchten Archive in Israel und Deutschland für ihre große Hilfsbereitschaft bei der Suche und Beschaffung von Akten und der Beantwortung auch kleinteiliger Fragen.

Für Diskussionen, kritische Kommentare und fachliche Beratung bin ich unzähligen KollegInnen und FreundInnen dankbar, die ich nicht alle hier aufführen kann. Besonderer Dank gebührt jedoch Johannes Becke, mit dem mich seit nunmehr sechs Jahren das gemeinsame Interesse an Israel und oftmals zeitgleiches Leiden unter der orientalischen Hitze verbindet – unser permanenter Austausch und seine vielzähligen geistreichen Anmerkungen zu meiner Forschung und meinen Vorträgen haben dieses Projekt ganz entscheidend beeinflusst und unterstützt.

Die Idee zu meiner Arbeit verdanke ich einem unvergesslichen Abend mit Malte Döbert in Bremen. Hilfreich für das Gelingen des Projekts waren in besonderer Form Nimrod Arluk und Anna Walbaum.

Für ihre fachlich versierte Durchsicht von Kapiteln des Buchmanuskripts danke ich David Jünger und Daniel Mahla, für Hilfe bei der Vorbereitung zur Verteidigung der Dissertation Martin Jost und Till van Rahden. Till van Rahden verdanke ich ebenfalls Hinweise und Hilfe bei der Fertigstellung des Manuskripts im letzten Jahr. Katharina Rauschenberger hat sich die Mühe gemacht, zum Schluss das gesamte Manuskript aufmerksam zu lesen und mit sehr hilfreichen Kommentaren zu versehen. Ebenso bin ich Regine Strotbek für ihr kritisches und gründliches Lektorat zu Dank verpflichtet – und dem Fritz Bauer Institut, das die Drucklegung in der Wissenschaftlichen Reihe des Instituts ermöglicht. Etwaige Fehler habe ich selbst zu verantworten.

Den größten Dank schulde ich meinen Eltern Ulrike und Rainer Hestermann für ihre Unterstützung und ihr großes Vertrauen in meinen Weg, auch wenn er mich zunächst in die Ferne und Ungewissheit führte. Ich bin mir sicher, sie wären ebenso stolz wie amüsiert über das Endprodukt.

Jenny Hestermann
Frankfurt, Juni 2016

Personenregister